ANALYSE ET THÉOLOGIE

PROBLÈMES ET CONTROVERSES

Directeur : Jean-François COURTINE

ANALYSE ET THÉOLOGIE

Croyances religieuses et rationalité

édité par

Sacha BOURGEOIS-GIRONDE

Bruno GNASSOUNOU

et

Roger POUIVET

Ouvrage publié avec le concours de l'Équipe "Philosophies de l'expérience" de l'Université de Nantes

PARIS

LIBRAIRIE PHILOSOPHIQUE J. VRIN

6, Place de la Sorbonne, V^e^

2002

Imprimé in France
ISSN 0249-7875
ISBN 2-7116-1549-9

AVANT-PROPOS

Ce livre est issu du colloque « Analyse et Théologie », tenu en septembre 1998 à l'université de Nantes. Commune initiative de l'équipe d'accueil de l'université de Nantes (« Philosophies de l'expérience ») et de l'équipe d'accueil de l'université de Rennes I (« Philosophie des normes »), Jean-Michel Vienne et Sacha Bourgeois-Gironde, pour Nantes, et Frédéric Nef et Roger Pouivet, pour Rennes, ont assuré l'organisation de ce colloque.

La première finalité du volume est d'introduire en langue française le type de réflexion sur les croyances religieuses propre à la tradition analytique en philosophie. Il se caractérise par le traitement direct, plutôt qu'oblique ou exclusivement historique, et argumenté, plutôt qu'interprétatif et distancié, des grandes questions classiques : la nature et la justification des croyances religieuses, la question du mal, celle des preuves de l'existence de Dieu, de la théodicée, du langage religieux, du miracle, de la prière, etc. Dans ce volume, nous avons aussi souhaité proposer au lecteur français une introduction développée. Elle permet de replacer dans un cadre plus général les études issues du colloque. Elle constitue une initiation et une invitation à « la philosophie *analytique* de la religion ».

Certains articles compris dans ce volume sont d'esprit plus historique (Averroès, John Stuart Mill, Newman, Hume ou la Cabale). Car, la seconde finalité du colloque était de permettre un échange entre une conception « analytique » de la philosophie de la religion et des approches historiques. On remarquera que dans les articles thématiques et, disons, plus « analytiques » (sur la justifi-cation des croyances religieuses, le mal ou la perfection divine), les références historiques ne sont nullement éliminées, loin de là, mais elles aussi sont traitées au premier degré, en termes d'apport positif ou négatif aux questions traitées.

Notons enfin que s'agissant de l'existence de Dieu, de la justification des croyances religieuses, de la pertinence même de la recherche d'une telle justification, c'est-à-dire du programme d'une philosophie de la religion posant les questions au premier degré, l'argumentation se développe *pro* et *contra,* depuis la reprise du projet de théologie naturelle jusqu'à l'agnosticisme voire l'athéisme.

Le colloque de 1998 fut suivi d'un second, dans le même esprit et avec les mêmes finalités, tenu à Rennes en octobre 2000. Les actes en seront publiés par la *Revue de Théologie et de Philosophie.* Si on n'en est plus à croire que la philosophie anglo-américaine contemporaine, singulièrement la philosophie analytique, se limite à la logique et aux sciences, le lecteur français sera peut-être heureusement surpris de découvrir la grande vitalité de la philosophie de la religion et l'intérêt que lui portent certains philosophes de langue française.

B. G. & R. P.

INTRODUCTION

ÉPISTÉMOLOGIE DE LA CROYANCE RELIGIEUSE

Sanctifiez dans vos cœurs Christ le Seigneur ; soyez toujours prêts à vous justifier face à quiconque vous demande raison de l'espérance qui est en vous : mais (faites-le) avec douceur et crainte ...

Épître de Pierre 1, 3 : 15

Dans le monde philosophique *français* actuel, la croyance religieuse est assez généralement considérée avec une certaine suspicion. Un intellectuel devrait clairement voir qu'elle s'explique par nos faiblesses psychologiques ou par l'emprise sur les esprits non affranchis de déterminations sociales surannées. L'intérêt d'un philosophe pour la croyance religieuse ne pourrait être qu'historique. Certes, il ne manque pas de philosophes consacrant beaucoup de temps à la question de la foi chez saint Augustin, de la vision en Dieu chez Malebranche, de la Trinité chez Hegel, exigeant de leurs étudiants de prendre au sérieux les textes de ces grands auteurs. Mais beaucoup d'entre eux trouveraient déplacé de s'interroger sur la question de la valeur épistémologique de la croyance en Dieu comme s'il s'agissait de sérieusement lui donner une réponse. Dieu est un phénomène culturel, un objet de l'histoire des idées ou de la philosophie. Un philosophe « continental » peut bien commenter des textes religieux, mais lui-même doit faire preuve d'un agnosticisme de bon aloi – et s'il est croyant, c'est une affaire strictement privée. Il peut avoir une culture religieuse, mais pas de convictions religieuses prenant une forme philosophique.

À cet égard, la philosophie *analytique* de la religion [1] ne ressemble que bien peu à la philosophie historique et textualiste pratiquée plus couramment en France. Naïvement peut-être, le philosophe analytique demande si l'on peut avoir de bonnes raisons de croire en l'existence de Dieu [2] ? Dans le « monde analytique », certains entretiennent des projets d'épistémologie religieuse et même de théologie naturelle délaissés sous nos cieux [3].

Que la croyance religieuse puisse finalement s'avérer injustifiée est une chose, qu'elle relève d'une épistémologie, c'est-à-dire qu'il convienne d'examiner philosophiquement ses prétentions à la rationalité en est une autre. Ce qui m'intéresse ici est ce deuxième aspect : non pas justifier la croyance religieuse elle-même, mais la pertinence d'une épistémologie de la croyance religieuse. Même un lecteur parfaitement incroyant pourrait, je l'espère, être convaincu par les arguments qui suivent. Cependant, en justifiant l'épistémologie de la croyance religieuse, on tend inévitablement à expliquer la possibilité d'entretenir une telle croyance en toute honnêteté épistémique, même si cela ne donne encore aucune raison de le faire.

ÉPISTÉMÉ ET DOXA

La simple expression d'« épistémologie de la croyance religieuse » ne sonne-t-elle pas étrangement ? Dans le contexte philosophique français, le terme d'épistémologie caractérise principalement l'étude de la connaissance scientifique, en relation, parfois étroite, avec l'histoire des sciences. Rien donc qui ait à voir avec la religion. Sous le terme de croyance religieuse, on place volontiers une *opinion,* c'est-à-dire, pour reprendre la défi-

1. Voir le texte de S. Gironde dans P. Engel (dir.), *Précis de philosophie analytique*, Paris, P.U.F., 2000; voir aussi ma préface au numéro de la *Revue internationale de philosophie* qui sera bientôt consacré à ce thème.

2. Cette question fait l'objet d'un débat dans lequel s'affrontent des argumentaires complets, comme dans J. J. C. Smart, J. Haldane, *Atheism and Theism*, Londres, Routledge, 1996. Smart représente la philosophie matérialiste et Haldane la position chrétienne. La discussion est nettement facilitée par l'accord sur la nature essentiellement argumentative de l'activité philosophique et la communauté de références. Voir aussi mon article « Reason, Faith, and Logic », dans *Faith and Reason*, St Augustine Press, South Bend, IN, 2001.

3. On peut recommander C. Talafierro, *Contemporary Philosophy of Religion*, Oxford, Blackwell, 1998. On examinera aussi : M. Peterson, W. Hasker, B. Reichenbach, D. Basinger, *Reason and Religious Belief*, New York, Oxford University Press, 1991; W. Alston, *Perceiving God, The Epistemology of Religious Experience*, Ithaca, Cornell University Press, 1991; K. E. Yandell, *The Epistemology of Religious Experience*, Cambridge University Press, 1993; P. Helm (éd.), *Faith and Reason*, Oxford University Press, 1999. Mais également : J. L. Mackie, *The Miracle of Theism, Arguments for and against the Existence of God*, Oxford, Clarendon Press, 1982; R. Le Poidevin, *Arguing for Atheism, An Introduction to the Philosophy of Religion*, Londres, Routledge, 1996.

nition de Kant, « une créance qui a conscience d'être insuffisante subjectivement *aussi bien* qu'objectivement »[1], ou la *foi*, créance subjectivement suffisante, mais objectivement insuffisante. Opinion et foi sont à distinguer du *savoir*, créance subjectivement et objectivement suffisante. Comment pourrait-il alors exister une *épistémologie* de l'opinion et de la foi, si l'on retient l'équivalence du savoir et de l'*épistémé*? La suffisance subjective, ajoute Kant, n'est que de l'ordre de la *conviction*, et non de la *certitude*. Cela distingue le « pour soi-même » et le « pour chacun ». Parler d'épistémologie de la croyance religieuse, c'est ainsi se tromper deux fois : sur la nature de l'épistémologie et sur celle de la croyance religieuse.

Pour défendre l'expression, on pourrait dire qu'elle est couramment utilisée par les philosophes de langue anglaise. Le terme *epistemology* recouvre ce que nous, français, appellerions plus volontiers « philosophie de la connaissance » ou « théorie de la connaissance »[2]. Mais, quoi qu'il en soit, prétendre faire ainsi une épistémologie de l'opinion ou de la foi continue à paraître discutable, car il ne s'agit toujours pas, avec la croyance religieuse, d'une connaissance. Ne vaudrait-il pas mieux en proposer une *étiologie*; elle examinerait ce qui peut conduire des individus à entretenir des croyances religieuses, leurs causes cachées pyschologiques et sociologiques? On partirait des analyses de Marx, de Nietzsche et de Freud, voire de Durkheim et de ses successeurs. On rechercherait ainsi les causes profondes et authentiques, donc non religieuses, de la croyance religieuse. Foncièrement irrationnelle, parce qu'elle n'est pas une croyance vraie et justifiée, elle n'en a pas moins des motivations psychologiques et sociales. On en ferait peut-être la généalogie.

On voit que le vice fondamental du projet même d'une épistémologie de la croyance religieuse serait de traiter la croyance religieuse comme si elle avait un véritable statut cognitif, alors qu'elle relève d'une *tératologie* de la pensée humaine, au même titre que l'astrologie par exemple.

Que vaut ce rejet préalable du projet épistémologique en matière de croyance religieuse? Il semble supposer la distinction entre croyance et savoir.

C'est là un thème classique du rationalisme : la seule vraie connaissance est celle que peut nous fournir la raison, et tout ce qui n'est pas vérité d'entendement tombe nécessairement dans le domaine de la *doxa* et de l'illusion. Si au contraire les croyances ont des raisons, elles peuvent être

1. E. Kant, *Critique de la raison pure*, A 822/B850.

2. Les deux expressions ne sont pas interchangeables. La seconde, *théorie de la connaissance*, hérite de l'ambition critique du kantisme et s'est muée, dans la philosophie allemande, en *Wissenschaftslehre* – entreprise fondationnelle, avec parfois une prétention affichée à la scientificité.

rationnelles. S'il peut être rationnel de croire des vérités qui ne sont au mieux que probables, et s'il existe un intermédiaire entre la certitude absolue et l'ignorance ou le doute, la croyance cesse de s'opposer à la connaissance. En ce sens, la tâche de l'épistémologie ou de la théorie de la connaissance n'est pas de séparer le bon grain – la connaissance – de l'ivraie – la croyance –, mais plutôt de déterminer ce qu'il faut de plus à celle-ci pour acquérir une validation objective[1].

Dans le *Ménon,* Socrate dit que « l'opinion droite et la connaissance sont différentes l'une de l'autre » ; et il ajoute : « s'il y a une chose dont je prétendrais savoir, et il y a peu de choses dont je le dirais, ce serait bien l'unique chose que je mettrais au nombre de celles que je sais »[2]. Or, si toute connaissance est vraiment une croyance, à la base pourrait-on dire, cette différence entre opinion et connaissance s'amenuise sérieusement. Elle est de degré et non de nature. Comme Aristote, au moins selon une interprétation du texte controversé du chapitre 33 du livre I des *Second Analytiques,* pourquoi ne pas penser qu'opinion et connaissance sont deux espèces de la croyance[3] ? La différence entre l'opinion et la connaissance sont des différences d'objets, des choses contingentes dans un cas et des choses nécessaires dans l'autre, et d'états mentaux correspondants. Ce n'est pas une différence entre un mode de croyance dépourvu de valeur épistémique et un autre qui seul en posséderait.

On aurait ainsi deux grandes conceptions : dans l'une, la rationalité est incompatible avec la croyance, dans l'autre la rationalité supposerait simplement une corrélation entre le degré de la croyance et les raisons de croire, c'est-à-dire l'évidence disponible. Il s'agit d'un principe de proportionnalité, clairement formulé par Locke : « donner son assentiment, le retirer et le graduer sont des opérations qui doivent avoir pour critère l'évidence que les choses portent avec elles »[4]. Seule la deuxième conception peut accorder un sens à l'expression « épistémologie de la croyance religieuse ». L'autre ne peut que la rejeter ; c'est l'être du savoir ou le néant de la croyance. Une telle opposition est plausible. Mais si tout ce qui n'est pas certitude cognitive est du même coup irrationnel, il est à craindre que *la plupart de nos croyances,* et même celles que nous serions le moins enclins

1. P. Engel, « Les croyances », dans D. Kambouchner (dir.), *Notions de philosophie*, *II*, Paris, Gallimard, 1995, p. 13.

2. Platon, *Ménon*, 98b.

3. Cette interprétation semble privilégiée par J. Barnes dans son commentaire des *Posterior Analytics*, 2e éd., Oxford, Clarendon Press, 1993.

4. J. Locke, *De la conduite de l'entendement*, tr. fr. Y. Michaud, Paris, Vrin, § 33, p. 88. Sur la relation entre la philosophie de la connaissance de Locke et sa philosophie de la religion, voir N. Wolterstorff, « Locke's Philosophy of Religion », dans V. Chappell, *The Cambridge Companion to Locke*, Cambridge University Press, 1994.

à soupçonner, sont dépourvues de valeur épistémique. Même Platon hésite; dans le *Ménon* il accorde un rôle à l'opinion droite [1], mais sans renoncer en rien à la distinction entre opinion et savoir. Sauf à frapper d'indigence cognitive la plupart de nos croyances, nous sommes bien obligés d'accepter l'idée que nous pouvons entretenir des *croyances,* en tant que *croyances,* pour *de bonnes raisons*. Et sauf à considérer que les seules raisons qui vaillent sont scientifiques, en endossant le scientisme, dont le défaut majeur est d'être une position idéologique plus que scientifique (et donc d'être auto-contradictoire), il paraît impossible de condamner *a priori* la simple possibilité d'une épistémologie de la croyance en général, et singulièrement de la croyance religieuse.

L'ÉTHIQUE DE LA CROYANCE CONTRE LA CROYANCE RELIGIEUSE

« The Ethics of Belief » de William Clifford [2] ne porte pas expressément sur la croyance religieuse mais, comme l'indique son titre, sur nos croyances en général. Quelles conditions doivent-elles satisfaire pour que nous puissions *légitimement* les accepter? Une chose est d'avoir une croyance, autre chose de l'accepter [3], une chose encore de l'accepter et encore une autre de l'accepter pour de bonnes raisons.

Clifford raconte l'histoire d'un armateur qui arme un bateau d'émigrants. (On est en 1879, mais l'histoire est aisément mise à jour en pensant à un pétrolier polluant les côtes vendéennes et bretonnes.) On lui signale que le navire pourrait n'être pas sûr. Cela l'inquiète bien un peu, mais la dépense pour mettre le navire « aux normes » serait grande. Et finalement il place toute sa confiance dans la Providence, chassant de son esprit toutes ces mauvaises pensées de naufrage. Pourquoi supposer la malhonnêteté des architectes du navire et de ses constructeurs; on n'a *a priori* aucune raison de les soupçonner? D'un cœur léger, l'armateur voit le navire appareiller. Quand le bateau coule au milieu de l'océan, l'assurance rembourse le propriétaire. Est-il coupable de quoi que ce soit? Pour

1. *Ménon*, 96d-97d : l'homme qui connaît la route pour aller à Larisse et celui qui s'en forme une opinion droite sont tous les deux capables d'y aller et d'y conduire quelqu'un.

2. W. K. Clifford, *Lectures and Essays*, Londres, Macmillan, 1879. L'édition utilisée se trouve dans E. Stump, M. J. Murray, *Philosophy of Religion : The Big Questions*, Oxford, Blackwell, 1999.

3. Sur la différence générale entre croire et accepter, voir P. Engel, *op. cit.* et aussi « Believing, Holding True, and Accepting », *Philosophical Explorations*, t. I, n°2, 1998; « Dispositional Belief, Assent, and Acceptance », *Dialectica*, vol. 53, n°2/3, 1999; le texte de P. Engel dans ce volume. L'acceptation est volontaire et intentionnelle, à la différence de la croyance qui, selon Engel, est fondamentalement passive.

Clifford, c'est clairement oui. Car, sur la base de l'évidence qu'il possédait, il n'avait aucun droit de croire à la sûreté de son navire : « il avait acquis sa croyance non pas en la méritant honnêtement par une investigation patiente, mais en réprimant ses doutes »[1]. À cet égard, il n'a que trop bien réussi. Clifford ajoute que le bateau serait-il parvenu à bon port que la culpabilité de l'armateur n'en serait pas diminuée : « quand une action a été faite, elle est bonne ou mauvaise pour toujours; aucun échec accidentel de ses fruits, bons ou mauvais, ne peut rien y changer »[2]. C'est toute la différence entre l'innocence et l'impunité.

À la volonté de croire, forme subtile de l'aveuglement volontaire, il faut donc opposer le *droit de croire*, une éthique de la croyance. L'important n'est pas tant la croyance elle-même que l'action qui s'ensuit.

> Aucune croyance réelle, aussi négligeable et fragmentaire qu'elle puisse paraître, n'est jamais vraiment insignifiante; elle nous prépare à recevoir d'autres du même genre, confirme certaines qui déjà lui ressemblent et en affaiblit d'autres; ainsi, graduellement, elle laisse sa marque secrète dans nos pensées les plus intimes qui peuvent un jour se manifester par des actions ouvertes, et pour toujours elle laisse son cachet sur notre caractère[3].

C'est pourquoi, l'éthique de la croyance est bien de l'*éthique* tout court. Chacun n'aurait pas le droit de croire ce qu'il veut pour autant que cela ne nuise pas à autrui. Tout simplement parce que cela pourrait lui nuire un jour ou l'autre. Si quelqu'un croit ce qu'il n'a pas le droit *épistémique* de croire, s'il croit à tort ou selon une évidence insuffisante, cela aura un jour ou l'autre une conséquence négative. Si ce n'est pas à cette génération, ce sera à la suivante. Quoi qu'il en soit, cela pourrit *moralement* son caractère et lui interdit de devenir vertueux[4]. Nous sommes dès lors *responsables* des croyances que nous entretenons[5].

> La croyance, cette faculté sacrée qui détermine les décisions de notre volonté et qui soude en une harmonieuse activité les différentes énergies de notre être, n'est pas en nous pour nous, mais pour l'humanité. [...] Aucune simplicité d'esprit, aucune obscurité de condition ne peut échapper au devoir universel de questionner tout ce que nous croyons[6].

1. Clifford, *op. cit.*, p. 269.
2. *Ibid.*
3. Clifford, *ibid.*, p. 271.
4. Voir sur ce thème, S. Haack, *Manifesto of a Passionate Moderate*, Chicago University Press, 1998, p. 14-15.
5. Il n'y aurait donc pas d'erreur intellectuelle *honnête*, au sens où la bonne foi permettrait de s'acquitter de s'être lourdement trompé, par exemple en matière politique.
6. Clifford, *op. cit.*, p. 269.

Nous préférons préserver des croyances indues parce qu'elles nous disent ce que nous devons faire en toutes circonstances. Notre devoir épistémique pourrait non seulement nous laisser ignorant, mais surtout sans capacité d'agir. À l'inverse, c'est aussi pourquoi l'action résultant d'une croyance légitime procure un tel plaisir, lié à son universalité. On agit au nom de l'Homme. En revanche, l'action résultant d'une croyance illégitime, dont l'évidence est insuffisante, est un péché contre l'humanité. Clifford conçoit ainsi les croyances fausses ou entretenues de façon illégitime comme des maladies qui rongent le corps social tout entier. Ce n'est pas telle ou telle croyance personnelle qui est en jeu, c'est la crédulité générale; toute croyance illégitime tend à la promouvoir et à la renforcer. Ce mauvais habitus aurait tôt fait de nous reconduire à la sauvagerie.

La position défendue par Clifford est salutaire. Que des croyances fausses aient pu reconduire des nations entières à la barbarie et à la ruine, le XXe siècle à l'évidence en témoigne. Les intellectuels, tout particulièrement, doivent respecter une éthique : ne pas entretenir n'importe quelle croyance comme si cela n'avait aucune importance, comme si on essayait des idées comme on passe différents costumes.

Clifford vise les Chrétiens. C'est très net à la fin de son texte, quand il cite Coleridge :

> Celui qui en vient à aimer plus le Christianisme que la Vérité en viendra à aimer sa propre secte ou son Église plus que le Christianisme et il finira par s'aimer plus que tout [1].

Dès lors, il convient de savoir si la croyance religieuse (que Dieu existe) peut jamais être entretenue à partir d'une évidence suffisante. À défaut, d'une telle évidence, cette croyance n'est que crédulité malsaine.

> Pour résumer : c'est un tort pour tous, partout et toujours que de croire quoi que ce soit sur une évidence insuffisante [2].

Telle est la formule de ce qu'on appellera le Principe de Clifford.

Face à une telle exigence d'éthique de la croyance (ou d'éthique intellectuelle), le « Défenseur de la foi » peut adopter plusieurs attitudes. La première revient à relever le défi fondationnaliste : trouver l'évidence *suffisante* pour autoriser la croyance religieuse – en bref, prouver l'existence de Dieu. C'est la solution traditionnelle par la théologie naturelle, celle qu'on rencontre chez saint Anselme, avec l'argument ontologique, *a priori*, ou chez saint Thomas, avec des preuves *a posteriori*. Les philosophes analytiques de la religion n'hésitent pas à la pratiquer. Alvin Plantinga, au moins

1. Cité, *ibid.*
2. *Ibid.*

il y a quelques années encore, et Richard Swinburne aujourd'hui, ont défendu respectivement une preuve ontologique et une preuve *a posteriori* [1]. La seconde attitude conteste que les croyances religieuses soient vraies ou fausses. On ne peut attendre d'une évidence empirique leur justification. L'apologétique est risible, qu'elle soit positive, Dieu existe, ou négative, Dieu n'existe pas. On suit (ou croit suivre) Wittgenstein [2] : non seulement les croyances religieuses sont immunisées contre toute critique rationnelle visant à les détruire, mais encore elles rendent vaine toute tentative de justification rationnelle. La troisième attitude ne va pas à l'encontre de la première, mais elle met en question le Principe de Clifford, au moins sous la forme qu'il lui a donnée. Elle conteste cependant la critique wittgensteinienne de l'apologétique, sans pour autant accepter l'identification de l'épistémologie de la croyance religieuse avec la théologie naturelle, au moins conçue étroitement comme la formulation de preuves de l'existence de Dieu.

CONVIENT-IL DE RELEVER LE DÉFI FONDATIONNALISTE ?

On ne reprendra pas ici l'argument anselmien, les cinq voies thomistes, et toutes les discussions dont ils ont été l'occasion. Nous serions déportés de la question de la pertinence et du statut de l'épistémologie de la croyance religieuse vers celle de la validité des preuves traditionnelles. Or, pour l'épistémologie, l'identification de l'épistémologie de la croyance religieuse avec la question des preuves de l'existence de Dieu a ce défaut qu'elle place la charge de la preuve du côté du croyant. Un des multiples intérêts de l'épistémologie religieuse développée par Alvin Plantinga est de contester ce point de vue extérieur adopté sur la croyance [3]. Qu'on soit ou non en accord avec la thèse selon laquelle la croyance en l'existence de Dieu est une croyance de base [4] n'exigeant aucune justification, il reste que les arguments théistes sont généralement élaborés *du point de vue de l'incroyant.*

1. Voir A. Plantinga, *The Nature of Necessity*, Oxford, Clarendon Press, 1974, chap. X; R. Swinburne, *The Existence of God*, Oxford, Clarendon Press, 1991 (rev. ed); *Is There a God?*, Oxford University Press, 1996. Voir aussi le texte de R. Swinburne dans ce volume et celui de S. Bourgeois-Gironde.

2. Principalement, ce qu'il dit dans ses « Leçons sur la croyance religieuse », dans *Leçons et conversations*, tr. fr. J. Fauve, Paris, Gallimard, 1971. Voir mon article « Wittgenstein » dans J.-Y. Lacoste (dir.), *Dictionnaire de Théologie*, Paris, P.U.F., 2e édition, à paraître.

3. Voir A. Plantinga, « Reason and Belief in God », dans A. Plantinga and N. Wolterstorff (éd.), *Faith and Rationality*, Notre Dame, IN, University of Notre Dame Press, 1983. Ce texte a été la base pour l'étude de l'« épistémologie réformée » jusqu'à la parution plus récente de A. Plantinga, *Warranted Christian Belief*, Oxford University Press, 2000.

4. Voir, dans ce volume, mon texte : « Épistémologie thomiste et épistémologie réformée ».

Descartes a persuadé un grande partie des philosophes modernes qu'une croyance n'est justifiée que si elle est évidente par elle-même, ou si l'on possède une autre croyance de laquelle sa vérité s'ensuit. L'évidence, chez Descartes, prend la forme d'une idée claire et distincte, garantissant sa propre validité ; chez d'autres philosophes, empiristes, l'évidence est une vérification. Cette conception fondationnaliste[1] est souvent présentée aux apprentis philosophes comme le *nec plus ultra* de la rationalité et comme l'honneur de la philosophie. Philosopher revient à mettre en question tout l'édifice de la connaissance reçue afin de la fonder philosophiquement. Sous sa forme cartésienne paradigmatique, cette prétention suppose un doute universel échouant sur une première certitude, je pense, donc je suis, puis d'autres certitudes, que la première étaye.

Or, comme le montre abondamment Wittgenstein dans *De la certitude*[2], il y a au moins cinq raisons de penser que la conception cartésienne du doute est indéfendable. (1) Les doutes supposent des raisons de douter. (2) Les doutes doivent faire une différence dans la pratique ; ils ne peuvent être purement spéculatifs, sauf à être purement verbaux. (3) Les doutes présupposent la maîtrise de jeux de langage (et de tout ce qui socialement les accompagne). (4) Aucun doute ne peut porter sur tout à la fois (c'est simplement absurde). (5) Le doute présuppose donc la certitude (puisqu'il ne peut porter sur tout à la fois).

> Ce n'est pas que nous ne puissions pas nous livrer à une investigation sur tout, bien forcés ainsi de nous contenter de présuppositions. Non. Si je veux que la porte tourne, il faut que les gonds soient fixes[3].

Dès lors, il devient difficile de parler d'une première certitude, acquise au terme d'un doute universel et à partir de laquelle on pourrait reconstruire l'édifice de la connaissance. À suivre Wittgenstein, cela appartient assez typiquement au type de prétentions fondationnalistes que les philosophes, tout particulièrement les philosophes modernes, ont pu avoir. Elles témoignent d'une forme de pathologie philosophique : prendre un terme, ici le mot « doute », et en faire un usage affranchi de toutes les conditions dans lesquelles il a d'habitude une signification. On l'a déjà dit, quand on doute, c'est pour des raisons qu'on ne s'impose pas, on doute de certaines choses et non de tout, etc.

1. On parle souvent à cet égard d'une thèse évidentialiste et non pas fondationnaliste – Plantinga par exemple. Pour des raisons données dans mon article plus loin dans ce volume, je crois qu'il y a une différence entre les deux, qu'on peut être évidentialiste sans être fondationnaliste (même si Descartes soutient les deux positions).

2. L. Wittgenstein, *De la certitude*, tr. fr. J. Fauve, Paris, Gallimard, 1976.

3. *Ibid.*, § 343.

Comme exigence d'une preuve justifiant la croyance en l'existence de Dieu, le défi évidentialiste est directement issu de ce mode de raisonnement selon lequel tant qu'une croyance n'est pas fondée, nous sommes privés du droit épistémique de l'entretenir[1]. Chez saint Thomas, les cinq voies ne répondent pourtant pas à une exigence fondationnaliste; elles appartiennent au projet de la théologie naturelle comme effort pour justifier les croyances religieuses sans en présupposer aucunes, mais elles ne sont pas des raisons de croire. Comme le dit Kretzmann, « l'échec de tous les arguments connus en faveur de l'existence de Dieu pourrait ne rien signifier de plus que ceci : la théologie naturelle n'est pas encore parvenue à faire ce qu'elle cherche à faire »[2]. Personne ne pense que sa croyance en l'existence du monde extérieur, en celle de ses proches tout particulièrement, est fondée sur le type de raisons que donne Descartes : la croyance en l'existence d'un Dieu vérace qui garantit notre tendance naturelle à croire que nos idées sont causées par le monde extérieur. Qui s'en trouve pour autant jeté dans des abîmes de scepticisme – sauf à faire son philosophe? Certes, Descartes ne dit rien d'autre quand il distingue certitude morale et certitude métaphysique[3]. Mais il reste à savoir si cette distinction est tenable dans la mesure où elle suppose la possibilité du genre de doute qu'elle présuppose. Les mathématiques pâtissent-elles vraiment de l'absence de certitude complète sur l'existence et la nature des nombres? Les mathématiciens seraient-ils si profondément irrationnels? Croire le contraire constitue une illusion courante chez les philosophes, et peut-être, chez eux, une sorte de complexe.

Critiquant Descartes, Thomas Reid est conduit à faire la remarque suivante :

> Nous sommes nés sous la nécessité d'avoir confiance dans notre capacité de raisonnement et de jugement, et le plus grand sceptique ne peut maintenir une croyance réelle de leur caractère trompeur pendant un temps un peu long, car c'est faire violence à sa constitution. C'est comme un homme qui marche sur les mains, un tour que certains hommes peuvent faire à l'occasion, mais aucun homme ne peut faire ainsi un long voyage. Cessez d'admirer sa dextérité, et comme les autres hommes, il se remettra sur ses jambes[4].

1. Il est très clair que Descartes reconnaît le droit *moral* d'entretenir des croyances religieuses sous forme d'adhésion à une église, comme le montre la première maxime de sa morale provisoire. Mais justement, ce droit n'est pas *épistémique*, mais moral.

2. N. Kretzmann, *The Metaphysics of Theism*, Oxford University Press, 1997, p. 14.

3. Dans le *Discours de la méthode*, 4e partie et dans *Les Principes de la philosophie*, IV, p. 205-206.

4. T. Reid, *Essais sur les pouvoirs intellectuels de l'homme*, Essai VI, chap. v, Édition Hamilton, 1845, p. 447.

Sans entrer ici dans les détails de cette critique, elle permet pour le moins de mettre en question le défi fondationnaliste. On pourrait refuser de se voir interdire de croire ce qui n'est pas justifié en termes d'évidence rationnelle ou empirique, ou que de telles croyances soient laissées à la seule certitude morale. La *confiance* dans nos facultés se confond avec la rationalité elle-même. D'ailleurs, le projet de reconstruction totale de l'édifice de la connaissance présuppose cette confiance. C'est une pitrerie philosophique (marcher sur les mains) que de *simuler* sa suspension. Avec cette confiance, ne serait-ce pas aussi le droit d'entretenir au moins certaines de nos croyances religieuses qui est garanti ?

Comme le montre Robert Audi[1], la foi, même propositionnelle[2], n'implique pas d'avoir la croyance correspondante. Il précise qu'une « raison pour laquelle la foi (propositionnelle) peut sembler impliquer la croyance, c'est qu'elle est apparemment incompatible avec le rejet de la croyance [*disbelief*] »[3]. Mais je peux avoir la foi sans aucun sentiment de certitude, et même avec la croyance que *p* (en quoi j'ai une foi propositionnelle) n'est pas hautement probable. Si je crois que *p*, et que *p* s'avère faux, je suis étonné, et je renonce à croire que *p*, au moins dans la plupart des cas. En revanche, si j'ai la foi, je peux bien être désappointé par ce qui m'arrive ou ce qui arrive dans le monde (le mal qui s'y manifeste, par exemple), mais rien ne m'oblige alors à réviser ma foi ; car rien en elle ne suppose que je ne puisse pas être désappointé à cet égard. Si donc il s'avérait que ce que je croyais être une bonne preuve en faveur de l'existence de Dieu ne me paraisse plus du tout convaincant, cela ne serait pas une raison de renoncer à ma foi. Pas plus que si un professeur de philosophie jetait le trouble dans mes raisons de croire à l'existence du monde extérieur, je n'aurais à renoncer sur le champ à ma croyance en son existence. La différence entre foi et croyance tient au genre de *confiance* en quoi chacune d'elles consiste ; une confiance révisable pour la croyance, une confiance non révisable pour la foi[4].

1. R. Audi, « Faith, Belief, and Rationality », *Philosophical Perspectives*, 5 (Philosophy of Religion), 1991.

2. Croire que Dieu existe et non simplement croire en Dieu – si tant est que la deuxième chose soit possible sans la première.

3. R. Audi, art. cit., p. 216.

4. On pourrait alors être tenté de rapprocher cette conception de la foi de ce que Peirce appelle la « méthode de ténacité » (« Comment se fixe la croyance », dans *Textes anti-cartésiens*, tr. fr. J. Chenu, Paris, Aubier, § V). Peirce ne dit-il pas que, « dans beaucoup de cas, il peut très bien se faire que le plaisir puisé dans le calme de la foi contrebalance, et au-delà, tous les inconvénients qui résultent de son caractère décevant » et que « l'autruche, lorsqu'elle enfonce la tête dans le sable à l'approche du danger, tient vraisemblablement la conduite qui la rend la plus heureuse » (p. 277). Cette critique peircienne est forte. Mais ici on ne parle évidemment pas d'un aveuglement volontaire systématiquement irrationnel, comme semble

Pour réputer irrationnelle la foi, on a indûment identifié rationalité et justification épistémique, particulièrement sur des bases fondationnalistes, en gros cartésiennes. Or, ce qui est rationnel, *à proprement parler*, ce n'est pas une croyance, mais une *personne* qui entretient une croyance. La rationalité suppose la consistance logique de ses croyances et le fait qu'elles ne soient pas manifestement réfutées par sa propre expérience [1]. Qu'on ne puisse pas en fournir une justification sous la forme d'un fondement rationnel ou empirique en rien ne rend la foi irrationnelle. Qu'elle ne soit pas révisable montre simplement quel rôle elle joue dans le vie du croyant.

UNE CROYANCE SANS FONDEMENT

Dans *De la certitude*, Wittgenstein affirme que « la difficulté, c'est de nous rendre compte du manque de fondement de nos croyances » [2]. Comme le dit Norman Malcolm, « les vies des adultes éduqués et sophistiqués sont aussi formées par des croyances sans fondement » [3]. Les philosophes modernes n'aiment pas cette idée qui met en question leur vénération de l'évidence. Or, ce n'est pas l'évidence qui nous guide, mais la confiance, celle que nous avons acquise en agissant, en parlant et en vivant avec d'autres. C'est pourquoi le doute n'est pas un préalable à la croyance, il la suit. « L'enfant apprend en croyant l'adulte. Le doute vient après la croyance » [4], dit Wittgenstein. Le doute, la vérification, la justification, l'évidence n'ont de sens que dans un système. Dès lors, « même si nous vérifions, nous présupposons déjà ce faisant quelque chose que l'on ne vérifie pas » [5]. Il ne s'agit pas d'une faiblesse intellectuelle qu'un effort métaphysique, celui que Descartes prétend faire, permettrait de dépasser. C'est une nécessité à la fois logique et pratique. « Les propositions structurantes que nous acceptons ne sont pas idiosyncrasiques ; elles se

le faire Peirce, mais d'une rationalité de la confiance, telle qu'elle a pu être défendue par le père Buffier et Thomas Reid, sous l'appellation de *sens commun*. Il ne s'agit nullement d'ignorer les arguments athées par exemple, mais de savoir jusqu'à quel point ils peuvent avoir un effet sur la foi (ou inversement jusqu'à quel point des arguments théistes peuvent avoir un effet sur l'athée).

1. Ici, il conviendrait d'ajouter que la rationalité suppose aussi, voire surtout, l'exercice des vertus intellectuelles. Voir L. Trinkaus Zagzebski, *Virtues of Mind*, Cambridge University Press, 1996; W. Jay Wood, *Epistemology, Becoming Intellectually Virtuous*, InterVarsity Press, Downers Groove, IL, 1998.

2. L. Wittgenstein, *De la certitude*, *op. cit.*, § 166.

3. N. Malcolm, *Thought and Belief*, Ithaca, Cornell University Press, 1977, chap. 9 : « The Groundlessness of Belief », p. 199.

4. *De la certitude*, *op. cit.*, § 160.

5. *Ibid.*, § 163.

forment à l'intérieur des façons communes de parler et de penser qui nous sont données par notre communauté »[1], indique Malcolm; « l'accord ne se fait pas sur les opinions, mais dans une forme de vie »[2], affirme Wittgenstein. Pour lui, c'est l'une des pathologies majeures de la philosophie de présupposer que nous *devons* justifier, voire fonder, nos jeux de langage, et que l'activité philosophique consisterait à en cela[3].

Pour Malcolm, « la religion est sans fondement, comme la chimie »[4]. À l'intérieur de chacune d'elles, il y a controverse et argument, critique, justification, explication, avancées et régressions intellectuelles. Mais il n'y a pas de justification rationnelle du cadre de référence lui-même. Le chimiste ne commence évidemment pas par examiner la validité de l'induction avant de raisonner sur les questions qu'il se pose. Quand l'historien commence à s'interroger sur l'histoire elle-même, il n'est plus historien. De la même façon, « l'intérêt obsessionnel pour les preuves [de l'existence de Dieu] manifeste le présupposé qu'une croyance religieuse, pour être respectable, *doit* avoir une justification rationnelle »[5]. Or, une croyance est essentiellement dispositionnelle. Croire en Dieu, c'est, par exemple, avoir tendance à prier en certaines circonstances, au moins dans les moments difficiles ou dans les moments particulièrement heureux de l'existence, se sentir alors aidé, soutenu, avoir le désir de remercier, avoir mauvaise conscience quand on a agi d'une certaine façon, etc. Il y a ainsi dans l'attitude religieuse quelque chose de primitif, au sens où l'explication s'arrête en constatant le rôle qu'elle joue dans des formes de vie, sans en donner une justification extérieure.

> Pourquoi n'y aurait-il pas une forme de vie qui trouverait son point culminant dans une profession de croyance en un Jugement dernier? Mais je ne pourrais dire oui ou non lorsqu'on me déclare qu'une telle chose arrivera. Non plus que « peut-être » ou « Je n'en suis pas sûr »[6].

Croire en un Jugement dernier et croire qu'il y a de la bière dans le réfrigérateur, ce ne sont pas deux croyances du même ordre. La première n'attend pas une confirmation ou une infirmation[7]. Elle change votre vie.

1. *Thought and Belief*, *op. cit.*, p. 203.
2. L. Wittgenstein, *Investigations philosophiques*, tr. fr. P. Klossowski, Paris, Gallimard, 1961, § 241, (ma traduction).
3. Voir J.-P. Cometti, *Philosopher avec Wittgenstein*, Paris, P.U.F., 1996.
4. *Thought and Belief*, *op. cit.*, p. 208.
5. *Thought and Belief*, *op. cit.*, p. 211.
6. L. Wittgenstein, « Leçons sur la croyance religieuse », *op. cit.*, p. 114.
7. L'expression (devenue courante) de « fidéisme wittgensteinien » semble pourtant incorrecte, car si la religion constitue une pratique, elle n'a pas plus à être fondée *contre* que *sur* une évidence théorique. Le fidéiste pense que la foi *humilie* la raison et peut dès lors jouer son rôle salvateur. Cet important aspect du fidéisme me semble absent chez Wittgenstein.

> Imaginez qu'on dise d'une certaine image qu'elle aurait le rôle de me rappeler constamment à mes devoirs, ou que je ne cesse de penser à elle. Il y aurait une énorme différence entre les gens pour qui cette image serait constamment au premier plan et les autres qui tout bonnement n'en feraient absolument aucun usage[1].

Les intellectuels occidentaux contemporains sont souvent persuadés que croire dans le contenu du *Credo,* c'est-à-dire croire en Dieu le Père Tout-Puissant, Créateur du ciel et de la terre, en Jésus-Christ, au Saint-Esprit, mais aussi, par exemple, à la résurrection de la chair, etc., n'est tout simplement pas *sérieux.* À la limite, il peuvent accepter une telle croyance si elle prend une forme non littérale: y croire, c'est défendre certaines valeurs dont le *Credo* serait l'énoncé métaphorique. Croire au Jugement dernier, ce serait simplement être attentif à ne pas vivre de façon égoïste. Se développe ainsi une conception *anti-réaliste*[2] de la religion : nous pouvons faire *comme si* Dieu existait et *comme si* nos croyances religieuses avaient des objets réels. La religiosité est acceptable si elle est une forme de générosité morale à forte teneur spirituelle. Le discours religieux serait une métaphore de choix existentiels; il ne porte pas sur une réalité indépendante de ces attitudes elles-mêmes. Le discours religieux *exprime* nos convictions; il ne peut pas réellement les lier à une réalité transcendante. Cela explique pourquoi l'intellectuel croyant d'aujourd'hui se sent souvent plus à l'aise dans le commentaire culturel, historique, textuel[3], que dans la défense *frontale* de sa croyance. On peut se demander si cet affadissement *anti-réaliste* du discours religieux ne le conduit pas à une attitude religieuse si frileuse qu'elle vide simplement la croyance religieuse de son contenu[4]. Ne devient-il pas alors difficile de distinguer cette attitude de formes parfaitement laïques de solidarité humaine ?

1. *Ibid.*, p. 112.

2. Par anti-réalisme, on entend la thèse selon laquelle nous ne pouvons pas appréhender la réalité elle-même, qu'elle n'est qu'une projection de nos catégories. Un anti-réalisme moral consiste à affirmer qu'il n'y a pas de faits moraux auxquels une connaissance morale devrait se conformer.

3. À cet égard, une forme d'herméneutique affirme que « le Sens » est ce qui importe principalement, et que les textes bibliques ne sont donc pas à prendre au pied de la lettre.

4. Dans le monde anglo-américain, l'extrême pointe de cet anti-réalisme se trouve chez D. Cuppitt, par exemple dans *The Sea of Faith*, Cambridge University Press, 1984. Pour une critique de ce « déconstructionisme » religieux, voir R. Trigg, *Rationality and Religion*, Oxford, Blackwell, 1998. En France, l'anti-réalisme religieux a souvent été considéré comme la forme que pourrait prendre la religion après le Concile Vatican II, en permettant d'intégrer à la religion ce qu'on présente comme « l'apport des sciences humaines », en particulier de la psychanalyse et de la sociologie.

Cette conception anti-réaliste est parfois présentée comme proprement wittgensteinienne, par exemple dans les travaux de Dewi Z. Phillips[1]. Quoi qu'il en soit de la pertinence de cette interprétation de Wittgenstein[2], c'est plutôt Kant auquel on pourrait attribuer cette thèse puisqu'il voyait dans la croyance religieuse un élément de son analyse, elle-même anti-réaliste, de la moralité. Les postulats de la raison pratique, auxquels appartiennent l'immortalité de l'âme et l'existence de Dieu, sont des propositions théoriques qui ne peuvent être *prouvées* ni justifiées empiriquement, mais qui sont liées à un loi *pratique* ayant *a priori* une valeur inconditionnée[3]. L'exigence morale chez Kant postule l'immortalité de l'âme et l'existence de Dieu. C'est dans le contexte proprement humain que la religion est une *métaphore* de la moralité authentique. Comme le dit P. Helm, « pour Kant, la croyance en Dieu est liée de façon interne à la pratique de certains devoirs moraux ou au moins, à l'intelligibilité de l'intention de les pratiquer. Dieu n'a de réalité qu'en tant qu'instance morale ; il n'a aucune réalité dans les mots de la science ou de la religion »[4].

On pourrait rappeler le passage de saint Paul, dans la *Première Épître aux Corinthiens* (15, 14) : « Si le Christ n'est pas ressuscité, vide alors notre message, vide alors votre foi ». Comment la foi peut-elle survivre à une conception qui en ferait simplement un phénomène humain comme un autre, même aussi élevé que celui de la moralité ? La croyance religieuse est-elle compatible avec une réponse *négative* à la question de savoir si Dieu existe *au sens strict,* et non comme simple postulat de la raison pratique ? La foi consiste dans l'assentiment complet malgré l'absence du genre de certitude qu'on peut avoir quand on *voit* les choses directement, infailliblement (intuition pure ou constat empirique). Cela implique à la fois une réelle modestie épistémique, mais aussi l'assurance d'avoir affaire à une réalité. Que la réalité qui donne sens à l'attitude religieuse ne lui soit pas épistémiquement extérieure ne l'empêche certainement pas d'être une réalité à part entière. On ne peut s'empêcher de penser que, si la foi est parfaitement indifférente à la réalité de ce sur quoi elle porte, elle est, si ce n'est irrationnelle, du moins fort anémiée. Or, la foi peut-elle s'anémier

1. *Wittgenstein and Religion*, Londres, The MacMillan Press, 1993. Voir aussi *Faith after Fondationalism*, Londres, Routledge, 1988.

2. On ne peut ici, même brièvement discuter cette interprétation. Car, ce serait vraisemblablement toute l'interprétation anti-réaliste de Wittgenstein, me semble-t-il aujourd'hui dominante, qu'il conviendrait d'examiner d'un regard critique. Ce n'est pas l'interprétation que des « thomistes analytiques », G. E. M. Anscombe, P. Geach ou A. Kenny, ont privilégié (voir R. Pouivet, *Après Wittgenstein, saint Thomas*, Paris, P.U.F., 1997).

3. Voir E. Kant, *Critique de la raison pratique*, L. II, chap. II, § IV-VI.

4. P. Helm, *Faith and Understanding*, Edinburgh University Press, 1977. Helm fait aussi le rapprochement avec les thèses de D. Z. Phillips.

sans simplement disparaître, à la différence de la croyance, dont le degré peut être faible? Comment l'anti-réaliste pourra-t-il interpréter cette confiance dans nos facultés, dont il a déjà été question, et qui nous conduit à avoir une interprétation spontanément *réaliste* de nos croyances religieuses? Conviendrait-il de renoncer à cette confiance? Wittgenstein n'y encourage pas :

> Ne dois-je pas commencer quelque part à *faire confiance*? C'est-à-dire : il faut que quelque part je commence à ne pas douter; et ce n'est pas là, pour ainsi dire, une procédure trop précipitée mais excusable; non, cela est inhérent à l'acte de juger [1].

L'Autre Principe de Clifford

Si l'on refuse d'identifier l'épistémologie de la croyance religieuse avec la question de la validité des preuves de l'existence de Dieu, si l'on refuse aussi de dire que les croyances religieuses, parce qu'elles sont insérées dans des pratiques et des formes de vie, ne requièrent aucune forme de garantie d'aucune sorte, quelle position adopter? La subtile distinction proposée par Peter Van Inwagen entre le Principe de Clifford et ce qu'il appelle *l'Autre Principe de Clifford* apporte peut-être une réponse à cette question [2]. Rappelons la formule du Principe.

> Pour résumer : c'est un tort pour tous, partout et toujours que de croire quoi que ce soit sur une évidence insuffisante [3].

La formule de l'Autre Principe serait la suivante :

> Il est mauvais, toujours, partout et pour quiconque, d'ignorer l'évidence pertinente relative à ses croyances ou d'écarter trop aisément l'évidence pertinente [4].

Pour Van Inwagen, Clifford confondait les deux principes. Cela le conduisait à penser que les croyants ont renoncé à examiner l'évidence pertinente qui les aurait pourtant conduits à renoncer à leurs croyances. Or, les croyants ne violent pas l'Autre Principe, pas plus que la plupart de ceux

1. *De la certitude*, *op. cit.*, § 150, (mes italiques).

2. Voir P. Van Inwagen, *The Possibility of Resurrection and Other Essays in Christian Apologetics*, Boulder, Colorado, Westwiew Press, 1998, chap. 2 : « It is Wrong, Everywhere, Always, and for Anyone, to Believe Anything upon Insufficient Evidence ».

3. Clifford, *op. cit.*, p. 269.

4. *Ibid.*, p. 37.

qui entretiennent des croyances philosophiques ou politiques[1]. L'Autre Principe de Clifford n'est pas moins éthique que le Principe. Il a cependant sur lui l'avantage de ne pas éradiquer nos croyances. Car, quelles sont celles qui survivraient à l'application du Principe de Clifford ?

Croyez-vous que si vous fumez, vous augmentez le risque de souffrir un jour du cancer ? L'évidence en faveur de cette croyance est grande, mais essentiellement statistique. Dès lors, est-elle suffisante pour que vous y croyiez *pour vous* ? En quoi consiste une évidence suffisante pour entraîner une honnête croyance dans la théorie de la relativité, par exemple, ou dans les thèses centrales de la mécanique quantique ? Et même, ne m'est-il pas possible d'avoir quelques doutes au sujet de la physique newtonienne, justement parce que je sais qu'elle n'est finalement qu'un cas particulier dans la théorie de la relativité ? Dès lors, comme l'armateur de l'article de Clifford, ne suis-je pas malhonnête en expliquant la loi de la chute des corps en termes newtoniens ? Ainsi, c'est seulement parce que Clifford fait porter toute la charge de la preuve sur les croyances religieuses qu'il ne s'aperçoit pas que son propre Principe serait redoutable pour toutes nos croyances rationnelles, même et surtout scientifiques, non seulement pour les croyances religieuses et celles des armateurs malhonnêtes.

On ne fera pas l'économie de la question de savoir pourquoi les croyances religieuses sont à ce point jugées épistémiquement déficientes par un nombre important d'intellectuels.

Dans son *Commentaire du Symbole des Apôtres* (1)[2], saint Thomas fait le raisonnement suivant :

> – Tous les hommes ont cru dans des idoles.
> – Aujourd'hui, beaucoup d'hommes sont convertis au Christ : des sages, des riches, des puissants et la multitude.
> – Ils ont été convertis par les prédications de simples gens, peu nombreux et pauvres, prêchant la pauvreté et le rejet des délices sensuels.
> – Ce fait est miraculeux ou il ne l'est pas.
> – S'il est miraculeux, on a montré ce que l'on voulait : l'existence de Dieu dans laquelle il est demandé de croire.
> – S'il n'est pas miraculeux, il ne peut pas y avoir de plus grand miracle que le monde puisse avoir été converti sans miracle.

Ce raisonnement vous paraît-il concluant ?

Exposé plusieurs fois à des étudiants en philosophie, il a provoqué l'étonnement (amusé et un peu gêné) de certains, et conduit la plupart à

1. En revanche, Clifford ne viole-t-il pas l'Autre Principe en disant que les croyants violent *par principe* ce Principe ?

2. Voir B. Davies, *The Thought of Thomas Aquinas*, Oxford, Clarendon Press, 1992, p. 281.

traiter saint Thomas de sophiste. Essayé quatre ou cinq fois sur des « non philosophes » fort intelligents, il a attiré des remarques sur le caractère particulièrement grotesque de la pensée philosophique, son inanité, et aussi l'affirmation que ce raisonnement n'est vraiment pas *scientifique*. Or, ce raisonnement est-il pire que la plupart de ceux qu'on trouve dans les « sciences humaines » ou, par exemple, dans les articles que publient des revues renommées comme *Mind, The Journal of Philosophy* ou *La Revue de métaphysique et de morale*? Alors, pourquoi ce raisonnement aquinien a-t-il perdu de sa force au point de paraître risible ou sophistique? Pourquoi des philosophes comme Anselme, Thomas d'Aquin, Duns Scot, Ockham, dont les exigences en matière d'argumentation n'étaient pas particulièrement basses, ont pu trouver des raisonnements de ce genre plutôt satisfaisants? Peut-on continuer à lire ces philosophes (et à les enseigner) tout en étant convaincu qu'ils ont été intellectuellement malhonnêtes puisqu'ils ont eu des croyances religieuses (cela paraît difficile de le nier) qu'ils n'avaient pas le droit épistémique d'avoir? Faut-il séparer dans leur pensée le bon grain philosophique de l'ivraie théologique? Or, même s'ils ne confondaient pas philosophie et théologie, ils ne semblent pas du tout avoir eu deux registres argumentatifs.

Avec Van Inwagen[1], on peut parler d'une Thèse de la différence. Elle consiste à soutenir que les croyances religieuses exigent des critères épistémiques plus stricts que n'importe quel autre type de croyances, par exemple les croyances philosophiques ou politiques. Et même si on n'exige pas de critères plus stricts, on considère que les croyances religieuses satisfont ces critères communs (ou moyens) beaucoup plus mal que n'importe quel autre type de croyances. La thèse de la différence est vraisemblablement issue de la philosophie des Lumières et du scientisme. Mais elle fait aussi le bonheur des irrationalistes, puisqu'elle porte à caractériser les croyances religieuses comme relevant d'une expérience inouïe, irréductible à toute forme de rationalité, et même rebelle à la pensée rationnelle.

Wittgenstein dit que « nous utilisons des jugements comme principes de l'acte de juger. [...] C'est ainsi que j'ai appris à juger; c'est *cela* que j'ai appris à connaître comme jugement »[2]. La Thèse de la différence revient peut-être moins à établir un critère « sérieux » de rationalité qu'à promouvoir certains jugements comme critères. Nos croyances scientifiques sont massivement acquises de façon « autoritaire », sur la base de l'enseignement. Remarquons que c'est la façon la plus courante d'acquérir la plupart de nos croyances, sans que pour autant nous soyons jetés dans des abîmes de perplexité, rongés d'inquiétude épistémique à l'idée du déficit

1. *The Possibility of Resurrection*, *op. cit.*, p. 35.
2. *De la certitude*, *op. cit.*, § 124, § 129.

de justification que cela entraîne[1]. Simplement, beaucoup d'intellectuels aujourd'hui ne peuvent tolérer ce mode d'acquisition *pour les croyances religieuses.* Ils diront que c'est très *différent.* Mais la différence est présupposée par une exigence démesurée d'un côté, le religieux, avec une exigence fondationnelle radicale, et une exigence plus raisonnable de l'autre, une souplesse bienveillante. Avec Van Inwagen, on peut donc être tenté de penser que le « double critère, [strict pour les croyances religieuses, généreux pour les croyances politiques ou philosophiques], consiste à élaborer pour la croyance religieuse un test qu'elle ne peut pas passer et à ignorer savamment le fait que très peu de nos croyances dans n'importe quel domaine pourraient passer ce test »[2].

Conclusion

La foi ne résulte pas de l'évidence rationnelle démonstrative ou de l'évidence empirique. C'est ce qui conduit saint Thomas à la présenter comme un *don,* une grâce divine[3]. Mais en quoi cela devrait-il empêcher d'indiquer les bonnes raisons en faveur de ce en quoi on a foi – pour un Chrétien, le contenu du *Credo* – et de défendre la rationalité de la croyance religieuse ? Des arguments non coercitifs n'en sont pourtant pas dépourvus de valeur épistémique. En quelque domaine que ce soit, critique d'art, sciences humaines, gastronomie, philosophie, etc., la plupart des arguments donnent des raisons de croire, même s'ils n'entraînent pas par eux-mêmes la croyance. Et quand ils sont bons, ils donnent de bonnes raisons de croire. Les croyances religieuses n'échappent pas à la règle. C'est pourquoi il peut y avoir une épistémologie de la croyance religieuse, un examen des raisons de croire. Peut-être en existe-t-il de bonnes. Au moins, en philosophie, cela se discute.

La croyance religieuse ne saurait se réduire à une herméneutique de textes, sacrés ou simplement profonds, ou à la phénoménologie de l'expérience religieuse. Pas plus ne peut-elle être intégralement confondue avec l'entrelacement de l'herméneutique et de la phénoménologie qui occupe une place importante dans la philosophie de la religion, à tel point qu'on a pu parler d'un « tournant théologique de la phénoménologie

1. Il conviendrait ici d'examiner ce que Reid appelle « le principe de crédulité », par exemple dans *An Inquiry into the Human Mind on the Principles of Common Sense*, chap. 6, sect. 24.

2. *The Possibility of Resurrection*, *op. cit.*, p. 41.

3. Saint Thomas, *Somme Théologique*, IIaIIæ, 7, 1-2.

française »[1]. La croyance religieuse pourrait aussi, très classiquement, être une affaire de rationalité, et donc d'arguments. C'est la voie tracée depuis quelques années dans la philosophie analytique de la religion.

Des arguments en faveur de la croyance religieuse, nous n'en avons ici donnés aucun. On espère simplement avoir montré que le projet argumentatif en philosophie de la religion ne peut être *a priori* rejeté, et avoir justifié ainsi l'appellation d'« épistémologie de la croyance religieuse ».

Roger POUIVET

1. D. Janicaud, *Le tournant théologique de la phénoménologie française*, Combas, Éditions de l'Éclat, 1991. Avec des notions comme celle de l'inapparent, de l'Invisible, de l'Autre, de l'auto-affection ou de la donation pure chez des philosophes influencés par la phénoménologie, comme E. Lévinas, J. -L. Marion, ou M. Henry, la motivation religieuse est manifeste.

L'ARGUMENT ONTOLOGIQUE

LES INGRÉDIENTS CONSTITUTIFS DE L'ARGUMENT ONTOLOGIQUE

Nous étudierons ici en priorité l'argument qu'Anselme de Canterbury a proposé dans le deuxième chapitre du *Proslogion* et qui est connu dans la littérature philosophique sous le nom d'« argument ontologique ». Nous conserverons de ce court chapitre l'extrait suivant qui présentent plusieurs éléments qui contribuent à une version complète de l'argument ontologique, mais qui peuvent aussi, pour certains, être pris en eux-mêmes et former le principe d'un type particulier de preuve de l'existence de Dieu.

> Or nous croyons que tu [Seigneur] es quelque chose dont on ne peut rien concevoir de plus grand. [...]. Avoir une chose dans la pensée n'est pas la même chose que comprendre que cette chose existe. [...] Or donc, l'insensé lui-même doit convenir qu'il y a dans l'intelligence quelque chose dont on ne peut rien concevoir de plus grand, parce que lorsqu'il entend [cette expression], il la comprend, et tout ce que l'on comprend est dans l'intelligence. Et certainement ce dont on ne peut rien concevoir de plus grand ne peut être dans l'intellect seul. En effet, s'il n'était que dans l'intelligence, on aurait pu penser qu'il soit aussi en réalité : ce qui est plus. Or donc, si l'être dont on ne peut concevoir de plus grand est dans l'intelligence seule, cette même entité, dont on ne peut rien concevoir de plus grand, est quelque chose dont on peut concevoir quelque chose de plus grand : mais certainement ceci est impossible. Par conséquent il n'y a aucun doute que quelque chose dont on ne peut rien concevoir de plus grand existe et dans l'intelligence et dans la réalité [1].

Un élément constitutif de cet argument sur lequel nous insisterons particulièrement a trait à l'usage de la notion de concevabilité. Celle-ci peut être envisagée comme une modalité épistémique ou alors être traduite sous

1. Anselme (saint), *Proslogion*, traduction par A. Koyré, Paris, Vrin, 1930.

la forme d'une modalité aléthique ou métaphysique. Les deux lectures de la concevabilité ne sont pas aisément conciliables. Un autre élément, tout aussi constitutif de l'argument, est la différence qu'il propose entre l'existence dans l'entendement ou dans l'intellect (*esse in intellectu*) et l'existence dans la réalité (*esse in re*). Un troisième aspect concerne l'idée de grandeur et plus généralement celle de perfection divine. Nous montrerons en quoi le caractère conclusif de l'argument repose sur une certaine compréhension de ce qui fait la grandeur d'une entité ou de ce qu'est une perfection.

Enfin il est possible d'isoler d'autres éléments qui apparaissent dans la preuve et de tenter de voir en quoi ils peuvent constituer par eux-mêmes les prémisses d'une argumentation ontologique. Ainsi la description définie « quelque chose dont on ne peut rien concevoir de plus grand » forme, selon Anselme, un nom ou une « signification » de Dieu. Elle peut être au principe de deux reconstructions de l'argument : l'une tirant partie du caractère définitionnel de cette signification, l'autre basée sur une admission, non classique, des descriptions définies dans un cadre logique du premier ordre. Nous étudierons le second type de reconstruction.

Mais ces différents aspects de l'argument ontologique peuvent constituer tout aussi bien une base en vue de sa réfutation. Si « par définition » Dieu est celui par rapport à qui rien de plus grand ne peut être connu, l'inférence qui conduit de cette définition à l'existence de Dieu doit écarter le risque de la présence d'une pétition de principe à une étape quelconque de l'argument qui invaliderait ce dernier. Une expression comme « par définition » joue dans la chaîne inférentielle censée conduire à la conclusion désirée le rôle d'un opérateur. Or il doit y avoir des conditions qui président à l'élimination de cet opérateur dans la suite d'un raisonnement. Par exemple on ne passe pas de « par définition Dieu existe » à « Dieu existe » sans commettre une faute de circularité. On peut alors se demander si l'on peut passer de « par définition Dieu est l'être le plus parfait » à « Dieu est l'être le plus parfait » et, par conséquent, à « Dieu existe » sans encourir le même risque de circularité.

La réponse à cette objection peut consister dans le fait que même si l'on concède, comme le suggère Schopenhauer, que l'argument ontologique n'est qu'une conception ou une fabrication de l'esprit à partir de toutes sortes de prédicats, l'existence n'est pas à son tour artificiellement introduite par définition ou par postulat à l'intérieur de l'argument comme le seraient ces autres prédicats. Autrement dit la conclusion que Dieu existe, même si elle est obtenue à partir d'une série de prémisses posées de manière définitionnelle, ne se tient pas elle-même dans la portée d'un opérateur du type de « par définition ». L'argument pose, d'une manière ou d'une autre, la conception d'une entité la plus grande ou la plus parfaite et soutient qu'à moins d'incorporer la notion d'existence à cette conception, elle devient incohérente. Le problème n'est donc pas spécialement d'ajouter à une certaine conception de Dieu le concept d'existence, il est plutôt de montrer que si l'on soustrait à cette conception le concept d'existence, il n'y a plus de conception, ce qui est absurde.

On peut développer une ligne d'argumentation plus générale pour montrer que l'existence de Dieu ne saurait être connue comme l'ensemble des prédicats qui forment la définition, la signification ou l'idée de Dieu sur lesquelles prend appui l'argument ontologique. Une telle ligne a pour avantage supplémentaire de préciser en quoi l'existence n'est pas utilisée comme un prédicat de premier ordre et donc de constituer une première réponse à l'objection célèbre, censée avoir définitivement disqualifié l'argument ontologique, selon laquelle l'existence n'est pas un prédicat. L'idée principale qui sous-tend cette ligne d'argumentation est que l'existence n'est pas une propriété d'individus mais une propriété de propriétés – c'est-à-dire une propriété de second ordre. En regroupant un ensemble de propriétés de premier ordre en un concept cohérent on ne définit pas dans l'existence la chose ainsi caractérisée. Lorsque nous rassemblons des prédicats de premier ordre pour former un concept, nous construisons en même temps l'objet auquel ces prédicats sont attribués. Une telle démarche intellectuelle est très distincte de celle qui consisterait à considérer que l'objet nous est d'abord donné et qu'il faudrait ensuite découvrir ses différents prédicats – l'objet est construit à travers les prédicats qu'on lui assigne. Le mode d'inhérence de Dieu à mon esprit, sous la forme d'une signification accessible à mon intelligence, est donc avant tout la concevabilité d'un ou de plusieurs prédicats. En revanche ce qui est découvert au terme du raisonnement qui prend pour prémisses ces prédicats concevables est bien la propriété de second ordre attribuée alors au concept de Dieu, à savoir l'existence de ce dernier.

On pourrait cependant objecter, comme l'a fait Mavrodes[1], que le prédicat qui forme le point de départ conceptuel de l'argument d'Anselme n'est pas lui-même un prédicat de premier ordre. « Être quelque chose dont on ne peut rien concevoir de plus grand », que l'on peut abréger sous la forme du prédicat « éminent », s'apparenterait en réalité à une propriété de second ordre. Cela signifie, si l'on suit la distinction épistémique proposée dans le paragraphe précédent entre propriétés de premier ordre et propriétés de second ordre, que l'éminence ne pourrait, pas plus que l'existence, être stipulée ou posée comme faisant partie du concept d'un objet, mais

1. G. Mavrodes, « Properties, Predicates, and the Ontological Argument », *Journal of Philosophy*, 63, 1966.

seulement être découverte au terme d'une enquête réalisée à partir d'un certain ensemble de prédicats du premier ordre formant ce concept. La réponse naturelle à cette objection serait d'envisager la possibilité que l'éminence, qui est la signification sous laquelle Dieu se présente à l'esprit, est la spécification d'un certain concept, nommément « le concept qui a la propriété d'éminence ».

Comment peut-on comprendre cette spécification ou stipulation de second ordre ? Soit par exemple le nombre premier qui a la propriété d'être situé entre 3145760 × 10 et 3145761 × 10. Peut-être n'y en a-t-il pas, peut-être y en a-t-il plus d'un. Ce qui est sûr est qu'il n'y a qu'un seul concept de la sorte. Si toutefois il s'avère que c'est une vérité nécessaire qu'il n'y ait qu'un seul nombre premier ainsi conceptuellement spécifié, la nécessité du concept provient de la structure mathématique du système des nombres naturels et non de la stipulation que ce concept a nécessairement une application définie. À nouveau il s'agit moins d'une stipulation que du résultat d'une investigation ou d'une découverte d'une certaine propriété de second ordre. On pourrait dire de manière analogue que la propriété d'éminence vise à décrire la structure logique de l'ensemble des propriétés possibles de premier ordre formant le concept de Dieu.

Les propriétés d'éminence et d'existence pourraient donc être toutes deux considérées comme des propriétés du second ordre. Une telle hypothèse aurait l'avantage de présenter un cadre cohérent et homogène afin d'envisager la transition logique au sein de l'argument ontologique de la première à la seconde de ces propriétés. Nous envisagerons dans la prochaine section la possibilité d'un cadre logique au sein duquel la propriété d'éminence est interprétée comme une description définie s'appliquant à quelque chose duquel l'existence peut sans contradiction être prédiquée. Un tel cadre logique, étant donné les présupposés épistémiques sur lesquels il repose, ne consiste donc pas en une explicitation formelle du fait de concevoir en l'esprit une signification de Dieu qui entraînerait son existence. On ne saurait en effet concevoir de telles propriétés de second ordre. L'interprétation de l'argument ontologique comme un argument de concevabilité serait donc par principe mieux explicité au sein d'un système de logique modale. Il est difficile, en effet, de se départir complètement de l'intuition que l'argument avancé par Anselme dans le *Proslogion* fait appel à la modalité épistémique de concevabilité et aux modalités métaphysiques de possibilité et de nécessité. Une des difficultés centrales de sa reconstruction analytique est donc la réconciliation des propriétés de second ordre qui forment les ingrédients de ses prémisses et de sa conclusion et des modalités qui semblent présider à la transition des unes à l'autre.

L'ÊTRE, L'EXISTENCE ET LA DESCRIPTION DÉFINIE « QUO NIHIL MAJUS COGITARI POSSIT »

L'argument ontologique présente une différence entre être et existence. Cette différence peut-être comprise comme la différence logique entre le fait de quantifier sur « x », de dire qu'il y a une chose telle que x (∃y (y = x)) et de prédiquer l'existence de « x », de dire que x a la propriété d'existence, (que nous noterons E!x). On peut ainsi tenter de montrer que l'argument ontologique est la découverte d'un moyen d'inférer l'existence de Dieu à partir de la position de son être. Le deuxième point important est, comme on l'a vu, l'expression « quelque chose dont on ne peut rien concevoir de plus grand» (« *quo nihil majus cogitari possit* »). On peut dire de cette expression qu'elle forme une description définie. Si l'on veut que la transition entre être et existence se déroule correctement, il est sans doute crucial de ne pas éliminer syntaxiquement, à la manière de Russell, les descriptions définies au sein de cette inférence.

L'argument ontologique doit donc être interprété dans le cadre de ce que l'on nomme une logique libre; c'est-à-dire une logique qui ne présuppose pas l'existence des entités liées par des quantificateurs ni l'engagement ontologique des descriptions définies. Autrement dit, au sein de cette logique, on refuse de se servir du quantificateur existentiel pour asserter l'existence de quelque chose (on refuse l'équivalence E!x = ∃y (y = x)). Si on adoptait une telle équivalence, une distinction qui semble cruciale pour l'argument d'Anselme s'effondrerait.

Le rejet d'une telle équivalence a été fructueux pour la métaphysique contemporaine et a permis notamment le développement d'une nouvelle théorie des objets non-existants (Parsons, 1980). La théorie de Parsons, qui renouvelle celle de Meinong, affirme qu'il y a des objets qui n'existent pas et que cette assertion est mise en évidence par la formule ∃x(¬E!x). Une telle distinction entre être et existence est extrêmement utile, par exemple, pour le traitement des énoncés existentiels singuliers négatifs ou encore pour celui des énoncés de la fiction. Il est utile, de manière générale, pour parler d'un domaine d'objets ou d'individus sur lesquels on quantifie que ceux-ci existent ou non. On peut penser que c'est un cadre semblable à celui-ci que l'argument d'Anselme doit présupposer. En particulier on peut interpréter dans ce sens général la différence dans le second chapitre du *Proslogion* entre *esse in intellectu* et *esse in re*. Une telle interprétation permet de rendre compte précisément du fait qu'Anselme dit bien de la même chose qu'elle peut exister dans l'entendement seul ou exister dans l'entendement *et* dans la réalité. Une même chose peut participer à deux domaines distincts de réalité objective, l'être et l'existence, dont le second peut être dit recouvrir un plus grand degré de réalité que le premier. L'argument d'Anselme affirme donc non seulement que Dieu existe à la fois dans l'entendement et dans la réalité – qu'il est dans l'être et dans l'existence – mais, plus encore, que son existence dans l'entendement entraîne son existence dans la réalité : $(\exists x\,(y = x) \supset E!x)$.

On peut tenter de reconstruire de manière plus précise le déroulement de l'argument d'Anselme dans le cadre d'une logique qui tire doublement partie de cette différence entre être et existence et de l'usage d'une certaine description définie au sein de ses prémisses. La première prémisse de l'argument peut être rapportée comme suit : « il y a (dans l'entendement) quelque chose par rapport auquel rien de plus grand ne peut être conçu », que l'on peut à son tour formuler (1) : $\exists x\,[Cx \wedge \neg \exists y\,(Gyx \wedge Cy)]$.

Peut-on montrer, de manière subsidiaire, que si une chose satisfait cette prémisse, cette chose est unique ; autrement dit que si un Dieu satisfait réellement cette première description, il ne peut s'agir que d'un Dieu unique ? Cela peut être regardé comme un résultat, le plus souvent tenu pour désirable, du raisonnement d'Anselme (voir en particulier Oppenheimer et Zalta qui traitent ce point précis[1]). Mais on s'aperçoit qu'à moins qu'on n'explicite une certaine clause ce résultat repose en fait sur un présupposé d'unicité. Abrégeons par « M » la formule ouverte « $[Cx \wedge \neg \exists y\,(Gyx \wedge Cy)]$ ». Ce qu'on cherche à montrer est le lemme « $\exists x\, M \supset \exists !\, x\, M$ ». Pour montrer l'unicité de l'objet auquel s'applique cette description il est nécessaire, d'un point de vue sémantique, que si un modèle vérifie l'antécédent de cette dernière formule, il vérifie nécessairement le conséquent. Imaginons un modèle peuplé de points (qui décrivent l'ensemble des objets concevables) et de flèches (qui décrivent les relations de grandeur entre ces objets) qui relient certains de ces points entre eux. Une flèche se dirige d'un point à un autre si et seulement si l'origine est considérée comme plus grande que la cible. L'antécédent affirme qu'il y a au moins un point maximal, c'est-à-dire un point vers lequel ne pointe aucune flèche. Supposons donc qu'il y a, non pas un seul, mais plusieurs points maximaux à l'intérieur de notre modèle et que ces points soient distincts l'un de l'autre. Rien de fait n'empêche d'envisager que le même nombre maximal de flèches partent d'un sous-ensemble de points maximaux de notre modèle. Il faut donc que ces points soient tous de même grandeur. Il est donc nécessaire, pour éviter cette conclusion indésirable, que la première prémisse de l'argument ontologique soit accompagnée d'une clause adjacente portant sur le prédicat de grandeur relative G : $Gxy \vee Gyx \vee x = y$.

1. P. Oppenheimer, E. Zalta, « On the Logic of the Ontological Argument » dans J. Tomberlin (éd.) *Philosophical Perspectives*, vol. 5, *The Philosophy of Religion*.

La deuxième prémisse de l'argument affirme de cet objet unique que « s'il n'était que dans l'intelligence, on aurait pu penser qu'il soit aussi en réalité, ce qui est plus ». Pour représenter correctement cette seconde prémisse on a besoin de l'appareil des descriptions définies. On peut noter que ιxM est une représentation adaptée de la description définie « ce par rapport à quoi rien de plus grand ne peut être conçu ». La seconde prémisse de l'argument ontologique peut donc être transcrite comme suit : « $\neg E!\iota xM \rightarrow \exists y(Gy\iota xM \wedge Cy)$ ». À l'aide de deux théorèmes de la théorie des descriptions et du lemme discuté dans le paragraphe précédent, on peut montrer le lien entre les deux prémisses et comment elles entraînent la conclusion de l'argument. Nous n'entrerons pas dans le détail technique de la justification des théorèmes de la théorie des descriptions. Indiquons simplement que le premier théorème de la théorie en question est « $\exists ! xF \rightarrow \exists y (y = \iota xF)$ », à savoir que si un x unique a la propriété F alors il existe un y qui est défini uniquement par la description ιxF. Le second théorème, $\exists y(y = \iota xF) \rightarrow F<\iota xF/x>$, affirme que si la description définie ιxF a une dénotation on peut légitimement substituer dans F cette dénotation à tout x libre dans F, quelle que soit la complexité de F.

L'argument ontologique peut alors schématiquement se comprendre de la manière suivante. De la première prémisse il s'ensuit que $\exists !xM$ (par le lemme). De $\exists !xM$ il s'ensuit que $C\iota xM \wedge \neg \exists y(Gy\iota M \wedge Cy)$ (par application du deuxième théorème). Supposons à présent par l'absurde que $\neg E!\iota xM$ (description qui peut être tenue pour une définition conventionnelle de Dieu). Alors par la deuxième prémisse, $\neg E!\iota xM \rightarrow \exists y(Gy\iota xM \wedge Cy)$, il s'ensuit que $\exists y(Gy\iota xM \wedge Cy)$, ce qui est contradictoire avec la première prémisse. Donc $\neg\neg E!\iota xM$, donc Dieu existe.

Cette façon d'interpréter l'argument d'Anselme permet de relativiser brièvement le sens de certaines remarques traditionnelles qui ont été formulées à son sujet. Thomas d'Aquin a dit de l'argument qu'il était évident, ce qu'il n'aurait vraisemblablement pas dit si la validité de l'argument avait reposé sur une inférence modale. Or l'interprétation de l'argument ontologique dans un cadre logique qui permet l'usage des descriptions définies et de la distinction entre quantification existentielle et prédication de l'existence se différencie d'autres lectures contemporaines de l'argument qui, n'admettant pas le rôle des descriptions définies, font jouer de fait aux inférences modales un rôle central pour la validité de l'argument.

On peut également mesurer, à l'aide de cette reformulation particulière, la portée de la critique kantienne de l'argument. Kant affirme que l'existence n'est pas un prédicat analytique d'une chose. Sa critique de l'argument présuppose donc que celui-ci est formulé à l'aide d'un prédicat d'existence. C'est précisément, en effet, ce que nous venons de faire.

L'existence a été sérieusement prise en compte en tant que prédicat, et non pas comme une propriété qui découlerait de l'usage de la quantification existentielle.

Enfin, et c'est assez important, l'argument peut être transformé en un schéma d'argument en vertu duquel Dieu exemplifie une perfection F, quelle que soit F, et la seconde prémisse demeure vraie lorsque l'on y remplace l'existence par cette perfection. Ce dernier trait permet peut-être d'éclairer un lien entre l'argument d'Anselme et l'« argument ontologique » dans la Cinquième Méditation. Un des arguments de Descartes dans la Cinquième Méditation est de déduire l'existence de Dieu de l'affirmation que Dieu est un être qui a toutes les perfections et que l'existence est une perfection. Pour parvenir à ce résultat il semble que Descartes doive définir Dieu comme l'être qui possède toutes les perfections, tandis qu'Anselme paraît suffisamment général pour nous permettre de dériver, pour toute perfection F, que Dieu a F. Ainsi définir Dieu comme le fait Anselme permet de dériver des faits au sujet de Dieu qui doivent être définitionnellement présupposés par Descartes. La réponse à la question habituelle de savoir si la définition cartésienne de Dieu comme « l'être ayant toutes les perfections » est équivalente à la définition anselmienne « ce par rapport à quoi rien de plus grand ne peut être conçu » est donc considérée ici comme négative.

DU POSSIBLE AU RÉEL : UNE QUESTION DE SYMÉTRIE AU CŒUR DE LA RECONSTRUCTION MODALE DE L'ARGUMENT ONTOLOGIQUE

Plusieurs critiques peuvent être adressées aux concepts modaux auxquels paraît intuitivement recourir l'argument ontologique. Elles portent sur l'idée que la perfection ou la grandeur maximale entraîne l'existence nécessaire et sur l'idée que l'existence d'un être parfait est logiquement possible. Le choix d'un système de logique modale en contexte théologique peut également avoir des conséquences qui portent non seulement sur l'existence d'un individu mais sur l'essence de ce dernier. Nous nous concentrerons néanmoins ici en priorité sur les principes de logique modale qui permettent de passer validement des prémisses de l'argument à la conclusion que Dieu existe. Parmi les systèmes standard de logique modale, l'argument ontologique est valide en S5 et B mais pas en K ou S4.

Nous pouvons commencer l'analyse modale de l'argument ontologique par la formulation extrêmement simple qu'en a proposé Hartshorne[1].

1. C. Hartshorne, *The Logic of Perfection and Other Essays*, LaSalle, Open Court, 1962.

Soit g la proposition singulière « un être parfait existe ». L'argument, basé sur « la logique de la perfection », part des deux prémisses suivantes :

(1) $L(g \rightarrow Lg)$
(2) Mg

La première prémisse (nécessairement si un être parfait existe, il existe nécessairement) suit du principe de nécessitation (N) : « par définition quelque chose qui est parfait est tel que s'il existe, il existe nécessairement ». (1) est une prémisse faible si bien que des opposants à l'argument ontologique, comme Caterus ou Kant, pourraient l'accepter. En retour plusieurs objections à Anselme proviennent du fait que (1) est trop faible et qu'il ne peut suivre de cette prémisse que Dieu existe nécessairement, mais seulement le conditionnel que « si Dieu existe, alors il existe nécessairement ». Le fait est que de cet énoncé on ne peut tirer que Dieu existe sans commettre une pétition de principe. Mais l'intérêt de la formulation modale de l'argument que propose Hartshorne est précisément que cet énoncé conditionnel est une prémisse de l'argument et non un stade pétitionnaire de sa conclusion. Pour parvenir à la conclusion désirée il suffit en effet d'accepter cet énoncé comme une prémisse suivie d'une deuxième prémisse affirmant la possibilité logique de l'existence de Dieu, prémisse qui est à nouveau plus faible que la conclusion désirée.

Cette seconde prémisse peut être controversée. Accepter "Mg" supposerait de montrer que le concept d'un être parfait est logiquement cohérent. Ce n'est pas aisé. Les difficultés sont inhérentes aux réquisits internes d'une logique de la perfection. L'incohérence logique peut découler des différents concepts, parfois contradictoires, impliqués par le concept de perfection : omniscience, omnipotence, perfection morale. Cette difficulté peut être mise au premier rang des problèmes que doit résoudre une reconstruction modale de l'argument ontologique, si bien que celui-ci peut sembler consister en l'implication suivante : « si l'existence d'un être parfait est logiquement possible, alors cet être existe nécessairement ». La démonstration de l'antécédent de l'implication semble néanmoins détourner le rôle des principes modaux à l'œuvre au sein de l'argument de l'analyse du type d'inférence qu'il présente vers la construction d'une définition essentielle de l'individu qui posséderait l'attribut de perfection. Les principes modaux, éventuellement problématiques, qui président aux liaisons déductives de l'argument apparaissent clairement lorsque celui-ci est développé :

(1) $L(g \rightarrow Lg)$
(2) Mg
(3) $L(g \rightarrow Lg) \rightarrow (Mg \rightarrow MLg)$
(4) $Mg \rightarrow MLg$ (modus ponens 1 et 3)

(5) MLg (modus ponens 2 et 4)
(6) MLg $\rightarrow$ g
(7) G (modus ponens 5 et 6).

Les principes modaux sur lesquels repose l'argument ontologique sont donnés par les lignes (3) et (6) de la chaîne déductive ci-dessus. (3) est un principe de logique modale non controversé valide dans tous les systèmes. C'est donc (6) qui pose un problème. Or (6) n'est autre qu'une instance de l'axiome fondamental désigné par (B) (d'après Brouwer) et qui donne son nom à l'un des principaux systèmes de logique modale. L'usage de B au sein de l'argument ontologique est intéressant et révélateur étant donné qu'il est associé, dans la sémantique kripkéenne des mondes possibles, à une condition de symétrie sur la relation d'accessibilité entre les mondes qui, avec la relation d'accessibilité et une fonction de valuation déterminée, définissent un modèle kripkéen en vue de l'interprétation des énoncés modaux.

Si l'existence d'un être parfait est logiquement possible (prémisse (2)), alors il y a un monde possible, W1, accessible à partir de @ (le monde réel), dans lequel un être parfait existe. Mais selon la prémisse (1), un monde parfait est tel que s'il existe dans un monde quelconque il est nécessaire qu'il existe dans ce monde. Donc il est nécessaire qu'un être parfait existe en W1 et, par conséquent, un être parfait existe dans tout monde accessible à partir de W1 (d'après le sens de la nécessité en sémantique des mondes possibles). Si la condition de symétrie exprimée en (6) est admise, @ sera un de ces mondes; donc un être parfait existe en @. La condition de symétrie est essentielle pour le type de raisonnement qui donne leur marque aux arguments ontologiques, qui procèdent du possible au réel, dans la mesure où elle nous permet de dériver l'existence nécessaire de quelque chose dans un monde seulement possible puis d'établir son existence dans le monde actuel.

Un critique de l'argument ontologique devra donc critiquer cette condition de symétrie qui est associée à la validité du raisonnement qu'il présente. Critiquer (B) revient à dire que l'on ne peut pas raisonner de la pure possibilité logique à l'existence réelle. Mais la réponse serait que bien que cela soit vrai dans la plupart des cas et pour la plupart des choses, ce n'est pas vrai d'un être parfait dont l'essence implique l'existence nécessaire. En d'autres termes on ne raisonne généralement pas de la possibilité à l'existence, mais on peut raisonner de la possibilité de l'existence nécessaire à l'existence actuelle. (B) permet d'obtenir un résultat qui s'oppose *prima facie* à l'intuition quand elle se porte sur la transition du possible au réel. Il y a pourtant un certain nombre de remarques ou d'arguments, eux-mêmes assez intuitifs et formant des variations sur un thème commun, qui répondent à cette intuition contrariante et qui plaident en faveur de l'admission d'une condition de symétrie dès que des modalités itérées apparaissent dans nos raisonnements modaux.

La première remarque concerne la contraposée du principe (B). On n'est sans doute moins prêt à juger « ~ ~ p → ~ MLp » aussi peu intuitif que « MLp → p ». Si quelque chose n'est pas le cas alors il n'est pas possible que cette chose soit nécessairement le cas. Or, si l'on accepte cette contraposée, on accepte en réalité la symétrie pour autant que le monde actuel est concerné.

Une deuxième remarque concerne la hiérarchie ou la puissance des systèmes de logique modale et leur capacité à exprimer nos intuitions concernant les modalités. S5 est un système plus fort que B et il exprime notre idée de la nécessité logique dans le sens le plus large (au sens où il admet plus de contraintes que B sur la relation d'accessibilité qui le spécifie parmi les différents systèmes et, ce qui n'est pas paradoxal, est rendu plus expressif modalement. En S5 tout monde possible est accessible à partir de tout autre. On pourrait tenter de voir comment Anselme et ses successeurs, qui n'avaient pas à leur disposition les ressources de la sémantique kripkéenne, avaient néanmoins en tête un tel sens inconditionné de la nécessité et de la possibilité. Autrement dit ces philosophes pensaient sans doute en S5 et donc en B, puisque le second système est inclus dans le précédent.

Enfin on peut donner un troisième argument en faveur de l'acceptation de (B). Il existe un principe équivalent à B, appelons-le B* : p → LMp : le réel doit être au moins possible. Une manière de tester nos intuitions au sujet de B* est de se demander si le monde réel aurait pu non seulement ne pas exister mais, de plus, avoir été impossible. On peut relativiser cette question à des états de chose possibles mais faux comme, par exemple, « Socrate ne s'est jamais marié ». Est-ce que ces états de chose non actuels auraient pu en sus être impossibles ? Une réponse affirmative qui a parfois été envisagée pourrait provenir de l'idée que les significations conventionnelles que l'on attache aux mots peuvent changer. C'est un fait contingent que l'on utilise « marié » ou « Dieu » pour désigner certaines choses et on aurait pu les utiliser dans un sens tel que l'énoncé « Socrate s'est marié » ou l'argument ontologique en deviennent contradictoires. La raison pour laquelle un tel argument doit être rejeté est assez intuitive. Plantinga[1] distingue à ce propos entre la signification des termes, qui peut être changeante, et les propositions exprimées par les énoncés qui comportent ces termes et qui sont éternelles. Il en découle qu'aucune proposition qui exprime une possibilité singulière ne peut être rendue impossible.

1. A. Plantinga, *The Nature of Necessity*, Oxford, Clarendon Press, 1974.

Ces trois remarques jouent en faveur de (B) de sorte qu'un sens technique précis peut être accordé à la transition modale du possible au réel qui est au principe de l'argument ontologique. Il apparaît cependant, dans la défense de cette reconstruction modale de l'argument, que le sens de la possibilité peut être rapproché de celui de la non-contradiction logique et que celui du nécessaire est ce dont la négation serait contradictoire. Les mêmes intuitions modales peuvent donc doublement présider à la preuve de l'existence de Dieu et à l'analyse de la cohérence de sa définition comme un être parfait. Il n'en demeure pas moins que d'autres présupposés modaux et plus généralement sémantiques qui paraissent rendre possible l'argument ontologique sont laissés indiscutés par la mise en évidence d'une condition de symétrie dans le déroulement modal de l'argument. C'est notamment le cas du rôle joué par la réalité (ou l'actualité) du monde au sein duquel un être parfait est initialement jugé possible et finalement conçu comme réel et nécessaire.

L'ANALYSE DE LEWIS ET SES PROBLÈMES

La reconstruction de l'argument ontologique que propose David Lewis[1] dans l'un des plus importants articles contemporains sur le sujet, « Anselm and Actuality », consiste en une traduction extensionnelle des éléments modaux que contient plus ou moins implicitement l'argument. Lewis fait apparaître que la validité de l'argument repose sur l'usage d'un certain concept modal qui est l'opérateur d'actualité ou de réalité. Cet opérateur est, du point de vue sémantique, un terme indexical en ceci qu'il rapporte l'évaluation des conditions de vérité des énoncés qui le contiennent au monde possible au sein duquel ils sont produits. Le monde dans lequel est formulé l'argument ontologique contribue directement aux conditions de vérité de cet argument. L'analyse de Lewis se démarque donc de l'analyse modale qui a été proposée dans le paragraphe précédent. Elle se distingue aussi de l'analyse de l'argument dans les termes d'une théorie des descriptions. Le mot « Dieu » n'apparaît pas dans l'argument que décide d'analyser Lewis et l'expression « ce par rapport à quoi rien de plus grand ne peut être conçu » n'est pas analysée comme une description définie, mais comme une « expression » de quantification universelle (« ce par rapport à quoi rien de plus grand ne peut être conçu » = $\exists x \forall y (Ex \wedge \neg \exists y\, yGx)$. Lewis procède à la transcription des prémisses et de la conclusion de l'argument ontologique dans le souci de faire apparaître le type de

1. D. Lewis, « Anselm and Actuality », *Nous*, 4, 1970.

quantification qu'exerce l'argument ontologique, tel qu'il l'a formulé, sur des entités (mondes ou individus possibles). Lewis choisit également de traduire le concept de concevabilité qui est à l'œuvre dans l'argument d'Anselme en termes d'existence d'une entité à un monde possible; l'existence étant interprétée comme une relation entre des individus et des mondes. L'argument est reconstruit selon les quatre prémisses et la conclusion suivantes qui sont tour à tour discutées. Lewis donne quatre interprétations différentes de la troisième prémisse.

(1) Pour tout être x ce qui existe dans l'entendement, il y a un monde w tel que x existe dans w.
(2) Pour tout être x qui existe dans l'entendement, et pour tous mondes w et v, si x existe en w et que x n'existe pas en v, alors la grandeur de x en w excède la grandeur de x en v.
(3a) Il y a un être x qui existe dans l'entendement, tel que pour aucun monde w et aucun être y la grandeur de y en w n'excède la grandeur de x dans le monde réel.
(3b) Il y a un être x qui existe dans l'entendement et un monde v, tel que pour aucun monde w et pour aucun être y la grandeur de y en w n'excède la grandeur de x en v.
(3c) Il y a un être x qui existe dans l'entendement tel que pour aucun monde v et w et pour aucun être y la grandeur de y en w n'excède la grandeur de x en v.
(3d) Il y a un être x qui existe dans l'entendement tel que pour aucun monde w et pour aucun être y la grandeur de y en w n'excède la grandeur de x en w.
(4) Le monde réel est un monde
Conclusion : Il y a un être x qui existe dans le monde réel tel que pour aucun monde w et pour aucun être y la grandeur de y en w n'excède la grandeur de x dans le monde réel.

Lewis montre que l'argument est invalide en logique des prédicats si l'on retient les interprétations (3b) et (3d) de la troisième prémisse. Par ailleurs l'a prémisse (3c) entraîne la prémisse (3a). La plausibilité de l'argument tout entier dépend donc de l'acceptation des prémisses (1), (2) et, au choix, (3a) ou (3c). La quatrième prémisse est triviale.

Dans la discussion de la première prémisse Lewis souligne un point important sur ce qu'est l'existence dans l'entendement. Une entité qui existe dans l'entendement n'a pas avec l'entendement le même type de relation qu'une entité qui existe dans un monde a avec ce monde. Il est donc maladroit de parler d'« existence » dans l'entendement. Exister dans l'entendement n'est pas en principe identique à être conçu exister – c'est-à-dire exister à un certain monde possible. Ce que l'on conçoit, lorsque l'on conçoit l'existence d'une entité, est une relation entre cette entité et un monde possible. La prémisse (1) n'est donc pas triviale puisqu'elle affirme que pour tout être qui existe dans l'entendement, il existe un monde possible dans lequel cet être existe. Si l'existence dans l'entendement n'est pas équivalente à l'existence à un monde possible, Lewis nous doit une explication au sujet de l'implication qu'il pose de l'une à l'autre au sein de cette première prémisse.

Le manque de clarification de la part de Lewis sur le lien d'implication entre l'existence intellectuelle ou l'intelligibilité et la concevabilité interprétée comme existence à un monde possible est peut-être l'une des raisons de son hésitation concernant le statut des mondes concevables. Dans la version originale de son article Lewis affirme que des mondes concevables peuvent être impossibles du point de vue logique ou métaphysique. On peut comprendre cela comme une manière de dire que des mondes possibles ne sont pas déterminés par ma capacité à saisir le concept d'une certaine entité de manière cohérente. L'existence à un monde possible est bien d'une nature différente que l'existence dans l'entendement. Dans un post-scriptum à l'article, Lewis revient cependant sur cette affirmation et avance que tous les mondes possibles sont logiquement possibles. Une telle remarque tend à trivialiser la première prémisse. Dans ce cas c'est la modalité métaphysique de possibilité, servant à expliquer la modalité épistémique de concevabilité, qui est rendue de fait équivalente à la notion d'intelligibilité ou d'existence dans l'entendement, si l'on soutient que seul ce qui est logiquement possible a une existence dans l'entendement.

La seconde prémisse parle de la même chose qui existe dans l'entendement seul ou à la fois dans l'entendement et dans la réalité et non pas de deux choses différentes. Dieu qui existe dans l'entendement n'est pas dépassé en grandeur par un autre être qui existerait dans la réalité. Anselme ne conçoit pas un Dieu hypothétique non existant différent du Dieu existant, et ce qui excède Dieu existant hypothétiquement est Dieu lui-même existant réellement. Ce qui revient à dire trivialement que ce qui excède Dieu avec une moindre grandeur est Dieu avec une plus grande grandeur, dans la mesure où Lewis analyse le rapport de grandeur entre deux entités comme le rapport entre les grandeurs qu'ont ces entités relativement aux mondes dans lesquels elles existent. Toute entité qui existe d'abord dans l'entendement est plus grande dans les mondes dans lesquels elle existe que dans les mondes dans lesquels elle n'existe pas.

L'analyse de Lewis est à nouveau problématique dans la mesure où ce que compare Anselme en termes de grandeur est l'existence d'un être dans le seul entendement et l'existence de ce même être dans l'entendement et dans le monde réel. Si la grandeur d'une entité est mesurée relativement à son existence dans un monde possible (si ce qui est mesuré en termes de grandeur est une instance d'une relation xEw), il est clair que la pure intelligibilité de cette entité ne comporte en elle-même aucune grandeur et qu'elle sera nécessairement surpassée par la grandeur de n'importe quelle entité (pas seulement elle-même) dans n'importe quel monde concevable. Si, comme cela semble plus plausible, il faut conférer une certaine grandeur au fait d'exister dans le seul entendement, ou bien il faut interpréter l'existence dans l'entendement comme l'existence à un monde possible, afin de conserver un sens cohérent et homogène à l'idée de grandeur, ou bien il faut, si l'on renonce à cette interprétation de la première prémisse, renoncer alors à la définition que l'on vient de se donner de ce qu'est la grandeur.

Une manière d'éviter cette contradiction dans les termes serait de considérer une prémisse (2) de l'argument ontologique différente de celle que propose Lewis et telle qu'elle ne viserait qu'à établir la grandeur relative d'une entité qui existe dans l'entendement et de cette même entité qui existe dans l'entendement et dans un monde, à ce même monde, et non pas, comme le propose Lewis dans sa seconde prémisse, à deux mondes différents v et w. Mais l'existence d'une entité dans l'entendement et l'existence réelle de cette entité dans le même monde dans lequel elle existe dans l'entendement semble entraîner assez trivialement la plus grande grandeur de cette entité quand elle existe réellement. Mais, beaucoup plus gravement, il semblerait contradictoire qu'une entité existe à la fois réellement et existe seulement dans l'entendement dans un même monde. C'est pourquoi l'existence dans l'entendement et l'existence réelle peuvent être immédiatement dérivées au sein de l'argument ontologique de la seule existence dans l'entendement, en ce qui concerne, naturellement, le seul être conçu comme maximal dans ce monde. Si, comme l'affirme la première prémisse, l'existence dans l'entendement entraîne l'existence à un monde possible, ce dernier ne peut être différent du monde dans lequel cette existence a été conçue sans entraîner des conséquences indésirables. La première serait que l'on puisse être en mesure de différencier entre des mondes dans lesquels une entité existe parce qu'elle existe dans l'entendement à un autre monde possible et les mondes dans lesquels une entité existe *simpliciter*. Mais dans ce cas l'existence à un monde serait de toute manière dépendante d'une capacité du sujet à embrasser ce monde par ses facultés de discrimination, c'est-à-dire dépendante *in fine* d'une forme d'existence dans l'entendement. La seconde conséquence serait que si l'on veut maintenir une stricte différence entre un monde dans lequel une entité existe seulement dans l'entendement et un monde dans lequel elle existe aussi dans la réalité il n'y aura pas moyen de parvenir à poser l'existence de cette entité comme nécessaire, c'est-à-dire comme réelle dans tous les mondes possibles. Il doit donc être possible d'envisager de comparer la grandeur d'une entité qui existe dans l'entendement seulement et une même entité qui existe également dans la réalité à un même monde.

La prémisse (3c) énonce qu'il existe un être qui a une grandeur maximale dans tous les mondes. Cette prémisse peut donc être assimilée à un certain usage de l'opérateur modal traditionnel de nécessité. La prémisse (3a) repose plus spécifiquement sur l'usage de l'opérateur d'actualité. Elle énonce qu'il est possible qu'il existe un être dont la grandeur dans le monde actuel excède la grandeur de n'importe quel être dans n'importe quel monde ainsi que sa propre grandeur dans n'importe quel monde. Dans une telle formulation il semblerait que la propriété d'« être actuel » (à savoir d'exister dans le monde réel) est une propriété qui contribue à la grandeur de l'être qui la possède. Il serait après tout plausible que le monde réel qui est unique *sub specie realitatis* puisse l'être également pour la grandeur des êtres qu'il contient. Lewis refuse cependant que la propriété d'actualité puisse contribuer à la grandeur de l'être qui la possède. La raison en est le caractère indexical de l'actualité ou du prédicat « être réel ». Ce caractère indexical de l'adjectif « actuel » ou de l'adjectif « réel » est comparable en tous points à l'analyse que l'on peut présenter du caractère indexical de l'adjectif « présent ». On peut se rendre compte alors qu'il y aurait autant d'absurdité à dire que le monde réel est le plus grand parce qu'il est le monde réel qu'à se vanter de vivre un grand moment dans l'histoire, le moment présent.

Lewis suggère que l'indexicalité de l'opérateur d'actualité sur laquelle repose l'énoncé de la prémisse (3a) ne nous montre pas le caractère spécial ou unique du monde réel, mais permet plutôt de souligner l'importance de la relation que le tenant de l'argument ontologique entretient avec le monde dans lequel il argumente. Tout monde possible a la même relation avec son propre Anselme possible. Mais est-ce que le fait d'abriter un Anselme, malgré toute la sainteté de ce dernier, est pour un monde une propriété suffisante pour entraîner en ce monde l'existence d'un être parfait? Imaginons, comme le fait Lewis, qu'un tenant de l'argument ontologique se tienne dans un monde parfaitement médiocre et que ce philosophe argumente néanmoins en faveur du fait que son monde, de par sa réalité, soit le lieu d'accueil d'un être qui y possède exemplairement une grandeur maximale. Il y aurait sans doute beaucoup à redire aux arguments d'un tel philosophe.

L'analyse de Lewis, à travers les difficultés successives qu'elle soulève, permet de resserrer le nœud de l'argument ontologique autour de la relation épistémique entre le penseur et son propre concept de Dieu. La reconstruction logique de l'argument ontologique, qui cherche à mettre en évidence les rôles respectifs des termes singuliers et des principes inférentiels, notamment modaux, qui assurent la validité déductive de l'argument, ne peut pas faire l'économie complète d'une analyse du concept de Dieu tel qu'il apparaît ou tel qu'il existe dans l'entendement de l'argumentateur ontologique.

MODALITÉS ÉPISTÉMIQUES ET MODALITÉS ALÉTHIQUES

La présence de l'idée ou d'une signification de Dieu à l'esprit est traduite dans les termes d'une modalité épistémique, c'est-à-dire d'une certaine relation (réciproque) de l'esprit à l'objet abstrait que forment cette idée ou cette signification. Cette modalité épistémique, on l'a vu, peut être caractérisée comme une relation d'intelligibilité ou une relation de concevabilité. Dans l'analyse de la première prémisse de l'argument que propose Lewis nous avons souligné une certaine ambiguïté relative à l'interprétation de cette relation épistémique à l'aide du langage des modalités aléthiques, le possible et le nécessaire. Exister dans l'entendement, ou avoir une certaine relation avec l'entendement, n'est pas équivalent au fait d'exister dans un monde possible, ou même d'avoir une relation quelconque avec un monde.

On pourrait considérer que les arguments ontologiques qu'ont diversement donnés Anselme, Descartes ou encore Spinoza consistent en des preuves épistémiques directes de l'existence de Dieu par opposition à des arguments qui reposeraient sur une reconstruction de la relation épistémique de l'esprit à l'idée de Dieu à travers des modalités aléthiques. Ces divers arguments se résumeraient alors en un syllogisme de la sorte :

Si j'ai une idée de Dieu comme l'être le plus grand, ou comme ayant toutes les perfections ou comme étant causé par soi, Dieu est alors immédiatement perçu ou conçu par nous comme existant.

Or j'ai une idée de Dieu comme etc.

Donc Dieu est immédiatement perçu ou conçu par nous comme existant.

Ce syllogisme peut être considéré comme une étape préliminaire de la position d'un argument ontologique proprement dit en faveur de l'existence de Dieu elle-même. Dans ce cas l'argument ontologique devient une preuve indirecte qui s'appuie sur la preuve directe, de nature essentiellement épistémique, qui pose la conclusion que Dieu est conçu par nous comme existant. L'idée est donc de trouver un lien déductif qui permette de passer de « il est connu que Dieu existe » à « Dieu existe ». Or ce lien est trivial en ceci qu'il forme un principe de base de la logique épistémique. Une analyse plausible d'énoncés du type « il est connu que p » ou « S connaît p » est en effet qu'une condition nécessaire de leur vérité est que p soit vrai; il est incohérent pour p d'être su et que p soit faux.

Le problème principal de cette approche est qu'on ne démontre pas habituellement des propositions en démontrant au préalable qu'elles sont connues et qu'en conséquence du fait qu'elles sont connues, elles sont vraies. Le caractère des preuves mathématiques, par exemple, suggère au contraire que la vérité du théorème selon lequel la somme des angles d'un triangle est égale à deux droits ne dépend pas du fait que quelqu'un le sache. Le caractère épistémique de l'argument ontologique le distingue donc de la manière dont on parvient à établir, puis à connaître, les preuves mathématiques. Une telle inversion du rapport entre preuve aléthique et preuve épistémique rapproche donc l'argument ontologique d'un autre argument, le cogito cartésien, où l'on semble parvenir indirectement, par l'intermédiaire d'une preuve épistémique directe, à la conclusion que j'existe nécessairement. L'argument ontologique est donc un argument indirect dans la mesure où sa conclusion dépend de considérations qui ont trait à ce que l'on conçoit, comprend, sait, pense ou croit.

Si l'on argumente de la sorte, comme pourraient le faire en réalité les tenants classiques de l'argument ontologique, il faut proposer une caractérisation plus précise de ce que signifie pour l'idée de Dieu d'être connue ou perçue directement. Étant donné que l'on aura tendance à refuser que l'argument ontologique dépende d'une prémisse fondée dans l'expérience religieuse ou à partir de la révélation, mais à penser qu'il propose bien une preuve rationnelle de l'existence de Dieu, l'enjeu distinctif d'un tel argument est de montrer qu'on ne peut pas refuser une telle prémisse épistémique sans tomber dans l'incohérence ou dans une forme de contradiction pragmatique.

Une manière de rendre compte de cette « intuition rationnelle » de Dieu, pour reprendre l'expression de R. Barcan Marcus[1], est de suivre Descartes dans la Cinquième Méditation. Descartes affirme qu'il trouve l'idée de Dieu en lui-même et qu'il sait, par une idée claire et distincte, que l'existence certaine et réelle appartient à sa nature. Descartes fait donc clairement appel à une forme de perception ou de connaissance directe, mais, bien qu'immédiate, cette connaissance est rationnelle. Le mou-

1. R. Barcan Marcus, « Spinoza and the Ontological Proof » dans *Modalities*, Oxford University Press, 1993.

vement immédiat d'une intuition rationnelle d'un objet à la connaissance rationnelle de l'existence de ce dernier peut être conçue comme l'inhérence d'un concept à un autre de telle sorte que, dans le cas présent, l'énoncé « Dieu existe » peut être finalement regardé comme une vérité analytique. Un homme raisonnable ne peut pas posséder le concept de Dieu sans savoir immédiatement que Dieu existe et c'est ce qu'exprime après tout l'étape épistémique préliminaire de l'argument ontologique. Tout savoir immédiat doit être clairement séparé de toute forme d'expérience psychologique ou religieuse regardée parfois comme plus immédiate encore. Posséder l'idée de Dieu ou saisir son concept, c'est-à-dire concevoir Dieu, n'est rien d'autre, en termes sans doute plus directement cartésiens qu'anselmiens, qu'être en mesure de tirer, à partir de la seule nature ou de la seule signification de ce qui est conçu clairement et distinctement, la conclusion que Dieu existe. Mais Anselme admet également, dans le quatrième chapitre du *Proslogion*, que quiconque, comprenant ce que Dieu est, ne peut concevoir que Dieu n'existe pas. Ne pas être en mesure de concevoir que non p est savoir que p. Anselme n'affirme pas simplement que l'inexistence de Dieu est connue comme étant fausse. Des propositions peuvent être connues comme étant fausses et néanmoins être concevables. Ce qu'Anselme avance est que comprendre ou savoir que Dieu existe enveloppe une telle certitude que concevoir son inexistence serait incohérent. Quiconque manquerait cette connexion manquerait, selon Anselme, d'un esprit rationnel et serait tenu pour stupide ou fou.

Ces quelques remarques sur l'élément épistémique qui semble précéder la position de l'argument ontologique traditionnel permettent en retour d'attirer l'attention sur un type d'arguments ontologiques qui repose au contraire sur l'usage d'une modalité épistémique négative : l'incompréhensibilité. Joël Friedman[1] défend une forme d'argument ontologique « mystique » dont il affirme qu'elle évite les trois écueils principaux des arguments classiques : l'usage prédicatif de l'existence, le mésusage de noms propres et de descriptions définies, les confusions modales. L'argument que propose Friedman est formulé dans la logique du premier ordre, il ne contient aucun opérateur modal et les termes singuliers dont il fait usage peuvent être exempts de toute présupposition existentielle :

(1) Nécessairement quelque chose est incompréhensible
(2) Nécessairement il existe un être maximalement incompréhensible (ce qui suit directement de (1)).
(3) Par définition Dieu est l'être maximalement incompréhensible
(4) Donc Dieu existe

1. J. Friedman, « The Mystic's Ontological Argument », *American Philosophical Quarterly*, 16, 1979.

Les seules difficultés que présente cet argument concernent donc la vraisemblance de ses prémisses et de la définition conventionnelle de Dieu qu'il présente. Friedman propose la définition suivante de l'incompréhensibilité : x est incompréhensible si et seulement si x est indéfinissable dans le premier ordre et s'il est imperceptible. De plus x n'a pas d'exemples ou d'instances, ni mêmes de bons analogues eux-mêmes définissables ou perceptibles. Friedman soutient qu'il y a un être incompréhensible. Ses arguments reposent sur des considérations cantoriennes concernant la cardinalité et sur des conséquences qu'il pense pouvoir tirer des paradoxes sémantiques tarskiens et russelliens. Mais de tels arguments ne montrent pas en général qu'il y a un être incompréhensible mais seulement qu'il y a un être non compris. Si on cherche à donner un sens aux expressions qu'emploie Friedman, il faut donc, en suivant ses propres restrictions sur l'argument ontologique, les interpréter au sein du premier ordre. Un être « maximalement incompréhensible » semble alors être défini comme l'être le plus grand qui ne peut être compris. Quel sens donner à cette définition ? Friedman opte clairement pour un sens méréologique : l'être maximalement non compris est l'être qui a comme parties tous les êtres qui eux-mêmes ne peuvent pas être compris. En fait il n'y a aucune nécessité, comme le souligne Oppy [1], à ce que la somme méréologique des choses qui ont un prédicat F exemplifie elle-même ce prédicat F. Admettons que ce soit néanmoins le cas pour le prédicat « non compris », vu qu'il est plausible que la somme de ce qui n'est pas compris soit elle même incomprise.

En dépit de cette tentative d'éclaircissement méréologique de la définition de Dieu comme être maximalement incompréhensible le problème demeure de conférer un sens religieux à cette définition. La somme des choses incompréhensibles pourrait être par exemple une partie de l'univers physique lui-même compris comme la somme méréologique de toutes choses. De plus s'il n'y a pas de connexion entre le fait d'être la somme méréologique de tout ce qui n'est pas compris et le fait d'être une entité divine, comment justifier qu'on ne choisit pas de préférence un prédicat positif et exemplifiable dans la définition conventionnelle de Dieu ? Puisqu'il n'est pas nécessaire que la somme des choses qui sont F soit elle-même F, il n'y aurait pas d'inconséquence à dire, par exemple, que Dieu est la somme méréologique des choses qui sont rouges, ce qui n'implique pas que Dieu est rouge. Une telle définition aurait de plus le mérite de ne pas donner implicitement une portée religieuse aux termes contenus dans les prémisses de l'argument. « Rouge » n'est généralement pas un prédicat que l'on associe à la présence de l'idée de Dieu en l'esprit. Il

1. G. Oppy, *Ontological Arguments and Belief in God*, Cambridge University Press, 1995.

semble donc que, lorsque l'on tente d'écarter les difficultés logiques habituellement posées par la formulation classique de l'argument ontologique et que l'on essaye de donner un sens précis à l'élément épistémique qui le motive, il nous faille encore contourner le présupposé religieux qui anime peut-être les tenants d'un tel argument. La discussion de ce point est inévitable afin de comprendre la force de conviction qui peut être associée à l'argument.

CONCLUSION

Il a souvent été souligné que les arguments ontologiques proposés par Anselme ou par Descartes ne changeaient rien à la situation épistémique du non croyant. Il serait aisé, en effet, de relire les différentes analyses proposées ci-dessus et de modifier ponctuellement les prémisses des arguments de telle sorte qu'elles permettent d'établir l'existence d'un non-dieu ou, pire, d'un être maximalement imparfait, du diable. Le fait que l'argument ontologique soit traditionnellement privilégié par rapport à l'argument démonologique peut-il dépendre du fait qu'une certaine forme d'argumentation doive de préférence être reliée à la preuve de l'existence de Dieu plutôt qu'à celle de l'existence d'un diable ? Est-ce que la présence de l'idée ou d'une signification de Dieu en moi, qui a semblé ici l'élément épistémique inéliminable d'une analyse de l'argument ontologique, entraîne de fait une certaine structure argumentative que n'entraînerait pas en revanche la présence dans mon esprit de l'idée d'un être maximalement imparfait ?

Il est difficile de répondre par l'affirmative à cette suggestion sans accorder un poids important et peut-être démesuré au sens de l'expérience religieuse elle-même. Il relève d'une analyse psychologique, dont les termes sont peut-être encore à définir, de discriminer entre la présence de l'idée de Dieu en moi et celle de l'idée d'un être éminemment malfaisant. Le problème est peut-être modifié si l'on considère que l'enjeu de l'argument ontologique n'est pas tant de livrer une justification *a priori* de la croyance en Dieu que de fournir un argument qui nous permette d'évaluer la cohérence du concept de Dieu ou encore la possibilité logique de celui-ci. Il se trouve que je peux avoir un grand nombre de raisons d'envisager la possibilité et la cohérence d'un tel concept et que la présence de ce concept à mon esprit n'est qu'un point de départ possible, sans doute le plus apte à permettre l'élaboration d'un argument ontologique. À nouveau on pourrait objecter que le monde fournit tout autant de raisons d'envisager l'existence d'un être éminemment malfaisant et que la présence en mon esprit du concept d'imperfection maximale est une bonne base en vue de l'établissement d'un argument démonologique.

Il reste alors un argument en faveur du tenant des privilèges de l'argument ontologique mais cet argument a peut-être le défaut de rendre dépendant l'argument ontologique, paradigme de l'argumentation *a priori*, d'une forme d'argumentation cosmologique *a posteriori*. Il fait partie du concept de Dieu que celui-ci soit le créateur de l'Univers ou, tout au moins, qu'il se tienne dans une relation de grande proximité, causale et/ou providentielle, avec l'Univers. Cette relation avec l'Univers fait partie du concept de Dieu tout autant que sa définition comme formant l'être le plus parfait. Si l'on prêtait à l'être maximalement imparfait l'attribut de créateur de l'Univers, on n'obtiendrait pas le concept de Dieu, on augmenterait seulement les pouvoirs du diable. Mais si l'on retirait cette relation avec l'Univers du concept de Dieu, on manquerait sans doute le concept de Dieu ; on aurait à notre disposition un concept d'être maximalement parfait qui revêtirait sans aucune nécessité intrinsèque un caractère de divinité. C'est peut-être parce que cet élément inhérent au concept de Dieu est absent des prémisses de l'argument ontologique que celui-ci peut être balancé par des arguments contraires. Cependant il apparaît que seule l'idée de perfection maximale permet de construire, à partir de sa présence en notre esprit, un argument du type de celui qu'a proposé Anselme. Le caractère non seulement conclusif mais convaincant de l'argument ontologique dépend donc de sa situation au sein d'un réseau d'arguments dont certains reposent sur une prise en compte de l'expérience religieuse ou sur des considérations *a posteriori* relatives à la création et à l'ordre du monde.

Sacha BOURGEOIS-GIRONDE

OMNISCIENCE DIVINE ET FUTURS CONTINGENTS

La compatibilité entre l'omniscience divine et la liberté humaine constitue un problème aussi antique que rémanent de la théologie en Occident et il n'est guère surprenant qu'il ait été l'objet d'une recrudescence d'intérêt dans la philosophie analytique contemporaine, en grande partie du fait de la clarté d'exposition que lui apportaient les outils de la logique moderne, en particulier ceux des logiques modales aléthique (celle de la nécessité et de la possibilité) et temporelle. L'attention portée au problème, comme ce fut le cas dans la théologie médiévale, a largement son origine dans la thèse centrale de ce qu'on a pris l'habitude d'appeler « fatalisme théologique », selon laquelle si Dieu sait à l'avance qu'un individu aura telle propriété ou accomplira telle action, alors il est nécessaire que cet individu ait cette propriété ou accomplisse cette action, thèse qui semble annihiler le caractère contingent de tout état de chose ou événement futur, tout particulièrement celui des actes humains, et qui, aux yeux de la plupart des philosophes, apparaît si inacceptable, qu'elle a suscité de leur part les efforts les plus tenaces et les objections les plus ingénieuses pour l'écarter. Ce sont précisément ces objections à l'argument du fatalisme théologique que nous nous proposons d'exposer.

L'ARGUMENT

Une présentation de l'argument fataliste même des plus élémentaires requiert cependant quelques préliminaires indispensables. Dieu est tout d'abord supposé omniscient et infaillible, deux notions qu'il faut cependant distinguer. Un être est omniscient si pour toute proposition p, si p, alors il sait que p. Un tel être est essentiellement omniscient s'il est impossible que, pour tout p, si p, Dieu ne sait pas que p. En d'autres termes,

Dieu est omniscient dans tous les mondes possibles ou encore il appartient à la nature de Dieu d'être omniscient. L'infaillibilité divine concerne non pas l'étendue du savoir divin, mais la possibilité pour Dieu de se tromper dans ses croyances. Est infaillible un individu tel que, s'il croit que p, alors p est vrai. Est essentiellement infaillible un individu qui possède cette propriété dans tous les mondes possibles.

Plus importante est la notion de la nécessité du passé ou nécessité accidentelle (*necessitas accidentalis*). Elle résume l'idée que si un événement est passé, plus personne ne peut maintenant faire en sorte qu'il ne se soit pas passé. Si le moment t_1 précède le moment t_2, aucun agent ne peut affecter par ses actions accomplies en t_2 ce qui s'est passé en t_1. Cette nécessité est essentiellement temporelle et n'a à voir ni avec une nécessité logique ni avec la nécessité causale. Un état de chose qui en lui-même est logiquement ou causalement contingent, comme, peut-être, le fait que Socrate soit assis, sera néanmoins accidentellement nécessaire s'il est passé, car plus personne ne pourra faire en sorte que Socrate ne fût pas assis.

Enfin, l'argument fataliste mobilise un principe modal qui est universellement connu au moins depuis Aristote et qui fournit aujourd'hui l'axiome minimal de tout système de logique modale standard, l'axiome K, énonçant que s'il est nécessaire que si p alors q, alors s'il est nécessaire que p, alors il est nécessaire que q. Symboliquement (L=il est nécessaire que) :

$$(K)\ L(p \rightarrow q) \rightarrow (Lp \rightarrow Lq)$$

Utilisé comme principe d'inférence, il permet de conclure de la relation de nécessité existant entre p et q d'une part et de la nécessité de p d'autre part, à la nécessité de q.

Une fois ces trois éléments admis, le raisonnement du fatalisme peut être exposé ainsi[1] :

(1) Il est nécessaire que si Dieu croit en t_1 que l'acteur A fera F en t_3, alors A fera F en t_3 (par définition de l'infaillibilité divine)

(2) Il est accidentellement nécessaire en t_2 que Dieu croie en t_1 que A fera F en t_3

(3) Il est accidentellement nécessaire en t_2 que A fasse F en t_3 (par (K))

1. Je m'inspire de la présentation de Linda Trinkaus Zagzebski dans *The Dilemma of Freedom and Foreknowledge*, Oxford University Press, 1991, p. 8, mais on trouvera une présentation de l'argument très complète et relativement technique chez Arthur N. Prior, *Papers on Time and Tense*, Oxford, Clarendon Press, 1968, chap. 3.

Il s'ensuit donc :

(4) S'il est accidentellement nécessaire en t_2 que A fasse F en t_3, alors A ne fait pas F en t_3 librement

Donc (5) A ne fait pas F en t_3 librement.

On voit que le nerf de l'argument réside dans le fait que les croyances de Dieu sont antérieures (t_1) au moment (t_2) où l'on affirme que A fera F (en t_3). Par (K), la nécessité de la croyance se transmet à l'action de A. Succintement : c'est une vérité nécessaire que si Dieu croit que p, alors p. Or Dieu croit depuis un certain temps (sinon depuis tout temps) que p. Donc que Dieu croie que p est (accidentellement) nécessaire. Donc (par (K)), il est nécessaire que p.

Généralement, on appelle *incompatibilistes* ceux qui considèrent comme valide l'argument du fatalisme théologique. La prescience divine entraîne la nécessité de nos actions et est donc incompatible avec notre liberté. Parmi les incompatibilistes, certains pensent que la prescience est effectivement un attribut de Dieu et donc que nos actions ne sont pas libres ; d'autres jugent qu'il existe des actions libres et que par conséquent Dieu ne saurait savoir à l'avance ce que nous ferons. La plupart des théologiens contemporains dans le champ de la philosophie analytique adoptent naturellement la position opposée, *compatibiliste :* même si Dieu sait que Pierre reniera le Christ, il est libre à Pierre de ne pas le renier. C'est le cas, par exemple, de deux des plus importantes écoles compatibilistes, les occamistes et les molinistes, qui, comme ces dénominations l'indiquent, ont tenté de renouveler les thèses des illustres docteurs par les apports des outils logiques et argumentatifs offerts par la philosophie analytique.

FATALISME LOGIQUE ET FATALISME THÉOLOGIQUE

L'argument du fatalisme théologique se comprend mieux si on le compare à un autre argument plus connu, celui du fatalisme logique, dont il emprunte assez largement la structure formelle. Il se trouve que l'argument logique a trouvé une nouvelle jeunesse sous la plume de Richard Taylor[1]. Ce dernier nous demande d'imaginer un amiral délibérant sur la question de savoir s'il doit donner l'ordre (O) d'engager une bataille navale (BN) le lendemain. On suppose que le fait de donner l'ordre est causalement suffisant pour que la bataille navale ait effectivement lieu et que, si cet ordre n'est pas donné, l'amiral donne un autre ordre (O') qui est lui-même

1. Voir Richard Taylor, « The Problem of Future Contingencies », *Philosophical Review*, 66, 1957, p. 1-28.

causalement suffisant pour que la bataille n'ait pas lieu le lendemain. L'argument procède alors comme suit[1] :

1. En t1, A donne l'ordre O ou il donne l'ordre O'
2. O en t1 est une condition suffisante pour qu'il y ait BN en t2
3. Donc la bataille navale en t2 est une condition nécessaire pour O en t1
4. O' est une condition suffisante pour ¬BN en t2
5. Donc ¬BN en t2 est une condition nécessaire pour O' en t1
6. Mais en t1 il est déjà soit vrai que BN en t2, soit faux que BN en t2 (par application du principe de bivalence)
7. S'il est déjà vrai en t1 que BN en t2, alors une condition nécessaire pour que O' soit donné en t1 fait défaut
8. S'il est déjà faux en t1 que BN en t2, alors une condition nécessaire pour que O soit donné en t1 fait défaut
9. Donc, dans l'un ou l'autre cas, un des ordres O ou O' n'a pas de condition nécessaire en t1
10. Donc l'un des deux ordres O ou O' est tel que l'amiral ne peut le délivrer et l'amiral est contraint de donner l'autre.

Une des objections les plus importantes que l'on a fait à l'argument fataliste est qu'il commet une erreur de type modal en confondant nécessité de la conséquence (*necessitas consequentiae*) et nécessité du conséquent (*necessitas consequentis*) pour interpréter ensuite les opérateurs modaux en termes de pouvoir d'agir et obtenir ainsi la conclusion voulue[2]. Reprenons par exemple l'assertion fataliste tout à fait caractéristique de Taylor :

Si une bataille navale a lieu demain, il n'est pas possible, c'est-à-dire il n'est pas au pouvoir de quiconque de faire, qu'il n'y ait pas de bataille navale demain.

L'opérateur modal, interprété ici en termes de puissance d'agir, porte sur le conséquent de l'implication. Mais on a de bonnes raisons de penser que tout ce que nous permet de conclure l'argument fataliste est que :

il est nécessaire que si une bataille navale a lieu demain, alors personne ne fera en sorte qu'elle n'ait pas lieu demain.

La modalité porte non sur le conséquent, mais sur l'implication (la conséquence) considérée comme un tout. En effet, le défenseur de l'argument fataliste procède de manière tout à fait typique en posant d'abord une proposition *p* (*la bataille navale aura lieu*) et ensuite en déduisant qu'il est impossible à quiconque de rendre ¬*p* vrai. Ainsi, Jan Lukasiewicz affirme que s'il est vrai que je serai à Varsovie demain, il est impossible que je n'y

1. Je m'inspire largement de R. M. Gaskin pour la présentation de l'argument de Taylor dans Richard M. Gaskin, « Fatalism, Foreknowledge and the Reality of the Future », *The Modern Schoolman*, 78, janvier 1994, p. 84.

2. Voir sur ce point William L. Craig, *Divine Foreknowledge and Human Freedom*, Leiden, E. J. Brill, 1991, p. 78-83.

sois pas à cette date. Et s'il est impossible que je n'y sois pas, il est nécessaire que j'y sois[1]. Mais, comme le remarquait Charles Bayliss[2] en réponse aux arguments de Lukasiewicz, la seule chose véritablement impossible est que je serai et ne serai pas à Varsovie à cette date. La conjonction des deux propositions est certes impossible, mais cela n'implique évidemment en rien que l'un ou l'autre des conjoints le soit. De la supposition qu'il est *factuellement* vrai que je me trouverai à Varsovie, il suit *nécessairement* qu'il est *factuellement* faux que je n'y serai pas, ce qui est très différent de l'affirmation selon laquelle il suit *factuellement* qu'il est *nécessairement* faux que je n'y serai pas. Comme le dit Bayliss, « parce qu'il est impossible que « *p* est vrai et *p* est faux », il suit nécessairement de la supposition que « *p* est vrai » que « *p* est faux », mais il ne s'ensuit pas que la fausseté de *p* est impossible ou que la vérité de *p* est nécessaire »[3].

Si on revient à l'argument de Taylor, l'objection porte essentiellement contre l'inférence de la ligne 9 à la ligne 10. Du fait qu'une condition nécessaire pour, par exemple, O fait défaut (c'est-à-dire de ce qu'il est vrai que la bataille n'aura pas lieu), il ne s'ensuit pas que l'amiral *ne peut pas* donner l'ordre de s'engager dans la bataille navale, mais seulement que l'amiral *factuellement ne donne pas* cet ordre. Il peut déjà être vrai que la bataille navale n'aura pas lieu et donc que l'amiral donnera l'ordre O' de ne pas combattre. Cela ne lui ôte en rien le *pouvoir* de donner l'ordre de s'y engager. Ainsi, bien que l'absence de bataille navale demain soit une condition nécessaire pour que l'amiral ne donne pas l'ordre aujourd'hui de s'y engager, ce n'est pas une condition nécessaire de sa *possibilité* de donner l'ordre de ne pas s'y engager, ni de la *possibilité* de donner l'ordre de s'y engager

Le fatalisme se réduit donc à l'impossibilité de faire à la fois que *p* et $\neg p$, de sorte que l'on ne voit pas comment l'impossibilité de réaliser une contradiction logique dût constituer une limite de notre pouvoir d'agir. Lorsque l'on affirme que s'il est vrai que *p*, alors personne ne peut faire en sorte que $\neg p$, on signifie simplement que nécessairement, si *p*, alors il est exclu que $\neg p$, c'est-à-dire que nécessairement si *p*, alors *p*. Si c'est tout ce à quoi nous engage le fatalisme, aucune des convictions de celui qui défend la compatibilité entre la vérité des futurs et leur contingence, fondement de la liberté, ne semble devoir être ébranlée.

1. Voir Jan Lukasiewicz, « Philosophical Remarks on Many-Valued Systems of Propositional Logic » *in* Storrs McCall (ed.), *Polish Logic 1920-1939*, Oxford, Clarendon Press, 1967, en particulier p. 53. Lukasiewicz en conclut qu'il faut abandonner le principe de bivalence et admettre à côté du vrai et du faux une troisième « valeur de vérité », le possible.

2. Charles A. Bayliss, « Are Some Propositions neither True nor False ? », *Philosophy of Science*, 3, 1936, p. 161-162.

3. C. A. Bayliss, *ibid.*

Le débat autour du fatalisme théologique mime à bien des égards celui du fatalisme logique (bien que la question, comme nous le verrons, du statut des croyances de Dieu vienne quelque peu compliquer la discussion et, selon certains, rende beaucoup plus plausible la position du fatalisme théologique). L'argument de Taylor trouve à peu près son exact correspondant dans ceux de Nelson Pike[1]. Si Dieu croit que j'irai me promener demain, alors il est nécessaire que j'aille me promener demain. En effet, si je décidais demain de ne pas aller me promener, alors cela signifierait soit que je pourrais rendre fausse une croyance de Dieu, ce qui va contre l'hypothèse de son infaillibilité, soit que je pourrais changer les croyances passées de Dieu, ce qui contredit le principe de la nécessité du passé.

Si on représente la proposition « Dieu croit que *p* » (par exemple Dieu croit que je vais me promener) par Kp, si l'on suppose effectivement que Kp et donc que LKp (en vertu de la nécessité du passé), et si, enfin, l'on donne une interprétation des opérateurs de modalité en termes de puissance d'agir, l'argument prend la forme suivante :

(1) $L(Kp \rightarrow p)$ (par hypothèse de l'infaillibilité divine)

Nécessairement si Dieu croit que je vais me promener, alors je vais me promener

(2) $L(Kp \rightarrow p) \rightarrow (LKp \rightarrow Lp)$ (axiome K)

Cette proposition est équivalente, par contraposition appliquée au conséquent, à

(2') $L(Kp \rightarrow p) \rightarrow (\neg Lp \rightarrow \neg LKp)$

proposition qui elle-même équivalente par l'interdéfinition des opérateurs de nécessité et de possibilité (« Lp » est équivalent par définition à « $\neg M \neg p$ » : si p est nécessaire, alors il n'est pas possible que p ne soit pas le cas, et inversement), à :

(2'') $L(Kp \rightarrow p) \rightarrow (M\neg p \rightarrow M\neg Kp)$

(3) $M\neg p \rightarrow M\neg Kp$ (par *modus ponens* sur (1) et (2''))

ce qui peut se lire : si j'ai le pouvoir de ne pas aller me promener, alors j'ai le pouvoir de faire que Dieu ne voie pas que je vais me promener. Maintenant, si on affirme que l'on a effectivement le pouvoir de ne pas aller se promener, comme le fait l'opposant au fataliste

(4) $M\neg p$,

1. Voir Nelson Pike, « Divine Omniscience and Voluntary Action », *Philosophical Review* 74, 1965, p. 27-46 et N. Pike, *God and Timelessness*, London, Routledge and Kegan Paul, 1970.

on peut en déduire par application du *modus ponens* sur (3) et (4) :

(5) M¬Kp,

c'est-à-dire la possibilité pour moi de faire en sorte que Dieu ne voie pas que je vais aller me promener. Mais le fataliste estime qu'il est absurde que je puisse changer le passé, en l'occurrence les croyance de Dieu, par mon action présente ou future. Si Dieu croyait que j'allais me promener, il m'est impossible de faire en sorte maintenant qu'il n'ait plus cette croyance (et, moyennant son omniscience, qu'il ait la croyance contraire). Par conséquent, il nie (5) et considère qu'il est faux qu'il soit possible que je puisse faire en sorte que je change les croyances de Dieu :

(6) ¬M¬Kp

par application du *modus tollens* à (3) et à (6), on obtient :

(7) ¬M¬p,

en d'autres termes : il n'est pas possible que je n'aille pas me promener et donc, il est nécessaire que je me promène.

La réponse néo-occamiste

Que peut-on objecter à l'argument du fatalisme théologique ? On voudrait conserver la thèse, que personne ne remet en question, selon laquelle il est nécessaire que si Dieu croit que *p*, alors *p* sans pour autant que la *possibilité* que *p* ne soit pas le cas soit exclue. Il faut plus exactement que l'infaillibilité divine soit compatible avec la *contingence* des événements crus, c'est-à-dire qu'il soit possible que *p* (ce qui est de toute façon le cas si *p* est nécessaire, puisque le nécessaire implique le possible et donc ne nous avance à rien), mais aussi qu'il soit possible que ¬*p*[1]. Mais la non-contingence de *p* (en l'occurrence sa nécessité[2]), dans l'argument fataliste, se tire, par le biais de l'axiome K, de l'affirmation selon laquelle, il est nécessaire que Dieu croit que *p* (si *p* est vrai évidemment). Si l'on veut conserver une certaine contingence pour ce qui est de nos actions, il paraît

1. On définit traditionnellement la contingence d'une proposition comme la conjonction de la possibilité que *p* soit le cas et de la possibilité que *p* ne soit pas le cas (Mp. M¬p). En termes post-leibniziens, une proposition est contingente si, par définition, elle est vraie dans certains mondes possibles et elle est fausse dans d'autres mondes possibles.

2. Rappelons que la non-contingence d'une proposition est la négation de sa contingence et que, par conséquent, par application de lois logiques élémentaires, elle équivaut à la disjonction de sa nécessité et de son impossibilité (Lp∨¬M¬p : ou bien *p* est nécessaire ou bien *p* est impossible).

naturel, bien qu'audacieux, de nier cette prémisse et d'accepter que le savoir de Dieu soit lui-même contingent. C'est là l'essentiel de la réponse que l'on appellera occamiste, parce que Occam semble le premier à l'avoir explicitement défendue, au défi fataliste. Cette solution occamiste prend elle-même deux formes, qui ne sont pas exclusives l'une de l'autre : (a) le savoir de Dieu est contingent parce qu'il n'est pas véritablement un fait passé, (b) le savoir de Dieu est contingent parce qu'il est dans une dépendance contrefactuelle par rapport à mes actions.

Avant de les examiner, on notera d'emblée que dans les deux cas, à condition d'admettre la contingence du savoir divin, on fait fond sur une distinction logique sur laquelle le fataliste passe peut-être trop rapidement. En effet, l'affirmation selon laquelle Dieu croit que p, bien que je garde le pouvoir de faire que $\neg p$, par exemple que Dieu croit que je vais promener, bien que je garde le pouvoir de ne pas me promener, peut être lue au sens composé (*in sensu composito*) ou au sens divisé (*in sensu diviso*). Au sens composé elle signifie qu'il est possible que Dieu voie que p et que pourtant p ne soit pas le cas (M(Kp. ¬p)), et elle est fausse puisque cela contredit l'infaillibilité divine. Mais au sens divisé, elle signifie simplement que Dieu croit que p, mais qu'il est toutefois possible que $\neg p$ (Kp. M¬p) et rien n'interdit qu'elle soit vraie. Il n'y a pas de contradiction dans la lecture *in sensu diviso*, car il est seulement affirmé qu'il est possible que p ne soit pas le cas et non pas que p n'est effectivement pas le cas, ce qui contredirait l'infaillibilité divine. Si on imagine $\neg p$ réalisé, on doit imaginer aussi *ipso facto que* Dieu croit que $\neg p$, ce qui évite la contradiction.

Cette distinction rappelle assurément la distinction entre nécessité du conséquent et nécessité de la conséquence que le défenseur de la liberté et de sa compatibilité avec la vérité des futurs opposait au fatalisme logique, et il est facile de montrer qu'en fait, il s'agit de la même. Dire en effet que la lecture de la proposition au sens composé est fausse, c'est dire qu'il est faux qu'il soit possible que Dieu voie que je vais me promener et que pourtant je ne me promène pas. Mais, par interdéfinition du possible et du nécessaire, cela signifie simplement qu'il est nécessaire que l'on n'ait pas à la fois que Dieu voie que je vais me promener et que je ne me promène pas ou encore qu'il est nécessaire ou bien que Dieu ne voie pas que je vais me promener ou bien que je me promène. Ce qui nous amène à conclure, par interdéfinition de la disjonction et de l'implication, qu'il est nécessaire que si Dieu croit que je vais me promener, alors je vais me promener, où l'on retrouve la nécessité de la conséquence. Mais de la nécessité de la conséquence, il serait fallacieux d'en inférer la nécessité du conséquent : de ce qu'il est nécessaire que si Dieu sait que je vais me promener, alors je me promène (L(Kp→p)), on ne peut en déduire que si Dieu sait que je vais me promener, alors il est nécessaire que je me promène (Kp→Lp). La préscience divine, de manière tout à fait analogue à ce qui se passait dans la discussion autour du fatalisme logique, me permet d'inférer seulement que l'événement cru se produira (ce qui n'exclut pas qu'il pourrait ne pas se produire) et non pas qu'il *doit* se produire. Ainsi la réfutation du fatalisme théologique, à l'instar de celle du fatalisme logique, nous amène à concevoir qu'il puisse être d'ores et déjà vrai qu'une chose se produira sans que pour autant cette chose se produise nécessairement. Il existe des futurs vrais contingents.

Il demeure cependant une différence entre la récusation du fatalisme théologique et la critique du fatalisme logique. Dans le cas du fatalisme théologique, il nous faut encore montrer qu'il est concevable que la prescience de Dieu est effectivement contingente, alors même qu'il est incontestable que cette prescience est antérieure par rapport à l'événement cru, et donc, en apparence, accidentellement nécessaire. Ce qui nous conduit à l'examen des deux formes d'occamismes pré-citées.

(1) Occam avait déjà fait remarquer que certaines propositions qui étaient *grammaticalement* (*secundum vocem*) au passé pouvaient en fait (*secundum rem*) porter sur un événement futur et donc ne portaient pas du tout sur un fait passé. Ainsi, la proposition qui affirme que Pierre est prédestiné (grammaticalement au passé) porte sur un événement futur à savoir que Pierre sera sauvé. Si je dis qu'il était vrai hier que je fumerai dans deux jours, ai-je vraiment dit quelque chose de plus que ceci : je fumerai demain ? Il se pourrait que tel soit le cas en ce qui concerne l'affirmation selon laquelle Dieu a eu connaissance de ce que je m'apprête à faire. Non pas qu'il faille nier que cette proposition renvoie à un fait passé, mais du moins admettre que sa vérité dépend en partie d'un événement futur. Que Dieu sache que je vais me promener dépend de ce que je vais effectivement me promener. Une bonne partie de la discussion contemporaine consiste à tenter de déterminer quelle est la différence entre des propositions comportant une référence au passé dont la vérité dépend entièrement d'un fait passé, déterminant ainsi des *hard facts* (faits purs et durs) et celles dont ce n'est pas le cas et qui déterminent ainsi ce que l'on a coutume d'appeler désormais des *soft facts* (des faits « doux »). Marylin Adams[1] affirme ainsi qu'une proposition exprime un fait pur et dur à propos d'un moment t si elle ne porte pas, dans la moindre de ses parties, sur un moment qui soit postérieur à ce moment. Et porter sur un moment t pour une proposition signifie que la réalité (ou non) d'un état de chose ou l'occurrence (ou non) d'un événement en t est une condition nécessaire de la vérité de cette proposition. Certains considèrent cette définition comme insuffisante. En

1. M. Adams, « Is the Existence of God a Hard Fact » dans *Philosophical Review*, 76, 1967, p. 492-503.

effet, une condition nécessaire de la vérité de « Paul vote en 1999 » est « il n'est pas vrai que Paul vote pour la première fois en 2001 ». Si on adoptait le critère de Marylin Adams, on devrait donc dire que « Paul vote en 1999 » porte en partie sur 2001 et ne serait donc pas un fait pur et dur. Il faudrait plutôt dire, comme le propose Gaskin [1], qu'un fait pur et dur par rapport à un moment t ne requiert pas l'*existence* de moments du temps postérieurs à ce moment t. Un fait pur et dur en t est compatible avec la fin de l'univers entier et donc du temps (si le temps mesure le mouvement). Dès lors « Paul a voté en 1999 » est bel et bien un fait pur et dur par rapport à 1999 tandis que « Ce vote de Paul en 1999 fut le premier d'une longue série » ne l'est pas. Un fait doux, parce que sa vérité dépend de celle d'un futur, ne peut pas être nécessaire, et particulier accidentellement nécessaire, si ce futur n'est pas lui-même nécessaire.

Lorsque p porte sur un futur contingent, « Dieu sait que p » porte réellement sur ce futur puisqu'une des conditions de vérité de la proposition est la vérité de p qui est future. C'est donc un fait doux et en tant que tel il est illégitime de lui appliquer la nécessité accidentelle. Du coup, il faut affirmer la contingence de la science divine. Si la vérité de la proposition relatant la connaissance qu'a Dieu d'un futur contingent dépend en partie de la vérité de cette proposition qui porte directement sur ce futur, et si cette vérité est contingente (puisque le futur est contingent et qu'il n'y a rien de contradictoire à imaginer que la proposition soit fausse), alors le savoir de Dieu est lui aussi contingent. Si la proposition peut ne pas être vraie, Dieu pourrait aussi ne pas savoir que p. Si *de fait* (et non nécessairement) elle est vraie, alors *de fait* (et non nécessairement), il sait qu'elle est vraie.

Cette solution n'est pas sans difficulté cependant. Nous avons en effet des raisons de distinguer entre différents types de préscience. Un cas de préscience *humaine* d'un futur contingent, est-on tenté de dire, n'exclut pas que la croyance soit finalement fausse. Si le monde est véritablement contingent, il existe toujours une possibilité pour que la prédiction faite par un sujet humain soit falsifiée, quelle que soit l'excellence des raisons qui fondent cette prédiction. La croyance n'est un savoir que de manière rétrospective, une fois que l'état de chose est réalisé ou l'événement arrivé. Dans ce cas, il est naturel de distinguer dans la proposition affirmant que Paul sait que la pierre va tomber un élément qui compte comme un fait dur, puisque l'état mental de Paul est un fait sur lequel personne ne peut revenir, et un autre, le caractère vrai de la croyance, qui compte comme un fait doux puisqu'il dépend de ce qui va se passer dans le futur de la croyance, à savoir la chute de la pierre.

1. R. M. Gaskin, *op. cit.*, p. 92.

Dans le cas de Dieu, l'infaillibilité de principe de ses croyances assure que celles-ci doivent être considérées comme des connaissances au moment même où Dieu les a. Si les croyances de Dieu constituent véritablement un savoir, alors il est impossible qu'elles soient fausses et cette immunité face à la fausseté leur interdit d'être comptées au nombre des faits doux. Les croyances de Dieu, étant des faits purs et durs, sont donc nécessaires.

(2) Réelles ou apparentes, ces difficultés ont amené certains philosophes à expliquer la contingence de la prescience divine par le fait que les croyances que Dieu peut avoir concernant mes actions dépendent de ces actions, non plus essentiellement en se fondant sur la distinction entre fait pur et dur et fait doux, mais en mobilisant une différence entre *dépendance réelle ou causale* et *dépendance contrefactuelle*. Si je vais me promener, alors Dieu croit que je vais me promener. Mais cela n'interdit pas d'affirmer que je conserve le pouvoir de ne pas me promener et que si je devais exercer ce pouvoir, Dieu aurait nourri la croyance que je n'allais pas me promener.

L'idée générale d'une dépendance contrefactuelle du passé par rapport à un événement qui lui est postérieur doit être absolument distinguée de celle d'un pouvoir d'altérer le passé, c'est-à-dire de faire que ce qui a été n'ait pas été. La possibilité d'une causation rétrograde est exclue. Mais lorsque ce qui est passé est conditionné par ce qui est futur, comme c'est le cas lorsque l'on pose par exemple la vérité antécédente d'un futur contingent, je conserve le pouvoir, non pas de changer cette vérité antécédente, mais d'agir de telle manière que le passé eût été différent de ce qu'il a été effectivement. Craig explique ainsi que s'il était vrai il y a 10000 ans que

(1) je lirai *L'éducation sentimentale*,

mon pouvoir de ne pas lire le roman de Flaubert n'implique en rien un quelconque pouvoir de faire que (1), qui était vrai il y a 10 000 ans, ait été faux il y a 10 000 ans. En revanche, mon pouvoir de ne pas lire *L'éducation sentimentale* implique que je pourrais agir de telle façon que, si je n'effectuais pas cette lecture, (1) aurait été faux il y a 10 000 ans. Il est bon de rappeler ici que l'action future décrite dans une proposition au futur *p* est la condition pour que l'on puisse dire que cette proposition est vraie maintenant et non l'inverse : la raison pour laquelle *p* est vrai réside dans le fait que l'on décidera de faire ce qui est décrit dans *p*; ce n'est pas parce que *p* est vrai que l'on décidera de faire ce qui est décrit dans *p*[1]. Ainsi (1) était

1. A. J. Freddoso souligne substantiellement le même point lorsqu'il écrit : « … la proposition au futur est vraie maintenant *parce que* la ou les propositions adéquates au présent

vraie parce que j'allai lire *l'éducation sentimentale*, et si devais décider de ne pas faire cette lecture alors (1) aurait été faux. C'est en ce sens tout à fait trivial qu'il est dans mon pouvoir de déterminer par mon action si (1) était vrai ou faux il y a 10 000 ans[1].

Si on revient au problème de la préscience divine, on voit que la position occamiste ne consiste pas à affirmer que si on agissait autrement, on aurait changé les croyances que Dieu a effectivement eues, mais seulement que, si on agissait autrement, Dieu aurait eu des croyances différentes de celle qu'il a eues. Je n'ai pas le pouvoir de faire qu'une croyance nourrie à un instant antérieur à mon action *n'ait pas été* nourrie à cet instant antérieur. Mais j'ai le pouvoir de faire que, si je n'accomplissais pas cette action, une croyance nourrie à un instant antérieur *n'aurait pas été* nourrie à cet instant. Il est manifeste que cette réfutation du fatalisme théologique repose sur le fait que les faits passées concernés, à savoir les croyances de Dieu, ont une référence au futur. Mais ceci est cependant propre à laisser croire qu'il y a certains faits qui pourraient être altérés (les faits passés qui ont quelque rapport au futur) et d'autres, qui étant véritablement passés, ne le pourraient pas. C'est là du moins ce que Pike suggère dans la réponse qu'il a pu faire aux critiques qui, comme John Saunders, mettaient en avant la distinction entre causation rétrograde et dépendance contrefactuelle. Saunders de manière fort naturelle remarque en effet que le fait que Dieu sache en un certain instant ce que je ferai en un moment postérieur à cet instant n'a pas seulement à voir avec ce qui se passe à cet instant et que donc rien ne s'oppose à ce que une action différente de ce qui est su par Dieu aurait entraîné une croyance différente de sa part. Saunders illustre son propos en expliquant que s'il n'avait pas accompli l'action d'écrire son article en 1965, l'assassinat de César aurait été différent de ce qu'il a été effectivement puisqu'il n'aurait pas précédé de 2009 années la rédaction de son article. Mais, ajoute Saunders, il serait absurde d'en conclure qu'en vertu de cela, il n'avait pas le pouvoir de ne pas écrire son article en 1965[2]. Pike a objecté que si Saunders pouvait certes agir de telle manière qu'un fait comme l'assassinat de César soit différent quant à son rapport à un événement futur, il ne pouvait cependant pas altérer le fait, par exemple, que César est mort sur les marches du Sénat. De la même manière, continue-t-il, si quelqu'un a nourri une certaine croyance dans le passé,

seront vraies dans le futur » et non l'inverse (A. J. Freddoso, « Accidental Necessity and Logical Determinism », *The Journal of Philosophy*, vol. 80, n°5, 1983, p. 264.

1. Voir William L. Craig, *Divine Foreknowledge and Human Freedom*, p. 159.

2. Voir John Turk Sanders, « Of God and Freedom », *Philosophical Review*, 75, 1966, p. 219-225. Voir aussi Robert Young, *Freedom, Responsability and God*, New York, Barnes and Noble, 1975, p. 36-37.

nous ne pouvons changer cet état de choses[1]. Cependant, comme le remarque Craig[2], le critique du fatalisme théologique ne prétend pas qu'il a le pouvoir d'altérer les faits passés qui ont un rapport au futur (les faits « doux »), tout en jugeant que cela est impossible pour les faits passés purs et durs : pour lui, les *deux* types de faits sont absolument inaltérables, puisque passés. Simplement, les faits du premier type renvoient à une condition future qu'il est dans mon pouvoir d'actualiser ou non, de sorte que si je ne la réalisais pas, le fait passé aurait pu être différent.

Alvin Plantinga a fait sienne cette réponse compatibiliste reposant sur la possibilité d'affecter contrefactuellement le passé. Il reproche à Pike de conclure de (1) Dieu croyait en t_1 que Jean ferait X en t_2 et il était au pouvoir de Jean de ne pas faire X en t_2 à (2) Jean avait le pouvoir en t_2 de faire en sorte que Dieu n'ait pas la croyance qu'il avait en t_1, alors que tout ce que nous serions autorisés à conclure, selon Plantinga, est (3) il était au pouvoir de Jean en t_2 d'accomplir une action telle que si elle avait été accomplie Dieu aurait eu en t_1 une croyance différente de celle qui fut effectivement la sienne[3].

La distinction entre pouvoir de causation rétrograde et pouvoir contrefactuel sur le passé est sans doute essentielle au compatibiliste, mais aux yeux de certains, le vrai problème est de savoir si une fois que l'on s'est donné (1), on peut éviter de conclure que (2). Il ne suffit pas de substituer (3) à (2), il faudrait déterminer si l'une où l'autre de ces propositions suit de la prémisse. Or, pour beaucoup, on peut tout à fait inférer (2) de (1) si on se donne un principe qui semble pouvoir être accepté par toutes les parties prenantes au débat, le principe d'implication quant au pouvoir (*power entailment principle*), ainsi nommé par William Hasker[4]. Ce principe, relativement naturel, énonce que s'il est au pouvoir d'un individu de faire en sorte que *p* et si *p* est par ailleurs équivalent à *q*, alors cet individu a aussi le pouvoir de faire en sorte que *q*. Mais puisque, en vertu de l'omniscience et de l'infaillibilité divine, *p* est équivalent à « Dieu a toujours cru que *p* » (=*q*), si j'ai le pouvoir de faire p (par exemple de m'abstenir d'accomplir une certaine action), j'ai aussi le pouvoir de faire en sorte que Dieu ait

1. Nelson Pike, « Of God and Freedom : a Rejoinder », *Philosophical Review*, 75, 1966, p. 364-379.

2. W. L. Craig, *Divine Foreknowledge and Human Freedom*, p. 168.

3. Voir Alvin Plantinga, « On Ockham's Way out », *Faith and Philosophy*, 3, 1986, p. 257.

4. Voir William Hasker, *God, Time and Knowledge*, Ithaca, Cornell University Press, 1989, p. 108-111. Diverses formes de ce principe ont été formulées d'abord par Phillip Quinn dans « Plantinga on Foreknowledge and Freedom » *in* James Tomberlin, Peter Van Invagen (ed.), *Alvin Plantinga. Profiles*, Dordrecht, Reidel, 1985, p. 284 et par Thomas Talbott dans « On Divine Foreknowledge and Bringing about the Past », *Philosophy and Phenomenological Research*, 46, 1986, p. 458.

toujours cru que *p*. S'il se trouve que Dieu a toujours cru que non *p*, cela signifie tout simplement que j'ai un pouvoir réel de transformer le passé et le compatibilisme (celui de Plantinga en particulier) est faux [1].

Enfin, l'occamisme rencontre l'objection suivante [2]. Tout le monde admettra que, si Dieu existe, il peut agir sur la base de ces croyances et causer des événements dans le monde. Donc ces croyances sont elles-mêmes des événements. Or l'occamisme se trouve devant le dilemme suivant s'il accepte cette prémisse supplémentaire :

> – les croyances de Dieu causent certainement des événements qui appartiennent au passé de mon action. Or ces événements sont causalement indépendants de mon action, puisqu'ils appartiennent à mon passé. Donc aussi les causes de ces événements et en particulier les croyances de Dieu. Pourquoi ne pas dire alors que toutes les croyances de Dieu, comme tout *événement* passé, étant causalement indépendantes de mon action, sont nécessaires par accident ? Toute la stratégie occamiste s'écroule.
>
> – ou alors on affirme une dépendance causale des croyances de Dieu par rapport à mes actions, mais alors cette dépendance s'étend aussi à tous les événements antérieurs à mon action causés par ces croyances. Plus rien ou presque ne serait alors nécessaire par accident et le passé serait à peu près aussi ouvert et indéterminé que le futur.

On objectera que même si les croyances de Dieu devaient être considérées comme des événements, je n'ai pas le pouvoir d'affecter ce passé et que c'est précisément pour cela que la notion de pouvoir contrefactuel avait été introduite. Mais l'idée de dépendance simplement contrefactuelle des croyances de Dieu vis-à-vis de mes actions, si elle permet de nier que mes actes causent les croyances antérieures de Dieu, semble impliquer en revanche que les croyances de Dieu sont les causes de mes actions. Et en effet, il est d'usage d'affirmer que deux *événements* sont dans une relation de causalité lorsqu'ils sont dans cette relation de covariance qu'exprime précisément la relation de double dépendance contrefactuelle d'un événement antérieur (ici la croyance de Dieu) par rapport à un événement postérieur (mon action). Dire que si le baril de poudre avait explosé, c'est qu'une allumette aurait été grattée et que si le baril de poudre n'avait pas explosé c'est qu'une allumette n'aurait pas été grattée, n'est-ce pas signifier que le grattage de l'allumette est la cause de l'explosion ? C'est là la substance de l'objection de Linda Trinkaus Zagzebski à la notion de dépendance contrefactuelle. Prenons un exemple à la Saunders :

1. Voir William Hasker, *op. cit.*, p. 109.
2. Voir R. M. Gaskin, « Fatalisme, Forekowledge and the Reality of the Future », p. 101.

(1) Si j'avais couru au lieu de faire de la plongée en t_2, ma décision en t_1 concernant ce que j'allais faire en t_2 aurait été différente.

Admettons par ailleurs que j'aie le pouvoir de courir, même lorsque je fais de la plongée. En supposant (1) vrai, on en conclut que j'ai le pouvoir en t_2 de faire quelque chose, à savoir courir, qui est tel que, si je le faisais, le passé aurait été différent (j'aurais pris la décision en t_1 de courir au lieu de prendre celle de faire de la plongée). Mais Zagzebski objecte que de deux choses l'une : soit mon pouvoir de courir en t_2 requiert que j'aie *déjà* décidé de courir, soit il ne le requiert pas; or si ma décision de courir est requise, alors je n'ai tout simplement pas le pouvoir de courir en t_2 puisque j'ai décidé en fait de faire la plongée; et si cette décision au contraire n'est pas requise, alors mon pouvoir de courir est compatible avec la vérité de (1) si et seulement si (1) autorise que je cours *sans décision préalable*; mais cela signifie que je n'ai pas le pouvoir de faire quelque chose maintenant (en t_2) tel que si je le faisais, le passé eût été différent (puisque par hypothèse, il n'y a pas de décision de courir à prendre ici)[1]. Les énoncés du type « si j'avais fais cela, alors ce qui a précédé aurait été différent » n'ont pas pour but d'indiquer un chemin que le monde pourrait toujours emprunter si quelque chose devait arriver, mais plutôt de signaler un chemin alternatif que le monde aurait pu prendre *et qui est définitivement perdu*.

Il est vrai que l'idée que ce qui précède (les croyances de Dieu) cause ce qui suit (mes actions) n'est pas incompatible avec une certaine conception de la liberté. Hobbes ou Hume ont soutenu qu'il n'y avait pas d'incompatibilité entre la liberté de mes actions et le fait qu'elle soit déterminée causalement, thèse que l'on appelle généralement *compatibilisme*. Si on est compatibiliste du point de vue de la liberté, la compatibilité entre prescience divine et actions humaines, même lorsque celles-ci sont causées par cette prescience, ne pose guère de problème. En revanche, si on est incompatibiliste en matière de liberté (thèses dont les défenseurs sont généralement appelés *libertariens*), cette solution est illusoire. Les molinistes contemporains, foncièrement libertariens, en ont pris acte et partent de l'hypothèse que les croyances de Dieu ne sauraient être causes de nos actions. Pour rendre plausible cette affirmation, il faudra se donner une conception de la croyance divine concernant nos actions tout à fait particulière et, comme nous le verrons, singulièrement complexe.

1. Voir L. Trinkaus Zagzebski, *The Dilemma of Freedom and Fore knowledge*, p. 104.

LA SOLUTION NÉO-MOLINISTE

La solution occamiste consistait à montrer que le savoir de Dieu concernant nos actions n'était pas nécessaire et qu'en conséquence, on ne pouvait appliquer l'axiome K pour y dériver la nécessité de nos actions. Une autre solution, proposée en particulier par Alfred Freddoso, elle aussi de nature compatibiliste, est cependant beaucoup plus audacieuse, puisqu'elle consiste à accepter la nécessité accidentelle des croyances de Dieu, ainsi que le fait qu'il est logiquement nécessaire que si Dieu croit qu'une chose se produira, elle se produira et pourtant à affirmer la contingence de nos actions. Mais cela ne peut se faire qu'à la condition de rejeter l'axiome K lui-même, ce que Freddoso n'hésite pas à faire. Le rejet de l'axiome modal repose sur le fait que, même si les croyances de Dieu sont contrefactuellement dépendantes des actions de Pierre ou d'Ève lorsque Pierre renie le Christ ou Ève succombe à la tentation, le reniement de Pierre ou la faute d'Ève ne *causent* pas ces croyances (pas plus que ces croyances ne causent les actions de Pierre et d'Ève), bien qu'elles puissent par ailleurs les *expliquer*. Freddoso présente une défense du molinisme qui met en avant une certaine conception de la nécessité (la « nécessité de nature ») qui est une fonction de l'histoire causale du monde [1] : une chose est nécessaire accidentellement si aucun agent ne peut agir causalement sur cette chose. Du coup, Freddoso est obligé de remettre en cause le fait que la nécessité accidentelle est close sous l'implication (clôture exprimée par K : toute chose qui est nécessairement impliquée par une chose nécessaire est elle-même nécessaire).

Freddoso, en un sens, soutient qu'une personne peut avoir le pouvoir d'accomplir une certaine action, même s'il est logiquement impossible qu'elle puisse exercer ce pouvoir dans les circonstances présentes. Comme le dit Hasker [2], aux yeux de Freddoso, tout déterminisme qui dépend de la préscience divine n'est pas un déterminisme « sérieux », tout simplement parce qu'il n'est pas causal. Or la préscience divine n'étant pas une cause des actions ni un obstacle à leur accomplissement, elle ne saurait dépouiller les acteurs de leur liberté. Il s'agit en dernier ressort de donner voix à l'intuition suivante : prenons un monde sans un Dieu omniscient; certains événements sont déterminés, d'autres non (les actions libres des hommes) ; maintenant prenez exactement ce même monde, avec le déroulement des événements qui est le sien, mais ajoutez l'hypothèse qu'il existe un être qui possède une connaissance de tout ce qui va se passer; pourquoi voulez-

1. Introdution à *Molina On Divine Foreknowledge (Part 4 of Concordia)*, traduction de Alfred J. Freddoso, Ithaca, Cornell University Press, sect. 4-5, p. 57-60.

2. W. Hasker, *op. cit.*, p. 141.

vous donc que, par ce simple ajout, le monde soit changé et que les actions libres qui s'y accomplissaient ne le soient plus ?

Une partie du débat s'articule en fait autour de la question de savoir en quoi le fait que Dieu sache qu'un acteur accomplira ou non une action peut constituer une circonstance de l'action. L'argument auquel s'oppose Freddoso consiste essentiellement à dire : parce que le savoir infaillible de Dieu concernant une action est nécessairement accidentellement, il constitue une circonstance inéliminable de l'action, par exemple du reniement du Christ par Pierre. Cette circonstance interdit logiquement que Pierre ne renie pas le Christ (se taise). Mais si une circonstance interdit logiquement qu'une action ait lieu, l'acteur n'a pas le pouvoir réel d'accomplir cette action. Donc lorsque Pierre renie le Christ, il ne le fait pas librement.

La validité de cet argument peut paraître douteuse parce que l'on ne comprend pas bien en quoi une considération logique peut constituer une circonstance réelle de l'action, réelle c'est-à-dire qui concerne la causation de l'action. Ce n'est pas que cela fût impossible à imaginer, mais lorsque cela l'est, c'est dans un sens beaucoup plus faible que ne l'exigerait l'argument pour être valide. Imaginons, comme le fait Freddoso [1], que Paul veuille épouser Paulette. Il est cependant dans l'impossibilité logique de la faire du fait que Paulette est déjà mariée et que, étant données les lois gouvernant l'institution du mariage, il est impossible à quiconque d'être marié avec plus d'une personne en même temps. Paul n'a donc pas le pouvoir d'épouser Paulette. Mais quel pouvoir causal empêche Paul de contracter un tel mariage? La réponse est assurément : aucun. Paul peut participer à la cérémonie, prendre sa plume, apposer sa signature sur un contrat de mariage, etc. Certes la loi fait que même si Paul accomplissait l'ensemble de ces gestes, il ne serait pas marié. Mais cette incapacité de Paul n'est pas due à un défaut de puissance causale, mais à l'absence d'une circonstance légale qui fait que l'exercice libre et non entravé des pouvoirs causaux de Paul ne peuvent compter comme constituant un acte de mariage.

Or dans le cas de Pierre qui renie le Christ, existe-t-il une incapacité similaire ? Non. Il n'y a aucun analogue à la contrainte légale. À partir du moment où Pierre est capable de mouvoir son corps, en particulier ses lèvres, comme il l'entend, et qu'aucune circonstance réelle (d'ordre causal) ne l'en empêche, il n'y a rien qui interdise que l'exercice libre des pouvoirs de Pierre ne compte comme un acte de reniement. On ne voit pas en quoi les croyances de Dieu pourraient jouer un rôle analogue dans le cas de Pierre à

1. A. J. Freddoso, « Review of *God, Time, and Knowledge*, by William Hasker », www.nd.ed/~afredos/papers/godtime. htm, p. 4.

la loi dans le cas de Paul. Ces croyances, au fond, ne font pas du tout partie des circonstances de l'action.

Il reste encore à donner un contenu précis à cette affirmation de la compatibilité entre préscience divine et liberté au sens du libertarien. Or d'un point de vue historique, la solution moliniste de Freddoso doit évidemment beaucoup à la doctrine exposée par les jésuites Molina et Suarez à la fin du XVIe siècle. Selon Molina, il existe trois stades dans la préscience que Dieu a du monde qu'il crée. Ce ne sont pas des étapes dans un processus temporellement hiérarchisé, mais plutôt des moments logiques qui manifestent une dépendance conceptuelle des derniers envers les premiers. En un premier temps, Dieu connaît par sa *science naturelle* toutes les vérités métaphysiquement nécessaires (les propositions logiques et mathématiques, les propositions qui portent sur des faits possibles, puisque le fait qu'une chose soit possible est lui-même nécessaire). Cette science naturelle lui permettrait d'avoir une prescience parfaite de sa création si le monde qu'il créait était de nature déterministe et s'il décidait de ne pas intervenir dans le monde. Il est au pouvoir de Dieu de créer un tel monde. Mais supposons que telle ne soit pas sa décision, qu'il veuille créer un monde comportant un certain degré d'indéterminisme, dû à l'accomplissement d'actions libres, et intervenir dans ce monde. S'il en est ainsi, Dieu a besoin, en un deuxième temps, de connaître ce que les acteurs humains feraient dans toutes situations où ils pourraient se trouver. C'est connaissance est appeler *science moyenne*. Enfin, en un troisième temps, Dieu sait par *science libre* quelles situations il fera passer à l'existence et comment il interviendra lui-même dans le monde. Ces trois moments permettent ainsi à Dieu d'avoir une prescience parfaite de l'histoire du monde.

Tout le débat porte sur la nature de cette science moyenne qu'on appelle pré-volitionnelle, parce qu'elle précède la décision de Dieu de créer le monde, qui porte sur ce que des agents libres feraient s'il se trouvait dans telle ou telle situation, et qui, si on pouvait lui trouver un statut acceptable, permettrait de considérer qu'il y a effectivement des futurs contingents et vrais.

Les objets propositionnels de la science moyenne sont de la forme : *si cette personne se trouvait dans cette situation, elle accomplirait librement telle action*. Or il se trouve que de tels énoncés conditionnels ont fait l'objet d'une analyse récente et sophistiquée dans le cadre de la sémantique des mondes possibles, essentiellement sous l'impulsion de Robert Stalnaker, David Lewis et John Pollock. Selon Stalnaker par exemple, un conditionnel est vrai dans un monde si et seulement si son conséquent est vrai dans le monde possible le plus proche (de ce monde) où son antécédent est vrai.

Prenons l'exemple d'un verre de cristal que je tiens dans ma main[1]. Que se passerait-il si je le lâchais ? Selon le principe d'analyse de Stalnaker, cette question peut trouver une formulation en termes de mondes possibles de la manière suivante : considérons les mondes possibles où je lâche le verre et demandons-nous ce qui se passe dans le monde le plus semblable au monde réel. Le verre tombera en un mouvement de chute accélérée, car un monde soumis à la loi de la gravitation est un monde plus semblable au nôtre qu'un monde qui n'y serait pas soumis. Le verre se brisera en atteignant le sol, puisqu'un monde où cela ne se produirait pas serait plus différent de notre monde réel qu'un monde où cela se produit, etc. En conséquence, dans le monde le plus proche du nôtre, le verre tombe, se brise, etc., lorsqu'il est lâché. On peut en conclure qu'il est vrai dans notre monde que si je lâchais le verre, le verre se briserait.

Si l'antécédent du conditionnel est vrai, le monde le plus proche du monde réel est le monde réel lui-même. Si au contraire, l'antécédent est faux, on a affaire à un énoncé contraire aux faits ou contrefactuel. Il est à noter sur ce point que, en un certain sens, il est maladroit de parler de contrefactuels pour désigner les énoncés de la forme « si Ève était tentée, elle succomberait » que Dieu prend pour objets de sa science moyenne, car, après l'acte de création, le monde le plus proche peut être précisément le monde où l'antécédent est vrai (le monde réel est précisément un monde où Ève est tentée). C'est pourquoi, il serait préférable de parler de « conditionnels » et en particulier, de « conditionnels de liberté » lorsque l'on a affaire aux actions d'acteurs supposés libres. Cependant l'usage dans la philosophie contemporaine à imposer l'expression de « contrefactuels » pour désigner les conditionnels de liberté et nous utiliserons, nous aussi, indifféremment ces deux expressions.

La solution moliniste aussi simple qu'ingénieuse a suscité essentiellement deux types de critiques. On lui objecte d'abord que les contrefactuels de liberté ne peuvent être vrais avant que Dieu ne décide de créer le monde réel. On doute ensuite de ce qu'on puisse tout bonnement leur attribuer une valeur de vérité, même après la création.

La première critique est principalement l'œuvre de Robert Adams et d'Anthony Kenny[2]. La vérité des contrefactuels dépend de la similitude des divers mondes possibles avec le monde réel et par conséquent elle dépend du monde qui est considéré comme réel. Mais la détermination du monde réel dépend à son tour de la décision divine de le créer plutôt que tel

1. J'emprunte cet exemple à Wayne Davis, « Indicative and Subjonctive Conditionals » *Philosophical Review*, 81, 1979, p. 544-545.

2. Voir Robert Adams, « Middle Knowledge », p. 113-114 et A. Kenny, *The God of Philosophers*, p. 70-71.

autre. C'est donc seulement par la décision de création que Dieu détermine quel monde est réel et par conséquent quels contrefactuels sont vrais. La science moyenne ne peut donc être pré-volitionnelle. Il s'ensuit que les contrefactuels loin de fournir un guide pour la décision divine de création sont tels que leur vérité est à l'inverse déterminée par cette décision. La vérité des conditionnels de liberté vient toujours trop tard pour éclairer les décisions divines.

Il n'est pas sûr que cette objection soit décisive. Elle repose sur le présupposé que Dieu, avant la création, se trouve confronté à l'ensemble des mondes possibles où sont déterminés quels sont les contrefactuels vrais ou faux pour chacun d'entre eux. Dans certains, il est vrai que si Ève était tentée, elle succomberait; dans d'autres, c'est faux. Mais, continue-t-on, comme, à ce stade, le monde réel, n'est pas encore créé, on ne peut évidemment pas savoir quels sont les contrefactuels *réellement* vrais. On en reste uniquement aux contrefactuels *possiblement* vrais. Il resterait à Dieu à faire passer à l'existence un de ces mondes pour que la simple vérité possible des contrefactuels devienne une vérité réelle. Ainsi Dieu déciderait de faire passer à l'existence, par exemple, un monde où il est vrai que si Ève était tentée, elle succomberait et où Ève est effectivement tentée[1].

Mais si les contrefactuels de liberté ne sont que possiblement vrais et non réellement vrais avant la création, il est en fait impossible à Dieu d'avoir devant lui des mondes suffisamment déterminés pour effectuer un choix cohérent. En effet, si la chute d'Ève est vraiment un acte de liberté, Dieu ne peut faire directement qu'elle se produise. Comme le fait remarquer Gaskin, en faisant passer à l'existence un monde, Dieu ne fait pas passer à l'existence toutes les caractéristiques de ce monde, mais uniquement celles qui sont sous son contrôle. En particulier, il ne peut faire passer à l'existence les libres choix des acteurs de ce monde. Le monde le plus déterminé dans ses propriétés que Dieu pourrait faire passer à l'existence laisserait encore ouverte la question de savoir si Ève succomberait ou non à la tentation, car le fait qu'elle succombe et le fait qu'elle ne succombe pas sont tous deux compatibles avec les faits que Dieu peut directement faire advenir. Si on suppose que les contrefactuels ne sont pas déjà réellement vrais (mais seulement possiblement vrais) avant la création, alors Dieu ne peut savoir, avant sa décision de créer, si Ève succombera ou non. Assurément, une fois que Dieu a fait passer à l'existence un monde (par exemple un monde où Ève est tentée), il sait par simple prescience si Ève succombera ou non. Mais il ne peut posséder cette connaissance avant de faire passer à l'existence le monde réel, de sorte que l'on peut dire que ce

1. Cette conception des rapports entre création divine et contrefactuels a historiquement été défendue, non par Molina, mais par Bañez.

que les acteurs *feraient* n'est pas donné antérieurement à ce que les acteurs *feront*[1].

Mais la faiblesse de la critique de Kenny réside précisément en ceci qu'elle ne prend pas au sérieux le fait que les contrefactuels ne sont pas simplement possiblement, mais bel et bien réellement vrais avant que Dieu ne prenne sa décision. Il est soit vrai soit faux, indépendemment de toute volonté divine, qu'Ève succomberait si elle était tentée. Ici, le fait qu'une proposition contrefactuelle soit contingente ne veut pas dire, comme semble le croire Kenny, qu'elle n'est pas déjà réellement vraie (ou fausse). Elle l'est. Mais sa contingence signifie qu'il existe des mondes possibles où elle est fausse (ou vraie), qu'il n'est pas contradictoire d'imaginer qu'il soit vrai que si Ève était tentée, elle ne succomberait pas. Il n'est donc pas vrai de dire que dans tous les mondes possibles, si Ève était tentée, elle succomberait. Mais lorsque Dieu effectue son choix, certaines options sont d'ores et déjà exclues. S'il se trouve, par aventure, qu'il est vrai que si Ève était tentée, elle succomberait, alors il est impossible à Dieu de créer un monde où, si Ève est tentée, elle ne succombe pas. Le Dieu moliniste n'a pas en face de lui la totalité des mondes possibles conçus comme une combinaison de faits compossibles. Il a toujours affaire à un sous-ensemble de ces mondes (une « galaxie » comme il arrive plaisamment à certains de l'appeler), par exemple l'ensemble des mondes déterminé par le fait qu'il est vrai que si Ève était tentée, elle succomberait. C'est dans les limites de cet ensemble que Dieu choisit, par exemple, de créer ou non un monde où la condition du contrefactuel est satisfaite et où donc Ève succombe : dans un tel monde le conditionnel de liberté est lui-même satisfait puisqu'Ève s'y trouve tentée et donc succombe. Mais dans tous les mondes de ce sous-ensemble, le conditionnel de liberté est vrai, même si l'antécédent n'est pas satisfait : même si Dieu décide de créer un monde où Ève n'est pas tentée, il est vrai dans un monde de ce type que si Ève avait été tentée, elle aurait succombé. Le dieu moliniste n'a donc pas à choisir entre un monde où le contrefactuel est vrai et un autre où il est faux, puisque cette vérité est donnée avant l'acte de création de Dieu, vérité qu'il connaît cependant par la science moyenne. S'il était placé devant un tel choix, c'est effectivement lui qui rendrait vrais ou faux les contrefactuels, non les acteurs, et ces contrefactuels ne pourraient donc plus compter comme des conditionnels de liberté.

La seconde critique, que l'on trouve aussi originellement chez Adams, repose sur l'idée que les conditionnels de liberté manquent de ces fondements en vertu desquels nous pourrions les dire vrais ou faux. On pourrait avancer que les conditionnels de liberté sont vrais en vertu des dispositions,

1. Je résume ici R. M. Gaskin, « Conditionals of Freedom and Middle Knowledge », *Philosophical Quaterly*, vol. 43, 1993, p. 419.

caractères et intentions des acteurs qui en sont l'objet. Mais tout ce que la prise en compte de ces éléments nous permet de dire est que, par exemple, si David devait rester à Keilah (pour reprendre l'exemple biblique de R. Adams), Saul assiègerait *probablement* la ville. Mais les conditionnels de liberté ne concernent pas ce que les acteurs feraient probablement étant donnée la connaissance parfaite que l'on pourrait avoir de leur caractère et autres intentions, mais bien ce qu'ils feraient réellement. Quelles que soient ces dispositions et intentions, l'acteur, s'il est libre, peut toujours accomplir l'improbable. On peut ainsi comparer les conditionnels de liberté à des propositions au futur simple, par opposition à des propositions qui concernent l'existence de tendances présentes à accomplir une action future[1]. La prédiction selon laquelle j'irai me promener demain est rendue vraie non par mes dispositions et intentions présentes, mais par le simple fait que j'irai me promener demain (on pourrait utiliser l'expression « je vais aller me promener demain », par convention, pour exprimer en opposition l'existence d'une simple tendance présente à aller me promener demain). De la même manière, un conditionnel de liberté selon lequel si Ève devait être tentée, elle succomberait (librement), n'est pas rendu vrai par l'existence de dispositions et intentions de l'acteur, mais par le simple fait que si Ève devait être tentée, elle succomberait.

Mais c'est là que porte essentiellement la critique : on comprend à peu près que Dieu puisse connaître la décision réelle d'aller me promener ou non. Dieu pourrait connaître ce fait futur en en ayant, par exemple, une perception directe. Mais comment rendre compte du fait que Dieu puisse connaître une décision, s'il devait faire beau, d'aller me promener demain, décision dont il est possible qu'elle ne soit jamais prise[2]. Dieu pourrait percevoir le fait que j'irai me promener demain si je le fais. Mais qu'est-ce que serait percevoir le fait que j'irai me promener demain s'il fait beau à condition que je le décide ?

On peut rétorquer que croire que la demande d'existence d'un fait qui rende vraie une proposition est légitime est une des nombreuses illusions engendrées par la fallacieuse théorie de la vérité correspondance. Mais cette dernière se heurte déjà à l'impossibilité de trouver un fait qui corresponde à une proposition négative, comme celle selon laquelle le soleil ne tourne pas autour de la terre. Si on a des raisons d'admettre qu'il est vrai que le soleil ne tourne pas autour de la terre, bien qu'on soit bien en peine de trouver un fait qui consistât en ce que le soleil ne tourne pas autour de la terre, pourquoi ne pas admettre qu'il en va de même pour les

1. Comme le fait remarquer R. M. Gaskin, « Conditionnals of Freedom and Middle Knowledge », p. 424.

2. Cette critique est faite par W. Hasker, *God, Time and Foreknowledge*, p. 20.

conditionnels de liberté ? C'était là exactement ce que Suarez entendait lorsqu'il disait que c'est un simple fait de base à propos d'un acteur libre (une *habitudo*, disait Suarez) qu'il ferait telle chose ou telle chose si telles ou telles circonstances venaient à se réaliser.

La réponse néo-boècienne

Une des solutions au problème de la compatibilité entre préscience divine et liberté consisterait à affirmer que les énoncés qui portent sur des futurs contingents n'ont tout simplement pas de valeur de vérité et qu'en conséquence, il ne saurait y avoir de connaissance antécédente de leur vérité ou de leur fausseté. En toute rigueur donc, il ne saurait y avoir de conflit entre la connaissance divine et la liberté humaine. En particulier, il serait faux d'affirmer que la connaissance divine est limitée dans son extension puisque ce qu'on voudrait que Dieu connût (la vérité des futurs contingents), il est *logiquement* impossible qu'il en eût un savoir (puisque ces futurs n'ont pas de valeur de vérité que l'on pût connaître).

Cet argument simple a peu retenu l'attention, bien que Prior s'en soit fait l'écho[1]. En revanche, une thèse assez proche, défendue déjà par Boèce et par Thomas d'Aquin, a trouvé un regain d'intérêt chez certains auteurs contemporains[2]. Elle se résume en l'affirmation que le futur *en tant que futur* n'est effectivement pas susceptible de connaissance, mais que la possibilité d'une science divine des contingents repose sur la possibilité de connaître les futurs *en tant que présents*. Cela présuppose que Dieu n'est tout simplement pas dans le temps et que, de son point de vue, la distinction entre ce qui vient avant et ce qui vient après, n'a pas de sens, en tout cas pas le sens qu'elle a pour quelqu'un qui se trouve dans le temps. Pour Dieu, tous les moments du temps, qui nous apparaissent comme se succédant, lui sont en quelque sorte co-présents. Il est donc impossible de dire de lui qu'il a une croyance ou une connaissance à un moment quelconque. Une phrase comme « Dieu croit *en* t_1 que je nagerai *en* t_2 » est tout simplement logiquement mal formée et n'a pas de sens. Dieu est éternellement « contemporain » de tout ce qui se passe en tous temps dans le monde, mais puisqu'il est en dehors du temps, on ne peut dire qu'il connaît ces événements comme ayant une relation temporelle avec lui. De ce point de vue l'argument du fatalisme théologique ne peut même pas démarrer puisqu'il n'y a pas de proposition au passé dont on pourrait dire qu'elle est nécessaire.

Qu'un Dieu atemporel puisse connaître des événements qui sont pour nous dans le temps a semblé à certains difficile à comprendre. Norman

1. Voir A. N. Prior, *Papers on Time and Tense*, p. 44.
2. Voir W. Hasker, *op. cit.*, chap. 8-10.

Kretzmann[1] a ainsi tenté de montrer qu'un Dieu atemporel ne saurait être omniscient tout simplement parce qu'il ne pourrait pas dire « quelle heure il est ». Si Dieu savait qu'il est maintenant sept heures du matin, alors deux heures plus tard, il saurait qu'il n'est plus sept heures, mais neuf heures du matin ; mais cela signifie qu'il aurait changé : à un moment donné, il croyait que p est le cas maintenant et à un autre que p n'est plus le cas maintenant. On pourrait dire plus exactement que si Dieu est atemporel, il ne peut connaître que des vérités qui sont elles-mêmes atemporelles.

Il est vrai que si on inclut dans la proposition une référence à un instant donné et désigné par une date, on rend la proposition effectivement intemporelle et il n'est plus question de dire que la proposition a une valeur de vérité variable en fonction du moment où sa vérité est évaluée. « Napoléon est juché sur son cheval » peut être vrai-le-4-juillet-1802 et fausse-le-10-septembre-1804, mais « Napoléon est juché sur son cheval le 4 juillet 1802 » est vrai intemporellement, si la proposition exprimée est vraie. On devrait donc admettre que Dieu peut connaître les propositions exprimées par des phrases qui comportent des dates, parce qu'elles ne contredisent pas le caractère intemporel du contenu de la science divine. En outre, étant éternellement vraies, si elles sont vraies, les croyances de Dieu qui les prend pour objets ne peuvent, elles non plus, changer en quelque manière.

Mais il n'en demeure pas moins, rétorque-t-on, que Dieu ne saurait connaître la vérité de propositions exprimées par des phrases qui comportent des indexicaux temporels, tels « maintenant », « hier » ou « demain », indexicalité qui s'exprime aussi dans nos langues par l'usage des temps grammaticaux. L'indexicalité caractérise très généralement des expressions dont la référence ne peut être déterminée que par rapport au contexte dans lequel cette expression est utilisée, en l'occurrence un contexte temporel, le moment où l'expression est utilisée : la règle qui gouverne la signification de l'indexical « maintenant » établit ainsi que le la référence de cette expression est le jour où cette expression a été utilisée, celle qui gouverne l'indexical « demain » dit que la référence de cette expression est le jour qui succède au jour où cette expression a été utilisée. Il est vrai que l'on est tenté de paraphraser ces phrases de telle façon que toute trace d'indexicalité y disparaisse. Mais le succès d'une telle entreprise n'est pas assuré. On pourrait croire que « il pleuvra » peut trouver la traduction suivante : il existe un date t qui précède t_0 et t_0 est maintenant. Mais comme le fait remarquer Kenny, « t_0 est maintenant » est évidemment une expression indexicale qui ne peut recevoir une paraphrase dans les mêmes

1. Normann Kretzmann, « Omniscience and Immutability », *Journal of Philosophy*, 63, 1966, p. 409-421.

termes[1]. Ou encore, pour paraphraser Prior[2] : Dieu peut savoir que le 26 mai 1999 les examens sont terminés, mais il ne semble pas qu'il puisse savoir, à la différence de moi, qu'*aujourd'hui* est le 26 mai 1999. Et s'il ne peut pas le savoir, ne doit-on pas dire qu'un Dieu atemporel n'est pas omniscient puisque je sais des choses qu'il ignore nécessairement ?

La situation peut paraître étrange. En effet, on devrait tout à la fois dire que Dieu sait intemporellement qu'en 44 avant Jésus-Christ César franchit le Rubicon, bien qu'il ne puisse pas savoir ce qu'un Romain sait en 43 avant Jésus-Christ lorsqu'il affirme que *l'année dernière*, César a franchi le Rubicon ou même ce qu'un prédicteur humain saurait s'il disait en 45 avant Jésus-Christ que l'année prochaine César franchira le Rubicon. À cela, il est toujours possible de répondre, comme le fait Hector-Neri Castañeda[3], que cette limitation, si limitation il y a, n'est pas le propre à Dieu. Le 25 mai 1999, je ne peux pas encore savoir qu'aujourd'hui c'est le 26 mai 1999, pas plus que je ne puis toujours le savoir le 27 mai 1999. Mais cela signifie-t-il que les 25 et 27 mai il y ait réellement un contenu de connaissance qui m'échappe et que je pourrais seulement appréhender le 26 mai ? Ne doit-on pas dire que c'est un seul et unique contenu de connaissance que j'exprime par ces divers énoncés, bien que la manière dont le contenu est appréhendé soit à chaque fois différente ? Et en effet, les trois énoncés sont rendus vrais par exactement le même état de choses. Or l'identité des conditions de vérité d'un énoncé détermine l'identité des propositions exprimées par ces énoncés. Ce qui varie d'un énoncé à l'autre, ce ne n'est donc pas le contenu propositionnel, mais plutôt la manière dont ce contenu devient objet de croyance et de savoir.

Comme on le voit, dans ces débats, les solutions apportées dépendent pour une part essentielle de réflexions philosophiques extérieures à la perspective théologique. C'est précisément la force de la théologie analytique puisqu'elle se propose d'éclairer et souvent de résoudre ces problèmes en faisant usage de distinctions dont l'origine ne se situe pas dans son propre champ d'analyse. Il serait honnête de dire qu'aux yeux de certains cela constitue aussi une de ses faiblesses. Car il peut paraître étrange que des désaccords fondamentaux en matière de théologie aient leur source dans des divergences de détail concernant des problèmes aussi spécifiques que celui de l'indexicalité.

Bruno GNASSOUNOU

1. Voir A. Kenny, *op. cit.*, p. 45.

2. Voir A. N. Prior, *Papers in Logic and Ethics*, Amherst, University of Massachusetts Press, 1976, p. 84.

3. Hector-Neri Castañeda, « Omniscience and Indexical Reference », *Journal of Philosophy*, 64, 1967, p. 204-210.

ÉTUDES

UN NOUVEAU PROGRAMME EN THÉOLOGIE NATURELLE

I

Je suis très heureux de participer au premier colloque organisé en France sur la philosophie de la religion dans la tradition analytique. Étant donné qu'il s'agit d'un premier colloque, j'ai pensé qu'il serait opportun de présenter dans ma conférence une défense du type de théologie naturelle que j'ai avancé dans les vingt ou trente dernières années. J'attends des réponses inédites de la part d'un public dont la formation philosophique est très différente de la mienne.

Donner des arguments – ou, plus largement, des raisons – en faveur l'existence de Dieu a constitué une préoccupation des théologiens de tradition chrétienne tout au long, ou presque, de son existence. Le commentaire de Saint Paul selon lequel « les choses invisibles » de Dieu « sont clairement vues, aperçues à travers les choses qui sont créées » [1], a appuyé en termes chrétiens le message des chapitres intermédiaires de l'Ancien Testament, la Sagesse de Salomon pour lesquels l'existence et l'ordre de l'univers montrent qu'il est l'œuvre d'un créateur divin. Cette tradition biblique s'est mêlée au monde hellénistique à travers les idées platoniciennes de Bien et du Démiurge, et avec les arguments aristotéliciens sur l'existence d'un Premier Moteur. Et un bon nombre de théologiens chrétiens du premier millénaire ont condensé en un ou deux paragraphes leur argument cosmologique ou leur argument par le plan. Mais il s'agit d'un ou deux paragraphes; le raisonnement en est rapide. J'explique le peu d'énergie qu'ils ont accordée à ces questions par le fait qu'ils ne ressentaient nullement le besoin d'en accorder davantage. La plupart de leurs contemporains admettaient qu'il y avait un Dieu ou des dieux. Ce que ces théologiens devaient

1. *Épître aux Romains*, 1. 20.

démontrer, par conséquent, est qu'il n'y avait qu'un seul Dieu de la sorte, qu'il revêtait certains traits chrétiens caractéristiques et qu'il agissait dans l'histoire selon des voies particulières.

À l'aube du second millénaire cependant, les théologiens de l'Occident médiéval ont commencé à produire des arguments sur l'existence de Dieu d'une longueur et d'une rigueur considérables. Il est intéressant, sur le plan historique, de comprendre la genèse d'une telle activité. Ma suggestion, incertaine, est que le développement d'une société chrétienne relativement stable s'est accompagné de la perte d'influence des rivaux doctrinaux sérieux du christianisme (tels le mithraisme ou le manichéisme). Il devenait moins nécessaire de plaider en faveur de certaines doctrines spécifiquement chrétiennes (comme le dogme de l'Incarnation); plus de temps pouvait, en conséquence, être consacré à la défense de la doctrine la plus centrale de toutes, l'existence de Dieu, contre les doutes qui demeuraient enfouis dans les esprits de nombreux chrétiens médiévaux, surtout les plus éduqués. Tandis que la tradition catholique a continué de contribuer à la théologie naturelle après la Réforme, les réformateurs classiques – même s'ils croyaient que le monde naturel abondait en preuves de son créateur – n'en restaient pas moins persuadés que le péché de l'humanité obscurcissait notre capacité à reconnaître cette évidence et qu'il y avait assurément de meilleurs moyens de connaître Dieu[1]. À l'inverse, les Protestants Libéraux (en particulier ceux de la Grande-Bretagne du dix-huitième siècle) ont assez longuement argumenté « de la nature au Dieu de la nature ». Ainsi, beaucoup d'entre eux voyaient les merveilles de la nature, en particulier celles révélées à travers le microscope et le télescope, comme une démonstration inouïe et manifeste de l'existence de Dieu, et ils désiraient attiser chez leurs apathiques contemporains le sens de l'émerveillement. Mais, finalement, à la moitié du dix-neuvième siècle, une combinaison de ce que je considère comme un ensemble de très mauvaises raisons issues de Hume, Kant et Darwin conduisit à l'abandon de l'antique projet de théologie naturelle par de larges parties de la tradition chrétienne. C'est regrettable, car le christianisme (ainsi que toute autre religion théiste) a besoin de la théologie naturelle.

En effet, la pratique de la religion chrétienne (et de n'importe quelle autre religion théiste) n'a de sens que s'il y a un Dieu – il n'y a aucun sens à adorer un créateur inexistant ou à lui demander de faire quelque chose sur la Terre ou de nous emmener au Ciel, s'il n'existe pas; pas plus qu'il n'y a de sens à conformer nos vies à sa volonté, s'il n'a pas de volonté. Si un individu s'efforce d'être rationnel dans sa pratique du christianisme (ou de

1. Voir Jean Calvin, *Institutions de la religion chrétienne*, livre 1, chap. 5.

l'islam ou du judaïsme), il lui faut croire (à un certain degré) aux articles de foi qui soutiennent cette pratique. Ces articles incluent, comme le plus central et le présupposé de tous les autres, la croyance qu'il y a un Dieu. Aucun des penseurs des 1850 premières années du christianisme, qui jugeaient qu'il y avait de bons arguments en faveur de l'existence de Dieu, n'estimaient que l'ensemble ou la plupart des croyants devaient croire sur la base de ces arguments, ni que la conversion requérait toujours que l'on accepte la force de ces arguments[1]. La plupart des chrétiens ont bien pu tenir pour acquise l'existence de Dieu. La plupart des convertis pouvaient croire au préalable qu'un Dieu existait; leur conversion impliquant seulement le fait de croire que Dieu a des propriétés plus spécifiques. Et s'ils ne croyaient pas initialement en cette existence, ils ont pu commencer à croire sur la base de quelque expérience religieuse plutôt que sur celle de la théologie naturelle. Pourtant la plupart des penseurs chrétiens avant 1850 considéraient que ces arguments étaient à la disposition de ceux qui ne croyant pas préalablement à l'existence d'un Dieu mais étant rationnels pouvaient être amenés à y croire au moyen de ces arguments[2].

Nombre de penseurs religieux post-kantiens ont attiré notre attention sur le rôle de l'expérience religieuse et celui de la tradition religieuse comme sources de la croyance. C'est là un principe de base de la croyance rationnelle – que je nomme le Principe de Crédulité – que ce qui vous semble être tel sur la base de l'expérience, l'est probablement en l'absence d'une preuve du contraire. S'il vous semble que vous me voyez penché sur le pupitre, ou que vous entendez ma voix, alors probablement c'est que vous êtes en train de me voir penché sur le pupitre et d'entendre ma voix – à moins que vous ne vous réveilliez et ne vous rendiez compte que tout ceci n'était qu'un rêve ou que quelqu'un vous montre qu'en réalité il n'y a aucun pupitre et que ce qui ressemble ici à un pupitre est en fait un hologramme. Et c'est également un principe de la croyance rationnelle, que je nomme le

1. La conversion, bien sûr, n'implique pas simplement le fait que l'on vienne à croire certaines propositions mais que l'on prenne la résolution d'agir conformément à ce qu'elles énoncent. Mais je ne m'attache ici qu'au premier élément nécessaire, mais non suffisant, à une conversion.

2. « Non que la même méthode d'instruction conviendra dans le cas de tous ceux qui approchent la parole … le remède doit être adapté à la maladie … [Il] est nécessaire de considérer les opinions que les personnes ont adoptées et de développer vos arguments conformément à l'erreur dans laquelle chacune est tombée, en avançant dans chaque cas les principes et les propositions raisonnables qui, en fonction de ce qui est accepté de part et d'autre, permettront de mettre à jour de manière décisive la vérité. Que votre objecteur affirme qu'il n'y a pas de Dieu, alors en partant de la considération de l'habilité et de la sagesse de l'ordonnancement de l'univers il sera amené à reconnaître l'existence d'un pouvoir supérieur manifesté à travers ces voies ». St. Grégoire de Nysse, *Le Grand catéchisme*, Prologue.

Principe de Témoignage, selon lequel ce que les gens vous disent est probablement vrai en l'absence de preuve du contraire. Ainsi si vos professeurs vous ont dit que la Terre est vieille de plusieurs millions d'années ou si vous lisez dans un journal qu'il y a eu un tremblement de terre en Turquie, c'est que c'est probablement le cas – à moins que vous n'appreniez quelque chose qui mette ces faits en doute. Si le doute apparaît, nous avons besoin d'arguments positifs pour montrer qu'il y a un pupitre ici, ou que la Terre a plusieurs millions d'années. Il ne peut y avoir aucune justification pour ne pas étendre ces principes généraux de rationalité au cas de la croyance religieuse. Si vous avez fait ce qui apparaît comme une expérience de Dieu, c'est que vous avez probablement fait une telle expérience ; et si vos professeurs vous enseignent qu'il y a un Dieu, il est rationnel de les croire, en l'absence d'une preuve du contraire. Cette preuve du contraire peut revêtir plusieurs aspects. Ainsi la douleur et la souffrance peuvent sembler incompatibles avec l'existence de Dieu et paraître la rendre improbable ; et des professeurs, concurrents des précédents, peuvent vous enseigner qu'il n'y a pas de Dieu. La preuve du contraire peut être forte ou faible, et même si elle est assez forte il est possible qu'elle n'atteigne pas rationnellement la croyance de quelqu'un qui a fait une expérience religieuse irrésistiblement forte ou qui croit en Dieu sur la foi de l'autorité de très nombreux professeurs de formations et d'origines diverses. Mais, en règle générale, la présence de contre-arguments soulève la question de l'existence de Dieu qui requiert alors qu'on la soutienne par un ensemble d'arguments positifs (et/ou que l'on réfute un ensemble d'arguments négatifs) si l'on souhaite que la croyance qu'il y a un Dieu soit de nature rationnelle. Puisque, dans l'Occident sceptique d'aujourd'hui, le doute sur l'existence de Dieu est plus important que dans la plupart des cultures et des siècles qui nous ont précédés, la nécessité de la théologie naturelle est plus grande que jamais afin d'approfondir la foi du croyant et de convertir l'incroyant.

Aussi divers philosophes contemporains ont-ils cherché à ressusciter différents types d'arguments sur l'existence de Dieu. Certains ont remis en vigueur les arguments ontologiques. Les arguments ontologiques diffèrent naturellement du reste des arguments traditionnels en ce qu'ils prennent comme point de départ non pas un fait observable mais des vérités considérées comme logiquement nécessaires et qu'ils prétendent être déductivement valides. Mais un problème décisif tient au fait que si un tel argument valide existait, « Il y a un Dieu » serait lui-même logiquement nécessaire, et sa négation serait par conséquent incohérente ou contradictoire. Mais il me semble assez clair que la proposition « Il n'y a pas de Dieu », bien que peut-être fausse et dont la fausseté peut même en un sens être démontrée, n'est pas incohérente. Elle ne contient aucune contradiction interne. Il en découle qu'il ne peut pas y avoir d'argument ontologique bien fondé.

Ainsi viennent les tentatives traditionnelles de produire des arguments déductifs valides à partir de prémisses évidentes aux sens. Il n'est pas déraisonnable d'interpréter Thomas en *Summa Theologiae* 1. 2. 3. en disant qu'il a cherché à fournir cinq arguments de la sorte. Ceux qui de nos jours ont cherché à donner de tels arguments ont tenté en grande partie de le faire en partant de termes thomistes (ou néo-thomistes). Mais une telle entreprise est également, selon moi, vouée à l'échec. Car si elle pouvait être menée à bien, alors une proposition qui serait la conjonction de prémisses évidentes et de l'énoncé « Il n'y a pas de Dieu » serait incohérente et devrait impliquer une contradiction. Mais à nouveau une proposition comme « Il y a un Univers, mais il n'y a pas de Dieu », quoique peut-être fausse et dont la fausseté peut même en un sens être démontrée, semble en apparence assez cohérente.

Aussi ma préférence va-t-elle à la troisième tradition en théologie naturelle. Celle-ci s'appuie sur des prémisses évidentes aux sens et avance que ces dernières rendent probable l'existence de Dieu. La force des arguments est censée provenir ici de leur caractère inductif et non pas d'une forme de validité déductive. Les arguments tirés par les scientifiques ou les historiens à partir de leurs données d'observation afin de formuler leurs théories générales ou leurs affirmations concernant le passé ne prétendent pas être déductivement valides, mais simplement efficaces inductivement. Les penseurs n'opéraient pas très clairement la distinction entre arguments déductifs et arguments inductifs durant le premier millénaire de l'ère chrétienne, et ils n'ont pas beaucoup gagné en clarté avant le dix-huitième siècle. Il serait donc anachronique de prétendre que les auteurs patristiques s'efforçaient d'avancer des arguments inductifs ou, à l'inverse, des arguments déductifs. Cependant les arguments d'un grand nombre d'empiristes anglais, au premier rang desquels Paley dans sa *Natural Theology*, me semblent assez clairement et expressément de nature inductive. Ce que j'ai moi-même cherché à faire dans ma théologie naturelle est de donner une forme rigoureuse aux arguments inductifs qui vont de l'évidence sensible de certains phénomènes à l'existence de Dieu, en montrant l'étroite ressemblance entre ces arguments et les arguments qui soutiennent une théorie profonde en physique comme la théorie quantique, ou encore avec les raisonnements des historiens ou des détectives lorsqu'ils rapportent certaines actions à un individu donné. Les nombreux arguments en faveur de l'existence de Dieu peuvent être classés selon la généralité de leurs prémisses – c'est-à-dire des phénomènes sur lesquels ils s'appuient.

Le phénomène le plus général est qu'il y a un Univers; l'argument qui va de l'univers à Dieu est l'argument cosmologique. Puis on trouve deux types d'arguments principaux qui s'appuient sur l'ordre au sein de l'univers : ce sont les arguments téléologiques. Le premier part de l'application universelle des lois naturelles, je le nomme l'argument par l'ordre temporel. Le deuxième argument a son origine dans l'existence des organismes humains et animaux et je le nomme l'argument par l'ordre spatial. Ensuite se présente l'argument qui provient de la conscience que les hommes (et les animaux) ne sont pas simplement des organismes corporels, mais sont des êtres conscients (doués de sensations et de croyances, de pensées, de désirs et d'intentions). Viennent après les arguments qui se fondent sur des événements miraculeux particuliers dans l'histoire, et par-dessus tout sur la résurrection de Jésus – ou plutôt, étant donné que l'occurrence de ces événements peut être disputée, sur le témoignage public à leur égard. Enfin on peut compter les arguments tirés des phénomènes très répandus de l'expérience religieuse. À la manière des raisonnements qui partent d'un phénomène particulier et aboutissent à une hypothèse profonde en physique ou à une affirmation en histoire, ces arguments sont cumulatifs. Chaque phénomène (chaque indice) octroie un certain degré de probabilité à l'hypothèse en question. Mon opinion, que j'ai largement défendue ailleurs[1], est que les divers arguments en faveur de l'existence de Dieu, pris dans leur ensemble, accroissent de manière significative la probabilité de cette existence plutôt que le contraire (même lorsque des arguments contre l'existence de Dieu sont conjointement pris en compte). Les limites de temps qui me sont imparties font que je ne peux, dans l'espace de cet article, qu'indiquer la structure de ces arguments et qu'espérer montrer de quelle manière ils confèrent une certaine probabilité à leur conclusion.

J'ai cherché à montrer comment de tels arguments fonctionnaient à l'aide de la théorie de la confirmation (c'est-à-dire du calcul des probabilités utilisé pour établir des relations de corroboration d'évidence entre plusieurs propositions). J'indique par P(p/q) la probabilité d'une proposition p sur la base de l'évidence de q. J'utilise le théorème de Bayes,

$$P(h/e\&k) = \frac{P(e/h\&k)}{P(e/k)} P(h/k),$$

pour montrer la relation entre la probabilité d'une hypothèse h, sur la base de l'évidence d'une observation e et d'une connaissance générale k, et d'autres probabilités. L'utilisation de ce calcul n'implique pas que l'on suppose que des valeurs exactes puissent généralement être affectées aux

1. Voir mon *The Existence of God*, Oxford, Clarendon Press, édition révisée, 1990; et la version courte et simplifiée, *Is There a God ?*, Oxford University Press, 1996.

probabilités qu'il mentionne. Le fait que la plupart du temps des valeurs exactes ne peuvent pas être données est assez clair même lorsque h est une théorie scientifique paradigmatique. Il serait très étrange de dire que la probabilité de la théorie quantique sur la base de l'évidence de l'effet photoélectrique était de 0,3217. On peut affecter des valeurs exactes à certaines probabilités, mais cela n'arrive habituellement que lorsque la probabilité est 1, 0 ou 1/2. Plus généralement, tout ce que nous pouvons dire est qu'une probabilité a une valeur approximative – plus que x et moins que y, et que par conséquent une autre probabilité a une autre valeur approximative –; on dira qu'elle est proche de 1, ou assez élevée ou encore moindre que x. Mon intention a été de prouver que lorsque e est une conjonction de propositions qui détaillent l'évidence publique disponible en faveur ou à l'encontre de l'existence de Dieu, et que k est une tautologie traduisant un ensemble général d'évidences (à savoir que cet ensemble ne se rapporte en rien à h) et que h est l'existence de Dieu, P(h/e. k) est sensiblement supérieure à 1/2.

Tout ce que le calcul réalise est l'exposition rigoureuse et formelle des facteurs qui déterminent la manière dont l'évidence basée sur l'observation corrobore une théorie plus générale. Les considérations pertinentes peuvent être assez facilement communiquées avec des mots, mais avec moins de rigueur et en montrant moins clairement les implications en jeu. Le calcul met en relief qu'une théorie générale h est rendue évidente par une évidence observée e (et si k est une tautologie, nous pouvons l'ignorer), pour autant que (1) P(e/h&k) (la probabilité finale de e) est élevée, (2) P(h/k) (la probabilité initiale de h) est élevée, et (3) P(e/k) (la probabilité initiale de e) est faible. La première condition est satisfaite dans l'exacte mesure où l'on peut s'attendre à découvrir e si h est vraie. Manifestement une théorie scientifique ou historique est rendue probable dans la mesure où il y a une évidence telle que l'on s'attend à la découvrir si la théorie est vraie. (Je pourrais dire : « la théorie est rendue probable pour autant qu'elle permet d'émettre des prédictions vraies », mais à condition que l'on comprenne que les « prédictions » en question peuvent consister en une évidence observée aussi bien avant qu'après le moment où la théorie est formulée. Il n'apporte rien au fait de décider qu'une évidence corrobore une théorie que cette évidence ait été découverte en testant cette théorie ou qu'elle ait consisté en une évidence « ancienne » qu'une nouvelle théorie propose d'expliquer.)

Néanmoins, pour tout e vous pouvez former un nombre infini de différentes théories incompatibles h_n, telles que pour chacune d'entre elles P(e/h_n&k) est élevée, mais telles qu'elles émettent des prédictions très différentes entre elles (c'est-à-dire des prédictions pour le futur qui s'ajoutent à e). Soit e l'ensemble des observations faites jusqu'ici relativement à votre théorie préférée en mécanique – disons la théorie de la Relativité Générale (TRG). Vous pouvez compliquer TRG d'un nombre infini de manières de telle sorte que les théories qui en résulteront prédiront toutes e mais opéreront des prédictions extrêmement différentes entre elles à propos de ce qui arrivera demain. Les raisons pour croire que TRG est la bonne théorie est que TRG est la théorie la plus simple. P(h/k) a pour sens la probabilité *a priori* de la vérité de h, ou – pour atténuer ce ton de défi – a pour sens la mesure de la force des facteurs *a priori* relatifs à la probabilité de h. L'un de ces facteurs *a priori* est le contenu : plus une théorie est large et plus elle émet d'informations précises, moins de chances a-t-elle d'être vraie. Mais nous pouvons omettre ce facteur si nous comparons des théories similaires quant à leur contenu. Et même si nous considérons l'aspect non relatif de la probabilité d'une théorie sur la base de son évidence, les exemples scientifiques montrent que la simplicité d'une théorie est un critère plus important que son contenu pour déterminer la probabilité initiale de cette théorie. Car les théories (qui satisfont, par ailleurs, aux autres critères) qui ont un contenu large sont regardées comme probables dans la mesure où elles sont simples. La simplicité d'une théorie, de même que son contenu, sont quelque chose d'interne à cette théorie ; elle n'a rien à voir avec la relation de cette théorie avec une forme externe d'évidence.

Nous pouvons encore constater l'importance de ce critère dans un autre type d'exemples. Un détective enquêtant sur un cambriolage découvre plusieurs indices : les empreintes de John sur le coffre-fort cambriolé, John cachant une grosse somme d'argent chez lui, John ayant été aperçu près du lieu du crime au moment où il a été commis (ensemble que nous résumerons par e). Le détective avance alors une hypothèse (h) selon laquelle John a cambriolé le coffre-fort; hypothèse qui est telle nous conduit à anticiper la présence des indices qui ont été découverts : P(e/h&k) est très élevée. Mais il y a une infinité d'autres hypothèses qui ont également cette propriété. Nous pourrions, pour ne donner qu'un exemple, suggérer que Brown a placé les empreintes de John sur le coffre-fort, que Smith s'est déguisé de sorte à ressembler à John sur les lieux du crime, et que sans aucune concertation avec les deux autres larrons, Robinson a dérobé l'argent et l'a dissimulé dans la maison de John. Cette nouvelle hypothèse nous conduirait à anticiper les phénomènes qui ont été découverts tout autant que l'hypothèse que c'est John qui a dérobé le coffre-fort nous permet de le faire. Mais cette dernière hypothèse est rendue probable grâce à l'évidence que nous avons décrite, tandis que l'autre hypothèse ne l'est pas. Il en est ainsi pour la raison que l'hypothèse que c'est John qui a cambriolé le coffre-fort postule qu'un objet – John – a effectué une chose – cambrioler le coffre-fort –, ce qui nous conduit à anticiper les différents phénomènes que nous découvrons. La simplicité d'une théorie signifie que nous en postulions qu'un petit nombre d'entités, de types d'entités, de propriétés, de types de propriétés, et qu'un petit nombre de manières de se comporter qui ne varient pas quant à certains aspects essentiels. Cette dernière clause implique que si nous comptons des personnes parmi nos entités, nous leur attribuions des intentions, des croyances et des facultés constantes dans le temps ou variables de manière seulement régulières. Si nous postulons l'existence de lois naturelles, cela implique que nous fassions usage d'un petit nombre de termes mathématiques et d'opérations mathématiquement simples [1]. Bien sûr la plupart des théories scientifiques en vigueur aujourd'hui paraissent à certains d'entre nous plutôt compliquées, mais elles sont en vigueur précisément parce qu'elles sont plus simples que toutes les autres théories qui satisfont aussi bien que la première aux autres critères.

P(e/k) est une mesure de la probabilité de l'occurrence de e si nous ne tenons au préalable aucune théorie comme étant vraie. L'effet naturel de ce terme dans l'estimation de la probabilité de n'importe quelle théorie particulière h, est que e ne rend pas h hautement probable si l'on peut s'attendre à trouver e de toute manière (c'est-à-dire si e pouvait être également prédit par les principales théories concurrentes de h qui avaient une probabilité de départ assez significative). $P(e/k) = P(e/h\&k)\ P(h/k) + P(e/h_1\&k)\ P(h_1\&k) + P(e/h_2\&k)\ P(h_2/k)$ et ainsi de suite pour toutes les théories rivales h_n de h (qui prises dans leur ensemble avec h sont telles qu'au moins et au plus l'une d'entre elles doit être considérée comme la théorie vraie dans le champ considéré). Cette valeur sera clairement déterminée en grande partie par les termes n pour lesquels h_n a une probabilité initiale relativement élevée et qui donne à e une probabilité finale relativement élevée. Dans l'exacte mesure où les théories rivales de h qui donnent à e une probabilité initiale relativement élevée ont elles-mêmes une probabilité initiale assez faible (relativement à celle de h), la probabilité finale de h sera élevée.

L'hypothèse qu'il y a un Dieu est l'hypothèse de l'existence du type de personne le plus simple qu'il puisse y avoir. Une personne est un être avec le pouvoir de provoquer des effets, la connaissance de la manière dont il faut procéder et la liberté de choisir quels effets provoquer. Dieu est par définition omnipotent (c'est-à-dire infiniment puissant), omniscient (c'est-à-dire connaissant tout) et est une personne parfaitement libre; il

1. Pour un aperçu complet, voir mon *Simplicity as Evidence of Truth*, Milwaukee, Marquette University Press, 1997.

forme une personne au pouvoir, à la connaissance et à la liberté de laquelle ne sont imparties aucune limite, si ce n'est celle de la logique[1]. L'hypothèse qu'il existe un être possédant à des degrés infinis des qualités essentielles à un être de ce type est le postulat d'un être très simple. L'hypothèse qu'il y a un seul Dieu de la sorte est une hypothèse beaucoup plus simple que l'hypothèse qu'il y a un dieu qui possède tel pouvoir limité, ou que l'hypothèse qu'il y a plusieurs dieux avec des pouvoirs limités. Elle est plus simple de la même manière que l'hypothèse selon laquelle il existe une particule de masse 0 ou de vitesse infinie est plus simple que l'hypothèse que cette particule est de 0,32147 d'une unité de masse ou a une vitesse de 221000 km/sec. Une limite finie réclame que l'on explique pourquoi il s'agit précisément de cette limite particulière, question qui ne se pose pas quand les valeurs ne sont pas limitées. Bien que l'existence de quelque chose en général est peut être extrêmement improbable *a priori*, l'existence d'un être très simple (h) a une probabilité bien plus élevée (P(h/k)) que ne peut l'avoir l'existence de n'importe quelle autre chose (sauf si cette dernière est rendue elle-même probable par la précédente). Prendre au sérieux les procédures inductives de la science et de l'histoire nous impose cette conclusion.

Il s'ensuit de l'omniscience et de la liberté parfaite de Dieu qu'il sera d'une bonté parfaite. Car étant omniscient il saura quelles actions sont bonnes. La bonté d'une action constitue une raison pour lui de l'accomplir; et étant parfaitement libre, il ne sera pas soumis aux influences irrationnelles. La valeur d'une action l'incitera seule à la réaliser. Ainsi s'il y a un Dieu, il cherchera à causer de bonnes choses; et ainsi il n'est pas improbable qu'il crée un univers, un univers ordonné et au sein duquel sont placées des créatures rationnelles incarnées comme les hommes. C'est une bonne chose qu'il puisse y avoir un bel univers. La beauté jaillit de l'ordre. Les rencontres et les mouvements ordonnés des objets en accord avec les lois de la nature est assurément une belle chose; et on peut trouver

1. Dans la tradition chrétienne Dieu est « trois personnes en une seule substance », c'est-à-dire trois personnes dont chacune possède les caractéristiques divines répertoriées et une unité essentielle – le Fils et le Saint-Esprit étant éternellement et nécessairement causés dans l'existence par le Père. Les arguments en faveur de l'existence de Dieu sont ainsi plus facilement analysables comme des arguments concernant l'existence de Dieu le Père, duquel l'existence du Fils et du Saint-Esprit est, selon moi, impliquée logiquement. La simplicité de Dieu que je considère dans ce texte est la simplicité de Dieu le Père – qu'une théorie simple ait des conséquences compliquées ne la rend pas moins simple. J'ignore cette complication dans la suite de la discussion, pour les besoins de clarté de l'exposé. Voir mon propre développement sur la nature divine dans *The Coherence of Theism*, Oxford,Clarendon Press, édition révisée, 1993; et *The Christian God*, Oxford,Clarendon Press, 1994. Voir le chapitre 8 de ce dernier ouvrage, sur la raison de l'implication de l'existence du Fils et du Saint-Esprit par celle du Père.

davantage de beauté encore dans les plantes et les animaux qui ont évolué sur la Terre. C'est une bonne chose de plus qu'il y ait des êtres humains capables de choisir entre le bien et le mal, de choisir de croître en puissance et en connaissance et de choisir ainsi d'entrer ou non dans une relation d'amour avec Dieu lui-même. Les êtres humains ont des pouvoirs limités sur leur corps et acquièrent naturellement des connaissances sur la manière dont le monde fonctionne. Nous devons savoir quels mouvements du corps occasionnent quelles différences dans le monde afin d'être en mesure de choisir quelles différences favoriser au sein du monde – et cela implique qu'il y ait des régularités dans ce monde assez simples pour que nous puissions les découvrir. Nous pouvons ainsi les utiliser pour façonner l'univers en vue du bien ou du mal – développer une agriculture, construire des maisons et des ponts ou des bombes et des prisons, et envoyer des hommes sur la lune. Ainsi Dieu a au moins deux raisons de créer non simplement un univers, mais un univers dans lequel réside un ordre temporel (la conformité des objets à des lois temporelles) ; et dans lequel il y a des êtres humains (dont les parties du corps révèlent à la vue cette immense complexité caractéristiques des machines extrêmement sophistiquées) – à savoir un ordre spatial. Avec e compris comme les prémisses de l'argument cosmologique et comme les deux formes de l'argument téléologique, P(e/h&k) n'est pas trop faible.

Mais sauf s'il y a un Dieu, il est très improbable qu'il y ait le moindre univers. L'univers est une vaste chose comportant de nombreux objets séparés de dimensions et de masse finies variables. Qu'il ait pu exister par lui-même, incréé, est par conséquent (vu qu'il consiste en un grand nombre de choses qui possèdent des propriétés très variées), selon des critères scientifiques ordinaires, beaucoup moins probable que le fait que Dieu existe. Et il est très improbable que l'univers ait commencé à exister par une autre cause que Dieu, car toute autre cause possible est beaucoup moins simple que Dieu. Et il est excessivement improbable que s'il y a un univers, il puisse être gouverné par de simples lois naturelles. Car les lois naturelles ne sont pas des entités. Affirmer que tous les objets obéissent aux lois de Newton est simplement affirmer que chaque objet dans l'univers se comporte de la manière que les lois de Newton le déclarent; c'est-à-dire affirmer que chaque objet a exactement les mêmes propriétés cinétiques en présence d'un autre objet que tout autre objet. Il est extrêmement improbable que tous les objets se comportent exactement de la même manière *a priori* s'il n'y a pas une cause en vertu de laquelle ils possèdent les mêmes propriétés. Et toute cause est beaucoup moins simple que Dieu. (Même si l'on suppose quelque cause impersonnelle formant un postulat tout aussi simple que Dieu, qui est la personne la plus simple qui puisse exister, il n'y a pas de raison que cette cause soit à son tour à l'origine de cette sorte d'univers). De plus, dans un monde avec des lois naturelles, il est extrêmement improbable qu'il puisse y avoir des hommes (et des animaux) à moins qu'un Dieu les ait créés à travers un acte spécifique ou bien qu'il ait précisément créé ces lois naturelles et qu'il ait également fourni les conditions de départ qui précisément permettaient des hommes (et des animaux) à partir d'un état initial de l'univers.

En 1859 Darwin a avancé sa propre explication de la présence d'êtres humains et d'animaux organisés de manière très complexes dans les termes de lois et d'évolution applicables à des organismes beaucoup plus simples. Son explication est certainement correcte. Mais se pose alors la question de savoir pourquoi il y a des lois de l'évolution qui ont pour conséquences qu'au bout de plusieurs millénaires des organismes simples donnent graduellement naissance à des organismes complexes. Assurément parce que ces lois procèdent elles-mêmes des lois fondamentales de la physique. Mais alors pourquoi les lois fondamentales de la physique sont-elles d'une telle nature qu'elles peuvent donner lieu aux lois de l'évolution ? Et pourquoi y avait-il, en premier lieu des organismes primitifs ? Un scénario plausible est celui de la manière dont la « soupe » primordiale d'énergie-matière au moment du « big-bang » a donné naissance sur une période multi-millénaire, en accord avec des lois physiques, à ces organismes primitifs. Mais alors pourquoi cette matière était-elle propre à un tel développement évolutif en premier lieu ? En ce qui concerne les lois et la soupe primordiale nous pouvons choisir : soit de dire que ces choses ne peuvent donner lieu à une explication supplémentaire, soit de postuler une explication supplémentaire. Dans les dernières années les scientifiques ont attiré notre attention sur l'accord de détail (*fine tuning*) de l'univers. Une certaine densité ou une certaine vitesse de récession de l'énergie-matière de l'univers était nécessaire au moment du big-bang afin que la vie puisse y évoluer; et une augmentation ou une diminution d'un millionième de cette densité ou de cette vitesse (ou de certaines autres quantités) aurait fait que l'univers n'aurait pas évolué vers la vie. De manière similaire les constantes physiques de lois naturelles devaient se tenir dans des limites étroites pour que la vie s'y développe. Si Dieu a fait les lois naturelles et l'état initial de l'univers, alors – pour des raisons que j'ai déjà données quant au fait qu'il a bien pu créer les hommes et les animaux – on peut s'attendre à ce qu'il ait donné à l'état initial de l'univers et à ses lois ces traits nécessaires. Mais si Dieu n'en était pas responsable, la probabilité d'un état initial et de lois, telles qu'elles sont requises, serait extrêmement faible – et ce pour le même type de raisons qui fait qu'il serait extrêmement improbable qu'il y ait un Univers tout court et qui soit de plus gouverné selon des lois naturelles d'un genre ou d'un autre. Si l'on prend à nouveau e comme la conjonction des prémisses de ces trois arguments, P(e/k) ne va pas être tellement plus élevé que la ligne supérieure à la droite du théorème de Bayes – P(e/h&k) P(h/k) – parce que les hypothèses concurrentes du théisme soit ont une probabilité initiale beaucoup plus faible que celle du théisme (par exemple l'univers a été créé par un million de dieux), soit ne rendent pas le moins du monde probable l'occurrence éventuelle de e (par exemple l'hypothèse que le hasard a déterminé le caractère des lois naturelles).

Ainsi les arguments tirés des trois phénomènes que j'ai considérés confèrent une probabilité significative à l'existence de Dieu. Je n'ai pas le temps ici de développer plus avant ce point ici, mais j'ai soutenu ailleurs que lorsque l'on ajoute des arguments tirés des autres phénomènes auxquels j'ai fait brièvement allusion plus haut, nous renforçons l'idée de l'existence de Dieu. Les arguments contre l'existence de Dieu (tirés de l'existence du mal par exemple) doivent également figurer dans l'équation et l'on doit montrer que l'hypothèse du théisme conserve sa probabilité malgré ces arguments. J'ai soutenu ailleurs que cela était tout à fait démontrable.

Richard SWINBURNE

Traduit de l'anglais par Sacha Bourgeois-Gironde

PERFECTION DIVINE ET PROPRIÉTÉS POSITIVES

L'*ARGUMENTUM UNICUM* D'ANSELME ET LA PREUVE ONTOLOGIQUE DE LEIBNIZ À LA LUMIÈRE DE LA PREUVE GÖDELIENNE DE L'EXISTENCE DE DIEU

A la mémoire de D. Lewis et J. Vuillemin

« Beschäftigung mit Philosophie, selbst wenn keine positiven Ergebnisse herauskommen (sondern ich ratlos bleibe), ist auf jeden Fall wohltätig. Es hat die Wirkung (dass die « Farbe heller »), d. h., *dass die Realität deutlicher als* solche erscheint »

(Gödel, extrait de « Phil. XIV », K. Gödel, *Collected Works*, vol. 3, p. 432)

La théologie naturelle n'a pas pour objet l'économie des desseins de Dieu, manifestée par l'incarnation et la rédemption, qui est l'objet de la théologie révélée, mais l'existence d'un Dieu accessible à la raison. Cette théologie naturelle a pour origine la théologie physique des anciens grecs, christianisée par Augustin. La théologie naturelle des anciens va du monde aux dieux. La démarche augustinienne allant des créatures au créateur, provenant du *Phèdre* est techniquement une preuve physico-théologique. Leibniz a étendu le domaine de cette théologie jusqu'à l'identifier partiellement à la métaphysique. Il la distingue de la théodicée, qui traite des droits et de la justice de Dieu. Si les preuves cosmologiques sont dans le droit fil de la théologie naturelle antique, la preuve ontologique, elle, appartient à une version chrétienne de cette théologie et d'un point de vue historique ce n'est pas un hasard si elle a été formulée pour la première fois avec toute la netteté désirable par celui qui parmi les premiers a pratiqué une théologie en partie rationnelle, Anselme du Bec. C'est en ce sens que la preuve ontologique est l'un des points cruciaux de la question de la possibilité d'une théologie naturelle : celle-ci est une ellipse à deux foyers, le premier étant la réflexion sur la preuve par l'ordre cosmique, passant par une discussion théologique du principe anthropique et le second la recherche des conditions de validité d'une preuve modale de l'existence d'un Dieu parfait. On retrouve modifiée l'architecture métaphysique qui distingue traditionnellement une branche de la métaphysique spéciale, celle consacrée à l'existence de Dieu, et une autre vouée par le biais de la cosmologie à poser la question de Dieu non *a contengentia mundi*, mais *a ordine mundi*.

Par ailleurs l'argument ontologique touche à des problèmes théoriques majeurs, comme le montre Hegel, quand il voit en lui (contre Kant) la manifestation la plus claire du concept. Si la théologie naturelle est en effet partiellement identifiable à la métaphysique, on comprend dès lors l'importance de décider de la validité de cet argument pour la métaphysique. Cependant, la critique kantienne d'une forme *ad hoc* de preuve ontologique en restreignant la problématique au concept d'existence a peut-être dissimulé la véritable nature des problèmes posés à la métaphysique générale par cette preuve.

Nous ferons l'hypothèse suivante : dans la preuve d'une existence parfaite, c'est la perfection qui est le concept dominant. Dieu existe parce qu'il est parfait. Il est faux qu'il soit parfait parce qu'il existe. Nous reprendrons donc de manière radicale ce concept de perfection, lié à celui de gradation des propriétés. On ne lira donc pas ce qui suit comme une critique de l'argument kantien, mais comme une discussion d'une possibilité laissée ouverte dans les rapports complexes entre perfection et existence, possibilité exploitée par Gödel dans une brève démonstration inédite jusqu'à il y a peu.

La logique peut jouer des rôles très différents dans l'analyse des arguments ontologiques. Elle peut servir d'instrument critique, comme chez J. Vuillemin[1] et aider à formaliser la critique kantienne de l'argument anselmien. Cette critique, rappelons-le consiste à soutenir que l'argument d'Anselme repose sur une contradiction – un élément maximum d'une série étant à la fois nécessairement à l'intérieur (pour soutenir une relation de comparaison avec les éléments de la série) et nécessairement en dehors de la série (pour lui être transcendant et remplir une rôle causal). Soit de manière semi-formelle :

Si $A = \langle a_1 \ldots \ldots \ldots a_n \rangle$ représente la série des étants ordonnés par une relation de perfection, telle que a_1 est moins parfait que a_2 qui est moins parfait que a_3, alors nécessairement il existe un étant a_{max} tel que quel que soit a appartenant à l'ensemble des étants a est moins parfait que a_{max}.

1. J. Vuillemin, *L'argument d'Anselme et les apparences de la raison*, Paris, Aubier, 1967. L'argument contre Anselme consiste à utiliser le lemme de Zorn : Si x est un ensemble partiellement ordonné non vide tel que toute chaîne dans x ait une borne supérieure, alors x contient un élément maximal.

À cette reconstruction J. Vuillemin objecte que cet élément « a_{max} » est à la fois en dehors de A et à l'intérieur de A

– à l'intérieur car la série a_1, a_2 … est ordonnée par la relation « plus parfait que » et a_{max} est l'élément maximal dans cette relation d'ordre,

– à l'extérieur, car infiniment plus parfait que tout élément de cette série a_{max} est transcendant.

Le problème dont nous traiterons est exactement posé par cette reconstruction de J. Vuillemin : peut-on déduire une existence nécessaire d'une gradation des perfections ? Mais pour répondre à cette question, il faudra reprendre à nouveaux frais l'examen de cette gradation. La logique peut donc, dans son rôle critique nous mettre sur la voie des véritables problèmes, même si elle est utilisée pour montrer qu'il s'agit de faux-problèmes.

La logique pourrait également se voir assigner la tâche d'analyser l'énoncé « Dieu existe ». Mais ce point de départ, en apparence trivial, est exposé à une difficulté, qui est celle des énoncés existentiels : comment éviter une attribution de l'existence au sujet, Dieu en l'occurrence, qui transforme l'existence en prédicat ? La critique kantienne s'engouffre, à bon droit, dans l'illusion d'innocuité de l'attribution de l'existence à Dieu.

Brentano entend à la fois résoudre la difficulté des jugements d'existence et échapper à la critique kantienne en soutenant que l'on doit paraphraser (1) par (2) :

> (1) « Dieu existe »
> (2) « J'affirme l'existence de Dieu »

exactement comme (3) est paraphrasé par (4) :

> (3) Un centaure existe
> (4) J'affirme l'existence d'un centaure.

L'analyse des énoncés d'existence à propos de Dieu sont transformés en énoncés d'affirmation. Une logique de l'affirmation peut se mettre en place qui échappe aux pièges de l'existence-comme-prédicat. Pour exploiter la possibilité ouverte d'une problématisation des liens entre existence et perfection la logique de l'affirmation doit être articulée à une logique de la perfection.

Qu'entendre par une telle articulation ?

« a est F » est paraphrasé « j'affirme F de a ». « a existe » est paraphrasé « j'affirme l'existence de a ». « a est F à un degré d déterminé ». « J'affirme F de a au degré d » est paraphrasé. Parmi les propriétés exprimées par le prédicat F certaines sont positives. Une propriété positive est une propriété qui peut être affirmée à un degré d_{max}, tel que F affirmé à un degré d quelconque est affirmé à un degré inférieur à d_{max}. Une propriété positive au degré maximum est une perfection.

On peut remarquer que les modalités *de re* seraient exprimées de manière évidente dans ce cadre. Par exemple (5) serait paraphrasé par (6) dans le cas d'une nécessité *de re* et (6')dans le cas d'une nécessité *de dicto* :

(5) Dieu existe nécessairement
(6) J'affirme l'existence nécessaire de Dieu
(6') j'affirme nécessairement l'existence de Dieu

Nous discuterons donc des liens entre existence et perfection dans une théologie rationnelle ou naturelle (Anselme et Leibniz), puis dans la preuve de l'existence de Dieu de Gödel.

Perfection et existence dans une théologie rationnelle.

Les preuves qui nous intéressent se trouvent dans le *Monologion* (I-VI) ; la preuve qui se trouve dans le *Proslogion*, que l'on nomme communément « la preuve ontologique d'Anselme » est un argument unique (*argumentum unicum*) qui veut remplacer la multiplicité des approches par une preuve dont l'unicité réponde à l'unicité de Dieu. Du point de vue qui nous occupe l'argument du *Monologion* condense la logique de la perfection dans un nom, lui aussi unique, « ce dont rien de plus grand ne peut être pensé ». L'argument on s'en souvient a une forme qui peut être résumée dans cette miniature :

1. Celui qui ne croit pas dit : Dieu n'existe pas
2. Or Dieu est ce dont rien de plus grand ne peut être pensé
3. Donc Dieu existe car il est plus grand d'exister que de ne pas exister le passage de 2 à 3 suppose que l'on remplace dans 1 Dieu par son nom :
4. Ce dont rien de plus grand ne peut être pensé n'existe pas.

Le nom « ce dont rien de plus grand ne peut être pensé » suppose une hiérarchie ontologique du pensable, une gradation de la perfection (appelée ici « grandeur »). On savait depuis K. Barth que l'argument unique n'est pas une preuve ontologique au sens cartésien ou kantien, reste à apercevoir sa connexion avec la preuve par gradation des perfections dans le *Monologion*. Ce texte « porte la genèse du Nom qui sert d'argument unique » [1] :

> Qui alors doutera que cela même, par quoi toutes choses sont bonnes, soit un grand bien ? Il est bon par lui-même puisque tout bien est par lui. Il suit

1. A. Corbin dans Anselme de Cantorberry, *Œuvres*, Paris, Cerf, 1986, p. 61.

> donc que toutes les autres choses sont bonnes par autre chose que ce qu'elles sont et que lui seul est bon par lui-même. Mais nul bien, qui est par autre chose, n'étant égal ou plus grand que ce bien, qui est bon par soi, ce bien seul est suréminemment bon, qui est bon par soi. Est en effet suréminent cela qui surémine (*supereminet*) sur les autres choses de telle sorte qu'il n'ait ni égal ni plus excellent (*ibid.*).

La structure de cette preuve est la suivante :

– Un premier moment pose l'existence nécessaire d'un suprêmement F :

Toutes les x qui sont F le sont par un y qui est F par lui-même

Nécessairement un y est suprêmement F

F désigne une propriété positive pour y (bon ou grand, au sens non de la taille, mais de la quantité d'essence).

– Un second moment doit établir l'unicité de ce suprêmement F :

Tout x est par quelque chose ou par rien, rien n'est par rien, donc tout x est par quelque chose

Ce par quoi est cet x est unique ou plusieurs.

Nous laisserons de côté cette sous-preuve de l'unicité du principe, qui repose sur la distinction « être par soi-même/être par un autre » pour nous concentrer sur la question de la gradation.

La gradation des choses consiste dans leur inégalité de degré (*gradua imparitate*). Pour que la gradation des propriétés aboutisse à la démonstration d'un principe unique il faut :

1. que la relation de gradation porte sur des propriétés positives (ce que Thomas d'Aquin nomme les « perfections transcendantales »),
2. que la série des degrés de perfection ne soit pas infinie, sinon il n'existe pas de terme(s) maximums(s),
3. que le principe soit unique, sinon on ne prouve pas l'existence d'un Dieu unique.

(1) bloque l'attribution à Dieu de propriétés physiques portées à leur maximum : que Dieu par exemple soit suprêmement rouge ou suprêmement coloré. (1) bloque aussi l'attribution à Dieu de propriété maximales contra-dictoires : que Dieu par exemple soit suprêmement blanc et suprêmement noir.

Nous reviendrons sur la définition de propriétés positives, mais l'on peut déjà faire quelques remarques. Thomas d'Aquin exclut les propriétés non positives de la manière suivante. Il y a implication sur les propriétés, telle que F implique G, si quel que soit x qui est F, il est également G. Par exemple si x est blanc, x est coloré. F n'implique pas G, si quelque soit x qui est F, x est G ou H, ou I … G, H, I … étant des propriétés qui impliquent F : si x est coloré, x est blanc, ou noir, ou jaune … Si une propriété implique une propriété négative, elle n'est pas positive. Par exemple si x est blanc, x est coloré, x possède une surface et x est corporel, donc x est corruptible, donc « blanc » n'est pas une propriété positive, donc Dieu ne peut être suprêmement blanc, puisque la relation de gradation ne porte que sur des propriétés positives, car Dieu est incorruptible.

Thomas d'Aquin dans sa classification des preuves de l'existence de Dieu[1] désarticule la preuve anselmienne. Ce qui concerne la gradation est formalisé dans la quatrième voie, en un court paragraphe :

> Un autre argument peut encore être tiré des textes d'Aristote. Au livre II de la *Métaphysique* (993 b 26-31), il montre que les choses qui sont vraies au plus haut point sont aussi des étants au plus haut point. Or au livre IV de la *Métaphysique* (1008 b 31- 1009 a 5), il montre qu'il y a quelque chose qui est vrai au plus haut point, à partir du fait que nous voyons que de deux choses fausses, l'une l'est plus que l'autre, d'où il découle que la seconde doit aussi être plus vraie que la première; et cela est une approximation de ce qui est vrai absolument et au plus haut point. D'où l'on peut conclure qu'il y a, outre ces choses plus ou moins vraies, *quelque chose qui est étant au plus haut point.* Et nous l'appelons Dieu[2].

Les deux passages cités d'Aristote sont les suivants :

> [...] la chose qui, parmi les autres, possède éminemment une nature est toujours celle dont les autres choses tiennent en commun cette nature [...] par conséquent ce qui est cause de la vérité qui réside dans les êtres dérivés, est la vérité par excellence. De là vient que les principes des êtres éternels sont les plus vrais de tous [...] Ainsi autant une chose a d'être, autant elle a de vérité. (999b 25-31)
>
> Enfin qu'on suppose tant qu'on voudra que toutes choses *soient ainsi et non ainsi*, le plus et le moins, de toute façon, existent dans la nature des êtres : jamais on ne pourra prétendre, par exemple, que deux et trois sont, au même degré, des nombres pairs, ni que celui qui croit que quatre est cinq commet la même erreur que celui qui pense que quatre est mille [...] Si donc ce qui est plus une chose en est plus rapproché, il doit exister quelque chose de vrai dont ce qui est plus vrai est plus proche. (1008 b 31-1009 a 1, trad. Tricot)

On constate que ces deux passages traitent des degrés de vérité. Le premier affirme une correspondance entre degré d'être et degré de vérité. Le deuxième énonce une conception de la vérité où à côté de la vérité absolue (*per se*) il y a place pour du plus ou moins vrai. Le premier passage est adapté à l'intention de Thomas : si effectivement ce dont des êtres

1. Thomas d'Aquin, *Somme contre les gentils*, 4 vols., éd. C. Michon et *alii*, Paris, GF-Flammarion, 1999, t. 1, p. 165 *sq*.

2. *Op. cit.*, p. 175.

tiennent leur nature est leur cause et possède cette nature au degré maximal – soit en termes plus formels :

> soit $x_1 \ldots x_n$ tels que $F(x_1, d_1) \ldots F(x_n, d_n)$
> tel que $F(x, d)$ se lit : x est F au degré d

alors

$$\exists x_0 F(x_0, d_{max}) \& Cause(x_0, (x_1 \ldots x_n))$$

Le deuxième passage, lui, ne peut servir à Thomas. Il ne peut remplir ce rôle qu'en étant réinterprété à la lumière du premier. En effet ce passage par lui-même ne soutient en rien la possibilité de la démonstration d'un être suprême à partir d'une hiérarchie de degrés de perfections. On peut d'ailleurs douter qu'Aristote en général puisse être compté au nombre de ceux qui recourent à cette stratégie. On sait par ailleurs que Thomas critique l'argument du *Proslogion* d'une manière qui, comme celle de Gaunilon, annonce Kant et ne prouve pas une compréhension réelle de l'argument.

Malcom[1] a défendu l'argument d'Anselme en montrant qu'il en existe deux formes différentes, sous sa plume, que l'on peut schématiser par A et B :

> A. Dieu est plus grand que tout ce qui peut être pensé, or il est plus grand d'exister que de ne pas exister,
> B. Dieu est plus grand que tout ce qui peut être pensé, donc il est impossible que Dieu n'existe pas.

Dans la version B il s'agit non de l'existence de Dieu, mais de l'existence nécessaire de Dieu, en vertu de l'équivalence (L : nécessaire que, M : possible que)

$$L\,Fa <-> \neg M \neg Fa$$

La critique kantienne invaliderait la version A et non la version B. Il ne s'agirait en aucune manière en B de passer d'un Dieu possible à un Dieu existant, par une déduction interne au concept et donc incapable de déduire l'existence, mais de reconnaître, avec Malcom, que la proposition « Dieu est un être tel que rien de plus grand ne peut être pensé » implique la proposition « Dieu existe nécessairement »[2]. Dans la version A l'existence est une perfection, car il est meilleur d'exister que de ne pas exister. En B l'existence nécessaire est une perfection. Si l'existence est une perfection, cela tombe sous le coup de la critique de Kant – on fait subrepticement de l'existence une propriété, un prédicat –. Mais si c'est l'existence nécessaire qui est une perfection, il s'agit de tout autre chose : c'est le caractère néces-

1. N. Malcom, « Anselm's Ontological Arguments » dans A. Plantinga, (éd), *The Ontological Argument*, London, Macmillan, 1965.

2. *Op. cit.*, p. 149.

saire de cette existence qui est une perfection – une existence contingente n'est en rien une perfection.

A. Plantinga[1] interprète (charitablement) la critique kantienne comme une défense de l'actualisme :

> Now perhaps Kant's remarks on the ontological argument are best seen as an early endorsement of actualism. Perhaps what he is claiming, when he says that existence is not a real property or predicate, is just that existence is included [...] in every property or predicate, so that it can only be redundantly added to a concept; and perhaps as he thinks of it, a *real* property or predicate is any property or predicate that (unlike existence) is not included in every property[2].

Si cette interprétation est correcte, alors la critique kantienne peut être considérée comme visant l'anti-actualisme implicite dans l'argument d'Anselme. Comme le souligne A. Plantinga cet élément anti-actualiste est patent dans la forme d'inférence condensée que l'on peut donner de cet argument :

> Si un être qui a la propriété d'être plus grand que tout ce qui peut être pensé n'existe pas, il existe un être plus grand que lui, car il est plus grand d'exister que de ne pas exister, ce qui est contradictoire etc.

En effet il se pourrait (d'un point de vue actualiste) que tout simplement un tel être n'existe pas (dans la réalité). C'est ici l'argument de Gaunilon, portant sur l'île dorée : même à supposer que celle-ci enferme des perfections incomparables, ce n'est nullement une raison pour qu'elle existe. Elle peut tout simplement être un objet de pensée et ne pas exister – c'est l'argument repris par Thomas d'Aquin, à propos de Dieu : Anselme ne prouverait que l'excellence d'un objet dans l'intellect.

Or, dans le prolongement de Malcom, A. Plantinga soutient qu'il existe une version de l'argument anselmien qui est à l'abri de la critique actualiste kantienne – il suffit de ne pas faire porter le nerf de la preuve en termes actualistes du possible au réel – la critique anti-actualiste alors vaut. Cette version a le point de départ suivant :

> (GM) La grandeur maximale est possiblement exemplifiée.

1. A. Plantinga, *God and Others Minds*, Cornell, Cornell University Press, 1967; *The Nature of Necessity*, Oxford University Press, 1974; « The Ontological Argument » dans P. Van Inwagen, J. Tomberlin, *Alvin Plantinga. Profiles*, Dordrecht, Reidel, 1985, p. 564-70; « Ontological Argument. 1. Classical » dans *Handbook of Metaphysics and Ontology*, Philosophia, 1991, p. 622-625.

2. A. Plantinga, 1991, p. 624.

GM suppose qu'un être est maximalement excellent dans un monde W si il est pleinement omnipotent, omniscient et bon dans W, il a une grandeur maximale s'il possède cette excellence dans tout monde possible.

De GM on infère les étapes suivantes :

1. La grandeur maximale est nécessairement possiblement vraie
2. Or GM est vraie s'il existe un être nécessaire
3. Donc l'existence de cet être est possiblement nécessaire
4. Donc l'existence de cet être est nécessaire
5. Donc cet être existe.

Évidemment il faut supposer GM, mais, une fois cette proposition supposée vraie, selon A. Plantinga la démonstration ne contrevient pas aux lois de la logique modale (à la condition supplémentaire d'accepter, dans GM, une modalité *de re*).

Bien que ce soit la forme donnée à l'argument par Plantinga qui nous intéresse, il faut souligner, pour respecter la complexité de la position de cet auteur, que l'argument ontologique ne prouve pas la vérité du théisme, mais son acceptabilité rationnelle. C'est une nouvelle façon d'articuler raison et foi : c'est cette dernière qui prouve le théisme, mais la raison peut s'assurer qu'elle n'est pas inacceptable de son point de vue. La raison de cette limitation a une traduction tout à fait technique. Elle consiste dans le fait que l'on ne peut décider entre une quasi-maximalité et une grandeur maximale, la quasi-maximalité étant définie comme l'existence dans certains mondes possibles et pas tous. Maximalité et quasi-maximalité sont incompatibles, mais il n'existe pas d'argument pour trancher. Si Plantinga pense non inacceptable rationnellement de trancher en faveur de la maximalité, il n'en va pas de même pour Lewis qui verrait dans la quasi-maximalité un trait inéliminable de l'indexicalité de l'actualité.

La reconstruction de l'argument anselmien par D. Lewis montre en effet que l'une des prémisses, la troisième – quelque chose existe dans l'intellect, dont rien de plus grand ne peut être conçu – est susceptible de plusieurs reconstructions, dont la plus acceptable remet en cause l'argument tout entier. Ces paraphrases A, B et C sont les suivantes :

A. $\exists x(Ux \,\&\, \neg\exists w \exists y\, (Ww \,\&\, ywGx@))$

soit : il y a une être intelligible x, tel que pour aucun monde w et un être y la grandeur de y dans w excède la grandeur de w dans le monde actuel (U pour « intelligible » ; W pour « monde » ; @ pour monde actuel; xGy pour « la grandeur de x excède la grandeur de y; x w se lit « x dans le monde w))

B. $\exists x \exists v(U x \,\&\, Wv \,\&\, \neg\exists w\, \exists y\, (Ww \,\&\, ywGxv)$

soit : il y a un être intelligible x et un monde v, tel que pour aucun monde w et aucun être y la grandeur de y dans w n'excède la grandeur de x dans v

$$C. \exists x(Ux \& \neg\exists v\exists w\exists y (Wv \& Wx \& ywGxv))$$

soit : il y a un être intelligible x tel que pour aucun mondes v et w et un être y la grandeur de y dans w excède la grandeur de x dans v)

$$D. \exists x(Ux \& \neg\exists w\exists y (Ww \& ywGxw))$$

soit : il y a un être intelligible x tel que pour aucun monde w et aucun être y la grandeur de y dans w excède la grandeur de x dans w [1].

D. Lewis dans une analyse minutieuse des relations entre A, B, C et D conclut que les paraphrases A et C sont plus crédibles. Mais dans la mesure où C suppose le principe de saturation (toute phrase qui dit qu'il existe un être intelligible tel et tel est vraie jusqu'à preuve du contraire) qui est mis en échec par l'énoncé suivant

$$\exists x \exists w \exists v (Ux \& Ww \& Wv \& \cap y (y \neq x \rightarrow xw G yw) \& \exists y\, yvGxv)$$

suivant lequel il y a un être intelligible qui est plus grand que tout ce qui existe dans le monde, mais qui est surpassé en grandeur dans un autre monde, il faut renoncer à C et se contenter A. Or A est susceptible de deux interprétations suivant l'interprétation que l'on donne de l'indexicalité de « actuel ». Si elle est absolue, A est valide, mais si elle est relative, A n'est pas valide. Or l'indexicalité est relative, donc A n'est pas valide, donc l'argument d'Anselme n'est pas correct. C'est précisément dans une indexicalité absolue du monde actuel que se déploiera la preuve de Leibniz qui anticipe celle de Gödel, à charge pour nous d'examiner à la fin, après les avoir exposées, si elles échappent à la critique de Lewis.

LA PREUVE LEIBNIZIENNE ET LES PROPRIÉTÉS POSITIVES

La démonstration anselmienne même vengée des attaques kantiennes notamment par Malcom comporte beaucoup de présupposés que Descartes et surtout Leibniz expliciteront. Un de ces présupposés est que seule les propriétés affirmatives, positives, sont susceptibles d'être possédées à un degré maximal ou suréminemment par Dieu. En effet cette gradation des biens repose sur un classement préliminaire des biens et des maux. Dieu comme souverain bien possède toutes les bontés contenues dans les perfections, mais rien n'est dit sur les propriétés susceptibles d'une telle

1. D. Lewis, « Anselm and Actuality », in *Philosophical Papers*, I, Oxford University Press, 1983, p. 14.

perfection. Ce classement est sous-tendu par la doctrine dionysienne des noms divins : sont attribuables à Dieu les noms qui expriment son essence, doctrine qui s'épanouira dans celle des transcendantaux. On laisse de côté cet arrière-fond de tradition théologique pour suivre plutôt la fortune de ces idées dans la logique philosophique.

La démarche anselmienne n'est pas satisfaisante en ce qui concerne au moins les points suivants : l'unicité du principe, la compatibilité des propriétés possédées à un degré maximal par le principe, la nature de ces propriétés possédées à un degré maximal. En particulier, s'il est évident que Anselme doit choisir des prédicats moraux et non des prédicats physiques, ce point n'est pas éclairci. On voit bien que si Dieu parfaitement borgne est impossible, tout simplement parce que cette propriété n'est pas gradable, il est moins clair d'écarter un Dieu suprêmement rouge – les prédicats de perception ne sont-ils pas susceptibles d'un degré maximal ? On peut certes faire remarquer que Dieu n'est pas perceptible, mais il s'agit là d'une supposition gratuite, tant que l'on n'a pas démontré l'existence de Dieu : dans une optique de preuve, on ne peut décider à l'avance des propriétés de Dieu. L'argument thomasien suivant lequel « rouge » impliquerait « corruptible », par transitivité sur les propriétés et donc qu'il ne peut s'agir d'attribuer la rougeur maximale à Dieu tombe dans le même défaut : on suppose un Dieu incorruptible et c'est de cette incorruptibilité que l'on déduit tacitement les autres prédicats. On peut donc comprendre que Leibniz ait cherché à échapper à cette apparence de rigueur en prenant comme point de départ de la preuve la théorie des propriétés positives – sans définir une propriété positive comme ce qui est attribuable à Dieu maximalement ou par analogie, car il s'agit alors d'un cercle vicieux.

Leibniz a cherché à perfectionner les arguments d'Anselme dans une deuxième direction. D'après Leibniz la preuve ontologique a le défaut de ne pas prouver que Dieu est possible – elle n'est capable que de prouver que Dieu existe nécessairement à partir de sa possibilité (et elle en est vraiment capable, comme l'a montré Malcom contre Kant).

Les deux choses sont liées dans les recherches de Leibniz : ce qu'il faut prouver c'est la possibilité d'un Dieu possédant la perfection des propriétés positives et pour prouver la possibilité de Dieu, il faut prouver la compatibilité des propriétés positives à un degré maximal.

C'est cette possibilité de Dieu que Leibniz tente de prouver en 1676, dans une démonstration qu'il soumit à Spinoza, à partir du concept de perfection [1]. La structure de cette preuve est la suivante : 1. Définition des perfections, 2. Preuve de la compatibilité des perfections, 3. Preuve de la possi-

1. Cf. R.M. Adams, *Leibniz Determinist, Theist, Idealist*, Oxford University Press, 1994, p. 141 *sq*.

bilité d'un *ens perfectissimum*, 4. Preuve de l'existence d'un être par soi nécessaire.

1. Leibniz définit une perfection comme une qualité simple, positive, absolue. « Simple » signifie « non analysable », « non définissable » ; « positive » signifie que ce n'est pas la négation d'une autre propriété; « absolue » qu'il s'agit du degré non limité d'une propriété. Une perfection « exprime sans limite ce qu'elle exprime ».

2. La preuve de la compatibilité est *a contrario*. On suppose que deux propriétés F et G sont incompatibles et on montre que c'est impossible pour prouver qu'elles sont effectivement compatibles. La preuve est très simple : pour prouver que A et B sont incompatibles, il faut les analyser, les définir, or c'est impossible s'il s'agit de perfection, puisqu'elles sont simples (cf. 1 ci-dessus). Elles sont donc compatibles. Si elles sont compatibles elles peuvent être dans le même sujet.

3. Si toutes les perfections sont compatibles, il y a un sujet pensable, et donc possible, de toutes les perfections. Donc Dieu est possible.

4. Si l'être par soi possède toutes les perfections, qui sont compatibles, alors il possède nécessairement l'existence qui est une perfection. Donc Dieu existe nécessairement.

À propos de 2 on peut remarquer que pour prouver la compatibilité des perfections il faut les prendre deux à deux. On peut donc se demander ce qui se passe s'il existe une perfection qui n'entre pas dans une paire, en d'autres mots si le nombre de perfections est impair. Mais plus grave est l'objection de Russell[1], renouvelée par Fichant dans son étude sur « l'Origine de la négation »[2]. Elle consiste à remarquer que ce n'est pas parce qu'on prouve que A et B ne sont pas incompatibles, qu'on a prouvé du même coup que A et B sont compatibles :

> … le caractère indirect de la démonstration la rend parfaitement inutile, puisqu'on peut renverser l'argument : car, à ce compte, la proposition « A et B sont compatibles » est tout aussi fausse, puisqu'elle n'est ni vraie par elle-même (on se propose justement de la démontrer), ni démontrable (puisque ses termes sont inanalysables). Ainsi peut-on conclure que toute proposition sur la compatibilité et l'incompatibilité des formes simples n'est ni vraie par elle-même, ni démontrable, et par suite qu'elle est indécidable. Du même coup elle met en échec la complétude de la logique

1. B. Russell, *La Philosophie de Russell*, 1903, § 11.

2. M. Fichant, 1971, éd. corrigée dans M. Fichant, *Études leibniziennes et cartésiennes*, Paris, P.U.F., 1998.

leibnizienne en portant atteinte à son fondement même, puisque cette logique ne peut rendre compte de son propre fondement[1].

M. Fichant voit donc dans ce résultat d'indécidabilité une raison de l'incomplétude de la logique leibnizienne. Laissons de côté ce point – il faudrait discuter et peut-être contester qu'une logique puisse « rendre compte de son propre fondement », ce qui depuis l'échec du formalisme hilbertien semble une ambition sans doute trop forte. Adams[2] a discuté ce point, la démonstration leibnizienne de la preuve *a contrario* de la compatibilité des perfections, de façon à mettre en doute la pertinence de la critique russellienne. Il montre, ce qui est capital à mon sens, que Leibniz ne procède pas de manière indirecte (Fichant : « le caractère indirect de la démonstration la rend parfaitement inutile ») :

> He (Leibniz) proceeds, not exactly by indirect proof, but by proposing for refutation a putative counterexample to the thesis announced in step (3) (« all perfections are compatible in each other »)[3].

Adams reconstruit ainsi la démonstration de Leibniz[4], en deux temps :

I. Thèse : les perfections sont compatibles.
Hypothèse : supposons une proposition P « A et B sont incompatibles ».
Lemme : P n'est pas démontrable sans une analyse de A et de B, mais A et B ne sont pas analysables.
Conclusion : P ne peut être démontré.

II. Toutes les propositions qui sont nécessairement vraies sont ou démontrées ou connaissables par elles mêmes.
Lemme : La proposition P n'est pas connue par elle-même.
Démonstration du lemme : si P était connue par elle-même, elle aurait la forme « A et non A » ou « B et non B », ce qui est impossible puisque A et B sont purement positives.
On infère donc : la proposition P devrait être démontrée, si elle est vraie.
Donc la proposition P n'est pas vraie, et A et B ne sont pas dans le même sujet.
Conclusion : toutes les perfections sont compatibles.

De la même période, la correspondance avec Eckhard livre des échos des préoccupations leibniziennes à propos de la preuve ontologique et permet de préciser le concept de perfection. Dans une lettre d'avril 1677, il rejette la qualification de perfection pour une douleur – contre l'identifications spinoziste de la perfection et de la réalité. La discussion entre

1. *Op. cit.*, p. 105-106.
2. *Op. cit.*
3. *Op. cit.*, p. 143.
4. *Op. cit.*, p. 143-145.

Leibniz et Eckhard prend la forme suivante. Eckhard soutient que tout attribut ou réalité est une perfection. Leibniz objecte qu'alors la douleur même est une perfection, ce à quoi Eckhard rétorque que la douleur, loin d'être positive est une privation. Leibniz répond à ceci qu'il n y a pas plus de raison de dire que la douleur est une privation du plaisir, que de dire que le plaisir est une privation de la douleur :

> Et la douleur est liée au plaisir d'une manière différente dont l'obscurité est liée à la lumière. Car l'obscurité ne peut être faite plus ou moins intense, une fois que la lumière a été ôtée, ni une obscurité n'est plus grande qu'une autre, quand toute lumière a disparu. Mais la douleur n'existe pas de par la simple absence de plaisir et une douleur est plus forte qu'une autre. Donc il s'ensuit que l'être le plus parfait éprouve lui aussi des douleurs. (A II, i, 313)

À travers Spinoza, c'est la définition cartésienne de la perfection qui est visée. Dans une lettre de l'été 1677, toujours au même Eckhard, Leibniz propose une définition de la perfection très nettement différente de celle de Descartes-Spinoza :

> [...] pour vous la perfection est l'être (*entitas*) entendu comme se distinguant du non-être, ou comme je préfère le définir, que la perfection est un degré ou une quantité de réalité ou d'essence, comme l'intensité est un degré de qualité et la force un degré de l'action. Il est clair également que l'existence est une perfection, ou qu'elle augmente la réalité, c'est-à-dire que quand un A existant est conçu, plus de réalité est conçue que quand un A possible est conçu. (A, II, i, 363)

Leibniz conclut de ceci que le plaisir est une plus grande perfection que la douleur, dans la mesure où celle-ci est conscience d'une moins grande réalité que le plaisir – celui-ci est conscience d'une puissance, alors que la douleur est conscience d'une faiblesse. Or, il y a plus de réalité dans la puissance que dans la faiblesse.

Alors que pour Eckhard la perfection est une réalité, pour Leibniz c'est un degré de réalité. Il s'agit là d'une doctrine constante :

> [...] est enim perfectio nihil aliud quam essentiae quantitas. (G VII, p. 303)
>
> [...] il y a une infinité d'espèces et de degrés de perfection dans les Âmes comme dans les corps [...]. (*éclaircissement sur les natures plastiques*, § 3, G VI, p. 548)

Leibniz dans une liste de définitions propose une axiomatique de la perfection qui est exactement celle de sa démonstration :

> Bonum est quod confert ad perefectionem.
> Perfectio autem est quod plus essentiae involvit

Privatum est quod dicit negationem
Positivum quod dicit affirmativum. (G VII, p. 195)

La démonstration contenue dans « *Quod ens perfectissiumum existit* » suppose donc en ce qui concerne la théorie de la preuve LA RÉSOLUBILITÉ EN IDENTIQUES – la compatibilité des perfections reposant en dernière analyse de ce point – et pour ce qui touche l'ontologie des propriétés LA SIMPLICITÉ DES PROPRIÉTÉS POSITIVES. Leibniz s'est efforcé de démontrer à la fois la compatibilité des perfections dans un sujet et l'existence du sujet de ces perfections, en comptant l'existence parmi les perfections.

UNE PREUVE MODALE DE L'EXISTENCE DE DIEU : K. GÖDEL

La preuve de l'existence de Dieu peut être appelée une « preuve modale » ; l'équivoque introduite par l'expression « preuve ontologique » est ici insupportable. « Preuve ontologique » signifie preuve *a priori* ou preuve à partir d'une déduction de l'essence à l'existence. Si à l'extrême rigueur cette expression peut être utilisée par commodité pour Leibniz (si l'on entend par essence le possible), elle n'a aucun sens pour l'argument de Gödel qui ne prétend pas opérer une telle déduction, ni ne l'opère effectivement. La preuve de Gödel, comme celle d'Anselme et en partie comme celle de Leibniz se fonde sur une théorie des propriétés et entend comme Plantinga utiliser les ressources de la logique modale élémentaire.

L'argument de Gödel a été édité récemment dans le tome III de ses œuvres en cours de publication[1]. Il en existe déjà plusieurs discussions et commentaires[2]. Nous privilégierons ceux de Perzanowski et Adams. L'argument est publié avec en appendice des fragments s'y rapportant directement ou indirectement, notamment tirés des carnets de Gödel[3]. L'un de ces fragments, une feuille volante, permet de dater l'origine de la preuve dans une forme préliminaire, extrêmement brève – six lignes ! – approximativement de 1941. Cette preuve, sous sa forme définitive, fut portée à la connaissance du public philosophique par D. Scott à son séminaire, à Princeton en 1970; le manuscrit de la preuve est daté du 10 février 1970. Elle n'a pas été publiée du vivant de Gödel. Le mauvais état de santé de

1. K. Gödel, *Collected Works*, vol. 3, Oxford University Press, 1995.

2. J. H. Sobel, « Gödel's Ontological Proof » dans J. J. Thomson (éd.), *On Being and Saying*, Cambridge, Mass., MIT Press, p. 241-261; Hao Wang, *Kurt Gödel*, Cambridge, Mass., MIT Press, 1987; J. Perzanowski, « Ontological Arguments II: Cartesian and Leibnizian » *Handbook of Metaphysics and Ontology*, p. 625-633; R. M. Adams, « Introduction to Gödel 1970* » dans K. Gödel, *op. cit.*

3. K. Gödel, *op. cit.*, p. 429-437.

Gödel en 1970[1] explique en partie qu'il ait désiré faire connaître cette preuve avant sa mort qu'il jugeait à tort prochaine; elle devait survenir en 1978. Le fait qu'il ne l'ait pas publiée peut s'expliquer au moins de deux manières: il redoutait qu'elle contienne une erreur (d'où le fait de la soumettre à la critique et à la discussion, par l'intermédiaire de D. Scott) et d'autre part il ne souhaitait pas que l'on interprète une telle publication comme le signe d'une quelconque adhésion religieuse (Gödel était théiste, mais rejetait la confusion de la logique et de l'apologétique, à laquelle des esprits bien intentionnés n'auraient pas manqué de réduire sa preuve, qu'il estimait probablement avoir une valeur indépendante de son objet religieux, du côté de la théorie des propriétés).

Comme y insiste R. Adams[2], Gödel a certainement fait le lien entre la preuve de Leibniz (que nous avons discuté plus haut) et sa propre preuve. Il l'a peut-être fait postérieurement à l'idée de la preuve : si effectivement le brouillon que nous venons de mentionner est bien de 1941 environ, il précède presque certainement la lecture intensive de Leibniz, qui d'après Hao Wang a occupé Gödel de 1943 à 1946[3]. On peut conjecturer que Gödel n'a peut-être pas trouvé l'idée de la preuve dans la lecture du *Quod ens perfectissimum existit* (parfaitement accessible dans l'édition Gerhardt, avant son édition récente dans l'édition dite de l'Académie), mais plutôt qu'il a cherché après coup une amélioration de son argumentation dans les écrits de Leibniz. Mais notre but n'étant pas un établissement des sources, nous laissons de côté ce point, pour nous concentrer sur la preuve elle-même, avant d'examiner brièvement comment elle permet d'interpréter rétrospectivement les tentatives de Anselme et Leibniz. Nous commencerons donc par exposer l'argument. Rappelons que notre but est d'examiner si cet argument renforce les chances pour une théologie rationnelle de disposer d'une preuve logique de l'existence de Dieu. Puisqu'il s'agit d'une preuve modale, nous la confronterons aux arguments et objections de A. Plantinga et D. Lewis. Dans la mesure où cette preuve modale s'appuie sur une théorie des propriétés, nous examinerons si elle permet d'échapper aux difficultés que nous avons signalées chez Anselme et Leibniz. Dans l'exposé de cette preuve, nous utiliserons comme un auxiliaire précieux les améliorations et éclaircissements de Perzanowski.

1. Hao Wang, *op. cit.*, p.xxv.
2. R. Adams, *op. cit.*, p. 389 *sq.*
3. Hao Wang, *op. cit.*, p. 19.

La preuve de Gödel est de style axiomatique. Il justifie ainsi le choix de ce style :

> Er kann nur auf *Axiome* und *nicht* auf eine Definition (= Konstruktion) von « positiv » gegründet werden, denne die Konstruktion ist mit beliebigem Verhältnis verträglich[1].

Il y aurait donc, selon Gödel, un élément d'arbitraire dans toute définition de ce qui est positif, comme par exemple la définition par Leibniz de la positivité comme absence de privation, arbitraire que Gödel entend éliminer. Il pose comme un axiome la compatibilité des propriétés positives, dont Anselme ne voyait pas le caractère problématique et que Leibniz s'était efforcé, laborieusement, de démontrer. Le style axiomatique a ici le mérite d'expliciter ce à quoi nous devons nous engager pour construire et mener à bien ce genre de preuve. À nous ensuite de décider si le prix logique ou en général théorique est trop lourd. Mais une théologie rationnelle est peut-être à ce prix : si l'on devait se replier sur la simple acceptabilité rationnelle du théisme, ne réduirait-on pas toute preuve à une portion congrue ? Le déplacement de la problématique vers une épistémologie de la croyance religieuse ne saurait rendre immédiatement caduques les questions liées à la possibilité même d'une preuve. L'idée d'une preuve suppose l'acceptabilité rationnelle, mais l'excède certainement. Une preuve contraint à croire p et donc fait plus ou en tout cas exige plus que persuader que p est acceptable rationnellement

Il existe une première version informelle de cette preuve publiée en annexe de la preuve. Plus aisée à comprendre, elle permet de saisir le mouvement de la preuve formelle. Elle se compose de quatre étapes :

1. L'interprétation de « propriété positive » comme « bon » (c'est-à-dire quelque chose d'une valeur positive) est impossible parce que le plus grand avantage + le petit désavantage est négatif.

2. Il est possible d'interpréter le positif comme perfectif, c'est-à-dire « purement bon », c'est-à-dire ce qui implique aucune négation de « purement bon ». Une propriété est perfective si et seulement si elle n'implique aucune négation d'une (propriété) perfective. Tout ce qui réclamé à côté de ceci sont les axiomes : la nécessité d'une (propriété) perfective est une (propriété) perfective et être est une (propriété) perfective.

3. … les propriétés positives forment un système maximal compatible (*ein maximal kompatibiles System*) …

4. Que la nécessité d'une propriété positive est positive est la présupposition essentielle de la preuve ontologique. Si $\varphi (x) \rightarrow N \varphi (x)$

1. K. Gödel, *op. cit.*, p. 433.

<p(x)→Lp(x) dans notre notation> est posé <comme suivant de la nature de x> alors il est facile de prouver que pour tout système compatible de propriétés, il y a une chose, mais ceci est la voie inférieure (*der schlechte Weg*). $\varphi(x) \rightarrow N\,\varphi(x)$ doit plutôt suivre d'abord de l'existence de Dieu[1]

L'ossature logique de l'argument gödelien est une logique modale quantifiée du second ordre (admettant des propriétés de propriétés et une quantification sur les propriétés). La logique modale en question comprend les axiomes suivants – nous notons, rappelons-le, respectivement L et M les opérateurs de nécessité et de possibilité – :

1. $LA \rightarrow MA$
2. $LA \rightarrow A$
3. $A \rightarrow LMA$
4. $LA \rightarrow LLA$
5. $MA \rightarrow LMA$

Il s'agit donc d'une logique *grosso modo* équivalente à S5[2].

On utilisera dans le langage logique (notre notation différant légèrement de celle de Gödel) :

〈 des variables de propositions p, q, r …

〈 deux constantes de propriété, e pour « exister nécessairement », g, pour « Dieu », gx signifiant : l'individu x est Dieu. Pour montrer le caractère particulier de Dieu dans cette preuve, nous l'écrirons Dieu*, jusqu'à ce nous abordions de front le problème,

〈 une constante de propriété de second ordre P signifiant « positif », Pp se lisant « la propriété p est positive »,

〈 $\rightarrow_L$ une relation d'implication positive sur les propriétés, telle que $\rightarrow_L$ se lit : « la propriété p implique positivement la propriété q ». Une implication est positive entre p et q si dans le cas où un individu possède p, alors il possède nécessairement q : $p \rightarrow_L q \leftrightarrow \cap x\ L\ (px \rightarrow qx)$,

〈 des opérateurs de nécessité L et M pour la nécessité et la possibilité,

〈 un opérateur d'essentialisation, E, tel que pEx signifie que x est essentiellement p.

La démonstration est la suivante. On n'indique pas la quantification universelle sur les propriétés, quand elle tombe sous le sens.

La démonstration proprement dite est précédée de

$$P(p) =_{def} p \text{ est positive (ou } p \in P).$$

1. K. Gödel, *op. cit.*, p. 435.

2. Cf B. F. Chellas, *Modal Logic*, Cambridge University Press, 1975, p. 147-149.

Cette indication cryptique qui suit la définition semble exprimer une équivalence entre le point de vue intensionnel ou hyperintensionnel (P(p)) où P est du second ordre et le point de vue extensionnel ou intensionnel où $p \in P$. Dans une remarque finale Gödel note que

> positif signifie positif au sens moral et esthétique (indépendamment de la structure accidentelle du monde[1].
>
> Axiome 1. $Pp \& Pq \rightarrow P(p \& q)$
> Distribution de la positivité sur la conjonction des propriétés.
>
> Axiome 2. $Pp \vee P \neg p$
> Pour toute propriété, elle est positive ou sa négation est positive.
>
> Définition 1 $G(x) \leftrightarrow \forall p ((Pp) \rightarrow p(x))$
> C'est une définition de « Dieu* » : si x est Dieu*, alors x possède toute propriété positive (cf. la thèse de Anselme-Leibniz : aucune perfection ne peut manquer à Dieu).
>
> Définition 2. $pE(x) \leftrightarrow \forall q(q(x) \rightarrow L \forall y (p(y) \rightarrow q(y))$
> N. B. Dans une note Gödel à propos de cette définition écrit : « Deux essences quelconques de x sont équivalentes »
>
> Axiome 3. $P(p) \rightarrow LP(p)$
> $\neg P(p) \rightarrow L \neg (p)$.

La propriété d'être positif est nécessaire (cf. la remarque plus haut sur l'indépendance des propriétés positives vis-à-vis de la structure accidentelle du monde). Dans une sémantique en termes de mondes possibles ceci signifie que si une propriété est positive, elle l'est dans tous les mondes.

> Théorème. $G(x) \rightarrow gEx$
> Si un individu est Dieu* alors il est essentiellement Dieu*.
>
> Définition. $E(x) \leftrightarrow (\forall p)((pEx \rightarrow L(\exists x)p(x))$
> Si x existe nécessairement, alors il y a nécessairement pour toute propriété p telle que x possède essentiellement p un x tel qu'il est p. Il s'agit d'un principe d'instanciation pour un être nécessaire : si un être est nécessaire, il instancie toutes les propriétés possédées essentiellement.
>
> Axiome 4. P(E)
> La propriété d'existence nécessaire est positive, ce qui est trivial, vu la définition de la propriété positive.
>
> Théorème $G(x) \rightarrow L (\exists y)(G(y))$
> Si un individu est Dieu*, alors nécessairement il existe un individu qui est Dieu *.

1. K. Gödel, *op. cit.*, p. 404.

De cela on déduit :

> $(\exists x)G(x) \rightarrow L(\exists y)(G(y))$
> c'est-à-dire que s'il existe un individu qui est Dieu*, il existe nécessairement un individu qui est Dieu*.

On déduit ensuite :

> $M(\exists x)G(x) \rightarrow ML(\exists y)G(y))$
> c'est-à-dire que s'il est possible qu'il existe un individu qui est Dieu*, alors il est possible qu'il soit nécessaire qu'il existe un individu qui est Dieu*. Il s'agit de l'axiome de logique modale S5, MA→MLA, ci-dessus.

Enfin on peut déduire :

> $M(\exists x)G(x) \rightarrow L(\exists y)G(y))$
> S'il est possible qu'il existe un individu qui est Dieu*, alors il est nécessaire qu'il existe un individu qui est Dieu*.

Cette conséquence du théorème $G(x) \rightarrow L((\exists y)G(y))$ est analogue à l'inférence leibnizienne ci-dessus.

Gödel interprète « $M(\exists x)G(x)$ » comme « le système de toutes les propriétés positives est compatible »

Cette compatibilité, d'après Gödel, est obtenue à partir de l'axiome 5 :

> Axiome 5. $(P(p) \,\&\, p \rightarrow_L q) \rightarrow (P(q))$
> Si une propriété est impliquée nécessairement par une propriété positive, alors elle est positive ce qui implique pour Gödel que $x = x$ soit positif et que $x \neq x$ soit négatif.

Dana Scott pour rendre la démonstration cohérente a ajouté l'axiome suivant avant l'axiome 4 ci-dessus :

> Axiome de Dana Scott : P(G)
> La propriété d'être Dieu* est positive.

Perzanowski[1] propose une version améliorée de l'argument, à partir de l'édition qu'en en fait Sobel[2] :

> Axiomes
> A1 $\neg P(p) \leftrightarrow P\neg p$
> A2 $(p \rightarrow_L q) \rightarrow (P(p) \rightarrow_L P(q))$

Toute propriété impliquée par une propriété positive est positive

> A3 $P(p) \,\&\, P(q) \rightarrow P(p\&q)$

1. J. Perzanowski, *op. cit.*
2. J. H. Sobel, *op. cit.*

A4 $P(p) \rightarrow LP(p)$
A5 $P(G)$
A6 $P(E)$

Théorèmes
T1. $P(p) \rightarrow M\exists p(x)$

Si p est une propriété positive, alors il y a au moins un individu qui possède cette propriété, ou, en d'autres termes, toutes les propriétés positives sont instanciées.

T2. $M\exists G(x)$
T3. $G(x) \rightarrow GEx$
T4. $pEx \,\&\, qEx \rightarrow L\forall y\, (p(y) \leftrightarrow q(y))$.

Si p et q sont des propriétés essentielles d'un individu, elles sont équivalentes pour tout autre individu. Si Dieu possède deux propriétés de manière essentielle, par exemple la sagesse et la bonté, il y aura pour un autre individu quelconque pour lequel il y aura implication réciproque entre la sagesse et la bonté. Ce théorème est la traduction d'une thèse théologique traditionnelle.

T5. $PEx \rightarrow L\forall y\, (p(y) \rightarrow y=x)$

Une propriété essentielle a une correspondance terme à terme avec son support.

T6. $L\exists x\, G(x)$
Dieu* existe nécessairement. QED.

On peut remarquer que T6 n'exclut pas le polythéisme : il se pourrait qu'il existe plusieurs dieux et ceci de manière nécessaire. Cela dit, ces dieux à la différence des dieux des polythéismes existants (gréco-latin, celte, germanique, hindou …) ne seraient doté que de propriétés positives. Il s'agirait donc d'un type particulier de polythéisme. Nous reviendrons sur ce point.

Perzanowski ajoute deux théorèmes T7 et T8 que l'on peut déduire de T1-T6 :

T7. $P(p) \rightarrow L\exists x\, p(x)$.

Toute propriété positive est nécessairement instanciée, qui correspond *grosso modo* au principe GM de Plantinga (*cf. supra,* p. 102-103).

T8. $((\exists p)\, (pEx)) \rightarrow e(x)$.

S'il existe une propriété qu'un individu possède essentiellement, alors cet individu existe nécessairement.

Pezanowski remarque que cette démonstration, dans la forme qu'il lui donne, est compatible à la fois avec un modèle strictement moniste, où il existe un seul individu et une seule propriété et également avec un modèle polythéiste. C'est à strictement parler un argument en faveur de l'existence nécessaire d'un ou plusieurs individus instanciant le prédicat « divin ». Cette démonstration serait donc une démonstration du théisme, qu'il soit panthéiste, polythéiste ou monothéiste – mais dans ces il faudrait ajouter des contraintes complémentaires. Il n'est pas clair que cette démonstration prouve l'existence d'une ou de plusieurs personnalités divines. En effet les propriétés positives ne sont pas nommées. La remarque de Gödel suivant laquelle on ne peut identifier bonté et positivité (cf. ci-dessus) prend ici tout sons sens. Cette remarque est d'ailleurs une correction de la théodicée leibnizienne pour laquelle un avantage maximum + un désavantage minimum donne une résultat positif : de même qu'une musique ne perd pas en harmonie de par la présence de quelques dissonances, si elles sont prévues, de même la création est parfaite, en dépit d'imperfection locales prévues pour l'équilibre de l'ensemble.

LA PREUVE DE GÖDEL À L'ÉPREUVE

La démonstration de Gödel résiste-t-elle à l'objection de D. Lewis au raisonnement modal en général, appliqué à Dieu ? Qu'en est-il du statut de l'actualité dans cette preuve ? Le Dieu* dont on prouve l'existence nécessaire est-il nécessaire seulement dans notre monde ?

L'objection de D. Lewis aux preuves modales porte sur la définition de la nécessité. Si la conséquence d'une définition intrinsèque de la positivité ou de la perfection est l'existence nécessaire de Dieu, on peut définir cette nécessité de manière classique, *i. e.* leibnizienne comme la vérité dans tous les mondes possibles. À première vue on ne voit pas de problème particulier ici. « L(Dieu existe) » aurait le même statut que « L(2+2=4) ». Mais cette manière de voir est en fait quasi-actualiste. Nous prenons une vérité nécessaire dans notre monde et nous l'universalisons dans tous les mondes accessibles à partir de notre monde. Si Dieu existe de manière nécessaire, alors cette existence qui est prouvée dans le monde actuel (c'est le monde de la preuve), est étendue à l'ensemble des mondes. Il est évident que si nous acceptons le cadre leibnizien où les mondes possibles ne sont que des combinaisons, inférieures au monde actuel seul parfait, et demeurant dans l'intellect divin, alors il n'y a pas de problème, du moins en apparence[1]. Mais la solution leibnizienne du point de vue de la métaphysique des modalités, que nous avons appris depuis Kripke et Lewis à explorer pour elle-même et non plus seulement *ad majorem gloriam Dei*, est *ad hoc*. C'est une solution qui cherche à maximiser les gains théoriques, en accordant aux mondes possibles un statut qui les fait échapper à la conséquence de leur admission : la relativité de l'indexicalité. La solution leibnizienne, aussi ingénieuse soit-elle, représente une manœuvre qui consiste à refuser l'indexicalité relative et donc en fait à faire des mondes possibles un prolongement combinatoire de l'actualisme – notre monde est actuel et le plus parfait. L'attribution de la perfection au monde actuel repose sur une équivocité de l'usage du superlatif « le plus parfait ». Si je dis que Dieu est le plus parfait, il est absolument parfait (il n'existe pas de plus grande perfection) ; si je dis que le monde actuel est le plus parfait, il est simplement le plus parfait des mondes possibles, mais il existe une plus grande perfection, celle de Dieu, car à un créateur parfait correspond une créature imparfaite.

Est-ce que le perfectionnement apporté par Gödel à la preuve leibnizienne la fait échapper aux objections sur l'indexicalité ? La démonstration gödelienne utilise un langage modal, mais sans préciser lequel. Perzanowski pense qu'il s'agit du calcul K5 avec quantificateurs (soit QK5) très proche de S5. Gödel utilise un axiome de S5

$$MLp \rightarrow Lp$$

(s'il est possible qu'il est nécessaire que p, alors il est nécessaire que p) pour passer de simple possibilité de la nécessité d'une être divin à sa pure et simple nécessité. Cet axiome joue techniquement le rôle de formaliser le type d'inférence dont Leibniz a besoin dans sa preuve. Mais on peut faire certaines réserves sur cet axiome dans ce contexte. Il signifie en langage de mondes possibles que s'il est vrai dans au moins un monde (en l'occurrence le nôtre) qu'il est vrai dans tous les mondes accessibles à partir de ce monde que Dieu existe, alors Dieu existe dans tous les mondes possibles. Adams[2] affirme qu'un système aussi fort n'est pas nécessaire et que le système B (de Brouwer) est suffisant (notons incidemment que B est connu pour bloquer certains paradoxes modaux).

Le problème est simple : si Lewis a raison, l'analyse indexicale de l'actualité remet en cause la preuve modale de l'existence de Dieu, dont la

1. Pour un relevé de ces difficultés voir F. Nef, « Pourquoi la doctrine modale de Leibniz est-elle incohérente ? À propos du concept leibnizien de perfection » dans *Unita e moltiplicita nel'pensiero sientifico e philosophico e Leibniz*, Lessico Intelletuale Europeo LXXXIV, Leo Olchsky, Florence, 2000, p. 39-70.

2. R. M. Adams, *Leibniz Determinist, Theist, Idealist*, p. 391.

preuve d'Anselme est le paradigme. Il semble que Lewis a raison : les mondes possibles sont tous actuels pour eux-mêmes, si on adopte une vision possibiliste, à la quelle la volonté d'échapper à la critique kantienne semble nous conduire fatalement : Si on opte pour une version actualiste, on tombe sous la critique kantienne. La situation est donc la suivante : la critique kantienne a hérité d'un lourd présupposé actualiste. La preuve leibnizienne échappe en partie à cette critique par une solution *ad hoc*. L'abandon du préjugé actualiste sans le garde fou leibnizien de la rigidité modale de l'actualité expose à une critique peut-être plus destructrice que celle de Kant.

Rien ne garantit dans cette preuve que notre monde ait un caractère spécial, en dehors du fait que c'est le monde où raisonne celui veut prouver l'existence de Dieu. Dans la paraphrase de ML p → L p, nous avons ajouté : « en l'occurrence le nôtre », ce qui est raisonnable, mais ne repose que sur ce fait contingent de l'inhabitabilité du prouveur dans le monde actuel au sens indexical – celui-ci. Si, comme le pense Lewis, il n'y a rien d'absurde à imaginer celui qui prouve dans un monde médiocre, alors le fait qu'il pense qu'il existe quelque chose de plus grand que tout ce qui existe est erroné – car qu'il existe quelque chose de plus grand, c'est parfaitement concevable, dans un monde moins médiocre. Le réquisit de la preuve modale semble donc – et c'est parfaitement manifeste dans la version leibnizienne – que l'on postule que le monde où l'on raisonne est relativement parfait (pour éliminer également la possibilité que quand on pense quelque chose de plus grand etc. on ne pense pas un monde, mais Dieu).

D'un point de vue anthropique on justifierait cette situation exceptionnelle de celui qui prouve, en posant que dans l'évolution cosmique seules les branches les plus vigoureuses restent vivantes [1] et que cette évolution est finalisée vers la preuve, en tant qu'auto-compréhension de la perfection du processus : on substituerait à un modèle possibiliste où des lignes parallèles de mondes coexistent, chacune actuelle pour elle-même, un modèle arborescent où à travers le temps le réel se différencie du possible – un dernier modèle étant strictement, formé d'une seule ligne de monde, formée de la concaténation des états de choses réels. Mais ceci est au mieux hautement spéculatif, même si un auteur comme J. Leslie soutient que Dieu est compatible avec une pluralité d'univers, précisément à l'intérieur d'une hypothèse anthropique [2]. Mais il ne faut pas identifier l'existence dans une pluralité de mondes possibles et dans une pluralités d'univers. L'articulation des deux dans un modèle à la S. McCall et qui conduirait peut-être à

1. Cf. S. McCall, *A Model of Universe*, Oxford University Press, 1994.

2. J. Leslie, *Universes*, London, Routledge, 1989 ; J. Barrow, F. Tipler, *The Anthropic Cosmological Principle*, Oxford University Press, 1986 ; J. Demaret, *Univers*, Le Mail, 1991.

une théologie processuelle (*process theology*) ne peut être discutée ici – nous quittons le terrain des preuves *a priori*.

Quels sont les moments de la démonstration gödelienne sensibles à la critique de D. Lewis ? Il s'agit de ceux où intervient un opérateur modal, c'est-à-dire un opérateur de possibilité ou de nécessité. Rappelons, même si ce point n'est pas décisif ici, que Lewis a donné à sa reconstruction de l'argument d'Anselme une forme volontairement dénuée de tels opérateurs, afin d'éviter un certains nombre de difficultés, que nous n'avons pas en vue ici et qu'il faudrait examiner, si nous voulions être complets – par exemple le problème de la quantification à l'intérieur d'un opérateur modal. Nous discuterons ce point dans un autre travail. Le moment décisif est contenu dans le théorème

1. $G(x) \rightarrow L(\exists y)(G(y))$

et dans la déduction :

2. $\exists x\, G(x) \rightarrow L(\exists y)(G(y))$
3. $M(\exists x)G(x)\ ML(\exists y)(G(y))$
4. $M(\exists x)G(x) \rightarrow L(\exists y)G(y))$

On peut remarquer que les axiomes, de même que le premier théorème, $G(x) \rightarrow G\ Ex$, sont exprimés dans un langage intensionnel, admettant des propriétés de propriétés (P, pour positif, E pour existence nécessaire) mais non explicitement modal. On a déjà souligné la difficulté du passage de 3 à 4, dans S5 ou de B. On veut maintenant faire une remarque sur 2. C'est l'antécédent $(\exists x)\ G(x)$ qui entraîne une conséquent modal. On remarque que l'antécédent et le conséquent ne comportent pas la même variable. 2 se lit : s'il existe au moins un individu qui est divin, alors il existe nécessairement un individu, pas nécessairement le même, qui est divin. Notons que Perzanowski dans sa version de la preuve évite le problème. Si Gödel avait écrit à la place de 2, 2' sans renomination de la variable :

2'. $(\exists x)\ G(x) \rightarrow L(\exists x)\ (G(x))$
(qui se lit : s'il existe un individu qui est divin, alors CET individu est nécessairement divin)

il ne pouvait éviter d'appliquer un type d'inférence désastreuse :

$A \rightarrow LA$

qui est invalide dans tous les calculs modaux non nécessitaristes[1] (alors qu'évidemment $A \rightarrow MA$ est valide dans les calculs non nécessitaristes ou

1. Nécessitarisme : tout ce qui existe est nécessaire.

pas). Mais si x≠y (ce qui n'est pas obligatoire), alors on échappe au nécessitarisme par le polythéisme …

C'est l'étape 3 ci-dessus qui pose de la manière la plus aiguë le problème de l'indexicalité, avec l'emboîtement de modalités ML (possible que nécessaire). En effet renonçant à notre actualo-centrisme attribuons 3 à un prouveur modal de Dieu situé dans un autre monde que le nôtre. ML signifiera, s'il raisonne comme nous à partir de son monde, que si un être est divin, dans son monde, alors il est divin dans tous les mondes. Mais il le fera parce qu'il pense que cet individu est plus grand que tout ce qui peut être pensé dans son monde. Mais qu'est-ce qui garantit que cet être divin ne soit pas inférieur à celui qui est pensé par le prouveur de Dieu dans notre monde ? Le conflit est né parce que nous avons supposé deux mondes actuels, chacun de son point de vue. La situation est analogue, si je maintiens fermement l'unique actualité de ce monde, à quelqu'un qui soutiendrait que lui seul, à l'exclusion des voisins, a le droit de dire « je ». Nous sommes inévitablement reconduits par une autre voie au polythéisme : une hiérarchie de dieux d'après des degrés de perfection relatifs à chaque monde considéré comme actuel. Une infinité de mondes relativement (et non absolument) actuels produit une infinité d'infinités de dieux ce qui est intuitivement raisonnable. Lewis, dans une boutade discute cette possibilité :

> […] I am perhaps the most extreme polytheist going. If, as I suppose, a being does not have to satisfy some inconsistent description to be a god, then I take the number of gods to be at least $\beth_2$. Unlike most polytheist, however, I think of this world we live in as entirely godless [1].

Un monde actuel unique expose à la critique kantienne – c'est un résultat de Plantinga d'avoir montré que la pertinence de la critique kantienne est limitée à l'actualisme. La conclusion raisonnable est que l'argument de Gödel, s'il est capable de prouver l'instanciation du prédicat « être divin », n'est pas capable par contre de donner des précisions de nature démonstrative sur ce qui instancie ce prédicat.

Il y a une manière critique de prolonger ces constatations. On peut dans le prolongement du dédain thomiste des preuves *a priori,* et selon une combinaison avec Kant, pas si infréquente dans le néo-thomisme, y voir là une preuve de la nature labyrinthique des apories de la raison, privée de l'expérience commune ou de l'expérience de la foi :

> L'argument dit ontologique par lequel Descartes pensait démontrer l'existence de Dieu à partir de la seule idée de l'être parfait (et non à partir de quelque chose d'existant) pèche contre cette règle <ne pas faire varier

1. D. Lewis, *op. cit.*, p. XI.

la suppositio de l'antécédent au conséquent> en passant de l'existence *idéale* à l'existence *réelle*[1].

Ce serait faire bon marché des résultats même modestes obtenus d'Anselme à Gödel, de l'amélioration objective de la preuve. Pour soutenir cela, il faut réduire l'argument d'Anselme à une preuve par l'idée, reposant sur une déduction de l'idée à l'existence, ce qu'elle n'est pas, et comme dans ce passage ci-dessus aller éventuellement jusqu'à le considérer implicitement comme une anticipation de la preuve cartésienne par l'idée du parfait, ce qui est une manière d'évacuer sa force, essentiellement modale. S'il y a une pertinence de cette preuve, elle repose sur la validité de certaines inférences modales, comme on l'a vu, et non sur le passage de l'existence dans l'intellect à l'existence hors de l'intellect.

Mais il y a place, semble-t-il, pour des réflexions plus positives. La première est que la question du polythéisme demanderait un examen très attentif. C'est une réaction superficielle que de déplorer que par bien des pentes de cet argument nous soyons conduits au polythéisme, ou plus exactement que nous ne puissions spécifier le type de théisme qui découle de la preuve. Outre qu'il s'agit d'un polythéisme très particulier, comme on l'a déjà souligné, on peut nuancer notre propos en notant que le monothéisme réclame une certaine dose de polythéisme (au sens technique de l'existence de plusieurs êtres divins et non nécessairement au sens de tel ou tel polythéisme païen). H. Corbin a même soutenu que le monothéisme, qu'il soit musulman, juif ou chrétien, privé de cette composante polythéiste versait à coup sûr d'abord dans l'agnosticisme, puis dans l'athéisme[2]. Cette composante polythéiste, H. Corbin la reconnaît dans l'angéologie (présente dans les trois religions monothéistes) ou dans la prophétologie, par exemple celle du shiisme. L'introduction à la théologie contenue dans la *Théologie Platonicienne* de Proclus[3] contient une étude détaillée des attributs des dieux[4] qui correspondent, semble-t-il, aux propriétés perfectives de Gödel. Comme l'ont rappelé les travaux de P. Hadot, la théologie est née à l'intérieur de la philosophie grecque; elle s'est constituée sur un sol polythéiste.

Une autre réflexion, également constructive, mais tout aussi programmatique, consisterait à relever comme une indication positive le fait que les difficultés d'une preuve modale tournent autour de l'indexicalité de l'actualité. Il existe en effet une autre voie de questionnement sur l'être divin dans la théologie du monothéisme en général (et pas seulement dans

1. J. Maritain, *Éléments de philosophie, II, Petite logique*, Paris, Tequi, 1933, p. 80.
2. H. Corbin, *L'essence du monothéisme*, Paris, L'Herne, 1970.
3. Proclus, *Théologie platoniciennce*, 6 vol., Paris, Les Belles Lettres, 1968, p. 59-126.
4. Positivité, chap. 18, simplicité, chap. 20, bonté, chap. 22, science, chap. 23 …

la théologie chrétienne) : sur l'indexicalité personnelle de Dieu comme ipséité divine révélée dans le « Je suis celui qui suis » (ou « Je suis celui qui est'). Il s'agit certainement d'un autre type d'approche, puisque cet énoncé (*Exode*, 3-14) est contenu dans le *Tora*, ce qui fait de ce genre d'exégèse quelque chose qui n'est pas totalement réductible aux approches *a priori*. Cependant l'indexicalité de cet énoncé a fourni matière à maints développements dans la théologie philosophique. Maïmonide par exemple lie le nom divin d'*Ex* 3-14 et l'existence nécessaire[1] Eckhart consacre également des développements à l'ontologie de ce nom paradoxal, notamment dans son œuvre latine[2].

Une recherche se dessine donc sur les liens entre indexicalité personnelle et ipséité divines. En effet, si quelque chose comme une indexicalité personnelle se manifestait dans l'ipséité divine, qui jouerait un rôle analogue à la rigidité des noms propres, alors nous disposerions peut-être d'un élément qui ne serait pas relativement actuel, mais absolument actuel : « je » que ce soit pour une personne divine ou humaine est rigide modalement. Mais ceci n'est évidemment possible que si nous attribuons la personnalité à Dieu, car l'ipséité est personnelle. Or, rien apparemment dans la preuve ne va dans ce sens. Rien dans la spécification purement abstraite des propriétés positives qui sont instanciées en Dieu* ne permet d'attribuer la personnalité au porteur de ces propriétés.

On pourrait enfin essayer d'injecter dans la preuve gödelienne des propriétés telles que l'on pourrait réduire la distance entre Dieu* et Dieu (le Dieu des religions monothéistes, doté des attributs traditionnels de sagesse, bonté, omnipotence et omniscience). Deux propriétés se présentent à l'esprit : l'unicité et l'aséité. Si effectivement l'unicité était une propriété positive, Dieu* serait unique. Mais cette propriété d'unicité n'est pas une propriété du premier ordre. C'est soit une propriété de propriété, que celle-ci soit l'existence (propriété de second ordre) ou une autre : dire que Dieu est unique c'est dire qu'il y a un seul individu qui a la propriété d'être divin. « Il y a un seul Dieu » se paraphrase donc « il existe un seul individu qui possède la propriété d'être divin ». On ne peut donc introduire une propriété positive de premier ordre qui serait l'unicité. La seule stratégie qui reste est alors de déduire l'unicité des caractères généraux des propriétés positives, c'est-à-dire de dériver une condition d'unicité du principe d'instanciation des propriétés positives. Mais il semble bien que cette condition d'unicité soit extra-logique, car en fait elle se ramène à une exigence d'économie ontologique. Quant à l'aséité, définie comme être à soi-même sa cause, elle

1. *Guide des Égarés*, I, LXIII, 1981, p. 282 *sq*.

2. Maître Eckhart, *L'œuvre latine de Maître Eckhart*, I, 6, Paris, Seuil, 1989, p. 97 et 1984, p. 635 *sq*.

semble impliquée par le concept de perfection, dans la mesure où il est plus parfait de se causer que d'être causé. Cependant elle est apparemment insensible à la distinction entre le polythéisme et le monothéisme. Elle est définie par Proclus pour tout être « autoconstituant »[1] et pas seulement pour le principe unique. Son admission parmi les propriétés positives ne semble donc pas modifier fondamentalement les données du problème.

L'argument ontologique d'Anselme contient donc un noyau modal sain, une inférence dont Leibniz a fait le nerf de sa preuve. Malcom a montré que la critique kantienne n'atteint qu'une interprétation, actualiste, de ce noyau modal. Lewis a objecté que la validité était restreinte à une conception absolue de l'actualité, qui est arbitraire et signe d'un « chauvinisme modal ». L'argument modal, perfectionné par Gödel, est donc au moins valide dans un contexte d'actualité relative. Mais dans ce contexte, la preuve qui ne démontre que la satisfiabilité d'un prédicat « être divin » ('G'), admet que ce prédicat puisse être satisfait de manière multiple. Si nous avons décrit correctement la situation de la preuve, quelle sont les possibilités pour échapper à ce qui a toutes les apparences d'une aporie ? Nous pouvons justifier un cadre actualiste modéré où les mondes possibles sont des constructions effectuées à partir de notre monde, donc abandonner le réalisme modal extrême qui implique la relativité de l'actualité[2]. Dans ce cadre la critique de Kant par Malcom garde sa pertinence, car Kant développe sa propre critique dans un contexte actualiste extrême. Il reste cependant à justifier, de façon non chauvine, le privilège de notre actualité. Nous pouvons également dans un cadre possibiliste à la Lewis chercher du côté de l'ipséité divine une garantie de l'indexicalité rigide de Dieu, mais ceci exigerait, dans un autre travail, une lecture modale de cette ipséité. Le défaut de cette solution, comme on a l'a souligné, est que la preuve n'affirme rien de la personnalité divine. D'où deux possibilités : concevoir la personnalité comme une propriété positive, ou obtenir une déduction purement modale de l'existence nécessaire à partir de l'ipséité divine. Une dernière possibilité consisterait dans un cadre possibiliste à admettre que la preuve ne peut rien de plus que démontrer la satisfiabilité du prédicat « être divin » sans être capable de spécifier le type de théisme qui est logiquement correct.

L'analyse et la discussion de la preuve gödelienne de l'existence de Dieu* nous conduit certes à une situation qui peut apparaître paradoxale aux yeux de la théologie et de la philosophie de la religion. Cependant, même si cette situation paradoxale comporte de quoi nourrir un scepticisme religieux, la preuve gödelienne replace la discussion sur la démonstrabilité

1. *Éléments de Théologie* §. 43, 46.
2. Cf. F. Nef, *L'Objet quelconque*, Paris, Vrin, 1998.

logique du divin sur le terrain que la critique kantienne lui avait fait quitter : celui d'une ontologie des propriétés et des modalités. L'argument unique anselmien avec ses degrés de perfection, le concept leibnizien de perfection sont autant d'étapes qui conduisent à une axiomatique des propriétés positives. Cette axiomatique fait partie de l'ontologie des propriétés en général. Pour faire échapper les recherches sur la démonstrabilité de l'existence de Dieu à un caractère *ad hoc*, nous sommes donc encouragés d'une part à développer une ontologie des propriétés et d'autre part à poursuivre les analyses sur les conditions de validités des calculs et inférences modaux. Loin d'être le terme aporétique d'une (interminable) histoire, la discussion de la preuve ontologique est un des points de départ privilégié d'une théorie modale des propriétés.

Frédéric NEF

ÉPISTÉMOLOGIE THOMISTE
ET ÉPISTÉMOLOGIE RÉFORMÉE

Soit les deux affirmations suivantes :

(A) La croyance que Dieu existe est une croyance de base qui n'est pas inférée d'autres croyances plus fondamentales.
(B) La croyance que Dieu existe est inférée d'autres croyances.

L'*épistémologie réformée* accepte (A) et rejette (B). Le *thomisme* accepte (B), même s'il ne rejette pas (A).

On pourrait ici discuter trois types de problèmes : celui de l'épistémologie religieuse, celui du statut épistémologique de la théologie naturelle, celui du clivage entre foi et raison. Je me contente de discuter un problème limité d'épistémologie de la croyance religieuse; j'entends montrer que l'un des arguments de l'épistémologie réformée contre l'évidentialisme dont fait preuve saint Thomas est incorrect. L'argument est le suivant :

(1) L'évidentialisme est une forme de fondationnalisme.
(2) Le fondationnalisme est faux.
(3) Donc, l'évidentialisme est faux.

Je conteste l'argument parce que, à mon sens, la prémisse (1) est fausse. Il se trouve que le thomisme est évidentialiste. Dès lors, un des arguments de l'épistémologie réformée à l'encontre du thomisme serait incorrect.

L'ÉPISTÉMOLOGIE DE LA CROYANCE RELIGIEUSE

L'épistémologie réformée s'inspire de certains aspects de la théologie réformée, principalement des deux suivants.

(i) L'argumentation n'est ni nécessaire ni utile pour la justification rationnelle de la croyance. Certaines croyances sont rationnelles sans preuve ni argumentation. Quelles sont-elles ? Que j'existe ; que le monde extérieur existe ; qu'il y a d'autres esprits que moi ; que j'ai un passé. Pour toutes ces croyances, nous n'avons ni preuves ni arguments. Nous n'avons *besoin* ni des unes ni des autres [1]. La croyance en l'existence de Dieu serait de cet ordre. C'est une croyance de base ; elle n'a pas à être inférée à partir de croyances mieux implantées.

(ii) En quoi consiste cette croyance de base ? Calvin parlait de *sensus divinitatis* [2]. Un tel *sens* est une conception commune décelable en tout homme car inscrite dans son cœur. Elle prend la forme d'une inclination à croire, implantée en nous par Dieu [3]. La croyance de base que Dieu existe n'est pas une croyance sans fondement ; c'est en soi un fondement. Nous avons une tendance ou une disposition à voir la main de Dieu dans le monde, à nous sentir coupables à son égard dans certaines circonstances, à demander à Dieu une protection, à remercier Dieu quand la vie est heureuse, voire à ressentir sa présence dans le monde [4]. À strictement parler, ce n'est pas la proposition « Dieu existe » qui exprime une croyance de base. Ce sont plutôt des propositions comme « Dieu me parle », « Dieu a créé tout cela », « Dieu désapprouve ce que j'ai fait », « Dieu doit être remercié et loué ». Une proposition générale comme « Dieu existe » n'exprime pas exactement une croyance de base. Mais dans les croyances de base qu'on vient d'indiquer, la croyance que Dieu existe est immédiate et évidente par soi. De la même façon, la croyance qu'il existe des arbres est

1. Voir la citation de Herman Bavinck dans A. Plantinga, « Reason and Belief in God », dans A. Plantinga, N. Wolterstorff, *Faith and Rationality*, Notre Dame, University of Notre Dame Press, 1983, p. 64.

2. J. Calvin, *Les Institutions de la religion chrétienne* (1541), éd. J. Pannier, Paris, Les Belles Lettres, 1961, p. 43. Sur le *sensus divinitatis*, voir P. Helm, « John Calvin, the *Sensus Divinitatis*, and the Noetic Effects of Sin », *International Journal for Philosophy of Religion* 43, 1998.

3. Quelques passages significatifs tirés de Calvin (*Institutions*) : « Nous mettons hors de doute qu'il y a en l'esprit humain, d'une inclination naturelle, quelque sentiment de divinité [...]. Ceux qui aux autres endroits de la vie semblent ne différer guère des bêtes brutes, retiennent néanmoins toujours quelque semence de religion, tellement cette conception universelle a pris racine en tous esprits, et est fichée en tous cœurs ». (p. 43-44). J. Lagrée montre l'ancrage stoïcien de la notion de « semence » ou de *notion commune* : une notion commune est *rationnelle* sans être *savante* (*La religion naturelle*, Paris, P.U.F., p. 17). Le stoïcisme se répand au XVIe siècle par la diffusion du manuel de philosophie stoïcienne, *Manuductio stoïcorum* (1504), de Juste Lipse. Sur les notions communes dans ce contexte historique, voir J. Lagrée, *Juste Lipse et la restauration du stoïcisme*, Paris, Vrin, 1994, p. 39-44. Dans le même esprit, on trouve aussi chez Erasme la thèse selon laquelle « la philosophie du Christ » (*sic*) est plus un art de vivre qu'un savoir spéculatif (voir la *Lette à Jean Carondelet* du 5 janvier 1523).

4. A. Plantinga, « Reason and Belief in God », art. cit., p. 81.

immédiatement donnée comme évidente par elle-même dans la croyance que je vois un arbre. La croyance de base que Dieu existe n'est pas nécessairement exprimée pour elle-même parce qu'elle est contenue dans des croyances de base liées à des sentiments comme ceux de culpabilité, de gratitude, de crainte, etc. Ce qui importe, c'est que les conditions grâce auxquelles elle est considérée comme garantie, existent *prima facie.* Elle n'est pas justifiée *ultima facie,* à l'issue d'un processus inférentiel dont les prémisses seraient religieusement neutres[1].

La deuxième option, exprimée dans (B), correspond à la thèse traditionnelle selon laquelle il est possible de prouver l'existence de Dieu, c'est-à-dire de présenter des arguments justifiant la croyance dans son existence. On peut accepter des preuves *a priori,* comme le firent Saint Anselme et Descartes. On peut n'accepter que des preuves *a posteriori.* Saint Thomas a soutenu cette dernière thèse. Ce que l'on peut appeler le « thomisme analytique » va dans ce sens. Tout comme l'épistémologie réformée est une reconstruction dans la philosophie analytique de thèses calvinistes, ou supposées l'être selon son promoteur Alvin Plantinga[2], le thomisme est analytique quand il se situe dans le cadre de ce qu'il est convenu d'appeler la philosophie analytique. Les considérations philosophiques développées par P. Geach, E. Anscombe, A. Kenny, et d'autres, s'inspirent de saint Thomas, et constituent parfois une exégèse de saint Thomas à l'intérieur du style et des méthodes de la philosophie analytique[3]. On verra dans la suite

1. L'épistémologie réformée est défendue principalement par A. Plantinga dans une série d'articles dont le principal reste le texte initial « Reason and Belief in God », art. cit. Voir aussi *Warranted Christian Belief*, Oxford University Press, 2000.

2. Selon N. Kretzmann (*The Metaphysics of Theism*, Oxford University Press, 1997, p. 20), Plantinga surinterprète les théologiens réformés en transformant la question religieuse de ce qui constitue la base de la croyance en l'existence de Dieu en question *épistémologique*. Les théologiens réformés disent que la croyance que Dieu existe est une croyance de base, mais disent-ils que la façon *correcte* de croire que Dieu existe est de tenir cette croyance comme une croyance de base ?

3. Le thomisme analytique a cependant connu une première version (hélas fort méconnue) avant la Deuxième Guerre mondiale, en Pologne (et en polonais), sous le nom de Cercle de Cracovie, avec des philosophes comme J.M. Bochenski, J. Salamucha, J.F. Drewnowski, B. Sobocinski. En bref, ces philosophes se proposaient d'améliorer le thomisme (voire la théologie en général) en utilisant les instruments de la logique contemporaine. Sur ce point, voir R. Pouivet, « Le thomisme analytique, à Cracovie et ailleurs », *Revue internationale de philosophie* (La philosophie analytique de la religion), à paraître; « Faith, Reason, and Logic », dans T. L. Smith (éd.), *Faith and Reason*, St. Augustine Press, South Bend, IN, 2001. Sur le thomisme analytique en général, voir *The Monist*, vol. 80, n. 4 (*Analytical Thomism*); J. Haldane, « Thomism and the Future of Catholic Philosophy », dans *New Blackfriars*, vol. 80, n. 938, avril 1999.

de l'article que le thomisme analytique doit aussi beaucoup à la lecture de Wittgenstein[1].

Un thomiste analytique soutiendra (B) parce qu'il considère, avec saint Thomas, que la croyance que Dieu existe suit d'autres croyances, déjà acceptées. Et il soutiendra (B) même s'il pense que finalement la croyance que Dieu existe *ne peut pas* être correctement justifiée, comme c'est le cas par exemple de Kenny, qui se déclare agnostique[2].

Critique de l'évidentialisme

L'aspect fondamental dans l'opposition entre épistémologie réformée et thomisme analytique consiste dans le rejet par les tenants de la première de ce qu'ils appellent l'*évidentialisme.* Le principe de l'évidentialisme est le suivant :

Une croyance ne peut être rationnellement acceptée que si elle repose sur des évidences et le degré de croyance doit être proportionnel au degré de l'évidence.

L'évidentialiste théiste dirait que la croyance que Dieu existe n'est *pas* une croyance de base, vraie par elle-même ou d'une évidence sensible ; elle sera donc inférée de croyances basiques évidentes. L'évidentialiste agnostique (Kenny) dit qu'on est incapable d'effectuer une telle inférence en faveur de la croyance que Dieu existe. L'évidentialiste athée dit que de nos croyances de base évidentes nous pouvons inférer que Dieu n'existe pas[3].

Pour Plantinga l'évidentialisme est un fondationnalisme. Plantinga définit le fondationnalisme de la façon suivante :

> Selon le fondationnaliste, une structure noétique rationnelle aura un fondement – un ensemble de croyances qui ne sont pas acceptées sur la base d'autres croyances; dans une structure noétique rationnelle certaines croyances seront basiques[4].

La formule essentielle du fondationnalisme serait la suivante :

> (F) *A* est une croyance de base pour moi seulement si *A* est évident par soi-même, incorrigible ou d'une évidence sensible pour moi.

Pourquoi le fondationnalisme serait-il faux ? Il y a deux raisons principales. Premièrement, si le fondationnaliste a raison, alors la majeure partie

1. Sur ce qu'on peut appeler le *thomisme wittgensteinien*, voir R. Pouivet, *Après Wittgenstein, saint Thomas*, Paris, P.U.F., 1997.

2. A. Kenny, *What is Faith ?*, Oxford University Press, 1992.

3. Voir, par exemple, R. Le Poidevin, *Arguing for Atheism*, Londres, Routledge, 1996.

4. A. Plantinga, « Reason and Belief in God », art. cit., p. 52.

de ce que nous croyons est en fait irrationnel[1]. Dans le cas du fondationnalisme moderne, il ne reste pratiquement plus aucune croyance rationnelle. C'est tout le drame de la philosophie moderne représentée par Descartes et Hume. Pour restaurer la confiance dans nos croyances, les philosophes modernes ont trouvé des solutions métaphysiques inédites, comme Descartes, ou préféré rendre les armes au relativisme, complètement comme Hume ou partiellement comme Kant. Mais Plantinga considère que ce qu'il appelle le « fondationnalisme ancien et médiéval »[2], en visant vraisemblablement Aristote et saint Thomas, n'est pas mieux placé dès qu'il s'agit de croyances au sujet du passé ou de l'existence d'autres personnes que moi. Ces croyances ne seront pas plus probables sur la base de croyances évidentes par elles-mêmes ou par les sens, que sur celle de croyances incorrigibles, comme en exige Descartes. Que ma croyance d'avoir pris du café au lait au petit déjeuner ce matin ne soit pas justifiée résulterait aussi bien du fondationnalisme moderne que du fondationnalisme ancien et médiéval. Il est irrationnel de croire qu'on a pris du café au petit déjeuner tant qu'on ne s'est pas assuré au préalable de la crédibilité des états mentaux de la sorte à laquelle appartient cette croyance. Le problème, pour Plantinga et sans doute pour toute personne sensée, c'est que personne ne peut croire qu'il est irrationnel de penser qu'on a bu du café au lait au petit déjeuner alors qu'on se souvient l'avoir fait.

Le deuxième raison de rejeter le fondationnalisme est que la formule définissant les croyances de base, c'est-à-dire (F), n'est elle-même ni évidente par soi, ni incorrigible, ni d'une évidence sensible. Dès lors, en acceptant (F), le fondationnaliste est incohérent, considère Plantinga[3] Ainsi, non seulement le fondationnalisme conduit à des conséquences dont le bon sens voudrait qu'on les écarte, mais il est auto-contradictoire.

La banqueroute du fondationnalisme serait donc totale pour Plantinga. Elle permettrait de réfuter l'objection évidentialiste à la croyance en l'existence de Dieu. Mais elle conduirait aussi à rejeter l'ambition des thomistes de relever le défi évidentialiste. Le thomisme analytique, en tant qu'il relève le défi évidentialiste négativiste, comme l'a récemment fait Haldane dans sa discussion avec Smart[4], et comme se propose aussi de le faire Swinburne[5], serait lui aussi débouté dans ses prétentions apologétiques.

1. *Ibid.*, p. 59.
2. *Ibid.*, p. 60.
3. *Ibid.*, p. 60-61.
4. J. J. C. Smart, J. Haldane, *Atheism and Theism*, Oxford, Blackwell, 1996.
5. R. Swinburne, *The Existence of God*, Oxford, Clarendon Press, 1991 (Rev. ed); *Is There A God ?*, Oxford University Press, 1996, et son article dans ce volume.

FONDATIONNALISME ET ÉVIDENTIALISME

À mon sens, l'identification de l'évidentialisme et du fondationnalisme est discutable.

Ceux qui, comme Descartes ou Hume, croient qu'il y a des croyances de base incorrigibles sont *vraiment* des fondationnalistes. Ils croient que la base de la connaissance humaine est constituée d'un type de croyances immunisé contre le doute. Pour Descartes, ce type de croyances immunisé contre le doute est celui des croyances qui se signalent par la clarté et la distinction de nos idées. Pour Hume, ce type est celui des croyances empiriques. Descartes et Hume diffèrent sur le type des croyances incorrigibles; mais ils pensent tous les deux que toute croyance non fondée sur des croyances de base incorrigibles n'a pas de valeur cognitive réelle, même si elle peut bien avoir une valeur pratique. Pourtant, un évidentialiste dit *simplement* que certaines de nos croyances servent de base à d'autres, et non que certaines de nos croyances sont absolument immunisées contre le doute. L'évidentialiste ne dit pas plus que les croyances de base ont une nature particulière permettant de les distinguer des autres croyances et de le tenir pour incorrigibles. Or, c'est cette affirmation là qui est caractéristique du fondationnalisme.

Soit les deux principes suivants de la justification rationnelle[1] :

(I) Tout ce qui n'est pas explicitement permis est interdit. Donc, il est rationnel de croire ce que l'on est rationnellement contraint de croire.

(II) Tout ce qui n'est pas explicitement interdit est permis. Donc, il est rationnel de croire tout ce que l'on n'est pas rationnellement contraint de refuser de croire.

Un fondationnaliste considère que les croyances de base doivent respecter (I). Donc, il rejette comme croyance de base toute croyance qui n'est pas incorrigible. Un évidentialiste peut accepter (II). Rien ne lui interdit d'accepter l'idée que ces croyances de base peuvent avoir un haut degré d'évidence sans pour autant être incorrigibles.

Un fondationnaliste va recourir à la métaphore de l'arbre de la connaissance qui possède des racines bien enfoncées dans le sol. Ces racines sont justement des croyances *incorrigibles.* Coupez les racines d'un arbre, il meurt. Un fondationnaliste religieux va considérer que la croyance que Dieu existe doit être fondée sur des propositions incorrigibles déterminées. Un évidentialiste ne dit pas cela. Il considère que nous avons des croyances

1. Voir sur ce point, mais dans une autre perspective, B. Van Fraassen, tr. fr. C. Chevalley, *Lois et symétrie*, Paris, Vrin, p. 279. Van Fraassen considère que le premier modèle correspond à une conception prussienne de la légalité et le second à une conception anglaise.

fondamentales, des croyances de base sur lesquelles d'autres croyances reposent. Mais il n'affirme pas (a) qu'elles sont incorrigibles, (b) qu'il possède un critère absolu pour déterminer quelles sont ces croyances de base, (c) que les croyances de base sont universelles (que tous les êtres rationnels ont les mêmes).

Quitte à friser la caricature, il ne paraît pas inacceptable de distinguer deux grands modèles épistémologiques. Dans le premier, la justification de nos connaissances repose sur l'examen de chacune de nos croyances selon des critères épistémologiques grâce auxquels on peut distinguer entre celles que nous avons le droit d'entretenir et celles que nous devons rejeter. Ce modèle suppose que nos croyances soient, jusqu'à un certain point, volontaires. L'autre modèle, dont il semble qu'il ait connu une certaine éclipse après Descartes, affirme que la justification de nos connaissances n'est pas une opération d'examen de nos croyances selon des critères fixés par avance. On peut même dire que nos croyances sont moins justifiées (par une sorte d'examen) que *garanties* par la manière dont nous les acquérons et, surtout, par le fonctionnement correct de nos facultés cognitives dans un environnement auxquels elles sont adaptées et lorsque la finalité de leur fonctionnement est la vérité[1]. Dans un tel modèle, ce qui garantit la connaissance n'est donc nullement un moment réflexif d'examen des croyances, mais la sorte d'être qu'est un être humain. La rationalité de nos croyances n'a pas à être justifiée après que nous les ayons, par leur examen, acceptées, mais elle est garantie par leur mode de formation lui-même. Il est *naturel* que nous ayons des croyances vraies.

Or, rien n'empêche un évidentaliste d'adopter dans ce second modèle épistémologique. Il peut fort bien soutenir que notre croyance en l'existence de Dieu repose sur l'évidence d'autres croyances sans supposer du tout que la garantie de ses croyances de base consiste dans un examen initial de leur droit à la crédibilité, ce que dit un fondationnaliste.

À tort, Plantinga fait comme si fondationnalisme et évidentialisme revenaient au même[2]. Ce sont pourtant deux thèses épistémologiques tota-

1. C'est la thèse défendue par A. Plantinga dans *Warrant and Proper Function*, Oxford University Press, 1993. Ce modèle épistémologique a certainement de profondes affinités avec les conceptions défendues par Thomas Reid au XVIIIe siècle. Même s'il s'en distingue très nettement, il n'est pas sans avoir aussi certaines affinités (le rejet de l'idée d'examen initial, l'externalisme) avec ce qu'on appelle le fiabilisme *(reliabilism)* d'A. Goldman. Sur le fiabilisme, voir P. Engel, *Philosophie et psychologie*, Paris, Gallimard, 1996, chap. V.

2. Wolterstorff aussi semble-t-il, mais c'est moins clair. De plus, dans son *John Locke and the Ethics of Belief* (Cambridge University Press, 1996), sa position n'apparaît pas du tout anti-évidentialiste. Elle l'est moins encore quand il examine la philosophie de la religion de Locke dans « Locke's Philosophy of Religion », dans V. Chappell (éd.), *The Cambridge Companion to Locke*, Cambridge University Press, 1994.

lement différentes. Le fondationnalisme n'est une condition ni nécessaire ni suffisante de l'évidentialisme.

SAINT THOMAS ET WITTGENSTEIN

Quand on reconstruit la thèse de saint Thomas au sujet de la croyance en l'existence de Dieu, on insiste souvent sur son prétendu fondationnalisme. Il est exact que pour saint Thomas, la *scientia* est une connaissance inférée de ce que nous *voyons* être vrai [1]. Les principes sont appréhendés immédiatement par l'esprit [2]. À partir de ces principes que nous comprenons immédiatement, l'intellect parvient à la vérité. On passe donc de ce qui est *per se nota,* à ce qui est *per aliud nota :* on passe de ce qui est compris par une appréhension [3], à la science.

Cependant, Plantinga lui-même semble penser que ce modèle fondationnaliste dans lequel il plaçait saint Thomas dans son article de 1983, « Reason and Belief in God » [4], ne convient pas vraiment pour caractériser l'esprit de l'épistémologie thomiste de la croyance religieuse. Dans « Warranted Belief in God » [5], un texte plus récent, Plantinga parle d'un modèle commun à saint Thomas et à Calvin (« *The A/C Model* »). Il dit ainsi :

> Thomas d'Aquin et Calvin sont d'accord sur l'affirmation selon laquelle il existe une connaissance naturelle de Dieu (et tout ce sur quoi Calvin et Thomas sont d'accord est quelque chose auquel nous ferions mieux de porter une grande attention) [6].

Il cite abondamment Calvin et renvoie à deux textes de Thomas :

> Nous avons naturellement quelque connaissance générale et confuse de l'existence de Dieu, [...] [7]
> Il y a en effet une connaissance de Dieu commune et confuse, présente en presque tous les hommes [...] [8].

1. *Somme théologique*, IIaIIæ, 1, 5.
2. *Somme théologique*, Ia, 84,2.
3. À mon sens, ce qu'Aristote appelait *noûs* dans les *Seconds Analytiques*, II, 19, mais c'est grandement matière à controverse.
4. Art. cit.
5. Il s'agit d'un texte contenu dans E. Stump, M. J. Murray, *Philosophy of Religion : The Big Questions*, Oxford, Blackwell, 1999, une partie du livre : *Warrant Christian Belief, op. cit.*
6. *Ibid.*, p. 286.
7. *Somme théologique*, Ia, 2, 1, ad. 1.
8. *Somme contre les Gentils*, III, 38.

Toutefois, dans les deux cas, Plantinga fait peu de cas du caractère restrictif des formules de Thomas. Il suffit de citer la suite des textes pour que cela devienne manifeste. Soit, pour le texte de la *Somme théologique* :

> [...] à savoir en tant que Dieu est la béatitude de l'homme ; car l'homme désire naturellement la béatitude, et ce que naturellement il désire, naturellement aussi il le connaît. Mais ce n'est pas là vraiment connaître que Dieu existe, pas plus que connaître que quelqu'un vient n'est connaître Pierre, même si c'est Pierre qui vient.

Autrement dit, si la béatitude de l'homme, c'est Dieu, rien n'assure que tout homme le sache. Et celui qui le sait, ce n'est justement pas par un sens divin conçu sous la forme d'une croyance de base.

Dans l'autre texte, celui du *Contra Gentiles,* saint Thomas continue ainsi :

> [...] soit parce qu'il est connu par soi que Dieu est, comme c'est le cas pour d'autres principes de démonstration (c'est ce que croient certains, comme on la dit dans le premier livre), soit – comme c'est plus vraisemblable – parce que l'homme peut, grâce à la raison naturelle, parvenir immédiatement à une certaine connaissance de Dieu. Voyant, en effet, les choses de la nature se dérouler selon un ordre défini, et puisqu'il n'y a pas d'ordonnancement sans un ordonnateur, les hommes perçoivent le plus souvent qu'il y a un ordonnateur des choses que nous voyons.

Saint Thomas renvoie d'abord à la preuve ontologique anselmienne, dont il a traité dans le Livre I, au chapitre 10. Certes, saint Thomas dit bien ensuite qu'on passe *immédiatement* du constat de l'ordre des choses à l'idée d'un auteur de cet ordre. Mais c'est manifestement une allusion à la preuve par le dessein (intentionnelle, téléologique). Cela ne signifie pas que la croyance en l'existence de Dieu soit une croyance de base. Ce passage réaffirme simplement les deux types de preuves de l'existence de Dieu, celui des preuves *a priori,* dont le modèle est la preuve ontologique anselmienne, celui des preuves *a posteriori,* dont les cinq voies de la *Somme théologique* constitue une des plus fameuses élaborations.

C'est la notion elle-même d'un « modéle thomistico-calviniste » qui paraît douteuse. Certes, le modèle fondationnaliste tel que le caractérise Plantinga n'est pas celui de saint Thomas, mais ce n'est pas pour les raisons que Plantinga indique, celles qui le conduisent pratiquement à faire de Thomas un champion de l'épistémologie réformée. Pour montrer que saint Thomas n'est pas un fondationnaliste, mais sans faire de lui un calviniste, je propose une réflexion sur ce qu'il peut entendre par « premiers principes ».

Doit-on supposer que saint Thomas veut dire que les premiers principes à partir desquels on infère pour parvenir à la science sont des propositions incorrigibles ? Cela reviendrait à proposer une interprétation moderniste de saint Thomas, à faire comme s'il se proposait de traiter la question de la *scientia* après avoir lu les *Méditations métaphysiques*. On identifierait à tort les premiers principes aristotéliciens et thomistes aux propositions incorrigibles des philosophes modernes comme Descartes et Hume. On confondrait les préoccupations épistémologiques de saint Thomas avec celles de philosophes qui viennent après Descartes. Le gentilhomme poitevin a promu l'idée selon laquelle une philosophie de la connaissance doit répondre à un défi sceptique hyperbolique; sa fonction positive, après l'épisode du doute, est de rebâtir tout l'édifice de la connaissance. On ne trouve évidemment rien de ce genre chez saint Thomas. Par ailleurs, on peut penser qu'un des intérêts de l'œuvre de Wittgenstein, dans *De la certitude* notamment, est d'avoir montré sur quels présupposés douteux reposait cette exigence antisceptique du cartésianisme et de la philosophie moderne.

On ne peut que mettre en garde contre la tendance à considérer les premiers principes sous la forme de propositions incorrigibles, et de faire ainsi de saint Thomas un fondationnaliste moderne. Les cinq voies de la *Somme théologique* supposent des croyances de base. Ce qui importe est de partir de propositions fondamentales, de propositions que nous ne sommes pas prêts à contester parce qu'elles expriment des croyances qui donnent une rigidité suffisante à notre structure noétique. La bonne métaphore ne serait pas celle de l'arbre de la connaissance, mais plutôt celle du canal. On la trouve chez Wittgenstein :

> On pourrait se représenter certaines propositions, dont la forme est empirique, comme solidifiées et fonctionnant tels des canaux pour les propositions empiriques fluides, non solidifiées; cette relation se modifierait avec le temps, des propositions se solidifiant et des propositions durcies se liquéfiant [1].

En ce sens, « Les choses se meuvent », « Il y a des causes efficientes », « Certaines choses sont nécessaires », « Il y a des degrés de réalité » ou « Il y a un ordre dans la réalité » sont des propositions fondamentales. Ce sont celles dont partent les cinq voies de saint Thomas. Elles sont solidifiées ; elles forment des canaux dans lesquels passent d'autres propositions. Mais la situation n'est jamais stabilisée complètement. Les propositions-canaux peuvent perdre de leur rigidité et des propositions « liquides » peuvent acquérir le rôle de canaux, en se solidifiant en quelque sorte.

1. L. Wittgenstein, *De la certitude*, tr. fr. J. Fauve, Paris, Gallimard, 1976, 96.

Le problème posé par ce que Plantinga présente comme la formule du fondationnalisme, c'est qu'elle est supposée valoir aussi bien pour la philosophie moderne, post-cartésienne, que pour la philosophie ancienne et médiévale. Or, dire que la croyance que Dieu existe repose sur des croyances de base évidentes par elles-mêmes ou d'une évidence sensible, et dire qu'elle repose sur des propositions *incorrigibles,* sont deux choses tout à fait différentes. Les croyances de base de l'évidentialisme thomiste sont exprimées par des propositions qui structurent la structure noétique d'un être rationnel. De ces propositions, Wittgenstein parle en ces termes :

> Cette image du monde, je ne l'ai pas parce que je me suis convaincu de sa rectitude ; ni non plus parce que je suis convaincu de sa rectitude. Non, elle est l'arrière-plan dont j'ai hérité sur le fond duquel je distingue entre vrai et faux [1].

Cela le conduit à dire :

> À la base de la croyance fondée, il y a la croyance qui n'est pas fondée. Tout être humain « doué de raison » agit *ainsi* [2].

Un fondationnaliste prétend recourir à des croyances de base absolument sûres. Un évidentialiste recourt à des croyances de base *faillibles,* mais auxquelles nous ne sommes *en fait* pas prêts à renoncer.

> Pourquoi ne m'assuré-je pas que j'ai encore deux pieds lorsque je veux me lever de mon siège ? Il n'y a pas de pourquoi. Simplement, je ne le fais pas. C'est ainsi que j'agis [3].

On pourrait toutefois objecter que les propositions dont parle Wittgenstein ne sont pas des hypothèses, mais ce qu'il appelle « une image du monde », comme dans le passage suivant :

> Pensons aux investigations en chimie. Lavoisier se livre dans son laboratoire à des expérimentations sur des substances et conclut que telle chose se produit au cours de la combustion. Il ne dit pas que cela pourrait se passer autrement un autre jour. Il adhère à une image déterminée du monde, bien sûr une image qu'il n'a pas inventée, mais qu'il a apprise enfant. Je dis image du monde et non hypothèse parce que ce qui est là en cause constitue pour sa recherche un fondement qui va de soi et qui n'est même pas formulé comme tel [4].

Si les propositions de base dans les preuves de saint Thomas sont des hypothèses, le rapprochement entre saint Thomas et Wittgenstein devient

1. *Ibid.*, 94.
2. *Ibid.*, 253-254.
3. *Ibid.*, 148.
4. *Ibid.*, 167.

fort discutable. Cependant, on remarquera que si vraiment nous ne pouvions pas du tout énoncer les propositions fondamentales, l'entreprise de Wittgenstein dans *De la certitude,* celle de mettre en évidence l'importance de ces propositions, n'aurait plus aucun sens. L'homme de science, dans la formulation de ses recherches, n'explicite pas *ce qui va de soi* dans sa démarche. Mais le philosophe lui tente de le faire – et c'est de cela dont partent les voies thomistes. Non pas de propositions indubitables à jamais, incorrigibles, mais de propositions qui sont comme des *gonds* sur lesquels tournent nos recherches[1]. Pour que la porte tourne, il faut que les gonds soient fixes. Les propositions fondamentales sont ce que le sens commun accepte. Les croyances de base sont de l'ordre de ce en quoi on a confiance sans pour autant qu'on ait même a se dire qu'il faut faire confiance[2]. Ne peut-on pas penser que c'est ce rôle que jouent les prémisses des preuves de saint Thomas: elles sont ce que tout un chacun accepte. Certes, aujourd'hui, il probable que le sens commun ne les accepterait peut-être plus – et qu'il en accepterait d'autres. Mais cela ne change rien au principe général d'une croyance en l'existence de Dieu qui suit rationnellement de croyances implantées, fondamentales.

POURQUOI LA CROYANCE QUE DIEU EXISTE NE PEUT PAS ÊTRE UNE CROYANCE DE BASE ?

L'épistémologue réformé pourrait dire que cet évidentialisme non fondationnaliste ne change rien au fait que la croyance en l'existence de Dieu n'a pas besoin d'être justifiée *parce qu'elle est déjà une croyance de base* à laquelle le croyant n'est justement pas prêt à renoncer. N'est-ce pas justement ce qui fait justement de lui un croyant?

Cette solution a pourtant un important défaut. Elle conduit à réduire la thèse centrale de l'épistémologie réformée à une défense de l'idée selon laquelle il n'est pas irrationnel d'avoir comme croyance de base la croyance en l'existence de Dieu. Dès lors, cette croyance n'aurait pas à se justifier; on ne pourrait lui poser la question *de jure* de sa rationalité. On pourrait simplement lui poser la question *de facto,* celle de l'existence de Dieu elle-même, et non celle de la rationalité de croire (basiquement) à l'existence de Dieu. Si Dieu n'existe pas, probablement il ne faut pas y croire. Mais l'athée doit encore être capable de montrer qu'il n'existe pas.

1. *Ibid.*, 343.
2. *Ibid.*, 337.

S'il n'en est pas capable, il ne peut pas non plus dire que croire basiquement en son existence n'est pas parfaitement rationnel[1].

> Ce que cela montre est qu'une objection athéologique doit porter sur la *vérité* du théisme, non sur sa rationalité, sa justification, sa respectabilité intellectuelle[2], sa justification rationnelle ou quoi que ce soit. L'athéologien [...] ne peut plus adopter l'attitude suivante : « Je ne sais certainement pas si la croyance théiste est *vraie* – qui peut savoir une chose pareille ? – mais je sais certainement ceci : elle est irrationnelle, injustifiée, non rationnellement justifiée, contraire à la raison, ou intellectuellement irresponsable, etc.[3].

Ce à quoi aboutit Plantinga est une apologétique *défensive*. Il parvient certainement à montrer, de façon certes plausible, combien la critique de la croyance religieuse repose sur des présupposés discutables. L'argument selon lequel aucune croyance, et surtout pas les croyances scientifiques, ne pourrait résister aux exigences imposées par la critique athée aux croyances religieuses est probablement valable. Mais cela ne dit en rien pourquoi nous *devrions* croire en l'existence de Dieu. La tradition de l'apologétique chrétienne est essentiellement *positive* : c'est celle d'Augustin, de Thomas et même de Pascal. Autrement dit, un incroyant peut lire Plantinga sans un seul instant se trouver mis au défi dans son incroyance puisque ce qui semble intéresser Plantinga est simplement l'impossibilité dans laquelle est l'incroyant, tant qu'il n'a pas prouvé que Dieu n'existe pas, d'affirmer l'irrationalité du croyant.

Kenny a pour sa part proposé une critique de Plantinga qui ne paraît pas tout à fait convaincante. Rappelons d'abord qu'une croyance est *garantie* pour Plantinga si elle est produite par des facultés humaines fonctionnant correctement dans un environnement approprié.

> Quelqu'un qui souhaite convaincre une autre personne de croire en Dieu ne peut pas produire cette conviction [que Dieu existe] en affirmant qu'une telle croyance serait garantie ; car, la croyance n'est garantie que si l'esprit fonctionne correctement, et cette personne ne sait pas ce en quoi consiste pour l'esprit de fonctionner correctement à moins qu'elle ne sache déjà s'il y a un Dieu ou non[4].

L'objection passe à côté de l'argumentation de Plantinga puisque ce dernier ne se propose pas de convaincre l'incroyant, mais de montrer que

1. C'est, en résumé, l'argument de l'article « Warranted Belief in God », art. cit.

2. On peut penser que Plantinga fait ici allusion au célèbre article de W. Clifford, « The Ethics of Belief », *Lectures and Essays*, New York, Macmillan, 1901, réédité dans le recueil de E. Stumpf, M. J. Murray, *The Philosophy of Religion*, *op. cit.*

3. « Warranted Belief in God », art. cit., p. 296.

4. A. Kenny, *op. cit.*, p. 71.

l'attaque intellectuelle de l'incroyant contre le croyant n'est pas légitime. Kenny semble aussi suggérer que l'argument téléologique au sujet du fonctionnement correct de l'esprit dans un environnement approprié ne s'applique pas au cas de la croyance en l'existence de Dieu, parce que l'argument requiert la croyance que Dieu existe et qu'il nous a créé doué d'un fonctionnement correct dans un environnement approprié. Pourtant Aristote recourt à ce genre d'argument téléologique quand il fait référence à notre nature humaine. Par exemple, dans le célèbre texte des *Seconds Analytiques,* II, 19, il explique comment on passe de « Tous les A que j'ai considérés jusqu'à maintenant étaient B » à « Tous les A ont été, sont et seront B »? Aristote dit que « bien qu'on perçoive le particulier, la perception est celle de l'universel » [1]. C'est ainsi que « la perception instille en nous l'universel » [2]. Le philosophe moderne est tenté d'imputer la chose à une fonction réflexive, pas Aristote. Pourquoi ? Parce que pour Aristote, et comme dans toute la tradition aristotélicienne qui passe par saint Thomas et Thomas Reid, nous sommes de plain-pied avec les choses. L'universel survient sur la perception. Les choses causent la perception qu'on a d'elles, et ce faisant la connaissance qu'on en a. Donc Aristote soutient bien que nous sommes faits pour connaître. Mais à l'évidence il n'était pas créationniste. L'argument téléologique des facultés humaines correctement faites pour ce qu'elles font ne suppose donc pas l'existence de Dieu – sauf bien sûr si on l'emploie pour garantir la croyance en l'existence de Dieu.

Cependant Plantinga a tort de croire que la croyance que Dieu puisse être au sens strict une croyance de base. Car, la différence entre la croyance de base que le monde existait déjà hier, par exemple, et celle que Dieu existe, c'est qu'on ne peut renoncer à la première sans que la structure noétique de celui qui le fait ne s'écroule *complètement.* Car si la proposition que le monde existait déjà hier est mise en question, la plupart de nos autres croyances, qui la supposent, seront elles aussi mises en question. Le problème de Plantinga, c'est qu'il n'indique pas en quoi la croyance en l'existence de Dieu joue le même rôle dans une structure noétique que celle selon laquelle la terre existait hier. Ce n'est pas pour autant que la croyance que le monde existait déjà hier soit *a priori,* qu'elle relève de l'évidence sensible ou qu'elle soit incorrigible. Simplement, comme le dit Wittgenstein, « il peut se faire par exemple que l'*ensemble de notre recherche* soit ainsi disposé que, de ce chef, certaines propositions, si jamais elles sont formulées, sont hors de doute » [3]. Les propositions dont parle Wittgenstein sont justement celles qu'il ne viendrait à l'esprit de personne de vous contester.

1. *Seconds Analytiques*, 100a 17.
2. *Ibid.*, 100a 5.
3. Wittgenstein, *De la certitude*, *op. cit.*, 88.

La croyance que Dieu existe n'est *justement pas hors de doute*. Quelqu'un pourrait la mettre en question sans que ce que Wittgenstein appelle son « image du monde » ne s'écroule. Évidemment, si quelqu'un perd la foi, sa vie quotidienne est bouleversée. Mais ne serait-ce pas exagérer beaucoup de prétendre que ce serait du même ordre que s'il commençait à douter que le monde existait déjà hier. Ce dernier doute – au moins, si cela ne fait pas partie d'un simple jeu philosophique *à la Descartes*, sans conséquence pratique – conduirait à ce qu'on le prenne pour mentalement dérangé[1]. En Occident, aujourd'hui, ce sont plutôt les croyants qui sont considérés comme atteints de confusion mentale. Admettons avec Plantinga que la croyance en l'existence de Dieu ait un statut similaire à ces propositions hors de doute dont parle Wittgenstein, cela signifie-t-il que les incroyants sont un peu, voire beaucoup, dérangés ? On voit que la thèse de Plantinga pourrait conduire à ce que l'on se traite de fou de chaque côté d'une ligne séparant croyants et incroyants. Pour quel profit épistémologique et apologétique ?

Certes, on peut bien dire de l'incroyant qu'il est « insensé ». Il reste qu'on peut se proposer de convaincre un païen – et l'on sait que la *Somme contre les Gentils* pourrait bien avoir cette fonction[2]. Qui se proposerait jamais de convaincre du contraire celui qui se prend pour une citrouille ou prétend que le monde n'existait pas hier ? Tout simplement on ne croit pas qu'il le croit. Cela ne signifie pas que la croyance en l'existence de Dieu, chez le croyant, n'est pas de celles qui définissent en profondeur notre comportement. C'est même vraisemblablement ce que Wittgenstein lui-même pensait des croyances religieuses en général. Dans un passage des *Leçons et conversations*, il donne sur ce point une indication importante :

> Il se pourrait que vous soyez surpris qu'il n'y ait pas eu, en face de ceux qui croient à la Résurrection, ceux qui disent : « Après tout, c'est possible ». Dans ce cas, de toute évidence, le rôle de la croyance est beaucoup plus du type suivant : Imaginez qu'on dise d'une certaine image qu'elle aurait le rôle de me rappeler constamment à mes devoirs, ou que je ne cesse de penser à elle. Il y aurait une énorme différence entre les gens pour qui cette image serait constamment au premier plan et les autres qui tout bonnement n'en feraient absolument aucun usage[3].

Cela signifie que les croyances religieuses peuvent bien être immunisées contre le doute, pour Wittgenstein, mais aussi qu'elles n'ont pas

1. *Ibid.*, 67 à 73.

2. Voir C. Michon, « Introduction générale », *Somme contre les Gentils*, Paris, GF-Flammarion, 1999, p. 22-23.

3. L. Wittgenstein, « Leçons sur la croyance religieuse », dans *Leçons et conversations*, tr. fr. J. Fauve, Paris, Gallimard, 1971, p. 111.

besoin de justification rationnelle. Elles imprègnent tous les comportements et toutes les décisions du croyant[1]. Pour autant, les croyances religieuses ne sont pas du même ordre que celle selon laquelle le monde existait hier, simplement parce que celui qui ne les entretient pas ne peut pas passer pour fou. Ainsi, même si on s'accordait avec Wittgenstein sur une conception des croyances religieuses comme entrant dans des formes de vie dont elles sont indétachables et dont il n'y a aucun sens à dire qu'elles constituent des fondements préalables, il reste une différence considérable entre la croyance que la terre existait hier et celle que Dieu existe. La croyance que Dieu existe n'appartient pas à ces croyances fondamentales dont parle Wittgenstein dans *De la certitude,* ces croyances que tout être *doué de raison* possède, celles qui sont hors du doute parce que nous n'en doutons jamais qu'en *faisant semblant.*

Les croyances que le monde existait hier, que je suis moi-même, que les choses extérieures existent indépendamment de moi, ont fait l'objet d'efforts tragi-comiques de justification par des philosophes. Mais, personne n'entretient de telles croyances parce que des philosophes les ont justifiées. On les a, simplement. Certes, cela n'implique nullement que la croyance en l'existence de Dieu doive être fondée. Mais n'étant pas du même ordre que ces croyances dont personne ne doute, elle peut faire l'objet d'une tentative pour l'inférer d'autres croyances. Cela ne signifie pas que la croyance que Dieu existe soit douteuse pour celui qui a la foi. C'est même tout le contraire. Wittgenstein a bien raison d'insister sur le fait que cette croyance n'est pas une hypothèse qu'on entretient tant qu'on ne vous a pas démontré le contraire – ce qu'au contraire Plantinga semble prêt à dire. Cette croyance, quand vous l'entretenez, imprègne chaque moment de votre existence. Mais pourtant, cela n'en fait pas du tout une croyance de base, comme le prétend l'épistémologue réformé. Et donc, le projet de trouver des raisons de l'entretenir n'est nullement dénué de sens.

Nul doute que le rapprochement entre les voies thomistes et les analyses de Wittgenstein dans ses « Leçons sur la croyance religieuse » serait difficilement crédible. Pour Wittgenstein, toute forme d'apologétique, positive ou négative, est risible[2]. Croire en Dieu, c'est se comporter d'une certaine façon en certaines circonstances et cela n'a rien à voir avec une évidence théorique. Il serait dépourvu de sens de demander à un croyant si ces croyances sont vraies ; mieux vaut lui demander quel rôle elles jouent dans sa vie. Malgré la tentation de considérer qu'il y a en cela quelque chose qui s'oppose à la tradition apologétique, comme semblent le penser certains

1. Cf. R. Pouivet, article « Wittgenstein », dans J.-Y. Lacoste, dir., *Dictionnaire de Théologie*, Paris, P.U.F., 2e éd., à paraître.

2. L. Wittgenstein, « Leçons sur la croyance religieuse », *op. cit.*, p. 114.

« wittgensteiniens », je suis tenté de penser que saint Thomas souscrirait à ce genre de remarques. En quoi cela devrait-il fondamentalement mettre en question le projet d'inférer la croyance que Dieu existe d'autres croyances, surtout quand je sais que d'autres, incroyants, ne l'entretiennent pas ?

Un tel projet, j'espère avoir rendu cela plausible, n'est pas fondationnaliste, même s'il est évidentialiste. Il ne s'agit pas de fonder la croyance en l'existence de Dieu sur des bases absolues, mais plutôt de montrer que cette croyance peut être rendue évidente par d'autres croyances que tout un chacun entretient et que personne ne peut vous contester sans que vous le teniez pour fou.

Roger POUIVET

LA GRAMMAIRE DE L'ASSENTIMENT REVISITÉE

À Frédéric Nef, qui m'incita à lire Newman peu avant l'incendie de sa bibliothèque

Bien que célèbre à son époque, l'*Essai sur la grammaire de l'assentiment* (1870)[1] du Cardinal Newman n'est plus tellement lu aujourd'hui, du moins par les philosophes. Cet oubli est injuste, car c'est l'une des contributions les plus importantes à l'épistémologie de la croyance religieuse en même temps qu'une contribution à l'épistémologie de la croyance tout court. C'est sous ce dernier aspect que le livre de Newman m'intéresse. Car il porte sur certaines des questions les plus fondamentales de la philosophie de la croyance : la croyance est-elle un état passif ou un état actif de l'esprit ? Peut-elle subir l'influence de la volonté et si oui comment ? Les croyances sont-elles des états dispositionnels essentiellement liés à l'action, où sont-elles des états distincts ? La croyance est-elle un état mental unifié, ou s'agit-il d'un genre qui a de nombreuses espèces ? La croyance est-elle une relation d'un individu avec des entités concrètes, telles que des phrases ou des représentations mentales, ou bien est-elle une relation avec des entités abstraites, telles que des propositions ? Les croyances ont-elles des degrés ? Peut-on croire quelque chose sur la base de données insuffisantes, voire même à l'encontre des données dont on dispose ou contre toute évidence ? Y a-t-il une « éthique de la croyance » distinctive et propre aux normes cognitives ou épistémiques ? Ces

1. Je cite d'après l'édition Longmans de 1903, mais en donnant seulement les numéros de chapitres et de paragraphes. L'édition la plus récente est celle d'Oxford. Il existe une traduction française due à « Madame G., Paris » en 1907, et une traduction meilleure, mais partielle, due à S. Jankelevitch, 1945 ; il y a aussi une traduction plus récente, que je n'ai pas utilisée (celle de M. Olive, Paris, 1975).

questions, et bien d'autres[1], figurent sur l'agenda de toute analyse philosophique de la croyance. Newman entreprend de répondre à un bon nombre d'entre elles, de manière plus ou moins explicite, sans les formuler exactement dans les termes contemporains que je viens d'utiliser. L'originalité de sa démarche, par rapport à celles de nombreux écrits sur la croyance religieuse, tient au fait qu'il tient à se demander d'abord en quoi consiste le phénomène ordinaire de la croyance, en tant qu'attitude naturelle de l'esprit, pour s'interroger ensuite, et sur cette base, sur le phénomène de la croyance religieuse : il ne considère pas la croyance religieuse comme foncièrement distincte dans ses caractéristiques, de la croyance « normale » empirique, et c'est qui donne à sa pensée un tour naturaliste et descriptif (sans doute hérité de Locke, de Hume, de Paley, et des philosophes britanniques des Lumières)[2]. Cela n'empêche évidemment pas Newman d'avoir comme objectif principal d'appliquer les résultats de sa discussion à une analyse de la croyance religieuse, à laquelle il consacre deux chapitres (V et X). Au fondement de sa démarche quasi-empiriste, il y a le désir de distinguer la foi religieuse de l'homme de la rue de celle du théologien. Mais je ne traiterai pas ici de ce point. Je ne considérerai que son analyse générale de la croyance et de l'assentiment, et en particulier sa critique de la conception lockéenne des degrés d'assentiment et sa distinction entre l'assentiment « réel » et l'assentiment « notionnel ». Le premier point concerne le type d'attitude qu'est la croyance, et la question de savoir si on doit la distinguer d'un autre type d'attitude, l'assentiment. Le second concerne le problème du contenu et du mode de justification de nos croyances. Les deux, en fait, ne peuvent pas, selon Newman, être complètement séparés. Je voudrais essayer de monter que bien que les distinctions introduites par Newman soient très importantes en elles-mêmes, elles ne sont pas dénuées d'ambiguïtés et de confusions, en sorte qu'il nous faudra les reformuler.

1. Pour une introduction, cf. P. Engel, « Les Croyances » dans D. Kambouchner (dir.), *Les Notions philosophiques*, 1995, Paris, Gallimard, p. 9-101.

2. On peut même dire que c'est ce refus de considérer la croyance religieuse comme foncièrement distincte, en tant que foi, des croyances empiriques ordinaires, qui constitue la base de l'approche empiriste et naturaliste en philosophie de la croyance. Hume par exemple, entreprend de donner une analyse de la croyance comme phénomène psychologique indépendamment de ses contenus et de ses modes de justification. Évidemment la question de savoir si cette entreprise peut être menée jusqu'à son terme est une autre question.

LA TAXINOMIE NEWMANIENNE DES ATTITUDES DOXASTIQUES

L'un des traits les plus frappants de l'analyse newmanienne de la croyance dans son *Essai*, pour un lecteur contemporain, est qu'il ne parle pas tant de « croyance » que d'« assentiment ». Essayons d'abord de décrire, à grands traits, sa taxinomie de ce que l'on peut appeler les attitudes doxastiques. En fait, l'« assentiment » selon Newman est l'attitude générique dont la croyance est une espèce, bien qu'il semble supposer qu'il existe une attitude plus générique encore, celle qui consiste à « maintenir une proposition » (*holding a proposition*), ce qui n'est possible que si l'on peut d'abord l'« appréhender » (*apprehend it*). Par « proposition », Newman semble entendre à la fois une entité linguistique concrète telle qu'une phrase composée d'un sujet et d'un prédicat et une entité mentale, telle qu'une représentation ou un ensemble d'idées dans l'esprit liées par une structure sujet-prédicat. Il ne distingue pas, comme nous le faisons aujourd'hui, entre des phrases d'une part et les significations de ces phrases. Ce qu'il appelle « appréhension » d'une proposition ressemble beaucoup à ce que nous appelons « entretenir » une proposition, c'est-à-dire la considérer sans l'affirmer. En ce sens, appréhender une proposition ce n'est pas encore la tenir pour vraie, ou, comme Newman le dit parfois, l'accepter. Or, et c'est l'une de ses doctrines les plus importantes, Newman distingue ensuite deux types d'appréhension, « notionnelle » et « réelle ». Une appréhension est « réelle » si elle porte sur une entité concrète, existante ou pas ; elle est « notionnelle » si elle porte sur une entité abstraite. « Réel », par conséquent, ne doit pas être confondu avec « existant » (cela veut dire qu'il y a une *res*, mais celle-ci peut exister ou pas). L'assentiment réel repose toujours sur une expérience particulière d'un sujet, telle qu'une perception, bien qu'on puisse conserver cette expérience en mémoire. Il repose sur l'appréhension d'une chose individuelle. C'est ce que Newman appelle proprement une *croyance* (*belief*) (IV, 3). L'appréhension et l'assentiment notionnels, au contraire, impliquent des relations à des entités abstraites et générales, et sont moins vives ou plus faibles dans l'esprit. Newman distingue quatre sortes d'assentiments de ce type : les *professions*, par lesquelles on donne son assentiment à ce que l'on ne comprend pas totalement, les *créances* (*credences*), qui sont des assentiments obtenus par ouï-dire, des opinions ou des conjectures à demi-pensées, les *présomptions*, par lesquelles nous avons confiance en certains principes instinctifs, et les *spéculations*, qui sont des acceptations de propositions explicitement tenues pour vraies. Newman propose également de distinguer l'assentiment *complexe* et l'assentiment *simple*. Il appelle le premier *certitude matérielle* et le second *certitude*. Ils ont tous les deux un élément réel et un élément notionnel, et ont tous deux à voir avec nos raisons de donner notre assentiment à des propositions, ou avec les justifications que nous avons pour les accepter. Les certitudes sont des assentiments devenus complexes et persistants. Pour compléter cette taxinomie générale, il faut mentionner une dernière division : la division entre *assentiment* et *inférence*. L'inférence, comme l'assentiment, est un acte de l'esprit qui conduit à accepter une proposition ; mais elle n'est pas, selon Newman, une forme d'assentiment : car elle est *conditionnée* par l'acceptation d'autres propositions, alors que l'assentiment est *inconditionnel*. L'inférence est affaire de degré : en inférant, nous acceptons des propositions sous certaines conditions, alors que quand nous donnons notre assentiment nous acceptons ces propositions pleinement, sans considérer leurs raisons. Ainsi l'assentiment est-il affaire de tout ou rien, et ne peut avoir de degrés.

Essayons de résumer cette taxinomie complexe sur un tableau :

		APPRÉHENSION			
ASSENTIMENT				INFÉRENCE	(DOUTE)
Réel		Notionnel	Formelle	Informelle	Naturelle
(croyance)		Profession			
		Créance			
		Opinion			
		Présomption			
		Spéculation			
Simple	Complexe				
(Certitude)					

Pour le moment, je n'ai fait qu'énoncer les distinctions que Newman propose sans les expliquer. Comme on le voit, il ne considère pas que toutes les attitudes mentales que l'on peut ranger sous la catégorie générale de la croyance se réduisent à un même type, et sa grammaire de l'assentiment le conduit à soutenir que la croyance n'est pas une attitude unifiée[1]. Mais peut-on seulement dire que ces variétés d'attitudes sont des variétés de croyance ? Comme on l'a vu, la croyance apparaît aussi dans cette classification comme une espèce dont l'assentiment est le genre (un assentiment réel). Mais d'un autre côté, il appelle quelquefois des variétés d'assentiments notionnels (comme les créances et les opinions (VI. 1, p. 167) des « croyances ». Un autre problème est qu'il dit quelquefois que les créances, les présomptions, etc. ne sont pas des assentiments, mais des inférences

1. Un wittgensteinien dirait sans doute ici que la « grammaire » d'une notion est un jeu de langage unifiant des concepts sous des ressemblances de famille, et que la texture ouverte du concept de croyance implique cette non unification. Pourtant par « grammaire » Newman semble bien entendre une taxinomie systématique.

(par exemple p. 175). Et quand il en vient aux diverses sortes d'attitudes auxquelles conduisent les assentiments dans le domaine religieux, Newman parle de « croyances », cette fois en un sens plus proche de celui de la foi.

On peut espérer éclairer un peu ces distinctions hésitantes en considérant ses deux distinctions principales entre assentiment notionnel et réel, et entre assentiment et inférence. Commençons par la seconde.

ASSENTIMENT ET INFÉRENCE : L'ASSENTIMENT A-T-IL DES DEGRÉS ?

Le meilleur moyen d'approcher la distinction de Newman entre assentiment et inférence est d'examiner la critique qu'il adresse à la célèbre doctrine des degrés d'assentiment de Locke, dans son chapitre VI (« L'assentiment considéré comme conditionnel »), où il considère les vues de Locke dans la section « Sur la probabilité » de l'*Essai* (IV, 15). Comme on le sait, Locke y soutient qu'il existe, associés à chaque proposition, des degrés de probabilité qui sont la mesure de notre assentiment, ou de notre confiance envers une proposition. Sur la base de ce principe, Locke formule sa règle simple au sujet de l'éthique de la croyance : *le degré de notre assentiment à une proposition devrait être proportionné à la force des données dont nous disposons en faveur de cette proposition*[1] Newman conteste aussi bien la thèse de Locke que sa règle d'éthique de la croyance. Contre ces thèses il remarque que nous pouvons continuer à donner notre assentiment à une proposition quand bien même nous avons oublié les raisons pour lesquelles nous la soutenons, et que quelquefois nous avons d'excellentes raisons pour soutenir une proposition, bien que nous ne donnions pas notre assentiment à celle-ci. Comme il le dit « Un homme convaincu contre sa volonté peut rester dans le même sentiment ». Mais comme tels, comme le note Price (1967, p. 136), ces arguments ne prouvent rien contre Locke : ils montrent simplement que nous pouvons avoir des comportements irrationnels en continuant à soutenir des propositions que nous avons cessé de tenir pour vraies, ou que nous pouvons sauter sur des conclusions que nous affirmons sans avoir des raisons appropriées. Locke ne nie pas qu'il y ait de tels cas anormaux, qui ne montrent pas que dans les cas normaux nous proportionnons nos assentiments à nos degrés de justification empirique. Pour que Newman ait un argument contre Locke, il faut qu'il défende l'idée que dans les cas normaux, notre assentiment n'est

1. J'utilise ici la formulation de H. H. Price (H. H. Price, *Belief*, Londres, Allen and Unwin, 1967, p. 131); en fait la règle de Locke est plus complexe, voir P. Helm, *Belief Policies*, Cambridge University Press, 1994, p. 85-90.

pas susceptible de degrés. Et c'est bien la thèse de Newman. Il soutient que Locke a confondu l'*inférence*, qui admet des degrés, avec l'*assentiment*, qui n'en admet pas. Le principe de sa distinction entre les deux types d'états mentaux est le caractère *conditionnel* de l'inférence, par opposition au caractère *inconditionnel* de l'assentiment. Selon Newman, quand nous faisons une inférence, nous l'acceptons sous la condition de certaines prémisses. Une inférence est toujours conditionnée par ces prémisses, qu'il s'agisse d'une inférence « formelle » (déductive) ou d'une inférence « naturelle » ou inductive de la forme « Parce qu'il y a des faits A, B, C, P est vrai (ou probable) ». Quand nous faisons un acte d'inférence de ce type, nous reconnaissons qu'il y a des « raisons » pour soutenir P sur la base de faits A, B, C, etc. Ce que Newman semble dire est que la proposition P fait l'objet d'un assentiment sur la base de ces faits ou raisons, et qu'elle est distincte de ceux-ci. Mais, comme le note encore Price (1967, p. 139 *sq.*), nous devrions nous attendre à ce que Newman dise qu'en inférant il nous faut donner notre assentiment à des propositions, et que c'est différent du fait de remarquer une implication. En d'autres termes, il y a une différence fondamentale entre, d'un côté, « P donc Q », où il faut asserter P pour dériver Q, et de l'autre « si P alors Q », où « P » est seulement considéré et non affirmé. Ce point est celui que Geach, qui en donne le crédit à Frege, considère comme essentiel dans les inférences en *modus ponens :* dans « P, et si P alors Q, alors Q », la seconde occurrence de « P » n'est pas assertée, à la différence de la première [1]. Mais si une inférence est de la forme « P donc Q », comment peut-elle être conditionnelle et comment peut-elle ne pas présupposer un acte d'assertion ou d'assentiment ? En fait Newman (*op. cit*, p. 182, p. 147 de l'édition de 1947) semble confondre les deux quand il remarque que nous pouvons parler d'un « assentiment conditionnel » et soutient que bien que nous mettions une condition à notre assentiment, l'assentiment n'est pas conditionnel. Car il dit que l'assentiment à « Si cet homme souffre de phtisie, ses jours sont comptés » est aussi peut conditionnel que l'assentiment à « Les jours de ce patient phtisique sont comptés », qui est une proposition équivalente, en dépit de la forme conditionnelle de la première. Mais en fait, contrairement à ce que Newman

1. P. T. Geach « Assertion », dans P. T. Geach, *Logic Matters*, Londres, Blackwell, 1968, p. 255 *sq.* Ce point est également lié au célèbre paradoxe de Lewis Carroll d'Achille et de la Tortue : la tortue prend les règles d'inférences comme « Si P et si P alors Q, alors Q » comme des prémisses assertées dans une inférence, alors que leur statut comme règles se distingue de propositions qui ont le statut de prémisses assertées. C'est la difficulté converse de celle examinée ici : si toutes les règles d'inférences devaient faire l'objet d'un assentiment inconditionnel, on ne pourrait jamais tirer la moindre conclusion. Cf. P. Engel, « Believing, Accepting and Holding-True », *Philosophical Explorations*, II, 1998, p. 140-151.

soutient, ces deux propositions ne sont pas équivalentes : la première est de la forme « Si P alors Q » et la seconde est de la forme « P alors Q ».

Par conséquent, d'un côté Newman ne voit pas que l'inférence elle-même peut impliquer des assentiments, et d'un autre côté, il ne voit pas que nous pourrions donner notre assentiment sur la base de certains faits conditionnels. Quoi qu'il puisse vouloir dire par « conditionnel », ce qu'il veut dire, quand il distingue l'assentiment de l'inférence est néanmoins clair. Il entend nier que l'on puisse donner son assentiment, au sens propre de ce terme, à une proposition sur la base de faits conditionnels ou de probabilités, ou que si on le fait, l'assentiment est un état psychologique distinct des types de raisons que l'on a d'entrer dans cet état. Ce qu'il veut dire en fait est que l'assentiment est *indifférent* aux raisons et aux justifications, et libre de tout degré. C'est une thèse étrange si on l'applique aux inférences logiques qui sont supposées être certaines (fondées sur de bonnes raisons), mais elle est sensée quand elle concerne les inférences inductives ou relatives aux « *matters of fact* », si l'on considère ces inférences comme non justifiées ou incertaines.

Mais cette thèse, celle du caractère inconditionnel de l'assentiment, a des conséquences troublantes. Car elle semble attacher l'assentiment à un acte de la volonté indépendant des données ou des raisons que l'on a d'accepter une proposition comme vraie. C'est assez clair dans des passages comme le suivant :

> Life is long enough for a religion of inferences; we shall never have done beginning, if we determine to begin with proof. We shall ever be laying our foundations; we shall turn theology into evidences, and divines into textuaries. Resolve to believe nothing, and your must prove your proofs and analyze your elements, sinking farther and farther and finding in the lowest depth a lower deep, till you come to the broad bossom of scepticism. I would rather be bound to defend the reasonableness of assuming that Christianity is true, than to demonstrate a moral governance from the physical world. Life is for action. If we insist on proofs for everything, we shall never come to action; to act you must assume, and that assumption is faith. (P. 95, IV. 3).

De tels passages semblent une anticipation des thèses avancées par James dans *The Will to Believe* ; en fait ils impliquent une forme de fidéisme, si le fidéisme est entendu précisément comme la thèse selon laquelle : 1) nous pouvons croire, au moins dans certains cas, par l'effet d'un acte de la volonté, et 2) nous devrions, au moins dans certains cas, croire en dépit des données à notre disposition, ou même quand ces données sont insuffisantes, c'est-à-dire rejeter la maxime lockéenne de l'éthique de la croyance et son expression victorienne dans la célèbre injonction de W. K. Clifford :

« It is wrong, always and everywhere, to believe anything on the basis of insufficient evidence »[1]. Newman est-il un fidéiste en ce sens ?

En dépit de certains textes comme le précédent, et de sa caractérisation de l'assentiment comme un *acte* mental, il n'est pas clair que Newman pense que l'assentiment est seulement affaire d'un acte de la volonté. Car en premier lieu, sa distinction initiale entre assentiment et appréhension rend clair que pour lui l'appréhension est passive, et non pas active. Si l'appréhension est une partie de l'assentiment, et sa condition nécessaire, alors ce dernier ne peut pas être totalement l'effet d'un acte de la volonté. Si c'est le cas, il n'est possible de dire que l'on puisse donner son assentiment (et en ce sens du mot « croyance ») et croire à volonté, au sens où l'on pourrait, donner son assentiment à n'importe quelle proposition juste parce qu'on a envie de lui donner son assentiment ou de la croire, par l'effet d'un pur caprice[2]. Même un partisan de la maxime de Tertullien, *credo quia absurdum*, ou du moins de la manière dont elle ordinairement interprétée[3], croit *quia* la proposition qui a une certaine qualité : en sorte qu'il a une *raison* pour la proposition crue (même si celle-ci – et c'est là le paradoxe[4] – se présente comme ruinant toute raison authentique) et qu'il lui a bien fallu la considérer pour l'affirmer ensuite. Un cas contemporain de croyance « à volonté » et non basée sur des raisons serait l'exemple du lacanien qui croit

1. W. K. Clifford, « The Ethics of Belief » dans *Philosophical Essays*, Londres, 1878. Cf. W. James, « The Will to Believe » dans *The Will to Believe and Others Essays*, Londres, Longmans and Jevons, 1901. Dans le fidéisme ainsi défini, on manque souvent de distinguer la thèse 1) qui est psychologique et factuelle, de la thèse 2) qui est normative. Dans P. Engel, « Volitionism and Voluntarism about Belief » dans A. Meijers (éd.), *Belief, Cognition and the Will*, Tilburg University Press, 1999, j'ai distingué la première thèse sous le nom de « volitionisme » et la seconde sous le nom de « volontarisme ». 1) n'implique pas 2), bien que 2) semble devoir impliquer 1) : on ne peut pas prescrire à quelqu'un de croire par l'effet de la volonté, si, à titre de fait psychologique, c'est impossible. Sur ces points, voir aussi P. Engel, « Les croyances », *op. cit.*, P. Engel, « Dispositions à agir et volonté de croire » dans J. Proust, H. Grivois (dir.), *Subjectivité et conscience d'agir*, Paris, P.U.F., 1998, et les essais dans P. Engel (éd.), *Believing and Accepting*, Dordrecht, Kluwer, 2000. Léon Ollé-Laprune (*De la certitude morale*, Paris, Belin, 1880) a clairement développé une lecture fidéiste de Newman.

2. L'argument classique à cet effet est celui de B. Williams, « Deciding to Believe » dans *Problems of the Self*, Oxford University Press, 1973, que j'ai analysé dans P. Engel, « Disposition à agir et volonté de croire », *op. cit.*, et « Volitionism and Volontarism about Belief », *op. cit.*

3. Jean Yves Lacoste m'a fait remarquer que jamais Tertullien n'a envisagé cette interprétation ni la maxime elle-même. et de fait le rédacteur de l'article « Tertullien » de son *Dictionnaire critique de théologie* (J. -Y. Lacoste, 1998), René Braun, soutient que le fameux *Credo quia absurdum* est inauthentique (p. 1125).

4. Cf. B. Williams, « Deciding to Believe ».

que *le réel est ce qui revient toujours à la même place*, par exemple[1]. Mais même ce lacanien a une raison de le croire : Lacan l'a dit. Il fonde sa raison sur l'autorité, et donc ne croit pas n'importe quoi à volonté. Il en serait de même des dogmes de la foi catholique, comme celui de la Trinité.

En second lieu, Newman n'entend pas nier qu'il n'y ait pas de liens entre donner son assentiment et avoir des raisons pour le faire. Par exemple p. 171 il déclare :

> I have been showing that inference and assent are distinct acts of the mind, and that they may be made apart from each other. Of course, I cannot be taken to mean that there is no legitimate or actual connexion between them, as if arguments adverse to a conclusion did not naturally hinder assent; or as if the inclination to give assent where not greater of less according as the particular act of inference expressed a stronger or weaker probability; or as if assent did not always imply grounds in reason, implicit, if not explicit, or could be rightly given without sufficient grounds. So much is commonly felt that assent must give their own will as their very reason for assenting, if they can think of nothing better; *stat pro ratione voluntas*.

Ce que Newman veut dire plutôt est que l'assentiment peut ne pas être retiré en l'absence de bonnes raisons, et qu'il est concevable sans elles, et que par conséquent il ne peut pas être identifié avec une inférence ni avec l'existence de certains degrés pour soutenir une proposition. La thèse de Newman ressemblerait alors plus à celle de James : *dans certains cas*, ceux par exemple où l'urgence nous oblige à prendre un parti sans peser le pour le contre, il peut être bon et utile de croire contre l'évidence, ou sur la base de données insuffisantes, en accord avec notre « nature passionnelle ». De ce point de vue, le désaccord avec Locke pourrait être simplement terminologique : ce que Locke appelle « assentiment » est en fait la même chose que ce que Newman appelle « inférence », et ce que ce dernier appelle « assentiment » désigne un autre état d'esprit, qui ne serait pas nécessairement toujours dissocié du premier.

1. Il est devenu courant, dans la littérature (cf. ci-dessous les références à Sperber et Récanati) de mentionner l'exemple du lacanien comme exemple de croyance aveugle en des propositions dont on ne comprend pas le sens. Je me demande bien pourquoi.

Croyance et acceptation

Si telle est sa doctrine, elle est parfaitement raisonnable. Nous pouvons la reformuler en vocabulaire contemporain. Un certain nombre d'auteurs récents[1] ont proposé de distinguer deux sortes de croyances, ou d'attitudes doxastiques : d'un côté les *croyances* proprement dites, de l'autre les *acceptations*. Selon ces classifications, les croyances proprement dites ont les caractéristiques suivantes :

(a) elles sont non volontaires dans les cas normaux
(b) elles « visent la vérité », autrement dit ont une « direction d'ajustement » qui va de « l'esprit au monde » (nos croyances visent à s'adapter à une réalité indépendante de nous), à la différence des désirs qui ont une direction d'ajustement qui va « du monde à l'esprit » (c'est le monde que nous souhaiterions voir s'adapter à nos désirs).
(c) les croyances sont formées en fonction des données dont nous disposons, et répondent aux raisons que nous avons de les tenir pour vraies (dans les cas normaux)
(d) les croyances d'un sujet visent à un idéal d'intégration et de cohérence
(e) les croyances ne changent pas selon les contextes
(f) les croyances ont des degrés, qu'on peut concevoir comme des probabilités subjectives et mesurer sur des paris

La notion de croyance (appelons la croyance*, pour garder la possibilité d'appeler « croyance » en général (sans astérisque) un type générique d'attitude doxastique dont les croyances* et les croyances-assentiment seraient des sous-espèces) qui satisfait à la description (a)-(f) peut être assimilée à celle qui a été tenue comme canonique depuis au moins les pragmatistes (en particulier Peirce) et Ramsey (1931) : les croyances sont des états dispositionnels et fonctionnels, qui ont un lien essentiel à nos actions, et qui sont des « cartes qui nous permettent de naviguer »[2]. Selon cette conception, les croyances* ont deux traits essentiels : elles ne sont pas volontaires, parce qu'elles servent principalement de transitions entre une

1. K. Lehrer, *Knowledge*, Boulder, Westview Press, 1990 ; R. Stalnaker, *Inquiry*, Cambridge, Mass., MIT Press, 1984 ; L. J. Cohen, *An Essay in Belief and Acceptance*, Oxford University Press, 1992 ; et pour un énoncé général de ces différences et d'autres références voir P. Engel, « Believing, Accepting and Holding-true », in *Philosophical Explorations*, II, 1998, et *Believing and Accepting*, Dordrecht, Kluwer, 2000.

2. Dans P. Engel, « Les croyances », *op. cit.*, et « Dispositions à agir et volonté de croire », *op. cit.*, j'ai appelé cela la conception « dispositionnelle – fonctionnelle » des croyances.

information venue de l'environnement extérieur (et ne sont pas en ce sens manipulables par le sujet qui les a, d'où leur caractère nécessairement passif), et elles ne sont pas, du moins en principe, liées à des états mentaux conscients (elles sont le plus souvent tacites ou implicites, et ne reposent pas sur des présentations conscientes de contenu, et encore moins sur des assentiments explicites à ces contenus) : un agent peut croire* que P sans jamais avoir donné son assentiment explicite et conscient à P.

Or, par opposition (partielle, on va le voir) à cette notion de croyance*, les auteurs mentionnés ci-dessus entendent distinguer un autre type d'état mental qui, au moins de prime abord, a des caractéristiques antithétiques, et qu'ils appellent les *acceptations* (*acceptances*). Celles-ci sont :

(a') volontaires ou intentionnelles, au sens où elles sont le produit d'une motivation ou d'une sorte de décision de croire ;

(b') les acceptations ne visent pas toujours la vérité, mais souvent l'utilité ou la valeur pratique

(c') pour cette raison, l'acceptation n'est pas nécessairement proportionnée aux données disponibles, et elle va même quelquefois contre elles ;

(d') l'acceptation n'est pas régulée par un idéal d'intégration ou de cohérence ; on peut accepter que P sans chercher à intégrer P dans ses vues antérieures ;

(e) à la différence des croyances* les acceptations sont dépendantes du contexte : dans un contexte donné je peux accepter que P, sans l'accepter dans un autre contexte

(f) les acceptations n'ont pas de degré, et ne sont pas liées à des probabilités subjectives.

La plupart des auteurs soutiennent que les acceptations en ce sens sont indépendantes des croyances, en ce sens qu'accepter que P peut avoir lieu chez un sujet qui ne croit pas que P, ou même qui croit que non-P à un degré élevé. C'est le cas en particulier dans les cas où un agent prend pour acquis que P, en vue de diverses fins (pour les besoins d'un raisonnement, d'une certaine stratégie épistémique ou pratique). Le test qui départage les deux états est alors celui du pari : si un agent accepte que P sans croire que P, pour telle ou telle raison contextuelle, il peut très bien ne pas parier sur la vérité de P, bien qu'il tende, par ses comportements, à faire *comme si* P était vrai. Accepter que P, c'est l'accepter catégoriquement, sans degrés[1].

1. Voir les exemples donnés par L. J. Cohen (*An Essay in Belief and Acceptance*, Oxford University Press, 1992), de l'avocat qui accepte que son client soit innocent pour les besoins du procès, ou par M. Bratman (« Practical Reasonning and Acceptance in Context », *Mind*, 102, p. 1-15, 1993) de celui qui fait construire une maison et accepte que le prix sera plus élevé que celui qu'il croit en fait, pour se donner une marge de manœuvre financière auprès de sa banque.

La distinction croyance/acceptation est loin d'être claire, et mérite d'être travaillée et élaborée[1]. Mais si l'on admet qu'elle recouvre deux types d'états doxastiques différents (ou peut-être qu'elle marque la différence entre deux familles distinctes d'états doxastiques), dans une assez large mesure, la description qui vient d'être esquissée de la notion d'acceptation correspond assez bien à ce que Newman appelle des « assentiments », et la description des croyances* correspond assez bien à ce qu'il appelle des « inférences ». Ainsi la grammaire de l'assentiment de Newman serait plutôt une grammaire des acceptations. Quand en particulier Newman note contre Locke que nous pouvons continuer à accepter des propositions dont nous avons oublié quelles raisons nous les font accepter, ou même si nous avons des raisons pour le faire, et souligne le caractère intentionnel et catégorique de ces actes, il semble bien faire référence au caractère contextuel et pragmatique des assentiments et à leur absence de degré.

Il serait cependant trompeur d'assimiler la distinction newmanienne assentiment/inférence à la distinction contemporaine acceptation/croyance*. Car même si les acceptations sont supposés ne pas avoir de degré, ce ne sont pas des actes mentaux *inconditionnels :* au contraire, la plupart des auteurs qui emploient cette notion soulignent combien l'acceptation intervient dans le contexte de raisonnements, théoriques ou pratiques, et sont conditionnés par la reconnaissance de certains faits. En réalité, les acceptations tombent plutôt, au sein de la taxinomie newmanienne, du côté de ce qu'il appelle des « professions » et des « présomptions » (qu'il range d'ailleurs, comme on l'a vu dans le tableau ci-dessus, du côté des assentiments). Par exemple l'enseignant peut accepter, pour encourager son élève, que son travail est bon, bien qu'il ne le croie pas. Il répond en ce sens à un certain objectif – l'encourager et ne pas lui révéler ses erreurs trop vite – qui conditionne son attitude. Bien souvent, Newman, qui vise évidemment une théorie de l'assentiment en matière de religion, dissocie le sentiment intime de conviction qui selon lui accompagne tout assentiment véritable, des objectifs pragmatiques des inférences. S'il y a une forme d'acceptation inconditionnelle qui peut être comparée à l'assentiment newmanien, c'est plutôt ce que Wittgenstein désigne sous le nom de « *festhalten* » (le fait de s'en tenir à une croyance) qui s'applique aux propositions que nous soustrayons systématiquement au doute[2]. L'un des critères essentiel de l'assentiment selon Newman est qu'il s'oppose au

1. Comme le montrent les essais réunis dans P. Engel (dir.), *Believing and Accepting*, elle est loin d'être aussi nette et tranchée que le soutient L. J. Cohen, *An Essay in Belief and Acceptance*.

2. *Über Gewissheit*, Londres, Blackwell, 1969, p. 173, tr. fr. J. Fauve, *De la certitude*, Paris, Gallimard, 1969.

doute. De fait la description qu'il en donne est presque mooréenne ou wittgensteinienne dans sa référence à des propositions « fondamentales du genre « Je suis sur Terre » ou « Je m'appelle N. N » :

> We all believe, without any doubt, that we exist; that we have an individuality and identity of our own; that we think, feel, and act, in the home of our own minds; that we have a present sense of good and evil, of a right or wrong, or a true and a false, and of a beautiful and this hideous, however we analyse our ideas of them. [...]
> Nor is our assent which we give to facts limited to the range of self-consciousness. We are sure beyond all hazard of a mistake, that our own self is not the only existing being; that there is an external world, that it is a system with parts and a whole, a universe carried out by laws, and that the future is unaffected by the past. We accept and hold with an unqualified assent, that the earth, considered as a phenomenon, is a globe. [...] (p. 177)

L'ironie, ici, est que Newman parle bien de « croyances » en même temps que d'assentiments, et que la description qu'il en donne pourrait s'adapter aux croyances* dispositionnelles non conscientes, conçues, à la manière humienne, comme des habitudes ou des tendances irrésistibles. En fait quand Newman parle de présomptions ou d'hypothèses, ou de choses que nous tenons pour acquises pragmatiquement, il parle de « demi-assentiments » (p. 181-83). L'assentiment est donc pour lui bien plus fort que l'acceptation au sens (a')(f') ci-dessus. Mais s'il est non conscient, non soumis au doute, il ne donne même pas lieu à un assentiment, si ce dernier acte présuppose une appréhension. Comme on le sait, tout l'argument de Wittgenstein, contre Moore, est que cela n'a même pas de sens de déclarer « Je crois (ou sais) que la Terre est ronde ».

Pour compléter cette comparaison entre assentiment et acceptation, on doit aussi noter que les deux n'admettent pas de degré. C'est en fait le point essentiel du traitement de Cohen. Sur ce point la convergence avec les vues de Newman semble nette, quand ce dernier déclare :

> Assents to the plausibility, probability, doubtfullness or untrustworthisness, of a proposition [are not] variations of assent to an inference, but assents to a variation in inferences. When I assent to a doubtfulness, or to a probability, my assent, as such, is a complete as if I assented to a truth; it is not a certain degree of assent. (p. 175)

Dans la même veine, Cohen dit que l'acceptation n'admet pas de variation interne dans son contenu » et que « bien que le fait de mériter une acceptation soit affaire de degré, ce n'est pas un état mental subjectif comme un degré de croyance » (p. 114). C'est un *acte*.

L'insistance de Newman sur la distinction entre assentiment et inférence prend toute sa force quand on le traduit en termes de la distinction croyance*/acceptation, car les auteurs qui ont avancé cette distinction entendent contester la thèse « bayésienne » selon laquelle les croyances, et les changements de croyance, sont associées à des probabilités subjectives et changent par « conditionnalisation » [1]. Cette thèse se heurte à des objections bien connues : nous ne parions pas toujours et n'assignons pas toujours de degrés précis aux propositions que nous recevons en notre créance, et il faut bien que nous tenions certaines propositions pour vraies catégoriquement pour pouvoir évaluer la probabilité d'autres propositions [2]. La thèse bayésienne cependant n'a fait son entrée explicite en philosophie qu'avec Ramsey et de Finetti dans les années 1930, et Newman ne pouvait pas la connaître. Mais il est plausible de suggérer qu'il en connaissait des anticipations : chez Locke avec la doctrine des degrés d'assentiment, chez Venn dans sa *Logic of chance*, et chez les probabilistes anglais de la fin du XIXe siècle, comme Jevons, qui en retour influencèrent beaucoup, à la même époque Peirce, qui défendait une version de la conception dispositionnelle [3]. Bien que le Cardinal parle peu de probabilités, on peut considérer que sa distinction entre assentiment et inférence anticipe les difficultés de la thèse subjectiviste en théorie des probabilités : si l'on admet qu'il y a des assentiments inconditionnels, cela signifie que tous les changements de croyance ne se produisent pas par « conditionnalisation » bayésienne, et qu'il faut faire une place, dans une épistémologie de la croyance, pour des croyances que nous tenons inconditionnellement comme vraies, des *engagements* – éventuellement révisables – envers des propositions que nous acceptons comme vraies sans les associer à des probabilités [4].

1. Selon la « règle de Bayes » : la probabilité *a posteriori* d'une hypothèse H étant donnée une information e, est égale à la probabilité *a priori* de cette information étant donnée l'hypothèse, multipliée par la probabilité de l'hypothèse et divisée par la probabilité de l'information : $P(H/e) = P(e/H) \times P(H)/ P(e)$.

2. Sur cette conception, cf. P. Engel, « Dispositions à agir et volonté de croire », *op. cit.*, et sur ces objections, cf. I. Levi, *The Enterprise of Knowledge*, Cambridge, Mass, MIT Press, 1980, G. Harman, *Change in View*, Cambridge, Mass, MIT Press, 1986, L. J. Cohen, *An Essay on Belief and Acceptance*.

3. J. Venn, *The Logic of Chance*, New York, Chelsea, 1866, L. J. Jevons, *The Principles of Sciences*, Londres, 1877, et sur Peirce et Ramsey, cf. P. Engel, « Croyances, dispositions et probabilité », *Revue Philosophique*, 1983.

4. Cf. I. Levi, *The Enterprise of Knowledge* : « Selon l'idéal bayesien », des agents rationnels devraient toujours être engagés à des états de créance de jugements de probabilité représentables par des mesures uniques de probabilité. Un agent rationnel devrait quelquefois suspendre son jugement en embrassant un état de créance qui est indéterminé au sens où plus d'une mesure de probabilité est considérée permissible dans le but de calculer des

Que conclure ? Sans doute que les deux distinctions croire*/accepter et assentir/inférer ne se recoupent que très partiellement, et que les hésitations, voire les incohérences, de Newman montrent qu'en fait les deux types d'états mentaux ne sont pas aussi nettement distincts qu'il le dit. Ce point pourrait être confirmé indépendamment des analyses de Newman, au sujet de la distinction croyance*/acceptation. Contrairement à ce que soutient Cohen, il n'est pas évident qu'accepter que P puisse être indépendant de croire que P. D'une part, nous acceptons en général des propositions que nous avons de bonnes, ou quelquefois de moins bonnes, raisons de *croire*. Et même dans les cas où nous semblons accepter que P sans croire que P, il n'est pas évident que notre acte d'acceptation se fasse en l'absence de toute considération épistémique quant à la vérité ou la fausseté de P. L'avocat qui accepte que son client est innocent ne souscrit pas à cette proposition sans considérer la possibilité de la vérité de la proposition opposée. Si son état mental était totalement volontaire, à la manière d'une décision de croire comparable à une action (comme produit, par exemple de la décision d'aller se promener), les considérations épistémiques devraient être totalement non pertinentes. Et cela ne semble pas être le cas. Même les descriptions usuelles de la *self deception*, ou d'autres attitudes irrationnelles, incorporent l'idée qu'un agent maintient sa croyance que non-P parce qu'il désire que non-P non seulement *en présence* de sa croyance que P, mais aussi parce qu'il sait qu'il a de bonnes raisons de croire que P, aussi désagréable cela lui paraît-il[1].

ASSENTIMENT RÉEL ET NOTIONNEL : PEUT-ON CROIRE CE QUE L'ON NE COMPREND PAS ?

Tournons-nous, pour finir, vers une autre distinction fondamentale de Newman, entre ce qu'il appelle l'assentiment *réel* et l'assentiment *notionnel*. Il l'introduit dans son premier chapitre, à travers la distinction entre deux sortes d'appréhension des propositions. Un écolier peut appréhender les mots du poète *Dum Capitolium scandet cum tacita virgine pontifex*, en comprenant la proposition, les concepts qui l'expriment, mais

valeurs espérées dans la délibération. cf. aussi R. Foley, *Working without a Net*, Oxford University Press, 1993.

1. En ce sens, la comparaison de l'acceptation avec un acte, comme je l'ai soutenu dans Engel 1999, trouve ses limites. Sur d'autres raisons de ne pas admettre que l'acceptation de P puisse se faire sans croyance que P, cf. D. Clarke, « The Possibility of Acceptance without Belief », *in* P. Engel (éd.), *Believing and Accepting*, *op. cit.*, et P. Engel, « Believing, Accepting and Holding-True » dans *Philosophical Exploration*, II, p. 140-151, 1998.

tout en en ayant une saisie seulement abstraite, « sans avoir devant lui l'image vivante qu'aurait un contemporain du poète, qui avait vu le fait décrit, ou un historien moderne qui se serait informé dûment des phénomènes et aurait réalisé le cérémoniel romain, à l'âge d'Auguste ». L'écolier a une appréhension notionnelle, le contemporain ou l'historien une appréhension réelle. Newman note aussi qu'une seule et même proposition peut être à différents moments de la vie d'un individu l'objet d'une appréhension réelle ou notionnelle. L'enfant peut appréhender notionnellement ce que signifie « Dieu nous aime tous » mais ne l'appréhender réellement qu'une fois devenu adulte. Les assentiments religieux, qui sont réels, se distinguent en ce sens des assentiments théologiques, qui sont notionnels (chap. V). Cette distinction entre une compréhension abstraite et une compréhension concrète ou réelle est manifestement inspirée de la distinction humienne entre la « vivacité » des idées dans notre esprit et l'affaiblissement des idées idées abstraites. Elle peut susciter chez une lecteur contemporain la comparaison avec la distinction russellienne entre connaissance directe et connaissance par description, ou entre croyance *de re* et croyance *de dicto*.

L'objectif de Newman, en proposant sa distinction, est de défendre l'idée que nous pouvons avoir un accès « réel » et non pas seulement « notionnel » à quelque chose comme une « image » de Dieu ou quelque chose comme une perception, par opposition à un accès purement conceptuel et théorique. Son épistémologie de la croyance religieuse anticipe sur ce point certaines thèses contemporaines qui construisent la croyance en Dieu sur le modèle de la perception et de la vision[1]. Mais ce n'est pas le point qui m'intéresse ici, mais plutôt le suivant : peut-on réellement croire une proposition que l'on ne comprend pas ? La réponse de Newman semble être que seules les propositions qui peuvent faire pour nous l'objet d'une appréhension et d'un assentiment réel peuvent être réellement crues (et il oppose en ce sens compréhension philosophique et théologique de Dieu à compréhension religieuse authentique). Ainsi il écrit :

> While assent, or Belief, presupposes some apprehension of the things believed, inference requires no apprehension of things inferred, that in consequence inference is concerned with surfaces and aspects; that it begins with itself and ends with itself; that it does not reach as far as facts; that it is employed upon formulas; that, as far as it takes real objects of whatever kind into account, such as motives or actions, character and conduct, art, science, taste, morals religion, it deals with them, not as they are, but simply in its own line, as materials of argument or inquiry, that they are nothing more than major and minor premisses and conclusions.

1. Cf. par exemple W. Alston, *Perceiving God*, Cornell University Press, 1991.

> Belief, on the other hand, being concerned with things concrete, not abstract, which variously excite the mind from their moral or imaginative properties, has for its objects, not only directly what is true, but inclusively what is beautiful, admirable, heroic; objects which kindle devotion, rouse the passions, and attach the affections; and thus it leads the way to actions of every kind, to the establishment of principles, and the formation of character, and thus is intimately connected with what is individual and personal (IV, 3, p. 90)

Mais d'un autre côté ne pouvons nous pas donner notre assentiment à des propositions que nous ne comprenons pas, ou que nous comprenons seulement imparfaitement ? En ce sens n'y a-t-il pas des croyances qui sont acquises sans que nous connaissions leurs conditions de vérité ? Newman mentionne le cas de propositions, comme « Lucern is medico sativa » auxquelles on donne son assentiment sur la base du fait qu'elles nous sont présentées comme vraies, sans pour autant croire le contenu de la proposition qu'elles expriment[1]. Il mentionne encore sous le nom de « créances » les « acceptations spontanées de diverses informations qui sont véhiculées par de quelconque moyens dans nos esprits », les « opinions » qui consistent à donner son assentiment à la simple probabilité d'une proposition et non à sa vérité, ou, comme on l'a vu, les présomptions. Dans un essai récent, Dan Sperber[2] a proposé l'idée qu'il existe, outre des croyances qui font l'objet de représentations d'états de choses (qu'il appelle des croyances « intuitives »), des croyances qui sont acquises par *méta-représentation* sur la base d'une compréhension partielle ou même d'une absence de compréhension de leur contenu, parce que le sujet se représente leur représentation par l'intermédiaire d'un opérateur de type « X dit (croit, etc.) que P », qui assure le stockage d'une représentation de premier ordre sur la base d'une autorité à qui le sujet défère sa compréhension de la représentation de premier ordre. Ainsi un sujet peut être amené à croire (réflexivement), pour reprendre l'exemple ci-dessus, que *Le réel est ce qui revient toujours à la même place* sur la base de sa métareprésentation *Lacan a dit que le réel revient toujours a la même place.* Sperber soutient en outre que cette capacité de métareprésentation est essentiellement liée au langage, qui joue ainsi un rôle essentiel dans l'acquisition de croyances. Il est intéressant ici de noter que les croyances réflexives en question semblent bien correspondre à des cas de ce que Newman appelle des assentiments notionnels, ou, si

1. C'est un cas de ce que D. Davidson (*Inquiry into Truth and Interpretation*, Oxford University Press, 1984) dans sa théorie de l'interprétation, appelle un « tenir-pour-vrai ». cf. P. Engel, « Believing, Accepting and Holding-True », *op. cit.*

2. « Concepts, Beliefs and Metarepresentations » *in* P. Engel, *Believing and Accepting*, 2000.

l'on utilise la terminologie de l'acceptation et des croyances*, à des acceptations sans croyances* correspondantes, si par croyances* on entend des attitudes vis-à-vis de représentations que le sujet *comprend*, ou sur la base desquelles il agit. Nous retrouvons ainsi les termes de la discussion précédente : les acceptations sans croyances* correspondantes, ou les assentiments purement notionnels sans appréhension réelle sont-elles réellement des *croyances* ? Autrement dit, peut-on croire sans comprendre ? Si l'on maintient une division stricte entre croyance* et acceptation, on doit répondre par la négative. Mais d'une part on a vu que la division entre croyance* et acceptation n'était pas aussi nette que les auteurs qui défendent cette division le disent, et d'autre part le rôle fonctionnel des acceptations, ou des états métareprésentationnels en question, est souvent très proche de celui des croyances : les croyances « réflexives » aussi donnent lieu à des actions et à des inférences, et semblent pouvoir *devenir elles- mêmes des croyances*[1]. La situation d'apprentissage, dont Newman donne un exemple avec le cas de l'écolier, est une situation de ce type : quand nous entretenons un contenu que nous ne comprenons pas complètement – et que nous ne comprendrons que plus tard – il faut bien qu'un processus d'acquisition graduelle de croyance intervienne, dans lequel nous commençons par déférer à une autorité une saisie du sens des propositions en cause pour ensuite nous l'approprier[2]. Si ceci est correct, alors il n'y a pas une rupture totale entre deux types d'états, les uns représentationnels, les autres métareprésentationnels, les uns qui sont des croyances « authentiques » et les autres qui sont de simples assentiments verbaux à des représentations linguistiques. Il y a une gamme d'attitudes continues, et une continuité entre croyance et acceptation. Quand Newman distingue nettement assentiment notionnel et assentiment réel, il semble nier cette continuité. Mais quand il admet qu'un même sujet puisse passer, à divers moments du temps, de l'un à l'autre, il la reconnaît. Il est plausible de suggérer que le mécanisme de l'assentiment à des propositions « crues » ou « comprises » incomplètement joue un rôle essentiel dans la formation des croyances, et que les tensions qui interviennent chez les sujets quand ils sentent le conflit entre ce qu'ils acceptent sans croire et ce qu'ils croient

1. Dans la terminologie de D. Sperber, on dirait qu'elles finissent par « entrer dans la boîte à croyances ». C'est sur ce point que F. Récanati (« The Simulation of Belief » dans P. Engel, (éd.), *Believing and accepting*) diverge de D. Sperber, qui soutient que les croyances réflexives sont isolées des croyances intuitives : selon F. Récanati, il existe une classe de croyances, qui sont seulement *partiellement* métalinguisitiques, et qu'il appelle« quasi-croyances ». Ces quasi-croyances sont, selon F. Récanati, fondées sur une représentation seulement partielle de leur contenu sémantique, mais elles sont continues par rapport aux croyances « authentiques ».

2. C'est en ce sens que F. Récanati (*op. cit.*) parle d'une quasi-croyance.

sont constitutives des phénomènes d'irrationalité partielle qui sont le lot de toute acquisition de croyances. Dans certains cas, comme celui du lacanien (pour ne pas parler des croyances religieuses acquises sur l'autorité du dogme) la « croyance » reste en permanence à l'état d'assentiment notionnel et d'acceptation sans croyance puisqu'on défère à l'autorité la compréhension; dans d'autres le sujet voit ces tensions, et révise son stock doxastique. L'idéal de la vie rationnelle est sans doute que ces tensions entre ce que l'on *prétend,* sur la base d'actes d'assentiment, croire, et ce que l'on croit vraiment, disparaisse (selon le principe d'intégration (d) ci-dessus). Mais il n'y a pas de raison de nier que cet idéal soit totalement en dehors de la portée d'un croyant au sens religieux du terme, même si sa décision initiale de s'en remettre à la foi dans certaines matières corrompt, peut-on penser, cette rationalité même.

Il revient à Newman, en dépit de toutes les incertitudes qui affectent ses taxinomies dans sa *Grammaire de l'assentiment*, d'avoir vu toutes ces difficultés, même s'il ne les a pas résolues. C'est pourquoi son livre mérite encore d'être lu*.

Pascal ENGEL

* Cet article est une version révisée d'un texte diffusé en anglais au colloque de Nantes 1998. Pour leurs remarques, je remercie Paul Helm, Richard Swinburne, Jean Yves Lacoste et Cyrille Michon.

LE PROBLÈME DU MAL ET LES PERSPECTIVES DE L'ARGUMENT EMPIRIQUE CONTRE L'EXISTENCE DE DIEU

Un des nombreux domaines constitutifs de la philosophie analytique de la religion depuis une quarantaine d'années a pour objet l'étude et l'examen critique d'arguments fondés sur le mal en faveur de l'athéisme. On distingue habituellement deux formes très générales de ce genre d'argument. Sous une de ces formes, celle de l'argument dit « logique », on cherche à montrer que certains faits concernant le mal dans l'univers sont logiquement incompatibles avec l'hypothèse théiste chrétienne, partant qu'un tel Dieu n'existe pas. Sous une autre de ces formes, celle de l'argument qu'on appelle diversement « empirique », « probabiliste » ou « inductif », on vise la conclusion que certains faits concernant le mal sont incompatibles avec l'hypothèse théiste chrétienne en ce sens plus faible qu'ils rendent l'hypothèse improbable et fournissent des raisons contre elle. La différence entre les deux conclusions est que, d'après l'argument logique, étant donnés certains faits concernant le mal l'hypothèse théiste ne peut pas être vraie, tandis que d'après l'argument empirique il se peut que l'hypothèse soit vraie, mais étant donnés certains faits concernant le mal, il y a des raisons de croire qu'elle est fausse, ou du moins injustifiée.

Je souhaite discuter certains aspects de la conclusion d'un récent ouvrage consacré à l'argument du mal, *God and Inscrutable Evil – In Defense of Theism and Atheism*, de David O'Connor, paru en 1998. La conclusion à laquelle il aboutit développe et approfondit celle à laquelle parvenait William Rowe dans son article de 1979, « The Problem of Evil and Some Varieties of Atheism ». Il s'agit de l'idée suivant laquelle l'issue du débat entre athées et théistes sur le problème du mal débouche sur une prescription faite aux partisans des deux bords de souscrire mutuellement à une « détente » et d'adopter, respectivement, ce que Rowe et O'Connor appellent un « athéisme amical » et un « théisme amical »[1]. Ce sont, certes, des positions opposées sur le plan théorique, mais qui reconnaîtraient mutuellement l'échec, non seulement d'une réfutation du parti adverse, mais d'une possibilité de gagner sur l'adversaire un avantage théorique décisif à propos de la question du mal. Elles vivent et laissent vivre.

Afin d'aboutir à cette conclusion O'Connor présente une nouvelle version de l'argument du mal, plus élaborée et plus complexe que tout ce qui existe à ce jour. Dans la première partie du présent exposé, je vais donc résumer les articulations principales de l'argument, puis, dans la seconde, formuler des réserves sur sa conclusion. En un mot, contrairement à ce que pense O'Connor, il me semble qu'il est trop tôt pour déclarer un cessez-le-feu entre athées et théistes.

I

L'argument du mal proposé par O'Connor contient deux parties distinctes : il présente d'abord un argument logique « réformé », sur la base duquel il construit ensuite un argument empirique « indirect ». Le sens de ces termes sera expliqué par la suite. Commençons par le premier argument.

L'argument logique est formulé dans ce que l'auteur appelle « le cadre standard du débat sur le mal » qui présuppose, à la suite de Hume, deux principes :

1) Par des expériences de pensée il est possible de comparer, relativement au mal apparemment gratuit[2], le monde actuel avec le monde tel qu'il serait si Dieu existait, et avec le monde tel qu'il serait si Dieu n'existait pas.

1. Suivant la terminologie de Rowe, un athée amical considère la croyance du théiste fausse, mais admet qu'elle repose peut-être sur de bonnes raisons ; un athée inamical nie qu'elle repose sur de bonnes raisons ; un athée indifférent n'a pas de croyances au sujet de la valeur des raisons du théiste (cf. W. Rowe, « The Problem of Evil and Some Varieties of Atheism » dans M. Adams, R. M. Adams (éd.), *The Problem of Evil*, Oxford University Press, 1990, p. 135-137.

2. Un mal gratuit est un mal que Dieu aurait pu éviter sans perdre un plus grand bien, ni permettre un plus grand mal. Un mal apparemment gratuit (« inscrutable ») est un mal tel que, parmi tous les biens que nous connaissons ou concevons, nous sommes incapables de comprendre comment ces biens pourraient justifier Dieu à permettre ce mal ou à ne pas l'empêcher (cf. D. O'Connor, *God and Inscrutable Evil*, New York, Rowman and LittleField, 1998, p. 192). Il faut tenir compte d'une distinction entre deux sens de « éviter », « empêcher » ou de « prévenir ». Dieu peut éviter un mal naturel par une prévention préemptante, c'est-à-dire en empêchant le mal d'avoir lieu ; ou bien il peut intervenir par une prévention réactive, en empêchant le mal survenu de continuer d'être (cf. p. 58).

2) Sur la base de telles comparaisons il est possible en principe de parvenir à un verdict justifié à propos de la question de savoir lequel des deux partis, théiste ou athée, se trouve le mieux justifié et donc favorisé par l'argument au sujet du théisme et du mal apparemment gratuit[1].

L'argument est dirigé contre ce que O'Connor nomme le « théisme orthodoxe ». Il ne s'agit pas d'une version restreinte du théisme, qui ne comporte habituellement que les thèses suivant lesquelles Dieu existe, est omniscient, tout-puissant et infiniment bon. Le théisme orthodoxe est une position beaucoup plus étendue qui, selon O'Connor, constitue le noyau de la tradition abrahamique commune aux monothéismes chrétien, islamique et judaïque :

1) Il existe un être personnel et transcendant, Dieu, créateur de l'univers; il est omniscient, tout-puissant, parfaitement bon et digne de vénération.

2) Le monde ne pourrait subsister sans soutien divin.

3) Il y a une finalité de la nature indépendante des fins que peuvent se proposer des êtres humains et d'autres êtres conscients.

4) En tant que produits par Dieu, les personnes humaines et leur monde reflètent un plan antérieur à tous les plans formés par elles. Il s'agit essentiellement du plan divin de produire un monde dans lequel il est possible pour des agents libres et rationnels, principalement par leurs propres efforts, de devenir des êtres moraux, intellectuels et spirituels capables de choisir librement leurs propres destinées, d'adorer Dieu et de le servir.

5) La vie de chaque personne est une épreuve de son aptitude à jouir de l'éternité en présence de Dieu. Après sa vie en ce monde, chaque personne est jugée par Dieu et adéquatement récompensée ou punie.

6) Dieu, par son amour, est intéressé à la vie de chaque personne et n'en rejette aucune qui se tourne vers lui en vue d'un réconfort, d'un pardon, d'un soutien ou de l'espoir. Par des dons de grâce, Dieu aide des êtres humains à devenir dignes de l'éternité en sa présence.

7) Les êtres humains sont, en un sens à préciser, immortels.

8) Bien qu'il y ait une grande quantité de mal dans le monde, dont une grande quantité de mal apparemment gratuit, il n'y a aucun mal naturel résultant de processus naturels qui soit incompatible avec Dieu.

9) Le théisme orthodoxe est rationnellement justifiable (a) ou bien par des arguments susceptibles d'établir la position par rapport à d'autres théories, notamment par rapport à des théories rivales; ou bien aussi (b) par

1. Je présente les deux principes sous leur forme la plus forte (cf. p. 40 et 228). Toutefois, l'athéisme amical n'exigera qu'une version plus faible des deux thèses (cf. p. 229).

des arguments susceptibles de défendre la position par rapport à des objections.

L'argument logique proposé est dit « réformé », car, bien qu'il milite en faveur de la conclusion habituelle des arguments logiques, O'Connor ne prétend pas atteindre cette conclusion. C'est-à-dire qu'il ne présente pas son argument logique comme une preuve que certains faits concernant le mal sont logiquement incompatibles avec l'existence de Dieu. Au lieu de cela il entend montrer que, dans le cadre standard du débat sur le mal, les meilleurs défenses proposées jusqu'ici par des théistes échouent à défendre le théisme orthodoxe. Je reviendrai sur ce point capital. Notons deux autres différences entre l'argument logique réformé de O'Connor et des arguments logiques habituels. D'une part, il concède d'entrée de jeu qu'il est possible que l'hypothèse théiste soit logiquement compatible avec certains faits concernant le mal, même si l'on ne voit pas comment ils le sont, c'est-à-dire même si l'on ne dispose d'aucune défense théiste susceptible de bloquer l'accusation d'incompatibilité logique. D'autre part, il est aussi concédé d'entrée de jeu que, même si les meilleures défenses connues échouent, il reste toujours possible que l'on découvre à l'avenir d'autres défenses qui réussissent à bloquer l'argument logique. Appelons ces concessions « la clause pyrrhonienne » en faveur du théisme orthodoxe. En vertu de la clause pyrrhonienne, le succès de l'argument logique réformé contre les meilleurs défenses connues n'implique nullement que le théisme orthodoxe soit faux, ni qu'il ne puisse être justifié. Toutefois, le fait que les meilleures défenses échouent sera une prémisse fondamentale de l'argument empirique indirect construit sur la base de l'argument logique réformé. J'y reviendrai. En attendant, O'Connor construit l'argument logique réformé en défendant les thèses suivantes :

1) N'importe quel monde fait par Dieu et contenant des personnes humaines est un monde dans lequel celles-ci peuvent devenir des agents moraux et spirituels capables de choisir de manière responsable leurs destinées.

2) Un tel devenir fait partie du plan divin pour un monde contenant des personnes humaines, et ce devenir est possible dans le monde actuel.

3) Aucun monde contenant du mal gratuit ne pourrait être produit par Dieu.

4) Le monde actuel contient des maux moraux et des maux naturels, et parmi ceux-ci des maux naturels résultant de processus naturels (NENP[1]).

1. NENP signifie « natural evils resulting from natural processes ».

5) Il y a deux sous-classes de maux naturels résultant de processus naturels : celle des maux naturels résultant *uniquement* de processus naturels (NERNP[1]), et celle des maux naturels résultant partiellement, mais *non entièrement*, de processus naturels (NE¬RNP[2]). Les maux naturels des deux sous-classes, ainsi que les maux moraux, existent abondamment dans le monde actuel.

6) Outre le monde actuel, il y a un monde possible, Wp, dans lequel le devenir moral et spirituel prévu par le plan divin est tout aussi possible que dans le monde actuel. Wp et le monde actuel sont mutuellement exclusifs, mais, avant l'actualisation du monde actuel, Wp était actualisable par Dieu. Il y a beaucoup moins de mal naturel dans Wp que dans le monde actuel, car dans Wp il n'y a aucun mal naturel résultant uniquement de processus naturels (NERNP), ou bien s'il y en a, il y en a beaucoup moins que dans le monde actuel. Wp ne contient aucun NENP, de l'une ou l'autre des deux sortes, qui soit incompatible avec Dieu.

7) Dans le monde actuel, en revanche, la classe de NENP incompatible avec Dieu (c'est-à-dire NENPi[3]) est ou bien coextensive avec NERNP, ou bien une sous-classe de NERNP. Si quelque niveau indéterminé du NERNP gratuit est compatible avec Dieu, alors le NENPi est le NERNP gratuit dépassant ce niveau[4].

8) Puisque Dieu aurait pu actualiser Wp au lieu du monde actuel [par 6], *il apparaît* ou bien que tout le NERNP est NENPi dans le monde actuel, ou bien qu'une partie l'est, et donc que le monde actuel n'est pas produit par Dieu [par 3].

Tenant compte du cadre standard du débat, si les arguments de O'Connor en faveur des différentes thèses aboutissent, il y aurait du mal naturel résultant de processus naturels, mal apparemment gratuit et incompatible avec Dieu (NENPi), et qui aurait été évité si Wp avait été actualisé à la place du monde actuel.

Ensuite, O'Connor examine trois des meilleures défenses proposées jusqu'ici par des théistes contre d'autres arguments logiques : la défense par le plus grand bien de Swinburne, la défense par le libre-arbitre de Plantinga, et la défense de Schlesinger, suivant lequel il n'y a pas de

1. NERNP signifie « natural evils resulting solely from natural processes » ; un tel mal serait, par exemple, une maladie résultant d'une mutation génétique lorsque aucune personne humaine n'est responsable de la mutation ni de la maladie.

2. NE¬RNP signifie « natural evils not resulting solely from natural processes » ; un exemple serait le fait de se couper le doigt par accident.

3. NENPi signifie « natural evil resulting from natural processes, which is incompatible with God ».

4. La raison d'être de ce niveau de tolérance est expliquée par O'Connor dans sa discussion d'une objection de van Inwagen ; cf. p. 70-76.

meilleur monde possible. La discussion de chaque défense est longue et complexe; je n'en parlerai pas. Mais le but de O'Connor est de montrer qu'en dépit des mérites des trois défenses contre d'autres versions de l'argument logique :

9) dans le cadre standard du débat sur le mal, aucune des trois meilleures défenses connues ne réussit à défendre le théisme orthodoxe contre l'argument logique réformé. C'est-à-dire qu'aucune ne réussit à défendre le théisme orthodoxe par rapport à la possibilité pour Dieu de produire Wp au lieu du monde actuel.

Toutefois, si l'argument logique réformé parvient à montrer, malgré les trois défenses, qu'il y a du mal naturel résultant de processus naturels qui est apparemment gratuit et donc incompatible avec Dieu (puisque celui-ci, s'il existe, aurait pu produire Wp), cependant l'insuccès des défenses ne prouve pas que ce mal *soit* gratuit et incompatible avec Dieu.

Raison pour laquelle, à partir d'ici, O'Connor commence à construire un argument empirique sur la base de l'argument logique réformé. L'argument est empirique, d'une part, parce qu'il se fonde sur le fait (établi par l'argument logique réformé) que des maux naturels résultant uniquement de processus naturels sont apparemment ou *prima facie* gratuits et donc probablement incompatibles avec le Dieu du théisme orthodoxe (puisque Dieu aurait pu produire Wp). Il est empirique, d'autre part, parce qu'il vise seulement la conclusion qu'il y a de bonnes raisons de croire qu'un tel Dieu n'existe pas. Mais il s'agit d'un argument empirique *indirect*, parce que parmi les faits invoqués se trouve un fait d'une espèce nouvelle, à savoir l'insuccès des trois défenses. Les faits ne sont plus seulement relatifs au mal, mais relatifs à des arguments au sujet du mal[1]. L'argument empirique indirect se fonde sur trois groupes de thèses :

1) Il y a une relation interne, ou essentielle, entre une théorie comme, par exemple, le théisme orthodoxe, et les arguments utilisés pour la soutenir ou la défendre, en ce sens que si les arguments échouent, le statut épistémique de la théorie est compromis. Il est plausible de penser qu'au moins une des trois défenses mentionnées est indispensable au théisme orthodoxe.

2) Dans la tradition abrahamique, la dimension théorique de la croyance en Dieu est la conjonction des neuf thèses constitutives du théisme

1. Sur ce point O'Connor s'inspire de la démarche de Martin, qui avait déjà formulé un argument empirique indirect (cf. M. Martin, *Atheism: A Philosophical Justification*, Philadelphia, Temple University, 1990, p. 341 *sq.*).

orthodoxe. Si donc il y des raisons de rejeter le théisme orthodoxe comme faux ou injustifié, il y des raisons de rejeter la croyance en Dieu.

3) Étant donné la relation interne entre le théisme orthodoxe et les défenses mises en œuvre pour le soutenir, celui-ci ne peut conserver un statut épistémique sérieux qu'à la condition que ses défenses bloquent, d'une manière ou d'une autre, l'argument fondé sur le mal. Or, l'argument logique réformé surmonte les meilleures défenses du théisme orthodoxe ; il représente donc une menace sérieuse pour son statut épistémique, même s'il ne prouve pas qu'il y ait *de facto* du mal naturel incompatible avec Dieu.

Par conséquent, dans le cadre standard du débat sur le mal, l'insuccès des meilleures défenses contre l'argument logique réformé fournit une raison empirique indirecte de mettre sérieusement en question la croyance en Dieu; c'est-à-dire, si l'on est théiste ou agnostique, d'avancer en direction de l'athéisme. Toutefois, on ne sait pas jusqu'où le théiste est tenu de se déplacer. Car, étant donné qu'il peut avoir de bonnes raisons en faveur du théisme, il peut être justifié à s'arrêter bien avant l'athéisme. Telle est la conclusion de l'argument empirique indirect[1].

À partir d'ici intervient un tournant dans la discussion de O'Connor, qui dépendra d'une autre défense à laquelle peut recourir le théiste, la « défense sceptique » de Wykstra[2], que je discuterai plus loin. Deux distinctions préliminaires sont nécessaires pour saisir le tournant. Elles concernent toutes deux des situations où nous sommes en présence de deux théories rivales. Premièrement, une distinction entre deux sortes d'arguments. Un argument peut *trancher* (« settle ») une question, ou du moins aller en cette direction; il augmente la justification en faveur d'une théorie en même temps qu'il diminue celle de sa rivale. Mais une autre sorte d'argument peut seulement *soutenir* (« sustain »), ou maintenir en place, une théorie; il corrobore la théorie sans pour autant diminuer la justification de sa rivale. Deuxièmement, lorsqu'il s'agit de la justification d'une théorie, il faut distinguer deux sortes de raisons. Lorsque deux théories rivales s'affrontent au sujet d'un problème, il peut y avoir pour ou contre chacune des deux des raisons qui émergent *uniquement* dans le cadre de la discussion du problème. Ce sont, par exemple, des raisons pour ou contre l'athéisme ou le théisme *à propos* du problème du mal. Mais il y a aussi pour ou contre les théories des raisons *indépendantes* du problème en discussion. Ce sont, par exemple, les raisons que l'on peut avoir d'être *antérieurement* convaincu du théisme ou de l'athéisme.

1. O'Connor, p. 178.

2. Cf. S. J. Wykstra, « The Humean Obstacle to Evidential Arguments from Suffering : on Avoiding the Evils of « Appearance » dans M. Adams, R. M. Adams (éd.), *op. cit.*

Or, en fonction du tournant annoncé, O'Connor estimera (1) qu'un athée antérieurement convaincu, c'est-à-dire qui bénéficie de bonnes raisons indépendantes en faveur de sa position, est épistémiquement justifié à considérer que l'argument du mal soutient, ou confirme, l'athéisme. Mais (2) il n'est pas en droit de considérer que l'argument tranche, ou résout, le problème en sa faveur et au détriment d'un théiste qui, lui aussi, aurait de bonnes raisons indépendantes en faveur de sa position.

Considérons d'abord la seconde thèse. Elle dépend de la défense sceptique de Wykstra. Comme celle-ci visait initialement un argument empirique *direct*, celui de Rowe, il convient de rappeler quelques aspects de l'argument[1]. Celui-ci repose sur une prémisse posée comme vraisemblable ou probable : il existe des maux qui sont tels que Dieu aurait pu les éviter, et s'il les avait évités, le monde dans son ensemble aurait été meilleur. Le caractère probable de la prémisse est à son tour défendu par une série d'arguments reposant sur les facteurs suivants : (a) notre connaissance de l'énorme profusion de la souffrance apparemment gratuite chez les hommes et les animaux ; (b) notre connaissance des biens existants, ou que nous pouvons imaginer exister ; (c) nos jugements raisonnables au sujet de ce qu'un être tout-puissant peut faire ; (d) nos jugements raisonnables au sujet de ce qu'un être omniscient et parfaitement bon chercherait à réaliser concernant le bien et le mal affectant les humains et les animaux[2].

De son côté, le théiste peut nier qu'il soit tenu de considérer la prémisse en question comme étant même probablement vraie[3]. Pour ce faire, il peut adopter, à la suite de Wykstra, puis de Alston[4], ce que O'Connor nomme un « théisme sceptique ». Cette position, nous le verrons, n'est pas à confondre

1. Rowe a donné différentes formulations de l'argument. En voici une : (p) il existe des maux qui sont tels que Dieu aurait pu les éviter, et s'il les avait évités, le monde dans son ensemble aurait été meilleur; (q) Dieu aurait évité l'occurrence de tout mal qu'il pourrait éviter, et qui est tel que si Dieu l'avait évité, le monde dans son ensemble aurait été meilleur; donc (r) Dieu n'existe pas (W. Rowe, « The Empirical Argument From Evil » dans R. Audi, W. J. Wainwright (éd.), *Rationality, Religious Belief and Moral Commitment*, Ithaca, Cornell University Press, 1986, p. 228). La conclusion (r) n'est que vraisemblable, ou probable, car la prémisse (p) est telle. Une version antérieure de l'argument empirique direct version originale se trouve dans Rowe, *op. cit.*, 1990.

2. Cf. Rowe, *op. cit.*, 1986, p. 235.

3. L'aspect du raisonnement de Rowe attaqué par Wykstra est l'inférence de (a) à (b) : (a) nous ne connaissons ni ne concevons un bien qui existe actuellement ou qui pourrait exister, et qui est tel, à la fois, qu'il compense (« outweighs ») la souffrance de tel mal naturel (en l'occurrence, la souffrance d'une biche brûlée dans un incendie, et dont personne ne connaît l'existence), et qu'il ne pourrait être obtenu par Dieu sans qu'il permette ce mal; (b) il apparaît que la souffrance de la biche est gratuite.

4. Cf. W. P. Alston, « The Inductive Argument From Evil and the Human Cognitive Condition » dans J. E. Tomberlin (éd.), *Philosophical Perspectives, 5; Philosophy of Religion*, Atascadero CA, Ridgeview Publishing, 1991.

avec la clause pyrrhonienne mentionnée plus haut par rapport à l'argument logique réformé. Le théisme sceptique se fonde sur le principe « de la condition d'accès épistémique raisonnable », appelé CORNEA par Wykstra[1]. Il s'énonce ainsi : sur la base de sa connaissance de telle situation s, un être humain H n'est autorisé à affirmer « il apparaît que p » seulement s'il est raisonnable pour H de croire que, étant données ses capacités cognitives et l'usage qu'il en fait, si p n'était pas le cas, la situation s différerait de manière discernable pour H de ce qu'elle est[2]. Ensuite, le théiste sceptique admet que si Dieu existe, il est tout à fait vraisemblable qu'il y ait des biens inconnaissables de nous, ou bien en ce sens qu'ils existent déjà mais nous sont cognitivement inaccessibles, ou bien en ce sens qu'ils n'existeront que dans un avenir lointain. Il admet, enfin, qu'il est vraisemblable que ce sont de tels biens qui justifient Dieu à permettre des maux naturels résultant de processus naturels, maux apparemment gratuits par rapport à nos facultés cognitives. Dans ces conditions, il est parfaitement *prévisible* que si Dieu existe, de nombreux maux nous paraîtront gratuits, bien que, par hypothèse, ils ne le soient pas. Si c'est prévisible, on ne pourrait même pas dire que les maux naturels (NERNP) qui nous paraissent gratuits, et incompatibles avec Dieu, sont *probablement* ou *vraisemblablement* tels.

Revenons au second point mentionné plus haut : l'athée n'est pas en droit de considérer que l'argument du mal tranche, ou résout, le problème en sa faveur et au détriment d'un théiste. Pourquoi ? Car il est vraisemblablement impossible de satisfaire CORNEA au sujet du mal naturel apparemment gratuit. Et, si le théiste adopte la défense sceptique au sujet de l'inconnaissabilité des biens justifiant Dieu à permettre ce mal, alors il est épistémiquement justifié à considérer que l'argument empirique indirect ne l'oblige nullement de changer de position, pas même à faire un pas en direction de l'agnosticisme. Bref, dans ces conditions, l'argument du mal ne tranche (« settles ») pas le problème du mal au détriment du théiste orthodoxe antérieurement convaincu.

Passons à présent au premier point mentionné plus haut : un athée antérieurement convaincu, c'est-à-dire qui bénéficie de bonnes raisons

1. CORNEA signifie « condition of reasonable epistemic access ».

2. Cf. Wykstra, *op. cit.*, p. 152. La phrase « il apparaît que p » doit être prise au sens épistémique suivant : « je suis enclin à juger que p sur la base *évidentielle* de ma connaissance de la situation s ». Par exemple, CORNEA est satisfait si je jette un coup d'œil dans mon bureau pour voir si un éléphant s'y trouve, et que, n'en voyant pas, je juge qu'il apparaît qu'il n'y a pas d'éléphant. Car, selon qu'il y en a un ou non, il y aura une différence discernable pour moi en fonction de l'usage que je fais de mes facultés cognitives (en l'occurrence, mes yeux). Mais le principe n'est pas satisfait si je regarde pour voir si mon bureau contient un virus, et que, n'en voyant pas, je juge qu'il apparaît qu'il n'en contient pas. Car, qu'il en contienne ou non, il n'y aura aucune différence discernable pour moi.

indépendantes en faveur de sa position, est épistémiquement justifié à considérer que l'argument du mal soutient, ou confirme, l'athéisme. Pourquoi ? Car, même si CORNEA n'est pas satisfait, et malgré la défense sceptique, un athée antérieurement convaincu peut avoir des raisons de juger qu'il y a du mal naturel gratuit et incompatible avec Dieu. En effet : (e) nous sommes incapables de discerner une raison justifiant Dieu pour l'énorme quantité de mal naturel apparemment gratuit dans le monde ; (f) nous sommes incapables de trouver parmi les biens que nous connaissons des biens susceptibles de justifier Dieu pour ce mal ; (g) nous avons de bonnes raisons de croire que parmi les biens que nous connaissons, il n'y en a aucun qui justifie Dieu. Certes, la défense sceptique surmonte ces difficultés. Mais O'Connor ajoute (h) qu'il y a un silence persistant et incompréhensible de Dieu, s'il existe, par rapport à ce mal, qui est incompatible avec le modèle de l'amour parent-enfant sur la base duquel nous sommes censés comprendre l'amour divin pour l'humanité ; (i) tenter de justifier ce silence, à son tour, par un appel à des biens inconnaissables serait une manœuvre purement *ad hoc* ; et surtout (j) les facteurs (e-h) sont évidemment *prévisibles* par l'athéisme. Par conséquent, pour un athée antérieurement convaincu de sa position, l'argument du mal le confirme, ou le soutient, bien que l'argument ne puisse trancher, ou résoudre, le problème au détriment du théisme sceptique. Cette conclusion en faveur de l'athéisme est donc plus faible que celle de l'argument empirique indirect précédant le tournant, puisqu'il s'avère en dernière analyse que le théiste n'est pas tenu d'avancer en direction de l'agnosticisme, ni *a fortiori* de l'athéisme[1].

Ainsi, si l'athéisme est soutenu par l'argument empirique indirect, le théisme est soutenu par la défense sceptique. En définitive, le problème du mal ne peut être tranché en faveur d'aucun des deux camps au détriment de l'autre. Au surplus, il y a un aspect d'incommensurabilité entre les deux positions, en ce sens que l'athée situe l'argument du mal dans le cadre standard du débat, tandis que le théiste sceptique rejette le cadre[2].

1. Cf. O'Connor, p. 225.

2. O'Connor le montre en dégageant, respectivement, l'essence de la défense sceptique et celle de la position athée défendue ici. En effet, supposons deux propositions, r et p : r=il y a une raison (un ou plusieurs biens) justifiant Dieu pour tout mal apparemment gratuit ; d=sur un temps suffisamment long nous discernerions (au moins en partie) la raison justifiant Dieu pour ce mal. L'essence de la défense sceptique du théisme est la suivante : en raison de CORNEA et d'arguments sceptiques concernant les limites des facultés cognitives humaines, le théiste est justifié à croire que $\neg(r \rightarrow d)$, ou, si l'on préfère, $r \& \neg d$. L'essence de l'athéisme défendu est la suivante : en vertu du modèle standard du débat sur le problème du mal, l'athée est justifié à croire que $\neg d \rightarrow \neg r$, ou, si l'on préfère, $\neg(r \& \neg d)$. Il n'y a pas de terrain commun, acceptable comme tel à la fois par le théiste et l'athée, sur lequel pourrait se placer un sujet

Toutefois, si le théiste sceptique et l'athée reconnaissent cette situation épistémique, leurs positions deviennent respectivement un théisme amical et un athéisme amical ; le caractère mutuellement amical des deux positions est une détente. La prescription d'une détente n'est en rien un plaidoyer en faveur de l'agnosticisme, car celui-ci affirme qu'étant donné l'information actuellement disponible, personne ne peut être justifié à croire en la vérité du théisme et la fausseté de l'athéisme, ou inversement. La prescription de la détente présuppose, au contraire, qu'étant donné l'information actuellement disponible, bien que personne ne puisse prétendre savoir si le théisme ou l'athéisme est vrai, les deux positions sont néanmoins justifiables, pour des raisons différentes.

II

J'en viens à présent aux réserves que je souhaite formuler. Pour les besoins de la cause, je ne vais pas critiquer l'argument empirique indirect de O'Connor, ni son analyse de la défense sceptique et des limites qu'elle impose aux prétentions de l'athée. Mes remarques concernent seulement sa conclusion. En un mot, il me semble que la prescription d'une détente repose sur des bases trop faibles. Il est trop tôt pour prescrire une détente, car trop de questions périphériques au problème du mal restent en suspens, attendant une discussion plus approfondie. Selon les positions prises par le théiste et l'athée à propos de ces questions, ils risquent de renoncer très rapidement, respectivement, au théisme amical et à l'athéisme amical, partant à la détente. Pour le montrer adéquatement, il faudrait tenir compte aussi bien du point de vue théiste sur la détente, que de celui de l'athée, ce que je ne puis faire ici. Je me limiterai donc au point de vue de l'athée. Je ne plaiderai nullement en faveur de l'athéisme, toutefois, car je ne discuterai pas des raisons indépendantes en faveur de cette position. À l'instar de O'Connor je vais seulement supposer qu'elle bénéficie, par hypothèse, de bonnes raisons indépendantes. Rappelons que la prescription de la détente faite à l'athée, et la justification qu'il y a pour lui d'adopter un athéisme amical, dépendent principalement de deux facteurs : la défense sceptique du théiste, et le fait pour celui-ci d'avoir, lui aussi, de bonnes raisons indépendantes en faveur de sa position. Ma conclusion sera donc conditionnelle : *si* l'athée bénéficie effectivement de bonnes raisons indépendantes en faveur de sa position, il sera justifié à renoncer à une position amicale et à la détente dans deux cas de figure : ou bien (1) si le théiste

cherchant à choisir de manière *désintéressée* entre les deux positions en partant d'une réflexion sur le problème du mal.

renonce à la défense sceptique, ou bien (2) si l'athée est justifié à être sceptique quant à la valeur des raisons indépendantes du théiste en faveur de sa position.

Commençons par la première éventualité. Elle n'est pas invraisemblable. Car O'Connor souligne à juste titre le prix élevé à payer pour un théiste admettant la défense sceptique. Elle semble mettre en péril non seulement l'avenir de la théologie naturelle, mais également les perspectives d'une nouvelle théodicée. En effet, les arguments téléologiques sont une partie centrale de la théologie naturelle. Un argument téléologique part de l'organisation observable du monde naturel pour conclure, d'une manière ou d'une autre, à une finalité procédant d'un Dieu transcendant. Mais, si le théiste admet l'exigence de CORNEA, comment pourra-t-il être justifié à croire que ce principe est satisfait dans le cas d'une réflexion sur l'organisation du monde devant aboutir à une telle conclusion ? Pour cela, il devrait, semble-t-il, justifier l'affirmation suivante : si un Dieu omniscient et tout-puissant existe, il est prévisible que le monde soit ordonné comme il l'est, tandis que s'il n'existe pas, le monde serait différent. On voit la difficulté : que l'organisation du monde réponde à une finalité procédant d'un être transcendant, ou qu'elle soit un fait naturel brut, il est raisonnable de croire que dans un cas comme dans l'autre il n'y aura aucune différence discernable par nous. Si, en raison de CORNEA, l'athée se voit privé du droit épistémique de juger qu'il est probable, ou vraisemblable, que le mal naturel apparemment gratuit est réellement tel *pour la raison* que ce mal paraîtra gratuit que Dieu existe ou non, il semble que le théiste soit également privé du droit de juger que l'organisation du monde atteste probablement d'une finalité transcendante *pour la même raison :* que le monde manifeste ou non une telle finalité, il nous paraîtra le même étant donné l'usage que nous pouvons faire de nos capacités cognitives[1]. Tout cela, O'Connor l'accepte fort bien[2]. Mais, si l'argument téléologique fait partie des raisons indépendantes du théiste en faveur de sa position, alors la défense sceptique risque de contribuer à diminuer celles-ci. Face à cette perspective, le théiste pourrait renoncer à la défense sceptique dans le cadre du problème du mal. S'il le fait, aussitôt l'athée saisit l'occasion pour abandonner la détente, et revenir à la charge avec l'argument empirique indirect, dont la conclusion, souvenons-nous, contraint le théiste à faire un pas en direction de l'athéisme. (Jusqu'où ? On ne sait pas ; peut-être même

1. Lors d'une conversation Swinburne me dit que son argument téléologique, défendu dans le présent volume, serait en effet compromis par la défense sceptique, qu'il n'accepte pas.

2. Cf. O'Connor, p. 219-220.

pas jusqu'à l'agnosticisme, si ses autres raisons indépendantes en faveur du théisme sont solides.)

En second lieu, remarque O'Connor, la défense sceptique menace les perspectives de la théodicée. À la différence d'une défense, qui se borne à immuniser le théisme contre un argument contraire, ou du moins à diminuer considérablement la valeur de l'argument, une théodicée prétend fournir une explication positive des maux, ou de la plupart des genres de maux, apparemment gratuits. À l'heure actuelle les théistes analytiques sont divisés sur la question de savoir si une nouvelle théodicée est possible ou non. Plantinga, pessimiste, déclare que toutes les théodicées qu'il connaît sont superficielles, tièdes, et en dernière analyse frivoles[1]. Swinburne, plus optimiste, considère qu'une nouvelle théodicée est possible et souhaitable. Même si la possibilité d'une nouvelle théodicée est sujette à controverse, il n'est pas douteux qu'une telle démarche théorique soit souhaitable pour le théiste. Toutefois, comment une théodicée procédera-t-elle si le théiste admet la défense sceptique ? Car, si les biens supposés justifier le mal naturel apparemment gratuit sont inconnaissables de nous, comment le théiste fera-t-il pour expliquer que Dieu permette ces maux en raison de ces biens ? Certes, il n'est pas raisonnable d'exiger d'une théodicée qu'elle explique la raison de *tout* le mal naturel apparemment gratuit, mais elle est tenue d'en expliquer au moins une partie significative. Or il semble qu'elle ne pourra en expliquer aucune partie si la raison de ce mal dépend de biens inconnaissables. Cela aussi, O'Connor le voit très bien[2]. Mais alors, encore une fois, un théiste soucieux de construire une théodicée risque de renoncer à la défense sceptique s'il considère que celle-ci compromet ses chances. Et s'il le fait, alors l'athée repart en guerre, mettant en avant l'argument empirique indirect qui, sur la question du mal, lui donne un avantage sur le théiste. Bref, pour les deux raisons invoquées, il est précipité de croire à une détente entre théistes et athées.

Toutefois, on objectera que l'athée doit tout de même conserver une position amicale puisqu'il est tenu de respecter le fait que le théiste peut être rationnellement justifié à croire au théisme orthodoxe. En effet, O'Connor s'exprime comme s'il allait de soi que le théiste puisse avoir de bonnes raisons indépendantes. D'où découle, pour une part, sa recommandation d'un athéisme amical. De quelles raisons s'agit-il ? Il en mentionne de trois sortes : des expériences de la vie, des expériences religieuses, des raisons tirées de réflexions et d'arguments, ou une combinaison des trois[3]. De

1. Cf. A. Plantinga, « Epistemic Probability and Evil » in *Teodicea Oggi ?*, *Archivo di Filosopfia*, anno 56, n°1-3, 1988, p. 558.

2. Cf. O'Connor, p. 220.

3. Cf. O'Connor, p. 177, 197 et 218.

quelles sortes de réflexions et d'arguments s'agit-il? Puisqu'il donne comme exemple l'argument téléologique, O'Connor pense sans doute à des preuves philosophiques de l'existence de Dieu. Or, la question se pose à présent de savoir ce que l'athée peut penser de telles raisons. Précisons que, puisqu'il s'agit du théisme orthodoxe, les raisons doivent être en faveur de l'existence d'un Dieu infiniment bon, moralement parfait. La question, bien évidemment, ne porte pas sur des raisons de croire en l'existence d'un Dieu différent.

O'Connor ne discute pas la question de savoir ce qui se passe si l'athée est sceptique, de bon droit, à l'égard de la valeur des raisons indépendantes du théiste, c'est-à-dire s'il a de bonnes raisons de penser que celles du théiste sont insuffisantes. Il est pourtant tout à fait vraisemblable que l'athée soit dans cette situation. Considérons d'abord le problème posé par les preuves philosophiques de l'existence de Dieu. Selon Plantinga, le devoir épistémique de l'athée est d'examiner toutes les preuves avancées à ce jour. Mais un philosophe moyennement cultivé en connaît bon nombre, et se rend compte que, même si certaines d'entre elles sont logiquement valides, elles dépendent souvent de prémisses philosophiques, peut-être justifiables à l'époque où elles ont été formulées, mais que nous avons de bonnes raisons de ne pas accepter aujourd'hui. Si l'on est justifié à suspendre son jugement au sujet des prémisses, cela ne signifie évidemment pas qu'elles soient fausses, ni que l'argument ne constitue pas une bonne preuve au cas où elles seraient vraies. Mais cela signifie que l'on ne peut se fonder sur la preuve pour justifier une croyance en l'existence de Dieu[1].

D'autre part, comme le remarque Tooley, hormis la preuve ontologique, les preuves philosophiques traditionnelles ne permettent pas, en général, de conclure à l'existence d'un Dieu moralement parfait. Conclure par un argument cosmologique qu'il existe un premier moteur immobile, une cause première ou un être nécessaire en soi, ce n'est pas conclure qu'il existe un être moralement parfait. Prouver par un argument téléologique qu'il existe un être transcendant ordonnant le monde selon une finalité suffit sans doute pour attribuer à cet être intelligence et quelque bonté, mais non la bonté infinie ou la perfection morale[2]. Certes, il y a l'argument moral de Kant, mais celui-ci, souvenons-nous, n'est pas recevable sur le plan cognitif; il ne débouche que sur un postulat pratique. De toute façon, l'argument dépend de tellement de thèses propres à l'idéalisme transcendantal que, si l'on a des raisons de refuser d'être kantien, on en a presque

1. Nous renvoyons le lecteur au livre de Martin pour une critique détaillée des arguments philosophiques en faveur de l'existence de Dieu.

2. Cf. M. Tooley, « The Argument From Evil » dans Tomberlin, *op. cit.*, 1991, p. 102-103.

autant d'accepter son argument moral[1]. Quant à l'argument ontologique, il permettrait de conclure à l'existence d'un être moralement parfait, mais son statut logique, il est bien connu, est pour le moins sujet à controverse ; il est le plus souvent rejeté, même par des philosophes théistes[2]. Cela suffit à justifier un profond scepticisme de la part de l'athée quant à la valeur des preuves en tant que raisons indépendantes en faveur de l'existence du Dieu moralement parfait du théisme orthodoxe. En ce cas, l'athée n'est pas tenu de lui être amical. Dans la terminologie de Rowe, il sera ou bien indifférent, ou bien inamical.

On aboutit à la même conclusion à propos de l'expérience religieuse. Partons de la définition qu'en donne Swinburne. Il la décrit, au sens restreint, comme une expérience paraissant à celui qui la vit comme une expérience ayant Dieu pour objet[3]. Dans sa discussion de ce genre d'expérience, Swinburne introduit deux principes épistémiques. Le principe de crédulité : il est raisonnable de croire que les choses sont telles qu'elles paraissent (au sens épistémique), à moins d'avoir des raisons de penser que l'on se trompe. Le principe du témoignage : en l'absence d'une raison de douter du témoignage d'autrui, celui qui n'a pas une expérience d'une certaine sorte devrait croire celui qui dit qu'il l'a[4]. Ces principes sont éminemment raisonnables. Mais la question se pose de savoir si – le cas échéant dans quelle mesure – ce genre d'expérience est susceptible de justifier la croyance au Dieu moralement parfait du théisme orthodoxe.

Swinburne dit qu'il existe une certaine concordance quant au contenu des expériences religieuses rapportées par de nombreuses personnes ; ce contenu représente une puissance dépassant les individus et guidant leurs vies. Il concède aussitôt que ce contenu ne représente pas clairement la nature exacte de Dieu ni ses fins particulières[5]. Certes, on ne peut sans dogmatisme écarter la possibilité que ces expériences soient véridiques en ce sens qu'elles ont effectivement pour objet une puissance transcendant les individus, et qui cause ces expériences. Mais si elles ne représentent pas distinctement la nature de la puissance transcendante, alors, à elles seules, ces expériences ne justifient pas la croyance qu'un Dieu moralement

1. Il y a, bien sûr, d'autres arguments moraux que celui de Kant, mais encore moins convaincants que le sien ; cf. Martin, *op. cit.*, p. 212 *sq.*

2. Une des meilleures défenses récentes de l'argument ontologique est celle de Plantinga (cf, par exemple, A. Plantinga, *God, Freedom and Evil*, Grand Rapids, Michigan, Eerdmans,1977 (première édition : 1974), p. 108 *sq.*), mais elle est critiquée de façon convaincante par de nombreux auteurs, dont Martin (*op. cit.*, p. 93-95). Swinburne, dans sa contribution au présent volume, rappelle qu'il écarte l'argument ontologique.

3. Cf. R. Swinburne, *Is There A God ?*, Oxford University Press, 1996, p. 130.

4. Cf. Swinburne, *op. cit.*, p. 132 et 133.

5. *Op. cit.*, p. 132-133.

parfait existe. (À ce propos souvenons-nous que le théisme orthodoxe, selon O'Connor, est celui de la tradition abrahamique, fondatrice de trois monothéismes, et qu'une des prétendues expériences religieuses d'Abraham, des plus célèbres, est celle d'un Dieu commandant au prophète de tuer son fils.)

Admettons, toutefois, que certaines expériences religieuses aient pour contenu un Dieu représenté distinctement sous les traits d'un être moralement parfait. Cependant, comme le note Tooley, on doit tenir compte de ce que la justification *principale* permettant de juger du caractère moralement bon ou mauvais d'autrui dépend d'une connaissance de ce qu'il fait ou ne fait pas, non point seulement d'une expérience directe de la personne[1]. À côté de cette justification principale, par conséquent, l'expérience directe d'une personne ne peut servir que de justification *secondaire*, corroborant tout au plus la première. Alors, même si des expériences religieuses représentent Dieu sous les traits d'un être parfaitement moral, elles ne suffisent pas à justifier la croyance qu'il est tel. Au surplus, ces expériences ne pourraient pas servir de corroboration à la justification principale *si*, *et tant que*, la question de la valeur de l'argument du mal n'est pas décidée. Car la connaissance de ce que Dieu fait ou ne fait pas, à supposer qu'il existe, est précisément mise en question par l'argument. Tant qu'elle est mise en question, elle ne peut simultanément servir de point d'appui ferme au théiste, à savoir de justification principale. Et si la justification principale fait défaut, elle ne saurait être corroborée.

La discussion menée jusqu'ici est sommaire. Mais elle suffit à montrer que l'athée peut être rationnellement justifié à entretenir un profond scepticisme quant à la valeur des raisons indépendantes en faveur du Dieu du théisme orthodoxe. Certes, les raisons justifiant ce scepticisme ne plaident pas contre la vérité du théisme orthodoxe, ni en faveur de la vérité de l'athéisme. Ce sont des raisons contre la justification de la croyance au théisme orthodoxe. Et nous sommes partis de l'hypothèse purement académique, admise par O'Connor, que l'athée pourrait avoir, lui, de bonnes raisons en faveur de l'athéisme. Si ces conditions sont réunies, l'athée n'a pas de raison de souscrire à une détente. Il est en droit de demander de la part du théiste orthodoxe au moins un déplacement en direction de l'athéisme, même si le déplacement s'arrête près de l'agnosticisme. La demande sera justifiée indépendamment de la question de savoir si le théiste recourt à la défense sceptique face à l'argument empirique indirect. Car la défense n'est d'aucun secours quant à l'évaluation des raisons indépendantes en faveur du théisme orthodoxe. Certes, même si l'athée a raison

1. Cf. Tooley, *op. cit.*, p. 103.

de critiquer les raisons indépendantes en faveur du théisme, l'argument empirique indirect reste bloqué tant que le théiste intègre une défense sceptique. En ce cas, le caractère inamical de l'athée viendra de la perspective, non point d'un avantage sur le terrain du problème du mal, mais d'un avantage prévisible sur celui des raisons indépendantes.

Pour plus de clarté, envisageons à présent tour à tour deux (parmi d'autres) situations épistémiques dans lesquelles l'athée pourrait se trouver face au théiste.

Première hypothèse : l'athée reconnaît que le théiste a certaines raisons (indépendantes du problème du mal) de croire en Dieu, mais il pense que ses propres raisons en faveur de l'athéisme sont plus fortes que celles du théiste. Cela peut se produire de deux manières. (1) L'athée est justifié à croire qu'il bénéficie de plus d'informations empiriques et scientifiques que le théiste; et il est justifié à croire que les raisons du théiste en faveur de Dieu sont trop faibles parce que celui-ci manque de telles informations (par exemple, le théiste interprète tel phénomène empirique comme un miracle parce qu'il est trop mal informé des développements de la science). (2) L'athée est justifié à croire que le théiste surestime la valeur des arguments qu'il utilise (par exemple, le théiste n'est pas suffisamment critique à l'égard des preuves de l'existence de Dieu, ou de la valeur épistémique des expériences religieuses). Dans un cas comme dans l'autre, la position de l'athée à l'égard du théiste reproduit une situation très banale, que nous rencontrons tous les jours à propos de nombreux sujets de controverse. Surtout, pareille situation épistémique ne justifie aucune attitude amicale de la part de l'athée à l'égard du *théisme*, bien qu'elle soit compatible, pratiquement, avec une attitude amicale à l'égard du *théiste*, ce qui est tout à fait autre chose. (En outre, si l'attitude amicale de l'athée envers le théiste ne se fonde pas sur des facteurs extérieurs à la situation épistémique ainsi décrite – par exemple, sur le caractère moral du théiste –, elle ne sera guère plus qu'une sorte de paternalisme condescendant.) Notre discussion de cette première situation n'est pas critique à l'égard de Rowe et de O'Connor. Car, lorsqu'ils envisagent une détente, la situation épistémique qu'ils considèrent est toute différente. C'est la suivante.

Deuxième hypothèse : l'athée pense que le théiste détient de bonnes raisons (indépendantes du problème du mal) en faveur de sa croyance, et qu'elles sont peut-être aussi fortes que les siennes en faveur de l'athéisme. Alors la situation est bien différente de la précédente. Toutefois, si nous avons affaire à un athée philosophe [1], il ne peut être rationnellement justifié à tenir sa croyance pour vraie, et donc celle de son adversaire pour fausse,

1. Nous faisons abstraction des devoirs épistémiques des théistes et des athées qui ne seraient pas des philosophes.

s'il n'est pas justifié à douter profondément de la valeur des raisons alléguées par son adversaire en faveur du théisme[1]. Un philosophe n'a pas le droit de s'isoler dans sa croyance sans examiner les raisons de ses adversaires. Supposons donc qu'il les examine. Et envisageons deux résultats possibles de son examen. (1) L'athée découvre – pour les raisons que nous expliquions plus haut – qu'il est justifié à douter sérieusement de la valeur des raisons avancées par le théiste. Alors on retombe sur la première hypothèse; et l'athée ne sera pas amical à l'égard du théisme, quoiqu'il puisse l'être envers le théiste. (2) Il découvre qu'en dernière analyse les raisons en faveur de la croyance du théiste sont effectivement à peu près aussi fortes que les siennes. Dans ce cas, il devra mettre en balance les raisons de son adversaire avec les siennes, et aboutir à une position proche du scepticisme[2]. Et alors il ne sera plus un athée, du moins il n'est plus un athée certain. Il sera sans doute amical à l'égard du théisme, mais celui qui est amical n'est plus un *athée* (certain).

Dans les deux hypothèses esquissées, la notion d'un « athée amical à l'égard du théisme » ne semble pas pertinente. Une telle position n'est ni exigée, ni justifiée, par les situations épistémiques décrites. En effet, ou bien le conflit reste ouvert aux yeux de l'athée, et alors celui-ci n'est pas amical à l'égard du *théisme*, bien qu'il puisse l'être, pour d'autres motifs, envers le théiste. Ou bien l'athée reconnaît que, tout compte fait, les raisons en faveur du théisme sont approximativement aussi bonnes que les raisons en faveur de l'athéisme, et s'impose alors une position proche du scepticisme; en ce cas, celui qui est amical à l'égard du théisme n'est plus un *athée* certain. (Notons qu'il ne servirait à rien d'objecter que les raisons en faveur du théisme et les raisons en faveur de l'athéisme ne peuvent pas être confrontées et mises en balance parce qu'elles seraient, en un sens, incommensurables. Il est possible de penser aux deux à la fois, avec leurs présupposés et leurs implications, si différents soient-ils.)

Si théistes et athées voient la possibilité de prendre un avantage théorique sur l'adversaire, ils doivent la saisir. Le débat philosophique n'avance qu'à cette condition. En somme, le cessez-le feu paraîtra inacceptable à l'athée si le théiste utilisant la défense sceptique aspire à une théologie naturelle et à une théodicée. Il est également inacceptable pour l'athée qui bénéficierait, par hypothèse, de bonnes raisons en faveur de l'athéisme, et

1. C'est ce qu'illustre le livre de Martin; l'auteur ne conclut à l'athéisme qu'après avoir examiné les raisons avancées en faveur du théisme.

2. Nous distinguons entre le scepticisme décrit et l'agnosticisme tel que l'envisage O'Connor (*op. cit.*, p. XI-XII). L'agnostique décrit par O'Connor dirait qu'il n'y a de bonne justification ni pour le théisme, ni pour l'athéisme. Notre sceptique dirait qu'il y a les deux, et qu'elles s'équilibrent approximativement.

qui serait justifié dans son scepticisme à l'égard des raisons indépendantes en faveur du théisme orthodoxe, même si le théiste utilise la défense sceptique sur la question du mal. Toutefois, convient-il de préciser, on pourrait probablement effectuer une démarche symétrique du point de vue théiste.

Richard GLAUSER

UNE THÉODICÉE ANALYTIQUE EST-ELLE POSSIBLE ?

Toute théodicée est analytique. Le titre énoncé est trompeur. Toute théodicée est analytique en ce qu'elle présuppose une certaine possibilité de former des concepts sur Dieu et le mal, et de formuler des arguments à partir de cette base conceptuelle. Et c'est là tout ce que réclame un discours pour être appelé analytique. Mais la question demeure de savoir quel est le statut logique de tels arguments, et quel type de conclusion ils permettent d'atteindre. Cela dit, tout discours sur Dieu et le mal, quand bien même il serait analytique, n'est pas pour autant une théodicée. J'entends par « théodicée » une argumentation pour *expliquer* l'existence du mal, ou la *justifier, étant admise l'existence de Dieu*, et non seulement pour montrer la compatibilité des deux. On a pu appeler cette seconde stratégie une simple « défense »[1], et on a offert beaucoup d'arguments, *pro* et *contra*, sur la compatibilité des deux propositions :

(1) Un être tout-puissant, parfaitement bon, et auteur du monde existe, Dieu.

(2) Il y a du mal dans le monde.

La *défense* cherche à montrer que l'existence de Dieu n'est pas rendue impossible par la réalité du mal, elle ne présuppose pas l'existence de Dieu, mais lève un obstacle[2]. Une théodicée ajoute à la défense les raisons (ou au

1. La distinction entre théodicée et défense est faite à l'origine par A. Plantinga, « God, Evil and the Metaphysics of Freedom », chap. 9 de *The Nature of Necessity*, Ithaca, Cornell University Press, 1974. J'y apporte quelques réserves dans la note 3.

2. La défense répond donc à l'argumentation dite « athéologique », dont J. Mackie (« Evil and Omnipotence », *Mind* 64, p. 200-12, 1955, repris dans M. Adams, R. M. Adams (éd.), *The Problem of Evil*, Oxford University Press, 1991, p. 25-37 est l'un des initiateurs reconnus dans la littérature contemporaine. La lettre *Salvifici doloris* (Jean-Paul II, *Lettre sur le sens chrétien de la souffrance humaine*, Polyglotte Vaticane, Rome, 1983) offre une argumentation défensive au § 9.

moins une partie des raisons) pour lesquelles le mal est *permis*, sinon causé, par Dieu, ce qui revient, le plus souvent, à se mettre à la place de Dieu, et à chercher les raisons pour lesquelles il a créé ce monde – un monde avec le mal, un monde avec *ce* mal.

En fait, la distinction entre théodicée et défense est peut être moins nette qu'il n'y paraît. Pour montrer que Dieu est compatible avec le mal, il faut ajouter à (1) et (2) des propositions, comme celle de la valeur de la création d'êtres libres, qui pointeront en direction de raisons possibles pour Dieu (pour un Dieu possible) de créer ce monde, quand bien même on en resterait à un plan très général[1]. Je préférerais m'en tenir à l'opposition plus stricte entre la perspective défensive qui cherche seulement à montrer que (1) et (2) sont compatibles, sans poser la vérité de (1), et celle qui pose (1), et cherche à montrer *comment* (2) peut alors être vraie. Il n'est pas nécessaire de dire *pourquoi* Dieu a effectivement créé ce monde, mais seulement de donner une ou des raisons acceptables mais hypothétiques[2]. Cela dit, même si les termes sont pris en ce sens, offrir une théodicée est donc toujours également offrir une défense : si l'on donne les raisons pour lesquelles il y a du mal, ces raisons montrent *a fortiori* que le mal est compatible avec Dieu. Si une théodicée est possible, elle est même préférable, philosophiquement, puisqu'elle fournit un degré d'intelligibilité plus élevé que la défense. Mais une théodicée est nécessaire si l'on veut traiter du mal, ayant admis que Dieu existait. L'argumentation athéologique comme l'argumentation défensive font de (2) une objection à l'existence de Dieu : (2) étant posé, on demande si (1) peut l'être encore. En revanche, si l'on tient déjà que Dieu existe, c'est sur (2) que se porte l'attention, au moins dans un premier temps. Le problème du mal cesse d'être celui de la possibilité de Dieu pour devenir celui de la possibilité du mal. Et répondre à cette

1. D'après A. Plantinga (*op. cit.*), la défense a ce but plus modeste que la théodicée, et cette différence essentielle, qu'elle ne prétend pas « entrer dans les raisons de Dieu ». Il me semble toutefois, que la stratégie de la défense, qui prend chez Plantinga et beaucoup d'autres à sa suite la voie de la défense par la liberté (free will defense), entre en quelque façon dans les raisons de Dieu, dès lors qu'elle prétend montrer que le monde, tel qu'il est, peut être le meilleur des mondes que Dieu pouvait créer. Il est entendu, que Dieu veut créer le meilleur, au nom du principe de raison suffisante, ou pour des raisons morales (voir plus loin). Tout argument qui part de ce principe, assume donc une version, très générale, des raisons ou de la raison qui président à la création. En récusant par la suite le principe du meilleur, pour le seul principe du bien, qui n'impose pas un monde particulier au choix divin, la théodicée dont j'esquisse les lignes est même en retrait par rapport à la défense quant à ses prétentions de dévoiler les raisons de Dieu.

2. Sur la distinction entre *pourquoi* et *comment*, voir M. Adams, « Horrendous Evil and the Goodness of God », *Proceedings of the Aristotelian Society*, Suppl. vol. 63, p. 297-310, repris dans M. Adams, R. M. Adams, *op. cit.*

question : « comment le mal est-il possible ? », c'est entrer en quelque façon dans les raisons de Dieu, offrir une théodicée [1].

Je voudrais argumenter ici en faveur des points suivants : (i) la théodicée doit se développer selon le principe du bien, non selon le principe du meilleur ; (ii) elle doit prouver dans un premier temps que le monde est bon, ou du moins que cela est pensable, et elle le fait ; (iii) elle doit ensuite affronter la question des raisons de créer un monde avec le mal, et elle le fait aussi selon plusieurs niveaux d'argumentations correspondant à plusieurs niveaux d'interrogation qu'il est possible de délimiter analytiquement, tout comme il est possible de déterminer leur portée ; (iv) en dernière analyse, la théodicée doit être précisément distinguée de la réponse religieuse au problème du mal, et ne saurait donc avoir de pertinence pour répondre à ce problème posé dans une perspective religieuse.

I

L'idée que, Dieu étant parfait et la création étant un acte divin, son résultat doit être le meilleur possible s'appuie sur une raison du type : (a) le produit porte la ressemblance du producteur, (b) nous ne pouvons pas néanmoins attribuer purement et simplement la perfection au monde créé par Dieu, puisque nous constatons que ce monde renferme du mal et est donc imparfait. Une solution pourrait consister à nier la réalité du mal, et, au nom du droit (Dieu ne peut rien faire d'imparfait), contester le fait (le monde est imparfait). Le mal ne serait qu'une illusion : tout ce qui est, étant créé par Dieu, est (entièrement) bon. Une telle stratégie, que nous pourrions appeler spinoziste [2], paraît trop indifférente à notre appréciation de la réalité, et nous obligerait à revoir notre échelle de valeurs de telle manière que toute solution moins dévastatrice paraît préférable. Sans prétendre l'avoir réfutée pour autant, je la laisserai de côté en invoquant le forfait de ses supporteurs. Admettons donc que le monde n'est pas parfait, qu'il renferme du mal. Le principe du meilleur semble la seule issue possible pour sauver Dieu de l'objection selon laquelle un tel monde n'a pas pu être l'œuvre d'un créateur parfait, et ne pourrait pas exister s'il y avait un tel créateur (il l'aurait empêché) : de même que c'est la propriété d'être le

1. Une autre manière de dire la même chose consisterait à évoquer la Providence, et à proposer la théodicée comme une investigation de la Providence. C'est, en gros, la démarche de Thomas d'Aquin, voir E. Stump (« Aquinas on the Sufferings of Job », dans E. Stump (éd.), *Reasoned Faith*. Essays in Philosophical Theology in Honor of Norman Kretzmann, Ithaca-London, Cornell University Press, 1993, p. 328-358).

2. Spinoza, *Court Traité*, I, VII, 8, et *Éthique* III, 39, le seul mal est l'affection mauvaise de l'âme (tristesse).

meilleur qui rend raison du choix divin, c'est elle qui justifie la création d'un monde avec ce mal[1]. Il suffit en effet de dire que, si Dieu n'a pas créé un monde parfait, c'est que c'était impossible. En revanche, il a créé le meilleur des mondes possibles. Par « possible », nous entendons la modalité réelle de ce que Dieu peut effectivement faire, sans chercher à préciser ici son rapport avec la modalité logique du non-contradictoire. Le *principe du meilleur*, ainsi entendu, dit que Dieu crée le meilleur des mondes-qu'il-peut-créer[2].

Plusieurs objections me conduisent à éliminer cette stratégie, qui paraît privilégiée par toute tentative de *défense* de Dieu. Elles sont liées au fait que la notion de « meilleur des mondes possibles » renferme l'équivalent d'un double superlatif dont les effets peuvent être inattendus[3]. Tout d'abord, il n'est pas du tout clair que l'expression soit applicable en droit. Dans la formulation de l'argument ontologique, Leibniz demandait que l'on prouvât d'abord la possibilité de l'être parfait, avant d'en démontrer l'existence[4]. Mais, l'existence de notre monde étant donnée, il n'a pas demandé qu'on prouvât la possibilité du meilleur des mondes possibles. Or, cette

1. Leibniz, *Théodicée* § 8 : « Et comme dans les mathématiques, quand il n'y a point de *maximum*, ni de *minimum*, rien enfin de distingué, tout se fait également; ou quand cela ne se peut, il ne se fait rien du tout; on peut dire de même en matière de parfaite sagesse, qui n'est pas moins réglée que les mathématiques, que s'il n'y avait pas le meilleur (*optimum*) parmi tous les mondes possibles, Dieu n'en aurait produit aucun ».

2. Plantinga (*op. cit.*, et « Which Worlds Could God Have Created? », *Journal of Philosophy*, LXX, 1974) estime que Leibniz a commis une faute en jugeant que Dieu avait créé le meilleur des mondes logiquement possibles (celui-ci), alors que la création de créatures libres impose de relativiser à la puissance de Dieu le meilleur des mondes possibles. Selon le principe du meilleur possible entendu logiquement, tout monde meilleur que celui-ci serait impossible en raison d'une incompatibilité interne à l'ensemble des états de choses qui le constituent. Selon le principe relativisé, il y aurait des mondes logiquement meilleurs que celui-ci, mais Dieu n'aurait pas pu les créer. Il semble donc que, selon Plantinga, ce soit encore une limitation de la puissance par le principe de contradiction : il est contradictoire que Dieu crée un monde avec des êtres libres et que ce monde soit sans mal. Le préjugé selon lequel Dieu ne peut faire que le meilleur n'est pas vraiment remis en cause, même s'il est modifié, par Plantinga. Pour une discussion et une défense (nuancée) de la doctrine de Leibniz contre Plantinga, voir Blumenfeld (« Which Worlds Could God Have Created? », *Journal of Philosophy*, LXX, 1975). Leibniz formule lui-même l'objection qu'il pourrait ne pas y avoir un meilleur des mondes possibles (sans bien distinguer le cas où il n'y en aurait pas et celui où il y en aurait plus d'un), mais il argumente à rebours : en ce cas, Dieu n'aurait rien créé, et ce monde n'existerait pas (cf. *Théodicée* § 195-196).

3. Je ne mentionne pas ici l'objection formulée par R. M. Adams (« Must God Create the Best? », *Philosophical Review* 81, 1972, 317-32), puis par R. Swinburne, à plusieurs reprises, selon laquelle Dieu ne doit rien à personne, et ne peut donc être dit léser quiconque en ne créant pas le meilleur des mondes. Car ce n'est pas la seule contrainte que l'on pourrait établir entre un créateur parfait et sa création, voir T. V. Morris (« Perfection and Creation », dans E. Stump, *op. cit.*, p. 234-247), p. 236.

4. *Nouveaux Essais*, IV, 10.

expression est construite sur le même modèle que « le plus grand des nombres possibles », « le plus rapide des mouvements possibles », etc., dont il était le premier à nier l'applicabilité. De même que pour un nombre donné, on peut toujours donner un nombre plus grand, pour un mouvement donné un plus rapide (en droit, en supposant que la théorie de la Relativité n'a pas le dernier mot ...), rien n'interdit de penser que pour un monde donné, on ne puisse en concevoir un meilleur. Les Médiévaux s'accordaient, en général, à penser que Dieu aurait pu créer un meilleur monde que celui-ci, par exemple en ajoutant une espèce dans l'échelle de la nature[1].

Qui plus est, le *principe du meilleur* semble imposer une contrainte, voire une limite à la puissance divine. En effet, ou bien celle-ci n'est limitée que par la contradiction logique, et l'on ne voit pas en quoi un monde meilleur que celui-ci donnerait lieu à une contradiction (c'est possible, abstraitement, mais le tenir pour vrai sans argument autre que le principe du meilleur revient à démissionner); ou bien elle se trouve limitée par d'autres considérations comme l'équilibre du minimum (de dépense) et du maximum (de perfection, rentabilité). Dans ce cas, Dieu n'est pas tout-puissant, mais se trouve dans la situation (difficile) de la concurrence technologique ou commerciale, où il convient de faire la plus petite voiture à l'extérieur qui soit aussi la plus grande à l'intérieur, le produit le moins cher qui soit celui de meilleur qualité, etc. Une telle considération impose une sérieuse révision de notre concept de Dieu. La contrainte est double : 1) la contrainte intellectuelle : si Dieu voit que A est meilleur que B, il doit faire A; 2) la contrainte économique : Dieu doit choisir les moyens le moins coûteux pour le résultat le plus performant, ce qui suppose un effort, une dépense divine, plus ou moins grands[2].

Mais ce n'est pas tout : le double superlatif n'est pas la conjonction de deux superlatifs. La voiture qui est à la fois la plus grande à l'intérieur et la

1. Voir, par exemple, Thomas d'Aquin, *In I Sent.* d. 44, q. 1-2, traduction dans O. Boulnois (*La Puissance et son ombre*. De Pierre Lombard à Luther, Paris, Aubier, 1994). Abélard est une exception à cette vulgate au Moyen Age et se trouve sans doute visé par le texte de Pierre Lombard que commente ici Thomas. Voir, sur Thomas, le commentaire de N. Kretzmann (« A particular Problem of Creation », dans S. McDonald, (éd.), *Being and Goodness : The Concept of Good in Metaphysics and Philosophical Theology*, Ithaca, Cornell University Press, 1991), qui pose la question de savoir si l'impossibilité d'une chose telle que le meilleur des mondes ne rejaillit pas sur la notion d'être parfaitement bon. Il ne me semble pas que cette question soit étayée par des arguments très concluants. Kretzmann montre en revanche que s'il était contradictoire que Dieu fît le meilleur des mondes possibles, cela n'ôterait rien à sa puissance, qui est justement limitée par le principe de contradiction.

2. Voir Leibniz, *Théodicée*, § 129 : « La suprême raison l'oblige de permettre le mal » (pour 1), § 208 : « Les voies de Dieu sont les plus simples et les plus uniformes; c'est qu'il choisit des règles qui se limitent le moins les unes les autres. Elle sont aussi les plus fécondes par rapport à la simplicité des voies. C'est comme si l'on disait qu'une maison a été la meilleure qu'on ait pu faire avec la même dépense » (pour 2).

plus petite à l'extérieur n'est pas la plus grande des voitures à l'intérieur, ni la plus petite à l'extérieur. C'est peut-être la deuxième des voitures les moins grandes à l'intérieur, et la deuxième des voitures les moins petites à l'extérieur. Pour reprendre l'exemple de P. T. Geach, l'homme qui a lu le plus grand nombre de livres dans le plus grand nombre de langues peut n'être ni celui qui a lu le plus grand nombre de livres, ni celui qui connaît le plus grand nombre de langues : il suffit qu'il ait lu un livre dans un nombre de langues supérieur à quiconque a lu dans plusieurs langues [1]. Le meilleur des mondes possibles, si tant est qu'il soit possible, peut n'être pas très bon, ni même pas bon du tout : il suffit qu'il n'y en ait pas de meilleur. Or, si le meilleur des mondes possibles n'est pas bon, mais globalement mauvais, il semble difficile de penser qu'un Dieu parfait ait pu le créer. Ou alors, il faudrait de solides raisons que le principe du meilleur ne fournit pas : par exemple, que la création d'un monde mauvais soit le gage donné par l'une des Personnes de la Trinité dans un jeu sans enjeu, et où la production de quelque chose est totalement indifférente. Mais c'est là une hypothèse gratuite, et plutôt incompatible avec l'idée que nous nous formons de la divinité, donc difficile à accepter.

Cette dernière objection renforce notre refus du principe du meilleur, et en suggère un autre. Un principe auquel Dieu doit être vraisemblablement soumis dans la création est le *principe du bien :* étant parfait et bon, tout ce qu'il fait est parfait ou bon absolument [2]. Mais ces qualifications portent sur les actions, non sur les produits éventuels de ces actions : il peut être bon de produire une réalité imparfaite, par exemple un produit de consommation ayant une durée de vie limitée (une voiture, un téléviseur), afin d'en favoriser le remplacement régulier et de faire ainsi bénéficier le client de l'innovation technologique. Il est vrai que la réalité produite par une production parfaite doit être bonne relativement : meilleure que sa non-production. Mais le degré de bonté de la chose produite ne permet pas de mesurer celle de l'action qui l'a produite, et encore moins celle de son agent [3]. En revan-

1. P. T. Geach (*The Virtues*, Cambridge University Press, 1977), p. 91-94.

2. L'argument de J. Hoffman (« Can God Do Evil ? », Southern Journal of Philosophy 17, 1979, p. 213-220), repris par W. Rowe (« The Problem of Divine Perfection and Freedom », dans E. Stump, *op. cit.*, p. 223-233), selon lequel l'incapacité pour Dieu de faire le mal est une limite (voire une négation de sa toute puissance) me semble mal fondée : c'est encore la non-contradiction qui impose une telle connexion entre l'action divine et la bonté de ses productions. Quant à l'idée que ce serait une négation de la liberté, elle repose sur une conception de la liberté comme pouvoir de faire le mal (et/ou le bien) que je n'endosse pas.

3. Un argument semblable est donné par T. V. Morris (*op. cit.*), en réponse à W. Rowe (*op. cit.*) et P. L. Quinn (« God, Moral Perfection, and Possible Worlds », dans F. Sontag, M. D. Bryant, *God : The Contemporary Discussion*, New York, The Rose of Sharon Press, Inc., 1982, p. 197-213), qui admet le principe suivant, p. 213 : « Necessarily, for all w, w' and x, if w is an actualizable world and w' is an actualizable world and w is a morally better world

che, la contraposition nous permet d'inférer de la mauvaise qualité du produit (total), le caractère imparfait du producteur. Donc la création, au sens du produit total de Dieu, doit être bonne, sans plus[1]. Elle doit être telle qu'il n'aurait pas été meilleur qu'elle ne fût pas, et non telle que rien de meilleur n'aurait pu être fait. Nous pouvons formuler ainsi le *principe du bien :* « X est bon = X est tel qu'il est meilleur qu'il soit plutôt qu'il ne soit pas ». Et nous pouvons alors affronter le problème du mal en ces termes : Le monde est-il globalement bon ? Procédons par étapes.

Premièrement : est-il bon de créer quelque chose (un monde) ? La réponse classique est que, toutes choses égales par ailleurs, l'existence est un bien, pour la chose qui existe, et même en soi. Si l'on ajoute la présupposition de l'existence de Dieu, et celle de la bonté de cette existence, ainsi que la thèse selon laquelle la création procède de l'amour divin, il n'y a pas vraiment de raisons de répondre négativement à la question posée[2]. Mais (2) pose que le monde créé contient du mal. À prendre l'expression de « mal » dans son sens le plus large, on peut lui donner le contenu négatif d'imperfection. (2) signifie alors que le monde n'est pas parfait, et je ne vois pas comment refuser la vérité factuelle de (2), ce qui nous conduit à la deuxième étape, celle de la question : est-il bon de créer un monde imparfait ? Il suffit, pour y répondre, de considérer que Dieu seul est parfait : (2) est donc nécessairement vrai s'il est vrai que le monde existe et n'est pas Dieu. Si Dieu crée un monde, il le crée imparfait, et il crée donc un monde où il y a du mal, en ce sens large (imperfection). Le *problème du mal* ne peut venir que de la nature ou de la quantité d'imperfection, il ne tient pas au seul fait qu'il y ait de l'imperfection. Mais avant d'aborder ce point, il nous faut passer par une troisième étape, celle de la question : est-il bon de créer un monde imparfait et tel qu'un autre serait meilleur ? Nous y avons donné une réponse de principe en substituant le principe du bien au principe du meilleur : tout monde que Dieu peut créer est bon (tel que sa non-existence serait pire que son existence), mais tel que Dieu peut créer un monde meilleur.

than w', then if x is an omnipotent moral agent and x actualizes w', then x is such that there is some possible world in which there is a y such that y is a better moral agent in that world than he (x) is in w' ». La qualification morale n'est pas déterminante ici, mais j'y reviens plus loin.

1. Nous ne pouvons ni appliquer à Dieu l'idée selon laquelle ce sont les actes bons qui *rendent* l'agent bon (principe aristotélicien que l'on peut juger applicable, au moins en partie, aux agents humains), ni celle selon laquelle les actions et leur produits *expriment* parfaitement la bonté de l'agent, puisque, dans le cas de Dieu, sa production est nécessairement imparfaite, et déficiente par rapport à l'agent. L'*expression* de la bonté divine doit néanmoins subsister, mais elle est imparfaite. Cf. T. V. Morris (*op. cit.*), p. 242-244.

2. La seule difficulté viendrait ici d'une incompatibilité entre être créateur et un autre attribut divin. Je ne vois pas quelle incompatibilité pourrait être mentionnée.

Quatrième étape : ce monde est bon. Nous savons que, si le monde a été créé par Dieu, bien qu'il soit imparfait, il est bon. Nous avons posé que le monde était créé par Dieu. Nous pouvons donc conclure qu'il est bon. La *Genèse* donne une confirmation scripturaire à cette conclusion, en faisant état du jugement rendu par Dieu à chaque *étape* de la création, et même amplifié lors de la dernière : cela était *très bon* (1, 31). Mais la simple affirmation que le monde est un monde imparfait, tel qu'un meilleur est possible, et qu'il est néanmoins bon ne rend pas pour autant l'existence du mal intelligible. C'est ici qu'il convient d'entrer dans la théodicée et d'affronter la question de savoir en quoi *ce* monde, un monde avec *ce* mal, est bon. Donner des éléments de réponse analytique à cette question revient à chercher les raisons que Dieu a de créer ce monde, se mettre à sa place par des variations imaginaires, pour former des hypothèses explicatives.

II

Une distinction conceptuelle doit d'abord être faite. L'imperfection propre à notre monde est traditionnellement analysée en mal physique et mal moral. Deux principes de distinction aboutissant à des divisions non superposables peuvent être invoqués : (i) la distinction entre ce qui dépend d'une volonté libre (ou plusieurs) et ce qui n'en dépend pas, (ii) la distinction entre le mal *commis* librement et le mal *subi*. Les deux divisions ne sont pas coextensives parce que des maux subis peuvent dépendre d'une volonté libre (une agression, une punition). Il me semble préférable de donner la priorité au principe (ii) et de compter avec les maux physiques un tort résultant d'une action libre, pour opposer les actions libres, qui sont des maux commis, aux maux subis, qu'ils soient le fait d'agents libres ou non. On peut décider d'appeler les premiers des maux moraux, et les seconds des maux physiques. La distinction classique entre la peine (*malum poenae*) et la faute (*malum culpae*) peut aussi être reprise, sans qu'on entende (toujours) par peine une punition[1]. Toutefois, on peut tenir pour vraisemblable l'idée qu'une peine résultant d'une faute, un mal physique résultant d'un mal moral, est pire que la même peine subie sans qu'une volonté libre soit engagée : il est pire d'être brûlé par un malfaiteur agissant de manière perverse que de l'être par une maladresse, et cela à brûlures égales[2].

1. La notion de peine ou de souffrance morale n'est pas non plus identique à celle d'une peine (mal subi) résultant d'une faute (mal commis), car on parle de peine morale à propos de la mort d'un être cher. Le principe de distinction serait ici celui qui sépare ce qui affecte le corps propre et ce qui affecte le monde du sujet souffrant.

2. Des souffrances ou peines de Job, la pire est peut-être celle qui tient à son apparent abandon par Dieu : dans sa détresse, l'idée que ses peines sont dues à l'indifférence de Dieu,

Dès lors, deux stratégies, au moins, sont possibles, et compatibles entre elles. La *victoire* du bien sur le mal peut être obtenue par une *compensation* du mal dans le monde par le bien, compensation qui doit être comprise non comme un équilibre, qui donnerait la valeur 0 à la bonté globale du monde, mais comme un dépassement du mal par le bien, faisant pencher la balance du côté du bien. Mais le bien peut aussi *justifier* le mal, en le rendant utile pour la production d'un bien, voire en le dénaturant, et en le transformant en bien.

La première stratégie réclame un moyen de comparer globalement les biens physiques et moraux aux maux physiques et moraux. Mais une unité de mesure et une application de cette unité à l'ensemble des maux et à l'ensemble des biens dans le monde sont hors de portée. Admettons qu'une même échelle mesure les biens et les maux, les uns positivement, les autres négativement (comme le grave et le léger) : nous ne savons pas comment comparer la quantité (positive ou négative) de bonté morale à une quantité de bonté physique, par exemple un crime (considéré comme faute du criminel, et non rapporté à ses effets) à un tremblement de terre. Admettons que nous disposons de deux échelles de mesure, et que nous savons, pour tout bien et pour tout mal, le classer dans l'une des deux catégories, morale et physique : nous ne savons même pas comment comparer deux quantités morales (deux actes vertueux ou deux péchés) ni deux quantités physiques (une brûlure et une fracture, un bon vin et un bon film).

Certains principes peuvent sans doute être formulés sans trop de risque d'erreurs, par exemple le principe selon lequel « à qualité égale, le bien/mal affectant un plus grand nombre de sujets est supérieur à celui qui affecte un nombre moindre ». Un tremblement de terre faisant 2000 morts est – toutes choses égales par ailleurs – un mal plus grand qu'un tremblement de terre faisant 200 morts. À ne compter que les morts, on peut sans doute dire que le premier tremblement de terre est également pire (plus grave) qu'un incendie ayant le même bilan que le second tremblement de terre. Mais comment comparer le mal physique consistant dans la perte d'une dent par 32 personnes, et celui consistant dans la perte de ses 32 dents par la même personne[1] ? Et comment comparer les fautes que seraient d'un côté les 32 coups de poings donnés par la même personne à 32 autres, et de l'autre les 32 coups de poing donnés à la même ? Ou encore, la faute consistant à casser une dent à 32 personnes, et celle consistant à casser les 32 dents de la

ou plus encore, la peine consistant en cette indifférence est celle qui l'afflige le plus. La tradition chrétienne considère que des peines subies par le Christ, c'est la considération des péchés des hommes qui l'afflige le plus.

1. R. Swinburne (*The Existence of God*, Oxford, Clarendon Press, 1979) donne cet exemple, mais en fait un autre usage.

même? Ces exemples très simples ne font que rendre plus improbable encore le succès d'une comparaison prenant en compte tous les aspects et tous les genres des biens et des maux.

Ne pouvant comparer que très rarement entre eux les biens et les maux, nous sommes encore plus mal armés pour comparer des biens à des maux. Comment prouver que le déjeuner a été meilleur que le dîner n'a été mauvais? Comment montrer que l'acte de bravoure où un homme a laissé sa vie pour sauver un enfant est un bien (moral) plus grand que le mal de l'infanticide du même enfant deux jours après par un malfaiteur? Faut-il, dans ce dernier exemple, prendre en compte le mal physique (la mort du sauveteur) qui accompagne le bien moral de la première situation (S1), pour qualifier cette situation et la comparer globalement à la seconde (S2) avec son mal moral et son mal physique (formant la valeur globale de (S2) qu'on s'accordera à juger négative), et si oui, le mal moral de (S1) diminue-t-il ou augmente-t-il la valeur globale de (S1)? C'est pourtant une telle comparaison des biens et des maux qui paraît nécessaire à un jugement sur la valeur globale du monde.

En fait, une comparaison des biens et des maux est possible, même en l'absence d'une définition de l'unité de mesure, et des modalités d'application de cette unité, si nous envisageons un rapport du fini à l'infini. Le candidat proposé le plus fréquemment (notamment par la *free will defense*) est la liberté. Mais si l'on peut tenir la liberté pour un bien, il n'est pas du tout évident que ce bien compense les maux que nous connaissons. C'est peut-être vrai, mais sans intuition spéciale ou argument convaincant, il ne me semble pas que l'on puisse le poser sans plus. L'eschatologie traditionnelle permet en revanche de considérer que le bien final l'emporte sur le mal total : non seulement le bien de la vie éternelle sur les maux de la vie terrestre pour un individu, mais le bien final du monde sur les maux d'ici-bas[1]. En effet, un tel bien peut être tenu pour infini en durée, et si tant est que son intensité n'était qu'égale à l'intensité totale des maux d'ici-bas, la limite en durée de ceux-ci assure un bilan finalement positif[2]. Puisque je me limite au bien et au mal des créatures rationnelles, on peut soutenir que le mal enduré par un individu est compensé si, à terme, il ne regrette pas d'exister. La considération de la liberté n'élimine pas forcément un tel regret, mais c'est le cas de toute béatitude digne de ce nom.

1. R. Swinburne (« A Theodicy of Heaven and Hell », dans A. J. Freddoso (éd.), *The Existence and Nature of God*, Notre Dame, Ind., University of Notre Dame Press, 1983, p. 37-54) sur la complexité de l'hypothèse, et sur la théodicée du ciel et de l'enfer.

2. Si le bien des bienheureux est Dieu lui-même, alors l'infinité en intensité est aussi garantie.

Tenons-nous en au déséquilibre en faveur du bien qu'assure l'éternité. Il convient d'ajouter que la rémunération finale assure aussi une rétribution juste des actes libres et tient compte des maux endurés, selon la loi du hasard. L'arbitraire qui pouvait être tenu pour un mal à l'échelle du monde d'ici-bas disparaît donc totalement au profit d'une parfaite justice, à prendre le monde dans sa totalité. Il faut donc penser à une rémunération hiérarchisée des actes méritoires et déméritoires, compte tenu de l'à-valoir que représente la somme des maux subis selon la seule loi du hasard. Enfin, le bien de la vie éternelle ne doit pas être tenu pour un bien seulement physique, mais également pour un bien moral, puisque la vision des bienheureux est aussi un acte libre d'union à Dieu. Même si « moral » n'a plus le sens ou les implications du méritoire et du déméritoire, on peut considérer que le bonheur final est également un bien moral. Un bien moral infini l'emporte encore plus évidemment sur une somme de maux finis.

Il ne s'agit pas ici de prétendre avoir démontré la nécessité de la vie éternelle et celle d'une rémunération finale. S'agissant d'un acte libre de Dieu, il peut ne pas le faire. Mais la version traditionnelle de l'eschatologie rend intelligible la bonté du monde, en proposant de concevoir un autre monde, un *au-delà* qui garantisse par sa nature même la victoire du bien sur le mal. Une telle compensation des biens par les maux, assurément possible, suppose donc qu'il y ait des bienheureux, qu'il y ait des hommes qui se sauvent, sans qu'on ait ici à préciser en quoi consiste leur béatitude et leur salut. Cela ne semble pas impossible, et, aux yeux de la tradition chrétienne, c'est aussi plus que vraisemblable[1].

Cependant, la limite de cette réponse est celle du degré d'intelligibilité qu'elle nous donne du mal concret dans le monde actuel. Si elle justifie, en montrant que le principe du bon trouve une application, la création d'un monde avec du mal en-dedans, et un bien infini au-delà, elle n'explique pas pourquoi Dieu n'évite pas le mal, ou pourquoi il le permet. C'est ce que pourrait faire la deuxième stratégie. En montrant que certains maux sont utiles pour certains biens qui les justifient, on pourrait rendre compte de l'autorisation de ces maux. Il semble ainsi que certains biens moraux ont pour condition nécessaire des maux physiques : pas de patience sans épreuve, de courage sans danger, etc. Et comme certains maux physiques ont pour conditions nécessaires des maux moraux (l'injustice subie a pour condition une injustice commise), certains maux moraux (fautes) peuvent

1. Thomas d'Aquin procède ainsi, au livre III de la *Somme contre les Gentils*, mais il a également en vue la doctrine selon laquelle tout mal serait un châtiment immanent, comme le voulait Maïmonide au nom de la parfaite justice de Dieu et de l'impossibilité d'aucun arbitraire dans la distribution des maux. Pour Thomas, ce n'est que dans une compensation ultime, après la mort, que la justice de Dieu est parfaitement établie. Cet objectif est clairement énoncé dans le commentaire sur le livre de Job. Voir E. Stump (*op. cit.*), p. 334.

être la condition de certains biens moraux [1]. Mais, pour que cette stratégie atteigne son but, il faudrait pouvoir démontrer que les biens ayant pour condition de tels maux les *justifient*. Et pour justifier un mal, un bien doit non seulement être conditionné par lui, mais contribuer avec lui à un tout de bonté globalement positive. Mais, suivant cette stratégie, il n'est pas clair qu'un bien infini comme la vie éternelle soit conditionnée par les maux que nous connaissons.

Si l'on peut admettre que la somme des biens ainsi conditionnés annule au moins la somme des maux qui les conditionnent, rien ne prouve que la somme des maux qui restent ne l'emporte pas sur la somme des biens qui restent. Peut-on dire que la somme des biens conditionnés par des maux est d'une valeur telle qu'elle l'emporte sur la somme totale des maux ? Sans doute la patience peut être tenue pour un bien plus grand qui annule sans (grande) perte l'épreuve (mal physique) qui la conditionne. Mais peut-on dire que le courage montré face à l'agression injuste annule et annule sans (grande) perte le mal moral de cette agression ? Et si oui, est-ce vrai dans tous les cas ? [2] Ajoutons que tous les maux moraux ne suscitent pas systématiquement des actes vertueux, et devraient donc être annulés par les actes vertueux acquis par ailleurs. En l'absence d'un élément de jugement sur ce point, nous devrions plutôt reconnaître que nous n'avons pas de principe d'intelligibilité du bien justifiant un mal moral resté sans réponse : c'est le problème de l'impunité du crime. Par ailleurs, nous constatons que les maux physiques (peines) ne correspondent à aucun principe intelligible de distribution, pas plus que les biens physiques d'ailleurs [3]. Ils sont, les uns et les autres, distribués selon la loi de la chance (Geach). Et là encore, le caractère arbitraire de cette répartition apparaît plutôt comme un mal que comme un bien.

Si la liberté paraît le meilleur candidat parmi les biens que nous connaissons, il ne passe pas clairement le test. On peut à la rigueur admettre qu'elle rend compte téléologiquement des maux physiques et moraux, mais

1. Voir P. T. Geach (*Providence and Evil*, Cambridge University Press, 1977), R. Swinburne (1979 chap. 6, et « The Problem of Evil », dans Steven M. Cahn et David Schatz, *Contemporary Philosophy of Religion*, Oxford University Press, 1982, p. 3-19). R. Swinburne argumente également à partir de la connaissance que les maux nous donnent et qui permet un usage supérieur du libre arbitre. Toutefois, à ce stade de la discussion je n'ai pas encore introduit le libre arbitre, et il me semble que seuls les maux connus seraient ainsi éventuellement justifiés. Or, il en est beaucoup d'inconnus.

2. On reviendra plus loin sur cette argumentation en introduisant un autre bien conditionné par le mal, mais il semble que cette introduction fasse appel à une donnée moins immédiatement accessible que l'argument suivant.

3. Il est entendu que les biens et les maux moraux sont notre fait, et ne réclame pas de principe d'intelligibilité quant à leur distribution, mais seulement, pour les maux, quant à leur quantité.

elle n'assure pas la *justification* du mal, notamment parce qu'elle n'assure même pas sa compensation[1]. On pourrait ici ajouter les réponses données par les deux stratégies adoptées : le mal est compensé par le bien de la vie éternelle, il est justifié par son utilité pour les actes moralement bons qui sont d'ailleurs récompensés par la vie éternelle. Mais ceci n'assure pas une justification du mal par le bien, et n'explique pas, en particulier, la permission des maux qui ne sont compensés que par la vie éternelle (même problème qu'à la fin de la première stratégie).

Notre question n'est plus de savoir si notre monde est bon, mais pourquoi Dieu l'a créé, avec le mal moral et la distribution aléatoire du mal physique qui le caractérisent, c'est la question de Job[2] : Pourquoi Dieu crée-t-il un monde avec *ce* mal ? Une réponse satisfaisante ne semble pas pouvoir être donnée à partir des biens considérés jusqu'ici, y compris la liberté et les actes moralement bons. La mise en évidence d'une justification du mal, qui pourrait satisfaire l'exigence d'explication, réclame la prise en compte des tous les maux connus, particulièrement les plus durs. Il me semble utile de nous tourner ici vers la réponse traditionnelle dans le christianisme, qui introduit des éléments propres à cette doctrine religieuse.

III

Nous devons en fait distinguer deux parties de la question qui porte sur (a) le mal moral et (b) le mal physique arbitraire. Commençons par le mal moral. La réponse traditionnelle est que ce mal n'est pas causé par Dieu, mais seulement permis. L'origine du mal est la créature. Si l'on reconnaît une liberté d'action chez certaines créatures, liberté sans laquelle la notion de mal moral paraît dépourvue de sens, on doit leur reconnaître la capacité d'introduire le mal moral, la faute, dans le monde. Dieu ne peut pas, parce que cela n'aurait pas de sens, créer des êtres libres qui ne puissent pas introduire le mal moral dans le monde. La question devient alors : pourquoi créer des êtres capables d'introduire le mal moral dans le monde ? – Réponse : la liberté est un bien incomparable aux autres biens créés, mais la liberté (créée) comporte nécessairement une telle capacité.

1. Selon R. Swinburne, la valeur des choix libres réclame la réalité et la connaissance de maux naturels qui doivent être réguliers, parce qu'ils obéissent aux lois de la nature, et faire inévitablement des victimes inutiles pour la connaissance que l'on en tire. L'explication me paraît toutefois insuffisante : comment savoir si le mal autorisé par là ne l'emporte pas sur le bien que l'on en tire ?

2. Jean-Paul II (*op. cit.*) § 12.

Mais Dieu aurait pu créer des êtres libres qui ne péchassent point[1]. La notion d'être libre créé qui ne peut pas pécher est contradictoire, et Dieu ne peut donc rien créer de tel. En revanche, la notion d'êtres libres, qui peuvent donc pécher, mais qui ne pèchent pas en fait n'est pas contradictoire. Dieu aurait donc pu créer un monde où les êtres libres peuvent introduire le mal moral (par définition) mais ne le font pas. Une telle affirmation a été souvent contestée par les défenseurs de Dieu, parce qu'elle semble compromettre la perfection divine : si Dieu pouvait créer de tels êtres et ne l'a pas fait, il n'est pas parfait. Mieux vaut, selon eux, poser que la liberté humaine impose une limite à la puissance de Dieu, et montrer que Dieu *ne peut pas* créer un monde sans faute dès lors qu'il crée des êtres libres[2]. Mais, si l'on a refusé le principe du meilleur, il n'est pas nécessaire d'affaiblir ainsi la notion de Dieu : Dieu peut créer des pécheurs potentiels qui ne pèchent pas, et, *toutes choses égales par ailleurs*, un tel monde serait peut-être meilleur que le nôtre.

Par ailleurs, l'idée que la liberté créée impose une limite à la puissance divine tient à une ambiguïté dans la conception de la puissance de Dieu. Il est entendu que Dieu ne peut pas à la fois créer un être libre et déterminer ses actions, car cela serait contradictoire, et la contradiction limite certainement la puissance divine, non comme une contrainte, mais comme une limite conceptuelle. Dieu ne peut donc pas créer A libre et déterminer que A fera x. Mais Dieu peut créer A qui fera x librement ou ne pas le créer. L'idée qu'en créant A libre, Dieu *prend le risque* qu'il ne fasse pas x, *limite* sa puissance à l'égard de x, *ne sait pas* si A fera x etc., me paraît ou triviale ou substantielle mais infondée. Triviale si elle ne dit rien d'autre que A est libre de faire x ou de ne pas faire x ; substantielle mais infondée si elle nous fait concevoir la création divine sur le modèle d'une production dans le temps d'un instrument dont le contrôle est ensuite, volontairement, perdu. Si la création est dépendance totale dans l'existence à l'égard du créateur, A fait ou ne fait pas x librement sans cesser d'être au pouvoir de Dieu. Dieu ne peut pas déterminer A à faire x librement, ou alors la détermination n'est

1. À qui remarquerait que ce sont là des arguties de catéchisme, il faudrait répondre a) que le catéchisme a une forme analytique non méprisable, b) que sa dernière version catholique déclare justement, § 309 : « Il n'y a pas un trait du message chrétien qui ne soit pour une part une réponse à la question du mal ».

2. C'est ce que semble entraîner la conception incompatibiliste de la liberté pour beaucoup d'auteurs à la suite de Plantinga. L'histoire leur donne, bien entendu, de nombreux prédécesseurs.

pas totale. Mais il est la cause permanente de l'existence de A et de ses actions, et cette existence est constamment en son pouvoir[1].

Notre question devient alors : en quoi est-il bon de créer un monde avec des êtres libres pécheurs ? On ne saurait y répondre par la doctrine de la compensation et de la rémunération après la mort : celle-ci nous permet de poser la bonté globale du monde, mais elle ne nous donne pas de raison positive pour créer le monde avec ce mal. L'argument de l'utilité des maux pour susciter des actes moraux positifs a déjà été évoqué, mais il a été reconnu insuffisant[2]. La réponse chrétienne traditionnelle est celle de la Rédemption. Si le mal moral est autorisé, et en un certain sens voulu, par Dieu, c'est parce qu'il se trouve lié à un bien impossible sans lui, et qui le *justifie* assurément : un acte de Dieu qui pardonne, absout, la faute. Or, il n'y a pas de Rédemption sans péché : le lien est conceptuel (ce n'est pas le cas de la relation converse : le péché n'entraîne pas la rédemption, il en est une condition nécessaire mais pas suffisante). Sans doute l'Incarnation du Fils de Dieu, sa Passion et sa Mort, ne sont pas conceptuellement liées au mal moral : une rédemption est possible sans elles, et l'Incarnation est concevable dans un monde sans mal moral[3]. Ce qui n'est pas concevable, c'est une rédemption sans péché à racheter. Or, la bonté du monde que nous connaissons est intelligible si le mal est non seulement compensé dans une autre vie, mais racheté. La rédemption donne un sens au choix de créer un monde avec le mal moral, surtout si elle est le plus grand des biens. On peut sans doute soutenir que cette justification a la forme d'une défaite du mal par le bien : le tout final a une bonté supérieure à celle de sa meilleure partie, le mal a donc contribué à augmenter le bien du tout[4].

La doctrine chrétienne traditionnelle lie le mal physique au mal moral, en disant que le premier est une conséquence du second. Ainsi la faute serait à l'origine de la peine, sans pour autant que tout mal physique particulier

1. Préciser davantage le rapport de l'action divine et de l'action humaine dépasse largement le cadre de cette étude. C'est la nature même de la Providence naturelle qui est en jeu, puis celui de la grâce.

2. La souffrance comme épreuve, telle est la leçon du livre de Job, selon Jean-Paul II (*op. cit.*) § 11. L'argument y est jugé suffisant pour ne pas réserver la question du sens de la souffrance à l'ordre moral (notion de justice compensatoire appauvrit la justice), mais insuffisant pour réponse au problème du mal (§ 12).

3. La valeur de l'Incarnation n'est pas seulement rédemptrice, elle est aussi celle de l'exemple.

4. La notion de défaite a été ainsi analysée par R. M. Chisholm (« The Defeat of Good and Evil », dans M. Adams, R. M. Adams, chap. 3). Voir la présentation qu'en donne W. Rowe (« The Empirical Argument from Evil », dans R. Audi, W. Wainwright (éd.), *Rationality, Religious Belief, and Moral Commitment : New Essays in the Philosophy of Religion*, Ithaca, Cornell University Press, 1986). L'origine peut en être trouvée chez Augustin, voir notamment *Enchiridion*, chap. 100, qui parle d'une transformation du mal en bien.

puisse être considéré comme le châtiment mérité par qui le subit[1]. La doctrine du péché originel a, au contraire, pour effet de dissocier la peine que constituent les maux physiques endurés et le châtiment effectif pour les fautes individuelles. C'est principalement la compensation finale qui est censée rémunérer les mérites et les fautes personnelles. Mais les maux subis ici-bas sont la conséquence d'une faute morale commise par d'autres et héritée, de même que la tendance à commettre des maux (moraux). Que la doctrine soit obscure, que l'on ait du mal à saisir le mode de transmission de cet héritage, et plus encore à voir le bien que la permission d'une telle transmission garantit, c'est aujourd'hui particulièrement évident[2]. Il y a en revanche quelque lumière apportée par la doctrine d'un vice affectant la nature humaine, car c'est là une explication d'une tendance au mal moral, d'une faiblesse incurable, en même temps qu'une explication de ce mal particulier qu'est la mort[3].

Plutôt que d'envisager ici l'intelligibilité d'une telle doctrine, je voudrais m'arrêter à une objection encore plus fondamentale selon laquelle, quand bien même on se donnerait le péché originel et sa transmission, cela n'expliquerait pas en quoi la distribution aléatoire des maux physiques parmi les hommes, sans parler des animaux[4], et spécialement la distribution des maux horribles, est justifiée. L'objection se place sur un plan moral : même si la compensation finale, et la rédemption des fautes, rendent compte de la bonté globale du monde et des raisons de la permission du mal moral, certains maux physiques (la plupart ?) paraissent tels que leur permission semble indéfendable moralement – il y a des maux que l'on ne peut/doit jamais permettre[5]. Donc, soit Dieu n'a pas pu les

1. Voir Jean-Paul II (1983) § 11 : il n'est pas vrai que toute souffrance soit la conséquence d'une faute et ait la nature d'une punition (commentaire sur Job), mais le § 15 soutient que l'on ne peut pas rejeter le critère selon lequel, à la base de la souffrance humaine, il y a un *lien complexe* avec le péché.

2. La théorie de l'évolution est souvent présentée comme un puissant argument contre la doctrine du péché originel.

3. E. Stump (*op. cit.*) compare l'héritage du péché originel à un cancer incurable en phase terminale. Il me semble que la conception qui fait du mal physique la seule œuvre des démons, conception défendue par Plantinga ou par C. S. Lewis, a un relent manichéen qu'évite celle qui voit dans le mal physique une conséquence du mal moral.

4. W. Rowe (*op. cit.*, 1979) fait de la souffrance d'une biche un cas exemplaire de mal physique injustifié ; R. Swinburne (*op. cit.*, 1979 et 1996), P. T. Geach (*Providence and Evil*, Cambridge University Press, 1977) abordent la question, ainsi que Jean-Paul II (1983) § 9, mais pour dire que la souffrance morale est proprement humaine. Je me suis limité au mal (subi ou commis) humain. Voir dans ce volume, la contribution de R. Glauser, et sa discussion de O'Connor.

5. Voir le développement de cette objection dans P. L. Quinn (*op. cit.*). Voir aussi M. Adams (*op. cit.*, 1989).

empêcher, soit il a pu le faire et ne l'a pas fait, et, dans les deux cas, on en revient à une modification substantielle de la conception de Dieu.

Les maux horribles constituent sans doute l'un des plus difficiles défis pour la théodicée. Mais, d'un autre côté, ce sont eux qui rendent aussi la réponse chrétienne plus pertinente que d'autres. En effet, celle-ci veut que le plus grave des maux soit le péché de l'homme (mal moral) en tant qu'il est subi par Dieu (mal physique). Qui plus est, ce qui est spécifiquement chrétien dans cette doctrine du péché est que Dieu ne subit pas seulement le péché comme en étant offensé moralement par la désobéissance, l'indifférence, etc., des hommes, mais qu'il le subit dans la personne incarnée du Verbe divin, Jésus-Christ. L'offense reçue n'altère pas la nature divine, qui est censée demeurer impassible. En même temps, l'offense est réelle, Dieu est réellement offensé. On pourra dire que le fondement de la relation réside dans le seul changement qui se produit dans la créature qui offense, tandis que le changement par lequel Dieu devient offensé est un changement de raison, un *changement de Cambridge*. Mais, dans la mesure où le Christ est à la fois Dieu et homme, les souffrances physiques et morales de la Passion sont de véritables changements dans la personne du Christ, changements qui ont traditionnellement été considérées comme les plus grands des maux subis par une créature. La théodicée doit donc donner un sens à ces maux.

La réponse traditionnelle consiste à dire que ces maux qui manifestent l'*horreur* du péché manifestent aussi, et plus encore, l'*amour* du Rédempteur. Sans chercher à analyser la nature de cet amour, il suffit de noter ici qu'il est considéré comme salvifique, comme permettant la compensation finale, mais aussi comme un bien en soi qui annule, sans perte, le mal auquel il répond. Les souffrances endurées, le mal physique, peuvent être tenus pour nuls : la Rédemption et le bien futur qu'elle garantit les font oublier[1]. Bien plus, puisque la Rédemption est de fait identique à ces souffrances, elle peut être dite transformer en bien ce qui était mal, puisque c'est un bien impossible sans ce mal[2]. Dès lors, l'explication du mal subi par les créatures, aussi horrible soit-il, dépend de la précédente. Le texte dont nous suivons l'argumentation, la *Lettre sur le sens chrétien de la souffrance humaine*, explique que l'amour rédempteur, même s'il efface à lui seul le mal du péché, admet l'addition à l'amour du créateur du rédempteur de l'amour de la créature, manifesté lui aussi dans la souffrance. Une créature humaine peut ainsi, selon les mots de saint Paul, compléter dans sa

1. Voir la fin de Job (19, 25-28) : « je sais que mon Rédempteur est vivant, et que je verrai Dieu ».

2. Sur ce lien avec le pouvoir créateur, cf. Jean-Paul II (1983) § 24 qui parle du caractère créateur de la souffrance : les souffrances du Christ ont créé le bien de la Rédemption du monde. Mais on ne saurait appliquer le même raisonnement au mal moral que la Rédemption rachète : il est une condition de celle-ci, mais ne lui est pas identique ...

chair « ce qui manque aux souffrances du Christ pour le bien de son corps, qui est l'Église ». Si l'on admet une telle additivité de l'amour créé à l'amour increé, et la bonté unique que constitue l'amour rédempteur à travers la souffrance, le mal physique paraît en quelque sorte justifié. Tout comme les souffrances du Christ, les souffrances des hommes sont elles aussi transformés en bien, en source d'un bien impossible sans elles : c'est un sens obvie des béatitudes, qui proclament bienheureux ceux qui subissent divers maux physiques (injustice, chagrin, pauvreté, etc.).

Mais tout mal physique n'est pas ainsi librement ajouté à la Passion du Christ. Outre la révolte que peut susciter, et que suscite peut-être toujours dans un premier temps, l'épreuve d'un mal arbitrairement reçu, il faut prendre en compte les souffrances de qui n'a même pas la capacité d'un tel acte d'amour : c'est le cas de quiconque n'a pas connaissance de la doctrine de la Rédemption. Mais on ne sera pas étonné d'apprendre que la tradition chrétienne voit dans la permission des maux infligés par les circonstances une manifestation de l'amour divin, qui peut faire participer la victime de ces maux aux souffrances du Christ, même inconsciemment. Sans doute, il y aura là une moindre valeur morale, mais le mal effectif de la souffrance n'en est pas moins considéré comme la source et la condition d'un bien infiniment supérieur.

En revanche, il est un mal physique, horrible, et d'autant plus horrible qu'il est sans fin, dont on ne voit pas la justification par un bien qu'il conditionne : l'enfer. Un traitement approprié de cette question nous entraînerait trop loin. Toutefois, puisqu'il a été fait appel à la doctrine du péché originel, et à celle du démon tentateur, le problème de l'enfer est au moins posé par ces créatures spirituelles qui sont censées être éternellement affectées par le mal de la séparation de Dieu, et en souffrir horriblement. Que des hommes connaissent le même tourment ne complique qu'accidentellement le problème posé par un mal physique éternel et sans utilité pour un bien futur. On est tenté, si j'ose dire, de prendre au pied de la lettre la phrase de l'évangile à propos de Judas (quitte à l'appliquer à Satan) : « mieux eût valu qu'il ne soit pas né », dont on voit qu'elle énonce explicitement que cette création viole le principe du bien. Comme Dieu est la cause principale de l'existence de la créature infernale, il semble difficile de justifier cette création-là. L'enfer peut ainsi être tenu pour le mal le plus résistant à l'argumentation de la théodicée, au point que son existence, sa durée ou son effectivité ont pu être mises en doute aussi bien aux temps apostoliques que chez les philosophes contemporains qui défendent avec Origène la doctrine de l'apocatastase[1].

Pourtant, plus que de tout autre mal, c'est bien de celui de la damnation éternelle et de la mort que libère l'amour rédempteur. Et une libération ne saurait être véritable que si ce dont elle libère est véritable. L'enfer doit donc exister, et il ne serait pas l'enfer s'il n'était pas éternel. Quant à penser qu'il soit vide, c'est céder à la représentation spatiale de ce qui doit être conçu comme un état de la créature rationnelle : la séparation d'avec son créateur. Un tel état n'existe que si une créature s'y trouve. On ne peut donc être libéré de l'enfer que si quelqu'un est en enfer. Dès lors que ce point est acquis, il ne semble pas décisif de limiter à un nombre déterminé les créatures infernales. Ce qui à coup sûr constituerait une objection majeure à la bonté du monde avec l'enfer, ce serait la damnation de toutes les créatures rationnelles. Si une seule en était sauvée, le monde pourrait encore être considéré comme bon. Mais on peut penser qu'il y en a plus d'une[2]. Enfin, considérer l'enfer comme un mal seulement physique, au sens de subi, c'est sans doute se méprendre et rendre cette doctrine effectivement inacceptable. En revanche, considérer l'enfer comme un mal moral, celui du refus actif et éternel de Dieu par la créature, c'est y voir la marque du respect par le créateur de la liberté de la créature, en même temps qu'il réalise la rémunération finale de tous les actes moraux. Si quelqu'un est en enfer (éternellement), c'est finalement parce qu'il le veut[3].

IV

Au point où nous en sommes, deux remarques me semblent à propos. 1) La théodicée se caractérise par un jeu de questions et de réponses qui suscitent de nouvelles questions, souvent plus délicates. Mais ce n'est pas pour autant un piétinement, moins encore une reculade. Chaque réponse apporte un élément d'intelligibilité, certes non définitif, mais légitime et satisfaisant à sa mesure. Chaque réponse marque donc un *progrès*. Il n'en irait pas ainsi dans le cas d'une défense : la question suscitée par la réponse antérieure aurait pour effet de suspendre l'efficacité

1. Voir M. Adams (« The Problem of Hell : A Problem of Evil for Christians », dans E. Stump (éd.), *op. cit.*, p. 301-327 1993). Jean-Paul II (1983) § 14 y reconnaît le vrai problème du mal.

2. Selon la tradition, c'est le cas de tous les saints, qui constituent, aux yeux de l'Église catholique, un ensemble non vide, puisqu'elle a engagé son autorité dans la reconnaissance officielle de certains d'entre eux.

3. Pour davantage de précisions philosophiques sur l'enfer, et sa conceptualisation, voir Geach, *Providence and Evil*.

de la défense à la nouvelle réponse, car tant que l'on n'a pas montré la compatibilité du mal et de Dieu, l'aporie de son existence demeure. Dans notre perspective, nous cherchons seulement à comprendre comment et pourquoi le mal est possible, et rien ne s'oppose à ce que nous progressions par étapes. 2) L'introduction d'éléments appartenant à la doctrine chrétienne semble nous faire passer de l'argumentation philosophique à une perspective religieuse. Cependant, nous ne les avons faits intervenir qu'à titre d'hypothèses explicatives, non comme dogmes de foi. Ils n'ont ici pour fonction que de fournir une intelligibilité possible du mal dans un monde créé par Dieu. C'est plutôt sur la base de leur complexité, de leur invraisemblance, voire de leur éventuelle impossibilité logique ou conceptuelle, qu'il conviendrait de les récuser. Il ne me semble pas que l'origine diverse des éléments de réponse donnés au problème du mal suffise à marquer une différence argumentative. On peut traiter, analytiquement, du péché originel et de la Rédemption, du diable et de l'enfer. Ce sera un traitement à pertes sans doute, du point de vue du croyant, mais un traitement possible et légitime[1].

C'est cette perte éventuelle, la distinction que nous faisons entre le point de vue analytique et le point de vue religieux, qu'il convient maintenant de préciser, analytiquement.

On a souvent souligné le caractère inefficace, voire scandaleux, de toute théodicée adressée à celui qui fait *hic et nunc* l'expérience du mal. On a également soutenu que certains maux, les horreurs ou *maux durs* (*horrendous evils* ou *hard evils*), que rien ne semble justifier, résiste à l'argumentation analytique, là où d'autres maux, les *maux doux* (*soft evils*), auraient pu être admis. Les réponses ont traditionnellement été que la théodicée n'a pas pour but, ni pour effet, d'apporter le soulagement ou la consolation, mais seulement une explication rationnelle. Celui que la souffrance rend indifférent ou rebelle à cette discussion a sans doute besoin de tout autre chose que d'une argumentation analytique. Toutefois, si la question du mal a bien été restreinte dès le départ au problème de la cohérence et de l'intelligibilité, il faut seulement en conclure qu'on ne devrait l'aborder qu'avec celui que les circonstances laissent raisonner en paix : tous les hommes en droit, peut-être peu en fait. Quant aux maux intolérables, ils peuvent être invoqués de deux manières : ou bien par un recours à l'émotion suscitée, qui met l'interlocuteur dans la situation existentielle décrite à l'instant – et une réponse semblable doit lui être apportée ; ou bien par une considération d'ordre moral, selon laquelle certains maux ne sont

1. Je préférerais parler d'argumentation théologique, entendant par « théologie » le discours analytique sur Dieu qui accepte à titre de prémisses les divers éléments d'une révélation (et non la seule théologie rationnelle dont la théodicée est à l'évidence une partie).

jamais acceptables moralement, et nous ne pouvons pas accepter que Dieu les ait autorisés s'il pouvait les empêcher. C'est à cette deuxième formulation de l'objection que nous avons tenté de répondre par des arguments de théodicée analytique montrant quelle raison peut rendre bonne l'autorisation de ces maux.

On peut douter qu'une telle réponse soit convaincante. Il me semble que la question de l'autorisation de l'horreur est celle qui est la plus propre à confondre la perspective analytique et la perspective religieuse. Reprenons les choses dans l'ordre. Je viens de distinguer la dimension existentielle de l'expérience du mal et la dimension rationnelle et impersonnelle de son explication. Une explication ne faisant intervenir que des éléments philosophiques et une explication faisant état du contenu d'une doctrine religieuse sont également impersonnelles. L'expérience du mal suscite moins la question impersonnelle qui nous a occupés jusqu'à présent – « pourquoi le mal ? » – que la question existentielle – « pourquoi moi ? », ou « pourquoi lui ? », ou « pourquoi çà ? ». C'est-à-dire une question portant sur un mal donné, affectant un ou des sujets donnés, la véritable question de Job. La réponse de la théodicée paraît inappropriée en ce qu'elle est forcément générale et n'est pas *ad hominem*, comme la question était *ab homine*. Une autre manière de présenter les choses reviendrait à dire que la question existentielle du mal est liée aux *qualia* du mal éprouvés par qui interroge, tandis que la réponse est indifférente aux *qualia*[1]. De même qu'une explication de sa maladie au malade ne répond pas à sa demande, qui ne cherche pas le diagnostic pour lui-même, mais pour le soin. L'intervention médicale soignera les *qualia* en leur substituant ou en leur ajoutant d'autres *qualia*.

J'entends par réponse *religieuse* au sens propre justement celle qui prétend soulager plutôt qu'*expliquer*. Elle est une réponse *ad hominem*, adaptée à la question posée. On ne peut donc pas l'identifier par son seul contenu, impersonnel, il faut pouvoir mesurer son *impact* lors de la réception par l'individu. Autant dire que le caractère religieux de la réponse est incommunicable comme le sont les *qualia* du mal. Une même explication, une même proposition, sera reçu religieusement par l'un et théoriquement par l'autre. Il en est ainsi, par exemple, de la proposition selon laquelle les souffrances endurées sont une participation à la Passion du Christ, et peuvent ainsi acquérir une valeur rédemptrice, qui les fait compter aux nombres des biens et non des maux. Le malade qui accepte religieusement cette explication s'en trouve soulagé, et se réjouit dans sa douleur. Mais ce

1. Une question existentielle peut porter sur les maux endurés par autrui, mais elle ne sera existentielle que si la souffrance d'autrui est cause de souffrance pour celui qui interroge. Sinon, autrui ne sera qu'un exemple concret pour poser la question impersonnelle du mal.

n'est pas la compréhension analytique de la proposition qui le soulage : aucun effet n'est garanti *a priori*. Plus généralement, il en va ainsi, pour le sujet qui nous occupe, de la doctrine de la consolation divine, non la consolation de la philosophie, mais la consolation du Saint Esprit[1].

Toutefois, on pourrait opposer à ces remarques que l'efficacité des doctrines religieuses tient surtout à l'ensemble des pratiques, à une adhésion préalable à un corps de doctrine sur le fond de laquelle une assertion prend son sens, etc. L'expérience montre néanmoins une extrême diversité de réactions religieuses, avec ou sans *background knowledge*. Quoi qu'il en soit, je voudrais surtout souligner que la nature religieuse d'une réponse au problème du mal tient d'une part à sa pertinence *ad hominem*, et d'autre part au fait qu'elle ne vient pas résoudre le problème théorique du mal, mais plutôt la dimension pratique : comment en sortir, comment en être délivré. La réponse religieuse est de l'ordre de la guérison, du salut. Et pas seulement, ni même premièrement, pour le mal physique (subi). La question religieuse concerne peut-être davantage le mal commis, le péché, *mysterium iniquitatis*. Et la réponse religieuse est une explication qui est reçue comme une absolution[2].

Son caractère explicatif peut ne pas apparaître, et le contenu peut même sembler parfois proche de la contradiction. Ainsi la phrase de saint Paul selon laquelle « Dieu a fait péché celui qui n'a pas connu le péché » (2 Cor 5, 21)[3], semble dire que Dieu, le bien parfait, est devenu le mal par excellence, le mal moral. Il est clair que ce ne peut être le sens de la phrase, et que sa valeur religieuse ne peut pas être liée à une telle lecture. Nous touchons ici la limite de la théodicée, et il intéressant de noter qu'une telle phrase peut être avancée en réponse à la question des maux horribles (*hard evils*). Si Dieu lui-même a voulu éprouver les maux horribles, et notamment ceux qui dépendent de fautes, au point d'être comme la réalisation physique du mal moral, les ressources de l'analyse impersonnelle sont insuffisantes, et devraient plutôt conduire à juger absurde une telle doctrine. Seule une acceptation religieuse de la phrase de Paul lui donne une efficacité qui rejaillit sur son intelligibilité : le pécheur se sent confondu devant la portée de sa faute qui atteint Dieu plus qu'il n'aurait pu le soupçonner, et devant la miséricorde divine qui conduit à une telle kénose. Le reproche fait à Dieu d'avoir consenti à une action immorale en permettant les maux horribles

1. La doctrine de la consolation par le Saint Esprit (voir E. Stump, *op. cit.*) réduit la réalité du mal, au moins pour celui qui l'éprouve, et peut même l'effacer subjectivement. Elle permet de ne pas voir dans la doctrine de la souffrance rédemptrice un dolorisme inhumain, tout en ne le dépassant que par une attitude religieuse.

2. Dostoïevski cité pour le mal physique (*Les Frères Karamazov*, discours d'Ivan en I, III, v) offre bien plus d'exemples du souci de la délivrance du mal moral ...

3. Voir le commentaire dans Jean-Paul II (1983) § 18.

affectant les créatures paraît « déplacé », eu égard à la disproportion du mal subi par celles-ci et de celui enduré par Dieu lui-même. Or, si ce dernier mal est source de biens, et donc, en fait, globalement un bien, et si les maux horribles soufferts par les créatures peuvent en être partie prenante en quelque façon, leur acceptation devient possible, voire aisée, ou même libératrice. En un sens, la souffrance apparaît comme un bien nécessaire au bonheur final, et son absence comme un mal beaucoup plus grave [1].

Toutefois, cette explication reste encore analytique, et ne consolera personne du seul fait de son contenu intelligible. C'est la perspective religieuse, par laquelle l'individu, et la communauté, se considèrent affectés par ce qu'elle exprime, qui pourra y voir une réponse au problème existentiel du mal. Or, cette perspective n'est pas universellement partagée, et chacun peut en faire abstraction. En revanche, l'expérience du mal est telle que l'on ne peut en faire abstraction, dans le temps de cette expérience, pour s'en tenir au plan conceptuel. Et l'expérience du mal est universellement partagée. La réponse au problème du mal n'est donc pas symétrique de la question qui l'énonce. Une telle symétrie n'existe que lorsque la question en reste au plan conceptuel, celui de la compatibilité de la création par Dieu et de la réalité du mal, question que la théodicée propose de résoudre en cherchant à pénétrer les raisons divines. L'introduction d'éléments de réponse tirés d'une doctrine religieuse particulière peut faire reculer le problème : l'entreprise de la théodicée (« théologique ») pourra être menée, tant que ces éléments sont intelligibles. Mais elle devient impuissante quand la question prend un tour existentiel, tour que chacun peut lui donner. Ajoutons néanmoins, comme limite à cette asymétrie, qu'une réponse religieuse au problème du mal fait résider dans l'amour le bien qui annule le mal et qui lui donne son sens. Certes, l'amour en question est celui de Dieu, et sa reconnaissance n'est pas non plus universellement partagée. Mais il n'est pas sans rapport avec l'amour des créatures, qui fait aussi l'objet d'une expérience universelle et qui est aussi irréductible au concept que le mal éprouvé. L'expérience de cet amour créé, sous ses diverses formes, et l'appréciation de sa supériorité dans le bien sur le mal moral ou physique, rendent plus accessible et plus *probable* la doctrine de la Rédemption par l'amour incréé.

Enfin, pour terminer, je voudrais rappeler qu'il y a bien un discours proprement religieux portant sur le mal, irréductible à l'argumentation

1. Grégoire le Grand soutient, paradoxalement, que celui qui ne souffre pas doit craindre plus que celui qui souffre. Et E. Stump, poursuivant l'image du cancer du péché et de la chimiothérapie de la Rédemption, écrit : « If suffering is the chemotherapy for spiritual cancer, the patients whose regimen doesn't include any are the only ones for whom the prognosis is really bad » (E. Stump, *op. cit.*, p. 345).

analytique, sans pour autant délaisser tout contenu intelligible : celui qui est adressé *ad hominem*, sur le mode de la prière ou du conseil. Ni l'une ni l'autre ne sont vrais ou faux, ce ne sont pas des discours déclaratifs. Ils ne proposent donc pas – du moins en tant que prière ou conseil – d'argumentation rationnelle en vue d'une conclusion. En revanche, ils présupposent l'efficacité du contenu intelligible de la doctrine dont ils se réclament, et se présentent comme de véritables remèdes. « Vous avez été rachetés à grand prix, glorifiez Dieu dans votre corps » (1 Cor 6, 20) : la première phrase à l'indicatif résume la doctrine de la rédemption, Paul en présuppose la vérité et la réception religieuse (l'efficacité) [1] ; l'impératif qui la suit n'est ni vrai ni faux, mais il est censé apporter le réconfort et engager une pratique religieuse. Le discours religieux chrétien fait de la souffrance un gage de l'assistance divine et de la gloire future, et use de cette identification, comme le montrent les nombreuses citations pauliniennes exaltant la « parole de la croix » mentionnées par la *Lettre sur le sens chrétien de la souffrance humaine* (Jean-Paul II, 1983) [2].

On peut d'ailleurs remarquer que ce dernier texte renferme les deux formes de discours : celui de la théodicée dans une première partie analytique (position du problème du mal et réponse par l'amour rédempteur, puis par la participation aux souffrances du Christ) et celui de la consolation religieuse (« L'évangile de la souffrance ») suivie par l'exhortation à l'action (« le bon samaritain » [3]) dans une seconde partie que l'on pourrait qualifier de religieuse. Faisant de la relation personnelle avec le Christ la véritable réponse au problème du mal, elle présente la réponse religieuse comme supérieure à la réponse analytique : « La réponse qui vient à travers cette participation <aux souffrances du Christ>, par la rencontre intérieure avec le Maître, est en elle-même plus que la réponse purement abstraite à la question sur le sens de la souffrance. Car c'est avant tout un appel. C'est une vocation. Le Christ n'explique pas abstraitement les raisons de la souffrance, mais il dit avant toute autre considération : « Suis moi ! » Viens ! Prends part à travers tes souffrances à cette tâche du salut du monde, un salut réalisé par mes souffrances ! Prends ma croix ! Peu à peu, *au fur et à mesure que l'individu prend sa croix*, s'unissant spirituellement à la croix du Christ le sens salvifique de la souffrance lui est révélé. Il ne découvre pas

1. Voir aussi ce mot de Pierre : « Vous savez que vous avez été rachetés des égarements de vos pères, non par des biens périssables comme l'or ou l'argent, mais par le précieux sang du Christ, comme celui d'un agneau sans tâche » (1 P 1, 18-19).

2. Voir en particulier § 20, 2 Cor 4, 8-1 (appel à porter dans son corps la mort de Jésus); 2 Cor 1, 5 (partage des souffrances du Christ); Rom 12, 1 (présenter son propre corps en sacrifice); Gal 2, 19-20 (ce n'est plus moi qui vis, c'est le Christ qui vit en moi).

3. Il s'agit de l'action devant la souffrance opposée à la résignation qu'une telle glorification de la douleur pourrait entraîner.

ce sens à son propre niveau humain, mais au niveau de la souffrance du Christ. En même temps, cependant, le sens salvifique de la souffrance descend de ce niveau du Christ au niveau de l'homme et devient, en un sens, la réponse personnelle de l'individu. C'est alors que l'homme trouve dans sa souffrance la paix intérieure et même la joie spirituelle » (§. 26)[1]. En dernier terme, la réponse au problème existentiel du mal ne peut être donnée que par l'individu même qui pose la question.

« Tout concours au bien de ceux qui aiment Dieu », telle est la doctrine de l'assomption du mal subi et offert en sacrifice[2]. Elle est en parfait accord avec le principe du bien, et permet à chaque individu de prolonger la théodicée analytique par une réponse religieuse.

Cyrille MICHON

1. La réponse religieuse est supérieure à la réponse analytique, mais le discours qui fait cette évaluation après cette distinction se veut à la fois analytique et religieux, ou plutôt, il introduit l'analyse dans le discours religieux. C'est pourquoi je n'ai pas cru devoir m'en interdire l'usage.

2. Commentant ce passage de l'épître aux Romains, Thomas d'Aquin remarque que « tout » embrasse non seulement les maux physiques, mais également les péchés, qui, par l'humilité que leur reconnaissance suscite, et par la grâce de leur pardon, sont source de plus grandes vertus. *Super ad Romanos*, 8, 6 (*Commentaire sur l'épître aux Romains*, trad. fr., par J.-E. Stroobant, Paris, Cerf, 1999).

DIEU ET LE RISQUE : UNE PERSPECTIVE AUGUSTINIENNE

Afin de préserver une liberté humaine, en un sens libertarien, dans un univers créé et conservé par Dieu, certains philosophes affirment que personne (pas même un Dieu omniscient) ne peut savoir de façon infaillible les actions futures libres des gens. Il semble s'en suivre que le futur est ouvert pour Dieu, qu'il prend des risques en gouvernant sa création. Une telle conception, défendue entre autres par Richard Swinburne, doit être distinguée d'une position plus radicale, soutenue, par exemple, par A. N. Prior et Peter Geach, qu'il n'existe pas de futur que quiconque puisse connaître puisque le futur est « présent dans ses causes ». Plus récemment, la thèse que Dieu prend des risques en gouvernant l'univers a été développée par William Hasker et d'autres, et ses implications pour des activités telles que la prière et la prophétie ayant été examinées sont apparues comme tout à fait bienvenues. Ces auteurs considère que cette thèse, qui a été appelée la thèse de « l'ouverture de Dieu », possède des mérites religieux et théologiques[1].

1. La thèse de l'ouverture a été élaborée dans Clark Pinnock, Richard Rice, John Saunders, William Hasker, et David Bassinger (éds.), *The Openness of God*, Downers Grove, Ill., Inter Varsity Press, 1994, et dans William Hasker, *God, Time and Knowledge*, Ithaca, Cornell University Press, 1989. Voir aussi Peter Geach, *Providence and Evil*, Cambridge University Press, 1977, chap. 2, et Richard Swinburne, *The Coherence of Theism*, Oxford, Clarendon Press, 1977, 1993. On peut trouver la conception d'A. N. Prior dans « The Formalities of omniscience », dans *Papers on Time and Tense*, Oxford, Clarendon Press, 1968.

QUELQUES AFFIRMATIONS

Il y aurait au moins deux façons de comprendre le problème du rapport entre Dieu et le risque. On pourrait s'interroger pour savoir si Dieu choisit de prendre des risques en gouvernant l'univers, ou si Dieu prend nécessairement des risques. J'essaierai de développer un argument pour montrer qu'il n'y a pas de raison contraignante de penser que Dieu prenne d'une façon ou d'une autre des risques.

Je considère que le risque en question ne concerne pas la simple ignorance, cette sorte de risque pris quand on devine la date sur la pièce de monnaie dans sa propre poche, mais ce qu'on pourrait appeler le risque « réel », quand il y a une possibilité réelle que l'univers ne soit pas, ou ne soit pas conduit à être, de la manière dont Dieu, en le gouvernant, souhaitait, voulait ou avait l'intention qu'il soit. Dès lors, le risque en question possède une dimension ontologique ou métaphysique. De plus, même si la question n'implique pas strictement que Dieu *réellement* joue et perde, je considérerai que la question implique bien cela[1]. (Il est parfaitement possible de supposer que Dieu pourrait prendre des risques en faisant tel et tel arrangement, mais que rien dans cet arrangement ne tourne autrement que de la façon dont il voulait que cela tourne, comme lorsque je prends un risque en traversant une rue très passante, mais que néanmoins je la traverse sain et sauf.) Je supposerai encore que le gouvernement en question est intentionnel, que c'est un gouvernement en termes de moyen et de fins ; un carburateur gouverne le mélange d'air et de fuel dans un moteur, mais ce faisant il n'a aucune fin supplémentaire, alors que les carburateurs sont installés par des ingénieurs pour rendre possible de telles fins supplémentaires.

Le gouvernement divin en question est donc intentionnel, et c'est aussi pour la plus grande part ce que j'appellerai un gouvernement positif. Dans un gouvernement positif, le gouvernant est la cause de ce qu'il gouverne. Finalement, je supposerai que les risques en question ont une certaine signification ou importance[2].

1. Bien sûr, cela suppose que Dieu soit passif, mais je ne discuterai pas ce problème ici, pas plus que je ne discuterai, dans la perspective du « risque », les implications du fait que Dieu soutienne l'univers.

2. Il serait difficile, si ce n'est présomptueux, de dire ce qui est signifiant ou important pour Dieu, et ce qui ne l'est pas. Mais, disons, si l'arrangement exact des molécules dans morceau de charbon n'est pas pour lui signifiant ou important, et s'il y a des structures et des mécanismes qui, indépendamment de tout ce qui par ailleurs est important pour Dieu, déterminent l'arrangement des molécules dans un morceau de charbon, alors le fonctionnement de ces structures et mécanismes ne doit pas être sujet du gouvernement positif de Dieu.

Une personne pourrait simplement gouverner une situation en empêchant tout événement dont il ne veut pas qu'il arrive, comme un videur à l'entrée d'une boîte de nuit. Sur ce modèle, si Dieu adoptait une telle stratégie à l'égard de tous les événements quand ils adviennent, on dirait certainement de lui qu'il gouverne l'univers, qu'il est « au contrôle ». Pour de tels modes de gouvernement – dont sans doute il y a de nombreuses variétés – nous parlerons de gouvernement négatif[1].

Étant donné un sens fort, libertarien, de la liberté, beaucoup considèrent que la prescience divine parfaite, l'omniscience divine telle qu'elle est reliée à ce qui est futur, élimine le risque, parce que Dieu sait d'avance ce qui adviendra. Une telle prescience suffirait pour éliminer le simple risque épistémique, bien sûr, mais l'univers pourrait néanmoins, à bien des égards se présenter autrement que ce à quoi Dieu s'attendait ; il aurait donc ainsi été risqué à créer – risqué, mais sans surprise pour Dieu. Or ce n'est pas en ce sens que je vais aller ici. Je supposerai plutôt que la prescience divine est incompatible avec la liberté humaine.

Certains ont affirmé qu'un gouvernement divin, au sens où il ne saurait être question de risque, est compatible avec une conception libertarienne de la liberté, à condition de faire appel à la connaissance moyenne de Dieu, mais je supposerai qu'une connaissance moyenne conduit à deux difficultés qui la rendent peu plausible, même si je ne discute pas ces difficultés ici.

Compte tenu des affirmations précédentes, la principale conception alternative à celle qui sera soutenue ici est celle à laquelle on fait parfois référence comme la conception « ouverte ». Selon cette conception, Dieu n'a pas une connaissance infaillible du futur (même s'il a des croyances innombrables et bien informées sur le futur)[2]. Il prend donc nécessairement des risques. Dans la partie conclusive de cet article j'explorerai brièvement deux conséquences de cette conception.

Dès lors, dans ce qui suit, nous examinerons l'idée du gouvernement divin de l'univers en supposant que ces positions médianes, l'affirmation que la prescience divine est compatible avec la liberté humaine indéterministe, et la connaissance moyenne, sont récusées.

1. Pour une exploration plus importante de certains de ces problèmes, voir Nelson Pike, « Overpower and God's Responsability for Sin », dans Alfred J. Freddoso (éd.), *The Existence and Nature of God*, Notre Dame, Notre Dame University Press, 1983.

2. C'est la conception élaborée par Clark Pinock, Richard Rice, John Saunders, William Hasker et David Basinger (éds.), *The Openness of God* (Downers Grove, Ill., Inter Varsity, 1994) ; William Hasker, *God, Time and Knowledge* (Ithaca, Cornell University Press, 1989). Des conceptions de cet ordre sont aussi examinées par Peter Geach, *Providence and Evil* (Cambridge University Press, 1977), chap. 2 ; Richard Swinburne, *The Coherence of Theism* (Oxford, Clarendon Press, 1977, 1993).

Il est évidemment très difficile, sinon impossible, de justifier de façon convaincante et *ab initio* une thèse philosophique. De plus, dans l'espace d'un court article, il n'est pas possible de proposer des versions plausibles d'un assemblage complet de convictions, d'observations et d'arguments qui pourraient donner un fondement à une réponse négative à la question. Je serai satisfait – je devrais être satisfait – si ce que je présente comme une réponse négative à la question peut être rendu plausible, et j'essaierai de la rendre plausible de plusieurs manières. Premièrement, en affirmant qu'il y a une présomption initiale en sa faveur; puis je tenterai de clarifier la position à l'égard d'une mécompréhension et de rejeter certaines objections qu'on lui fait, particulièrement, une objection centrale; enfin je soulèverai une difficulté contre la conception opposée.

LA PRÉSOMPTION DE TOUTE PUISSANCE ET D'OMNISCIENCE

Mon argument philosophique positif permettant de présumer que Dieu ne prend pas de risque en gouvernant l'univers dérive des idées de toute-puissance et d'omniscience divines. Nous pouvons distinguer entre la connotation et la dénotation (ou entre le sens et la référence) des expressions telles que un « être omniscient » ou un « être tout-puissant ». Pour rendre la chose plus facile, et parce que cela figure de façon plus centrale dans le problème du contrôle divin que ne le fait l'omniscience, considérons principalement la toute-puissance, sans pour autant ignorer l'omniscience. Supposons aussi, ce qui se fera à peu près sans controverse dans le cas présent, que la dénotation d'« un être tout-puissant » est Dieu et lui seul.

La connotation de toute-puissance, « avoir un pouvoir, une force ou une influence illimités ou très grands » (*Shorter Oxford Dictionary),* peut aussi sembler ne pas être objet de controverse. Si Dieu est tout puissant, alors il a un pouvoir illimité ou très grand. Mais (comme on le sait très bien), les choses deviennent plus difficiles quand nous nous interrogeons plus précisément sur la connotation de la toute-puissance; quelles sont exactement les limites que la toute-puissance n'a pas et quels sont les très grands pouvoirs qu'un être tout-puissant possède ? Par exemple, est-ce que ce Dieu fait peut être « limité » par les lois de la logique, par la marque distinctive des principes moraux ou des lois morales ou même par la nature de Dieu lui-même ? Dieu peut-il faire, par un acte de son pouvoir, que 2+2 = 5 ou que l'adultère soit moralement permis ? Deux personnes peuvent être d'accord que Dieu seul est tout-puissant, mais être en désaccord sur le connotation du terme. Ainsi, alors que Thomas d'Aquin croyait que le pouvoir de Dieu était sujet aux lois de la logique, Descartes pensait autrement. Il y a donc un désaccord philosophique entre les principaux philosophes sur la connotation d'« omipotence » en tant que cela s'applique à Dieu.

C'est la même chose avec l'omniscience. L'omniscience pourrait être définie comme la connaissance de toutes les vérités, mais l'omniscience est limitée par ce qu'il est possible à Dieu de connaître et certains ont affirmé qu'il n'est pas possible à Dieu de connaître le futur, puisqu'il n'y a pas de futur à connaître (quoique Dieu pourrait, on peut le supposer, avoir des croyances au sujet du futur), et qu'il n'est pas possible pour lui de connaître en quoi consiste d'être une chauve-souris ou ce que je fais maintenant.

Il y a donc place pour un désaccord au sujet de la connotation précise de « la toute-puissance » ou de « l'omniscience ». Cependant, quand on réfléchit sur le concept de Dieu de manière philosophique, cela semble être un principe raisonnable que *les termes en « omni », tels que « tout-puissant » et « omniscient », soient appliqués à Dieu dans la plus large connotation possible* (Principe A). Ainsi, le terme « tout-puissant » est appliqué de façon plus appropriée à Dieu quand il connote un pouvoir sur beaucoup de types d'actions et d'événements que lorsqu'il connote un pouvoir sur peu de types d'actions et d'événements. De plus, le terme est appliqué de façon plus appropriée à Dieu quand il connote non pas un pouvoir sur un nombre limité d'occurrences de chaque type d'action sur lequel il s'exerce, mais un pouvoir sur de nombreuses occurrences de chaque type d'action. On raisonne de la même façon pour l'étendue de l'omniscience. Après tout, c'est pour rendre l'idée de maximalité qu'on emploie au sujet de Dieu ces termes en « omni » et il doit donc être raisonnable de ne pas limiter leur application sans nécessité. Dans le cas contraire, le danger est que ces termes, quand on les applique à Dieu, en viennent à ne posséder qu'une valeur rhétorique ou hyperbolique. Dès lors, on doit présumer que relativement à tout type d'événement et à toute occurrence de ce type, un être tout-puissant a un pouvoir sur eux, au sens où positivement il les gouverne, et qu'un être omniscient connaît les vérités qui sont les descriptions correctes de toutes les actions ou qu'il a une expérience directe des états de choses pertinents. Bien sûr, on peut dire que la toute-puissance et l'omniscience s'éténdent au-delà du pouvoir et de la connaissance sur ce qui est effectif ; elles s'étendent aux possibilités, quoique ce soit en des sens différents. Un être omniscient connaît non seulement toutes les actualités mais les contenus de tous les mondes possibles, alors qu'un être tout-puissant a un pouvoir sur les possibilités, un pouvoir de les empêcher ou de les actualiser, même si la question de savoir s'il peut actualiser tout monde possible est aussi controversée.

J'affirme donc que, autant que possible, nous devrions interpréter les termes « omniscience » et « toute-puissance », quand on les applique à Dieu, aussi généreusement que possible, poussant leur connotation aussi loin qu'on peut, à moins qu'il y ait des raisons prévalantes de ne pas le faire. Il semble clair qu'il existe une telle raison prévalante dans le cas des lois de la logique, car de telles lois marquent les limites du possible, et simplement, bien loin de lui témoigner du respect, on méconnaît l'étendue du pouvoir divin si on dit que Dieu peut faire ce qui est logiquement impossible, quoi qu'il soit très difficile de défendre cette thèse de façon décisive et que, bien sûr, Descartes ne serait pas d'accord. Les choses sont moins claires dans le cas du pouvoir de Dieu sur les principes moraux, comme le montre la popularité de la théorie éthique du commandement divin. Il y a une controverse sur la question de savoir si on peut intégrer l'idée d'éthique du commandement divin à nos intuitions sur la nécessité et la prévalence de certains principes moraux. On soulève des problèmes parallèles pour savoir si Dieu a un pouvoir sur le passé.

Dans le cas du gouvernement divin de l'univers, notre interrogation porte clairement d'abord sur un aspect de son ommipotence, à savoir la question de l'étendue du gouvernement divin positif. À partir du Principe A, il est *a priori* souhaitable que le gouvernement divin positif s'étende à autant de facettes que possible de l'univers, et il n'est pas souhaitable que Dieu gouverne de façon simplement négative l'univers qu'il a créé. Car un être tout-puissant qui gouverne positivement l'univers exerce un pouvoir plus grand qu'un être « tout-puissant » qui choisit d'en gouverner négativement certains aspects, lequel être à son tour exerce un pouvoir plus grand qu'un être « tout-puissant » qui n'assure que les conditions nécessaires de l'apparition de nombreux types d'événements et de nombreuses occurrences d'événements.

On parlera de toute-puissance au sens *fort* du terme quand il s'agit de comprendre la toute-puissance comme un gouvernement positif de tout événement possible, y compris les actes humains ; tout ce qui suppose moins que cela relèvera d'un (ou de) sens *faible(s)*. De façon similaire, comprenons l'omniscience forte comme un degré de connaissance qui concerne tous les événements passés, présents et futurs. La toute-puissance forte entraîne l'omniscience forte et en fait la requiert, mais l'inverse n'est pas vrai. Mon argument est que l'attribution à Dieu de la toute-puissance et de l'omniscience, comme partie de l'attribution de la perfection à la nature de Dieu, crée une présomption en faveur d'une conception du gouvernement divin comme dépourvu de risque ; mais il n'y a là rien de plus qu'une simple présomption.

Si Dieu est essentiellement fortement tout-puissant, si la toute-puissance forte appartient à sa nature, alors on doit supposer qu'il ne prend nécessairement aucun risque. *A fortiori,* on suppose qu'il ne peut pas choisir de prendre des risques.

Mais la toute-puissance essentielle forte et l'omniscience essentielle forte ne sont-elles pas incompatibles avec d'autres caractéristiques essentielles de la personne divine, notamment sa bonté telle qu'elle s'exprime dans son caractère parfaitement droit et sa sainteté morale ? Si Dieu gouverne positivement autant d'événements que possible, s'il jouit d'un haut degré et pas seulement d'un degré limité de gouvernement positif, alors il est sûrement impliqué dans le fait du mal et sa bonté essentielle ou droiture essentielle n'est-elle pas compromise ?

Beaucoup affirment qu'il est possible de préserver la droiture divine en postulant une classe d'actions dont il n'est pas possible que Dieu puisse positivement les gouverner, les actions libres indéterminées. L'occurrence de telles actions est compatible avec la toute-puissance essentielle forte, mais il s'ensuit qu'il y a de multiples types d'action humaine qui engendrent un risque pour Dieu (en supposant, comme déjà dit, que la connaissance moyenne ne soit pas une option possible). Ces actions entraînent un risque pour Dieu dans le sens où, comme résultat de l'exercice d'une telle liberté, le monde pourrait ne pas être tel que Dieu s'attendait à ce qu'il soit et ainsi (en maintenant notre affirmation de l'incompatibilité de l'omniscience divine et de liberté humaine) cela entraînerait une surprise pour Dieu. Mais je souhaite montrer qu'il n'est pas nécessaire pour parvenir à notre but de suivre une telle voie, que la droiture divine peut être préservée d'une autre façon.

Supposons (ce qui n'est pas trop difficile) que certains actes humains sont mauvais. De telles mauvaises actions pourraient-elles être positivement gouvernées par un Dieu essentiellement droit ? Ma réponse est que je ne crois pas qu'elles puissent l'être. Il y a ici une nouvelle raison pour laquelle il est nécessaire de préserver d'une mauvaise compréhension l'idée de toute-puissance. Dieu est tout-puissant, il est essentiellement et fortement tout-puissant (comme je l'ai affirmé), mais cela ne signifie pas qu'il soit l'auteur du mal. L'occurrence du mal est néanmoins compatible avec une toute-puissance essentielle forte, car compris de cette façon Dieu *ne pourrait pas* positivement gouverner des actes mauvais. Donc, Dieu est essentiellement et fortement tout-puissant au sens où il gouverne positivement tous les événements exceptés ceux dont le gouvernement positif est inconsistant avec sa droiture essentielle.

La permission volontaire

Cependant, cela signifie-t-il qu'un Dieu qui ne peut positivement gouverner le mal prend des risques ? Je ne le pense pas. Car il y a au moins une façon de sauvegarder le contrôle dépourvu de risque dans le cas du gouvernement divin des actions humaines qui sont moralement mauvaises ; c'est l'idée de la permission volontaire (*willing permission*) par Dieu des actions particulières mauvaises. Une telle permission n'est pas compatible avec un gouvernement, tel que je l'ai caractérisé, mais il est consistant avec l'absence de risque. Dieu ne veut pas et ne peut pas vouloir de telles actions mauvaises, il peut néanmoins vouloir qu'elles apparaissent. Quiconque voulant qu'une action mauvaise apparaisse n'est-il pas cependant la cause ou au moins une cause accessoire de cette action, et donc lui-même mauvais ? Je souhaite présenter deux arguments alternatifs pour montrer que non. Mais premièrement, avant d'examiner ces arguments, il est nécessaire de rendre plus claire la signification de la permission volontaire.

Dieu gouverne positivement les actes qui ne sont pas mauvais. Comment fait-il cela exactement ? Cela soulève d'autres questions que nous ne pouvons traiter en détail, et je me limiterai à quelques remarques. Dieu gouverne tous les autres actes, les actes mauvais, en les permettant, puisqu'il ne peut pas positivement les gouverner. Cependant, si une telle permission doit être consistante avec l'absence de risque, alors elle doit être d'une sorte particulière ; la permission doit être donnée en toute connaissance et de façon complètement volontaire, et elle doit être une permission d'actions particulières[1] ; la permission volontaire gouverne des occurrences particulières d'action.

Cette notion de permission peut apparaître comme une exception à la toute-puissance essentielle forte telle que je l'ai définie, car l'idée de permission introduit un élément de conditionnalité. Mais puisque Dieu doit permettre le mal s'il y a du mal, une telle permission ne peut pas en fait être une exception. Donc, un Dieu qui est essentiellement et fortement tout-puissant gouverne positivement tous les actes qui apparaissent exceptés ceux qui sont mauvais, et il gouverne négativement ceux qu'il permet volontairement.

On peut ainsi donner un sens à l'idée de permission divine, en la rendant compatible avec l'absence de risque, si on est prêt à maintenir qu'il y a des types d'actions que Dieu peut empêcher mais dont, néanmoins, il ne peut pas être la cause, même s'il peut vouloir qu'ils adviennent. Dès lors, Dieu

1. L'individuation des actions pose des problèmes, et la relation entre la description d'une action et son identité est importante. Je supposerai que ces difficultés peuvent être surmontées et qu'il est possible pour un acte d'avoir plus d'une description individuante.

ne contrôle une action mauvaise qu'en la permettant volontairement, en décidant de ne pas l'empêcher ; la mauvaise action advient parce qu'elle est causée par les natures et les circonstances de ceux qui la font, mais elle n'est pas causée par Dieu (parce que Dieu ne peut pas la causer), même si elle est permise volontairement par Dieu (parce que même s'il ne peut pas en être la cause, il peut la permettre volontairement et le fait, peut-on supposer, en tant que cette action est une composante nécessaire d'une volonté générale plus large). On n'a pas résolu les questions de savoir pourquoi exactement Dieu a permis volontairement le mal et comment au juste le mal est apparu dans un monde créé par un Dieu absolument bon. Mais c'est avec d'autres conceptions de la relation de Dieu au mal qu'on doit faire face à ces questions ; il s'agit là des questions théologiques parmi les plus fondamentales.

Donc, Dieu peut permettre volontairement un acte mauvais ; en fait, puisque Dieu ne peut pas exécuter un acte mauvais, si un acte mauvais est perpétré, il doit l'avoir permis – et seulement permis – volontairement, et si son gouvernement de cette action est dépourvu de risque, il l'a nécessairement permis volontairement[1].

La nature d'une telle permission est bien exprimée par Augustin :

> D'une façon indiciblement étrange et merveilleuse, même ce qui est fait en opposition à Sa volonté ne constitue pas une atteinte à Sa volonté. Car cela n'aurait pas été fait s'il ne l'avait pas permis (et bien sûr Sa permission n'est pas involontaire mais volontaire) ; pas plus qu'un Être Bon ne permettrait que le mal soit fait à moins que dans sa toute puissance Il puisse faire que le mal devienne un bien[2].

Ce en quoi consiste que X permette volontairement une action A revient au moins à ceci : que A soit l'action de quelqu'un d'autre que X, que X prévoit l'occurrence de A et ait été capable d'empêcher A, que A n'aille pas contre les plans de X. Selon cette conception, Dieu prévoit toute chose et gouverne inconditionnellement toute chose, mais il ne détermine pas causalement toute chose, au sens où il serait la cause efficiente de toute chose. Néanmoins, rien n'advient à moins que Dieu ne le veuille.

On peut pourtant encore insister – peut-être de façon peu plausible, me semble-t-il – sur le fait que si Dieu permet volontairement A, alors Dieu est la cause de A. Examinons alors maintenant certains arguments contre

1. On peut dire que Dieu souffre d'une perte dans le cas de toute action mauvaise (par exemple, il souffre la perte d'être désobéi), mais il ne souffre pas la perte comme résultat d'avoir simplement pris un risque.

2. *Enchiridion* [Chicago, Henry Regnery, 1961, p. 117 ; voir aussi, p. 33 et p. 110).

l'affirmation selon laquelle si Dieu permet volontairement l'occurrence d'une action, alors il est la cause de cette action [1].

Objections

Premièrement, on affirme qu'un appel à la volonté divine, dans le sens défini, est un cas de déterminisme divin. Il est tentant, mais me semble-t-il grossier et trompeur, d'assimiler le fonctionnement d'une telle permission avec les modèles intra-mondains de causalité et particulièrement avec le déterminisme physique général. Une telle permission volontaire a ceci de commun avec le déterminisme que ce qui est physiquement déterminé et ce qui est permis volontairement se réalisera, l'un en vertu du déterminisme et l'autre en vertu de l'occurrence de ce qui est permis volontairement. Cependant, permettre volontairement une action ce n'est pas causer l'action, c'est fournir une condition causale nécessaire mais non suffisante de cette action. Alors que le déterminisme physique a une tendance forte au réductionnisme et trouve difficilement une place pour une classe d'objets ayant leurs propres pouvoirs causaux, à cet égard, la permission divine volontaire est plus certainement non réductionniste.

C'est ainsi une sérieuse erreur de supposer que le théisme chrétien classique affirme que Dieu monopolise le pouvoir [2].

> Comme Il est le Créateur de toutes les natures, Il l'est aussi de tous les pouvoirs : mais Il n'est pas l'ordonnateur de toutes les volontés ; car les volontés mauvaises ne viennent pas de Lui, puisqu'elles sont contre cette nature qui vient de Lui [3].

Dieu est la source de tout pouvoir de la créature, mais les pouvoirs des créatures, même si Dieu donne efficacement ces pouvoirs, sont réellement les leurs; ils sont donc distincts de celui de Dieu. Si Dieu me donne efficacement le pouvoir de taper cet article, le fait de taper cet article est mon action, pas celle de Dieu. Les hommes mauvais qui ont crucifié Jésus ont été la cause de sa mort même s'il a été crucifié selon le conseil déterminé et la prévoyance de Dieu (*Actes,* 2, 23).

Une façon d'exprimer cette différence pourrait être la suivante. Alors qu'il semble clair que la causalité intra-mondaine est transitive, que si A

1. Dieu est évidemment un accessoire du mal. Mais comme Dieu est un accessoire du mal dans beaucoup d'autres conceptions de la relation de Dieu au mal, par exemple dans la défense du libre-arbitre, et comme être un accessoire est (quoi qu'il en soit) un terme technique acceptable, cela constitue difficilement une objection sérieuse.
2. *The Openness of God*, p. 113.
3. Augustin, *La Cité de Dieu*, L. V, chap. IX.

cause B et que B cause C, alors A cause C (quand A, B et C sont des événements), il n'y a pas de transitivité nécessaire dans le cas des aspects causaux ou des caractéristiques causales de la permission volontaire divine, si de tels aspects ou de telles caractéristiques existent[1]. Ce n'est donc pas nécessairement vrai que si Dieu gouverne un certain événement B par permission volontaire, et que B cause C, alors Dieu cause C ; c'est plutôt que Dieu peut le vouloir en permettant que B cause C et ainsi permettre volontairement que C. La permission volontaire de Dieu n'est donc pas un cas franc de causalité et ceux qui cherchent à assimiler la permission volontaire par Dieu du mal à quelqu'un manipulant une poupée, à de l'hypnotisme, à un lavage de cerveau ou à de la programmation, n'ont pas reconnu le vrai caractère d'une telle permission.

À la différence de cela, on peut reconnaître que si Dieu est la première cause de tous les événements qui adviennent, même tous les actes mauvais, il n'est pas et ne peut pas être la cause seconde d'un acte mauvais parce qu'il n'est pas la cause seconde de tout acte. Mais cette exigence, telle qu'elle se présente, est presque certainement trop forte ; elle semble avoir une conséquence déiste selon laquelle Dieu ne peut pas directement agir dans le monde qu'il a créé. On peut la modifier pour reconnaître que Dieu est la cause seconde de certains actes. C'est consistant avec le fait que Dieu est la cause seconde des actes moralement indifférents et des actes moralement bons. L'étendue exacte de ce que Dieu cause et de ce qu'il permet n'a pas ici d'importance, pour autant qu'il soit clair qu'il ne puisse pas être la cause du mal.

Dès lors, ceux qui soutiennent que Dieu gouverne tout ce qui advient peuvent néanmoins faire une distinction, à l'intérieur de ce gouvernement total, entre ce que Dieu cause et ce qu'il permet. William Hasker dit que l'idée centrale du calvinisme est tout à fait simple : « tout ce qui arrive, sans aucune exception, est efficacement déterminé par Dieu en accord avec ses décrets éternels »[2] Il ne s'agit pas ici de se demander si ce que dit Hasker au sujet du calvinisme est exact, mais nous avons montré, je l'espère, qu'il y a une raison de douter qu'il puisse en être de la façon dont Hasker comprend l'idée centrale du calvinisme, sans que cela conduise à l'abandon de l'idée d'un gouvernement dépourvu de risque. Dire que toute chose est gouvernée par Dieu sans qu'il prenne aucun risque, ce n'est pas dire que toute chose est efficacement déterminée par Dieu.

On peut ainsi préserver l'intégrité de la droiture divine dans le cas des actes humains moralement mauvais, c'est-à-dire, comme nous l'avons

1. On peut supposer qu'il existe certaines caractéristiques causales si l'existence de gens mauvais est soutenue et conservée par Dieu.

2. *The Openness of God*, p. 141.

indiqué, on peut préserver l'idée de Dieu comme permettant volontairement des actions particulières mauvaises.

Il est possible que Dieu gouverne sans risque tout ce qui advient et il est plausible (si Dieu est tout-puissant et omniscient) de supposer que c'est bien ce qu'il fait. Si, quel que soit l'événement E, E advient, alors Dieu gouverne sans risque E soit en faisant qu'il soit, soit en acceptant qu'il advienne. Quoi qu'il advienne advient parce que Dieu gouverne, de cette manière, sans risque; tout ce qui est vrai en vertu de ce qui advient est vrai parce que Dieu gouverne ainsi les choses. Donc, dire que tous les événements sont gouvernés par Dieu sans risque, même si cela entraîne que tous les événements sont *voulus* par Dieu, n'est pas équivalent à l'affirmation selon laquelle, quel que soit l'événement E, si E advient, alors Dieu l'a *causé*.

De la même façon que beaucoup affirment, en développant une défense du libre-arbitre, que même Dieu ne peut pas assurer qu'un agent libre fait seulement ce qui est moralement correct, j'affirme qu'il n'y a pas de monde possible dans lequel le Dieu droit peut être l'auteur du mal. Cependant, il peut permettre volontairement le mal; c'est-à-dire qu'il peut actualiser ce monde possible dans lequel il prévoit que Jones fera un acte mauvais particulier[1]. C'est une instance de permission *particulière*; Dieu permet des actes particuliers en tant que distincts d'une permission générale, comme lorsqu'un enseignant permet aux élèves d'une classe d'écrire une dissertation sur un sujet de leur choix. Dieu peut faire cela volontiers, non pas parce qu'il veut que l'acte mauvais advienne *per se,* mais parce qu'il ordonne un bien qui plus vaste et dont cet acte est une partie nécessaire. La permission volontaire peut en de nombreux cas ressembler à l'acceptation par un parent d'autoriser qu'on fasse subir à un de ses enfants un ensemble de traitements extrêmement douloureux (par exemple, l'ablation d'un organe vital), mais nécessaire pour assurer la survie d'un autre de ses enfants, en transplantant l'organe à cet enfant. Dieu peut volontairement permettre une telle action particulière, pour un bien supplémentaire, même s'il ne subit pas les sentiments de pression ou de tension psychologiques qui accompagnent des permissions humaines de cette sorte.

De cette permission volontaire du mal, s'ensuit-il que l'univers est dans chaque détail tel que Dieu veut qu'il soit?[2]. C'est une question intéressante, mais posée de cette manière, elle n'est pas claire. Il n'y a aucune raison de

1. Une telle préconnaissance ne peut pas être un cas de connaissance moyenne, puisque j'ai auparavant rejeté l'approche de la providence et du mal par la connaissance moyenne. Bien sûr, on peut considérer que cela à des implications pour la sorte de liberté que Jones peut avoir en choisissant de faire le mal.

2. Cette question est soulevée par Keith Ward, *Religion and Creation* (Oxford, Clarendon Press, 1996, p. 219).

penser que Dieu veuille séparément les détails d'un univers; il y a une volonté divine qui englobe tous les événements. Il serait fallacieux de supposer que l'attitude divine est la même à l'égard de tous les détails; comme nous l'avons déjà remarqué, la raison en est que Dieu est la cause efficace de certains événements et qu'il en permet volontairement d'autres.

Comme l'a dit saint Thomas, « Dieu, la nature et en fait tout agent causal fait ce qui est le meilleur globalement, mais non ce qui est le meilleur dans chaque partie, si ce n'est que la partie est considérée dans sa relation avec le tout »[1]. Ces événements que Dieu permet, il les permet en fonction d'une considération plus vaste au sujet de ce dont ils sont une condition logiquement nécessaire. De la même façon, certaines choses dont il est la cause sont des moyens pour une fin ultérieure. Il est fallacieux de penser que parce qu'un arrangement est sage, chaque détail de cet arrangement considéré isolément est sage lui aussi. Que ma cravate soit écossaise, il ne s'ensuit pas que chaque fibre de ma cravate soit écossaise.

Que cette conception soit une espèce de fatalisme est une seconde objection. Mais ce n'est certainement pas un fatalisme logique, puisque l'univers est la résultante non pas uniquement d'un certain principe logique, mais de la volonté divine créatrice et providentielle dont on peut penser qu'elle est logiquement contingente.

Une troisième objection est qu'avec une telle conception Dieu ne peut pas être responsable de ce qui advient dans l'univers et donc la position entraîne un version du déisme.

Parmi les aspects de la volonté créatrice et providentielle de Dieu, il est possible de distinguer des aspects qui sont inconditionnels ou unilatéraux de ceux qui sont conditionnels et bilatéraux. Des aspects inconditionnels sont de la forme « Que X soit », alors que des aspects conditionnels sont de la forme, « Étant donné W, que X soit » (dans la mesure où W est mis en jeu par quelqu'un d'autre que celui qui prononce l'énoncé). Un exemple du premier pourrait être « Que la planète Terre soit »; un exemple du second serait « Si A pèche, qu'il lui soit pardonné ». Cependant, nous devons interpréter ces expressions conditionnelles à la lumière de la place des conditions dans la volonté globale de Dieu.

Il y a deux aspects logiquement séparables : Dieu prévoit ce qui arrivera en certaines circonstances à moins qu'il n'empêche que cela arrive, et dans le cas du mal il veut qu'il soit permis que cela arrive; il y a néanmoins un élément de conditionnalité nécessaire au sujet de la permission volontaire par Dieu d'un tel mal, puisque nécessairement il n'est pas son auteur. Il reste que comme Créateur, il soutient l'existence de celui qui fait le mal et

1. *Summa Theologiae*, I, 48, 2, réponse 3.

permet volontairement l'occurrence du mal. La façon de comprendre ces aspects conditionnels de la volonté globale de Dieu ne revient pas à les voir comme une réponse de Dieu à ce qu'il a seulement prévu que cela arrivera, mais comme sa réponse à ce qu'il a à la fois prévu et permis volontairement, par exemple que A péchera. C'est-à-dire, Dieu veut permettre le mal, le vouloir de telle façon qu'il n'est pas lui-même l'auteur du mal, ce qu'il ne pourrait pas être, alors qu'il peut vouloir ce qui n'est pas mal en étant son auteur, en faisant qu'il advienne. Il y a une distinction cruciale entre vouloir des conditionnels et une volonté conditionnelle. Dieu peut infailliblement connaître toutes les vérités, y compris les vérités conditionnelles, aussi bien qu'il peut connaître ce qu'est sa réponse aux antécédents de certaines de ces vérités conditionnelles. Mais de cela, il ne s'ensuit pas que sa connaissance soit une connaissance conditionnelle en un sens temporel. La connaissance de Dieu que C arrivera si A fait B ne dépend pas du fait qu'il connaisse d'abord le conditionnel « Si A fait B, alors C arrivera », et qu'il décide alors que parce que A fait B, il fera qu'il advienne que C.

Un obstacle à la conception favorable au risque

En finissant cette discussion, je souhaite diriger brièvement l'attention sur la conception favorable au risque et essayer de renforcer ma position en considérant une faiblesse de la thèse selon laquelle il y a risque. À première vue, la conception favorable au risque paraît offrir un gain dans notre compréhension de la prière rogatoire et de la prophétie. Car Dieu prend des risques en permettant des actions humaines autonomes, y compris les actions autonomes de ceux qui prient et prophétisent. Il ne peut pas savoir ce pour quoi une personne priera; il peut simplement ajuster ses intentions à la lumière de ses prières et n'est-ce pas précisément cela qu'une conception de la prière rogatoire requiert, une prière qui change l'esprit de Dieu?

La place centrale que la conception favorable au risque donne à l'autonomie humaine dans sa conception de la prière revient hanter cette conception. La volonté de Dieu peut être changée par la prière, mais ce que Dieu peut à son tour changer en réponse à la prière est limité. Il semblerait que Dieu ne puisse répondre par exemple à une prière pour la conversion d'une autre personne en faisant que cette personne se convertisse, parce qu'agir ainsi reviendrait à compromettre la liberté de cette personne; en fait, selon cette conception, Dieu ne répondra jamais, ou seulement rarement, à une prière qui empiéterait sur la liberté de ses créatures[1].

1. C'est ce que montre David Basinger : « Une affirmation clé dans le modèle ouvert (le modèle favorable au risque) est que Dieu accorde tant de valeur à l'intégrité inhérente de la

La prophétie se trouve dans la même position. Dieu ne peut pas prédire quelque chose qui requiert de lui qu'il change une volonté humaine afin que ce qui est prédit advienne certainement. Cependant, la conception favorable au risque prend le plus grand risque si elle cherche à combiner une telle conception avec une conception élevée de la révélation divine. Il est probable que toute révélation impliquant des personnes est le résultat d'une action de ces personnes. Comment un croyant chrétien peut-il être sûr que les Écritures que nous possédons expriment exactement la volonté de Dieu ? Comment pouvons-nous être sûrs que l'action humaine autonome a été conforme à ce que Dieu souhaite révéler ? Dieu a peut-être fait de multiples tentatives pour transmettre sa volonté exactement, seulement pour être frustré par les perversités de la liberté humaine, et ce que nous possédons est la dernière et la meilleure de telles tentatives ; ou peut-être est-elle pire qu'une tentative plus ancienne. Les dunes et les caves du Moyen Orient contiennent peut-être des versions plus anciennes. La conception ouverte ne nous donne-t-elle pas une raison de penser que nous ne pourrons jamais être sûr d'avoir la Parole de Dieu ?

Paul HELM

traduit de l'anglais par Roger Pouivet

liberté humaine significative – la capacité des individus de maintenir un contrôle sur des aspects significatifs de leurs vies – qu'en règle générale il ne forcera pas ses créatures en tant qu'agents moraux à exécuter des actions qu'elles ne désirent pas librement exécuter, ou qu'il ne manipulera pas l'environnement naturel de telle façon que leur liberté de choix soit détruite » (*The Openness of God*, p. 160-161). L'usage du mot « force » ici trahit l'incompréhension de la position défavorable au risque.

INFÉRENCE THÉOLOGIQUE ET DEGRÉS DE QUALITÉ

(SUR UN ARGUMENT DE HUME)

Qui a l'esprit assez sec pour n'être pas ému par l'ordre des choses? Le soleil a rendez-vous avec la lune; les lois de la mécanique céleste en ont précisé le jour et l'heure. La nature obéit au calcul; elle aurait tort, si elle ne le faisait pas. Rien ou presque qui n'ait été exactement déterminé. Et cependant, le spectateur d'une éclipse éprouve un sentiment qui est sans mesure commune avec la satisfaction de son intellect. Le fait naturel est devenu un évènement. Et cela ne tient pas seulement à la dimension astronomique du phénomène. Quelque chose se passe : une puissance est à l'œuvre, qui n'est pas autrement connue que par la splendeur du spectacle et par l'intensité du moment vécu. Ce qui n'était que le calcul du savant se change aisément dans le dessein d'un Auteur. N'y a-t-il pas un maître de l'ordre, qui l'a pensé dans sa sagesse, qui l'a voulu dans sa bonté, qui l'a créé dans sa toute puissance?

Une émotion ne fait pas raison. On peut dire qu'elle n'est qu'esthétique et que cette grandeur dévoilée est le miroir d'une chose bien plus grande encore, la destinée morale de l'homme; ou on peut dire qu'elle est intéressée, et que les hommes se complaisent ou se consolent à l'idée que, d'une manière plus ou moins secrète, l'ordre est fait pour eux. Dans tout cela, il n'y aurait qu'un rapport de l'homme à lui-même. Mais un tel argument ne rend pas compte d'une qualité essentielle de l'émotion : son caractère gratuit; mieux : la certitude que, quelque déterminé qu'il soit par les lois naturelles, l'événement est produit gracieusement; de sorte que ce serait un manquement grave à la raison que de ne pas chercher la cause de ce qui s'ajoute ainsi à l'ordre, quel que soit le nom qu'on donne à cette cause : un principe, un sens, une fin. Il y a dans la perception de l'ordre un surcroît qui reste à expliquer.

Le XVIIIe siècle, du moins en Grande-Bretagne, avait été fort sensible au besoin de comprendre et de fonder l'agencement du monde, et il avait exprimé ce besoin dans un mélange de sentiment esthétique, de certitude religieuse sollicitant le cœur, et d'argument rationnel appuyé sur la science nouvelle. Presque à satiété, il s'était complu à faire le détail de toutes les merveilles de la nature et à répéter la démonstration sous des dehors variés. Il serait injuste de lui reprocher la faiblesse de ses arguments; il y avait dans la religion naturelle une foi religieuse, à la mesure du monde. À la vérité, l'argument était moins la preuve apportée que l'exposition d'une expérience que tous les êtres rationnels peuvent partager. Donnons-le dans les termes de Cléanthe, le défenseur du théisme expérimental dans les *Dialogues sur la religion naturelle* de Hume :

> Jetez vos regards partout sur le monde, contemplez le tout et chacune de ses parties; vous trouverez qu'il n'est rien qu'une grande machine, divisée en une infinité de machines plus petites, qui admettent à nouveau des subdivisions à un degré qui dépasse ce que les sens et les facultés humaines peuvent discerner et expliquer. Toutes ces diverses machines, et même leurs parties plus petites, sont ajustées les unes aux autres avec une précision qui ravit d'admiration tous les hommes qui les ont jamais contemplées. La minutieuse adaptation des moyens aux fins à travers toute la nature ressemble exactement, bien qu'en les dépassant de beaucoup, aux productions de l'industrie humaine – du dessein, de la pensée, de la sagesse et de l'intelligence humaine. Par conséquent, puisque les effets se ressemblent, nous sommes conduits à inférer, par toutes les règles de l'analogie, que les causes aussi se ressemblent et que l'Auteur de la nature est en quelque manière semblable à l'esprit de l'homme, bien que doué de facultés beaucoup plus vastes, proportionnées à la grandeur de l'ouvrage qu'il a exécuté. Par cet argument *a posteriori*, et par cet argument seulement, nous prouvons à la fois l'existence d'une Divinité et sa similitude avec l'esprit et l'intelligence humaine[1].

Peut-on soumettre cet argument du dessein à l'analyse? Pourquoi pas? Hume ne s'en prive pas, quoiqu'il remarque non sans raison qu'on le prend alors comme un argument cosmologique qui tente de répondre à la question de l'origine du monde et de l'ordre qui s'y trouve; il faudrait sinon le traiter comme un motif religieux. La remarque n'est pas innocente, si on la prend strictement, puisqu'elle revient à dire qu'entre la cosmologie et la religion, il n'y a pas de place originale pour la théologie rationnelle. Mais prenons ce

1. *Dialogues sur la religion naturelle*, trad. de M. Malherbe, 1987, Paris, Vrin, IIe partie, p. 69-70. Hume pastiche un texte du newtonien George Cheyne.

parti de l'analyse, qui n'a pas plus de conséquence que la philosophie d'une manière générale sur le comportement des hommes.

Nous voudrions montrer, en commentant librement l'ultime critique, en deux temps, que le philosophe écossais adresse à l'argument du dessein [1], que l'on est par là conduit à la conclusion suivante : le débat philosophique est ici purement verbal : a) le théiste et le mystique ne se disputent que sur des mots; b) le théiste et l'athée ne se disputent également que sur des mots.

Deux choses néanmoins doivent être accordées au préalable; elles l'étaient volontiers par les philosophes newtoniens et on ne voit pas que les développements de l'épistémologie contemporaine s'y opposent davantage. La première est que, lorsqu'on établit une loi de la nature, outre le calcul qui détermine exactement cette loi et qui la rend logiquement nécessaire, l'on ne fait rien d'autre au point de vue de la connaissance physique que de corréler de manière universelle, ou du moins régulière, deux phénomènes ou deux séries de phénomènes. Sans doute, dans les séries, les cas ne sont-ils pas toujours exactement semblables; mais ou bien la différence apparaît négligeable ou tolérable, ou bien elle invite soit à compliquer la relation en introduisant quelque nouveau paramètre, soit à la croiser avec d'autres relations. Une telle conception a une conséquence critique : si par la causalité l'on n'entend rien de plus qu'une telle corrélation pertinente entre deux (ou plusieurs) termes, alors, quel que soit le vocabulaire que l'on utilise, que l'on parle de force ou d'énergie, l'on n'a aucune idée d'un pouvoir réel de la nature. Pour le dire dans le langage classique, ce que sont les causes elles-mêmes nous reste inconnu, nous ne faisons que lier des effets avec plus ou moins de généralité. En rigueur, nous n'avons pas d'idée de ce qu'est un pouvoir, puisqu'un pouvoir n'est pas une chose ou une propriété, mais la relation comme telle, relation qui n'est que la conjonction régulière entre ce qu'on nomme la cause et ce qu'on nomme l'effet.

La deuxième chose demandée est la règle de proportion. Le degré de validité d'une loi de la nature (son applicabilité aux phénomènes) varie en proportion du degré de régularité observée ou encore du degré d'analogie des différents cas. Même si l'on ne peut déterminer exactement le premier par le second, on peut faire que le second corrige le premier.

1. *Dialogues*, XII, 147-147. Le deuxième temps de l'argument a été ajouté par Hume dans l'ultime révision qu'il fit du texte.

PREMIER ARGUMENT (P. 147) :

1 a. Il y a de l'analogie entre les œuvres de la nature et les œuvres de l'art humain. C'est un fait d'expérience. Peut-être pourrait-on d'ailleurs trouver d'autres sortes d'analogie. Mais le mécanisme de plus en plus fin que l'on observe dans les phénomènes, l'ajustement remarquable des moyens aux fins dans le domaine de la vie, l'emploi même du désordre aux fins de l'ordre, toute cette rationalité des effets, tant mécanique que finale, que la science ne cesse d'exhiber, s'accorde fort bien avec la raison humaine qui la découvre et qui y trouve l'image de sa propre activité créatrice dans l'ensemble des arts.

1b. « Selon toutes les règles du bon raisonnement nous devons, pour peu que nous argumentions à leur sujet, inférer que leurs causes ont une analogie proportionnelle » : les causes sont d'autant plus semblables que les effets le sont.

2a. Mais il y a aussi des différences considérables. C'est une chose toute aussi évidente (fait d'expérience). Le théiste le reconnaît volontiers : par exemple, l'art humain est incapable de porter aussi loin que la nature l'emboîtement des ordres les uns dans les autres. Les ajustements qu'il réalise sont grossiers, car ils ne maîtrisent qu'un petit nombre de paramètres, etc.

2b. La même règle de raisonnement nous fait inférer une différence proportionnelle.

3a. Jusque là, rien qui ne soit dans l'argument du dessein.

Tirons la conséquence : quel que soit le degré de similitude entre les effets, il y en a assez pour que l'esprit se livre à une inférence analogique et vienne à poser l'existence d'une cause du monde, sur le modèle de la causalité humaine.

3b. Y a-t-il assez d'analogie pour qu'on détermine la nature de cette cause, (en l'occurrence comme étant un esprit, auteur d'un dessein) ? Il faut prendre ici en considération la différence considérable qu'il y a entre les effets, laquelle différence vaut proportionnellement entre les causes.

3c. Il n'y a pas assez de ressemblance pour qu'on *détermine en rigueur* la Divinité comme étant un esprit, mais il y en a bien assez pour qu'on le *nomme* un esprit. Et l'adversaire du théisme ne peut interdire au théiste d'appeler Dieu de la sorte.

3d. Toute la dispute théologique sur la nature de l'Être divin ne porte donc que sur l'attribution des noms.

COMMENTAIRE DU PREMIER ARGUMENT

1. C'était un argument fréquent des partisans de la religion naturelle contre leurs adversaires religieux, représentants des églises, que de dénoncer le mysticisme comme une forme dangereuse d'enthousiasme, puisqu'il place la Divinité dans une telle transcendance qu'on ne saurait rien dire de sa nature et que la connaissance rationnelle doit le céder au ravissement de l'âme. Ces mystiques sont des athées, ils ne pensent rien de ce dont ils posent l'existence, de sorte qu'ils sont dans l'incapacité de poser quelque existence que ce soit. L'existence n'étant pas un prédicat, je ne dis rien quand je dis l'existence, sans autre détermination prédicative : Dieu existe. D'abord, cette existence n'est pas un fait d'expérience (à moins d'invoquer l'expérience d'une révélation divine, ce qui est tout autre chose) ; ensuite, si elle était un fait d'expérience, elle serait accompagnée de quelque notion, même vague, de la Divinité.

Ici, le raisonnement est répété au degré supérieur, avec le même mouvement réducteur : les théistes ne sont que des mystiques. Les mystiques n'ont jamais été avares quand il fallait attribuer des noms à Dieu : nommer c'est déjà rendre un culte ; et, comme le disait Hobbes qui partageait avec les mystiques leur nominalisme, donner à Dieu des noms qui sont en honneur chez les hommes, quoique ces noms n'aient pas de signification pertinente le concernant, c'est l'adorer avec respect.

2. Mais comment en appliquant la règle de proportion dans l'argument du dessein, parvient on à une telle conséquence nominaliste ?

La règle de proportion y est doublement appliquée : pour la ressemblance et pour la différence. Mais, pourrait-on dire, rien que de commun en cela : il est évident que plus il y a de ressemblance dans les effets et moins il y a de différence dans les causes, et réciproquement. Si je dis : les avalanches de neige sont mortelles et que, recensant les cas de l'année écoulée, je suis informé de skieurs qui ont survécu, j'examinerai ces exceptions : ou elles peuvent être négligées, mais je serai peut-être plus prudent à énoncer cette loi générale ; ou elles sont caractéristiques (par exemple, selon que la neige est poudreuse ou mouillée) et j'introduirai une circonstance supplémentaire, permettant de déterminer la loi de manière plus précise. Si toutes les lois de la nature reposaient sur des similitudes parfaites, elles seraient d'emblée générales et simples. Les différences rencontrées me conduisent à les énoncer de manière plus fine et peut-être aussi à inventer de nouveaux moyens de calcul. S'il en va ainsi, la différence, loin d'être un obstacle, apparaît comme un ressort puissant pour une meilleure détermination des lois de la nature.

Commençons donc par inférer, au vu de la ressemblance des œuvres de la nature et de celles de l'art humain, qu'il y a un principe intelligent qui est la cause du monde : en comparant les modes d'opération mécanique ici et là, je pense cette intelligence sur le mode de l'efficience technique; éventuellement j'essaie de la déterminer plus précisément en multipliant les considérations secondaires. Imaginons que j'observe par ailleurs que la nature, à quelques tremblements de terre près, est remarquablement disposée pour favoriser le perfectionnement de l'esprit humain (s'il sait se montrer à la hauteur). Il y a là une différence notable avec les œuvres humaines, souvent mises au service de fins méprisables. Mais j'ai assez d'expérience pour savoir que lorsqu'une œuvre sert une noble fin, la cause en est une intention bienveillante. Je vais donc compléter les prédicats de cette cause du monde et ajouter la bonté à l'intelligence. Rien n'interdit que, tirant parti à la fois de la ressemblance et de la différence, et proportionnant toujours le rapport des causes au rapport des effets, je n'aille enrichissant ma conception de la Divinité.

Toutefois, un des prédicats de la Divinité fait difficulté. On connaît l'argument que, le mal existant dans le monde, Dieu n'est pas sagesse parfaite, s'il est infiniment bon et tout-puissant, ou qu'il n'est pas bon, s'il est suprêmement intelligent et maître de toute chose, ou enfin que la puissance lui fait défaut pour accomplir ce que sa sagesse lui dicte. Mais cet argument comporte une faiblesse; c'est que si l'intelligence et la bonté sont des prédicats sans problème quand on veut déterminer la Divinité, il n'en va pas de même de la puissance. Car la puissance n'est pas vraiment un prédicat, du moins dans l'inférence théologique, qui dit : la nature étant bien plus vaste, bien mieux ordonnée, beaucoup plus achevée que la meilleure des œuvres humaines, il faut inférer que l'intelligence divine et la bonté divine sont beaucoup plus puissantes, si puissantes qu'une partie du dessein divin échappe même aux hommes. En donnant ainsi de la puissance à l'intelligence et à la bonté, l'argument n'ajoute rien à la détermination de ces deux prédicats, il en fait varier la différence intensive : l'intelligence et la bonté divine sont bien supérieures. La puissance de Dieu est alors moins un attribut que le degré d'intensité ou de perfection des attributs divins.

Reprenons alors l'argument du dessein. Il signifie ceci : l'expérience montrant que le monde est un effet bien plus considérable qu'une œuvre de l'art humain et qu'il ne peut être produit que par une puissance supérieure; la règle de proportion voulant par ailleurs que l'on apprécie la force ou l'importance de la cause par la force ou l'importance de l'effet, il faut conclure que la sagesse de l'Auteur de la nature est beaucoup plus efficiente que tous les talents humains réunis. Mais il est clair que ce que l'on proportionne ainsi, ce n'est pas un attribut, mais le rapport causal lui-même. Comme l'on dit, les hommes ne font que produire, Dieu seul crée. La différence de taille ou d'importance des effets n'ajoute rien à la notion que l'on peut se faire de la cause, elle se borne à proportionner les termes de la relation. Et comme il n'y a pas d'idée de pouvoir, l'on n'est pas plus instruit lorsque l'on dit de ce pouvoir qu'il est très grand.

3. Or la critique va plus loin encore : non seulement la puissance n'est pas un prédicat, puisqu'elle est l'efficience des prédicats divins, qu'on les prenne séparément ou qu'on les compose, mais quand on la fait varier analogiquement, des prédicats humains aux prédicats divins, rapportés à leurs effets respectifs, elle conduit à l'indétermination des dits prédicats divins. Si j'accorde la toute-puissance à l'intelligence et à la bonté divine, je ne pense plus rien de déterminé de ces prédicats, quoique j'aie une notion claire des prédicats humains correspondants.

Faisons une comparaison facile. Hume a écrit les *Dialogues*, MM a écrit un livre sur Hume. Les *Dialogues* sont une œuvre philosophique (qui en douterait ?), bien écrite, intéressante, etc. Le livre de MM est une œuvre qui (supposons-le), a une certaine ressemblance : bien écrite, intéressante, etc. Il y a une similitude des effets. L'auteur des *Dialogues* est un philosophe. Question : le livre de MM fait-il de lui un philosophe ? Car il y a, quand on considère les œuvres, une différence d'importance : quoique ayant une certaine ressemblance l'un et l'autre, le texte de Hume est une œuvre originale ; le livre de MM n'est qu'un commentaire. D'un côté, une pensée nouvelle, une écriture nécessaire, bref du génie ; de l'autre côté, une pensée sur une pensée, une écriture appliquée, bref ce qu'écrit un professeur de philosophie au milieu de sa carrière. Très certainement, MM, à en juger par les effets, *peut moins* que Hume. Disons que c'est le pouvoir d'un professeur de philosophie. Et répétons la question : un professeur de philosophie est-il un philosophe ? Ce qu'il y a de similitude dans l'analogie peut le suggérer. Et l'on pourrait être tenté de dire en conséquence qu'un professeur de philosophie est un philosophe, quoique à un moindre degré (puisqu'il ne fait pas œuvre originale). Mais on ne saurait ainsi s'arrêter en chemin. En effet, sachant que l'idée de départ est l'idée de philosophe, que cette idée est déterminée, et que c'est à partir d'elle qu'il faut penser ce qu'est un professeur de philosophie, la critique vient bousculer la conclusion et fait remarquer que la différence intensive (ici décroissante) brouille la notion qu'on avait acquise initialement de la philosophie, en considérant l'œuvre de Hume, et que, lorsqu'on parle analogiquement d'un professeur de philosophie, on se réfère bien à quelque chose qui existe, mais sans savoir à quoi très exactement. Si l'idée de la philosophie est une notion claire et distincte, celle de commentaire philosophique est une notion irrémédiablement vague, et si MM veut qu'on l'appelle philosophe, on peut bien lui accorder ce nom si cela lui chante, puisqu'il y a tout de même de la similitude dans les effets ; mais pas plus : rien que le nom, à savoir, la seule chose qui reste quand on a indéterminé le sens.

Par bonheur, on peut se former une idée positive de la nature d'un professeur de philosophie, sans avoir à raisonner analogiquement à partir de celle du philosophe. Mais il n'en va pas de même pour la Divinité.

Reprenons le raisonnement. De la causalité, il n'y a pas d'idée, elle n'est pas une qualité de la cause, puisqu'elle est le rapport en tant que tel entre deux séries de phénomènes régulièrement conjoints, entre deux qualités régulièrement associées. D'un rapport, pour parler généralement, il n'y a pas d'idée ; Berkeley le disait déjà. Par ailleurs, un rapport peut être plus ou moins régulier, ou si l'on veut : plus ou moins universel, plus ou moins nécessaire. Dans ce cas, la variation, lorsqu'elle se produit, n'altère pas la qualité ou la définition des termes ; elle incite simplement à davantage de détermination et, en l'absence d'un tel surcroît, à mesurer le degré d'applicabilité qu'on attache à la loi. Mais on a affaire ici à une variation intensive : la sagesse du Créateur est plus grande que celle de l'homme, sa bonté est supérieure, car son efficience est bien plus considérable. En quelque sorte, Dieu est plus cause que l'homme, ce qu'on traduit nominalement en disant, par exemple, qu'il crée ex nihilo, alors que notre expérience est toujours celle de la création à partir d'une matière. Mais l'expression « Dieu est plus cause que l'homme » n'a pas de signification précise. L'inférence favorise le mysticisme. Même en théologie, l'idée de causalité n'est pas intelligible. Or, sans la causalité, il n'y a plus de théologie du dessein.

Comment est-il possible qu'attribuer la toute-puissance à la sagesse divine ait pour effet d'indéterminer la notion qu'on s'en fait ? Remarquons que si la chose est difficile à comprendre, en pratique elle est fort commune. Quel théologien n'a pas dit que la grandeur de Dieu, que nous inférons à partir du spectacle de la nature, est telle que ses voies, et peut-être même certaines de ses fins, échappent à l'entendement humain ? L'inférence analogique, quand on la prend d'une manière générale, a pour vecteur la différence rapportée à la similitude. L'on compare les effets (et pour que la comparaison ait lieu, il faut que l'idée en soit déterminée ou déterminable) : à effets dont les idées sont semblables, causes dont les idées sont semblables. Et, encore une fois, s'il y a de la différence, on travaille à la réduire en la déterminant par des circonstances nouvelles ou par d'autres lois causales. Appelons cette différence *différence relative*, laquelle n'est qu'un moment dans l'histoire de la similitude. Mais si on appliquait cela en théologie, on serait vite conduit à ceci d'inacceptable, que plus on insiste sur l'excellence divine et plus l'idée que l'on s'en forme est anthropologique, puisque l'on est amené à la déterminer de plus en plus près, en disant que l'intelligence divine, qui est bien supérieure à l'intelligence humaine, n'est pas discursive mais intuitive; qu'elle est intuitive, non sensiblement, mais intellectuellement, etc. – autant de prédicats humains multipliés, même si l'on ouvre à chaque fois un écart qui appelle une nouvelle détermination. Pour éviter ce fâcheux résultat, le théiste mettra alors en avant que la comparaison porte sur le monde pris en totalité, dont l'art humain n'est qu'une partie, que le tout est d'une grandeur incommensurable à la partie, et que la logique du Même ne vaut qu'à l'intérieur du monde quand l'on rapporte les principes des parties les uns aux autres et qu'on résout la différence en termes de composition des causes; bref, le théiste espèrera se dégager de la difficulté en déclarant que la différence n'est pas *relative*, mais *intensive*, et en plaçant cette dernière au cœur même de la compréhension des prédicats divins. En Dieu, toute qualité est infinie, parfaite, toute– ... Mais où est alors la différence entre le théiste et le mystique?

Tentons de comprendre à présent comment l'échelle intensive appliquée au rapport de causalité peut ainsi indéterminer les prédicats de la cause. Comment est-il possible que, lorsqu'on dit de l'auteur du monde, qu'il est tout-puissant, l'on cesse de lui attribuer une qualité qui est pensable (le dessein), pour ne lui donner qu'un nom?

Le second argument

Le second argument (p. 147-149) explique pourquoi.

Laissons de côté la question de la perfection ou de l'infinité, et bornons-nous à considérer une qualité que l'on prétendrait porter à un haut degré. Par exemple, lorsque je dis à propos d'une circonstance heureuse que non seulement c'est bien, mais que c'est « super ». Si l'on me demande pourquoi c'est bien, je pourrai tenter d'expliquer mon appréciation; ce que je serai bien en peine de faire, si par variation intensive je passe à : c'est super.

L'argument progresse ainsi :

1. Le seul remède aux disputes verbales doit se tirer des définitions claires qui permettent de préciser les idées et de fixer strictement et uniformément l'emploi des termes. Une fois la définition acceptée, l'équivoque est levée et le débat cesse. S'il devait se poursuivre, ce serait un véritable débat portant sur des raisons; et non une faiblesse de communication. Il va de soi que tout terme indéterminable est à écarter, si l'on veut s'entendre.

2. Or, il y a une espèce de controverse : ou cette règle de l'analyse est impuissante, et cela non par accident, mais à cause de la nature même du langage : ce sont les controverses au sujet des degrés des qualités ou des circonstances. *Hannibal fut-il un grand ou un très grand général*? Ou bien il y a une différence de sens entre dire d'Hannibal qu'il fut un *grand général* et dire qu'il fut un *très grand général*; mais quelle est-elle ? Ou bien il n'y en a pas, et le superlatif n'indique que mon enthousiasme pour ce carthaginois qui faillit triompher de Rome. Dans les deux cas, le désaccord est insoluble, puisque d'un côté on ne peut préciser la différence et que l'autre côté l'on est renvoyé à la subjectivité du locuteur.

3. Les partis en présence peuvent tenter de donner la signification comparée de *grand* et de *très grand*, etc., dire par exemple qu'un grand général sait prendre l'ennemi par surprise, mais que c'est le fait d'un très grand général que de savoir tirer avantage de sa victoire. Mais on n'a fait que déplacer la difficulté sur la définition : imaginez que j'ai à cœur de dire qu'un général qui ne sait pas tirer parti de sa victoire ne mérite même pas le nom de grand général ! On connaît ce genre de disputes de mots fort vives, où chacun a conscience de se battre sur le mot, tout en ayant le sentiment que le débat est pertinent, que derrière le mot, il y va de la détermination de l'objet. Bien sûr, il est possible que nous soyons en désaccord sur les mots ou sur les définitions, quoique nous soyons en accord sur l'idée, à savoir celle d'un général victorieux qui n'a pas su tirer parti de sa victoire. Mais comment le saurons-nous ? Ou l'inverse : il est possible que, employant le même mot, vous entendiez plus et moi moins. Ce qu'il y a d'irritant, c'est qu'on se trouve dans une sorte d'entre deux : entre une définition simplement nominale, sur laquelle un accord de fait est toujours possible, et une définition réelle, sur laquelle un accord de droit est toujours possible.

4. Application à la religion naturelle : « la dispute concernant le théisme est de cette nature ». Elle est même « plus incurablement ambiguë qu'une dispute verbale », parce que les positions peuvent se renverser. Le théiste, motivé par la similitude, pose la ressemblance, mais avoue néanmoins une incommensurable différence entre l'esprit humain et l'esprit divin (ne serait-ce que pour mieux adorer Dieu). L'athée souligne la différence des effets, mais ne laisse pas de reconnaître qu'il y a une certaine analogie entre les différents principes d'ordre à l'œuvre à l'intérieur du monde et entre le principe de l'art humain et le principe du tout, analogiquement homogénéisé. Le théiste concède le maximum de différence que peut permettre la ressemblance, l'athée avoue le minimum d'analogie qu'autorise la différence (la différence étant un écart intensif et la similitude ayant toujours une fonction déterminative). Plus il est pieux, plus le théiste souligne l'incommensurabilité divine; plus il est rationaliste, plus l'athée renforce

l'uniformité des principes du monde. Chacun suivant la tendance de son tempérament, ils finiraient à la limite par échanger leurs arguments. La controverse est donc verbale et incurablement fluide.

COMMENTAIRE DU SECOND ARGUMENT

1. Notons d'abord que le cas de la Divinité est plus compliqué que celui du général Hannibal, puisque nous n'en avons pas d'expérience directe ou historique, et que l'intensité entre dans la notion même que nous nous en formons ; alors qu'un historien prudent peut raconter les guerres puniques, sans décider de la grandeur d'Hannibal.

2. Un autre caractère remarquable de la présente analogie doit être relevé. Le théiste et l'athée, quoique partant également de la comparaison du monde et de l'art humain, s'opposent dans leurs conclusions. Pourtant, si la différence n'exprimait ici qu'un défaut relatif de ressemblance, défaut réductible analytiquement par affinement de la loi de causalité, le débat devrait parvenir à un terme. Et cela est de droit possible au sein du champ de l'expérience. Si donc la controverse reste irrémédiablement ouverte, c'est que la comparaison ne repose pas sur une base empirique. Et, en effet, nous n'avons pas d'expérience du monde, pris comme totalité, mais seulement celle d'une partie du monde. Une comparaison empirique ne porte jamais que sur le rapport d'une partie du monde avec une autre partie du monde. Or, l'idée de monde comme totalité est indispensable à l'argument du dessein, et c'est une idée qui est elle-même obtenue analogiquement et par variation intensive. L'expérience que j'ai des choses me conduit plutôt à reconnaître de multiples principes d'ordre ; et toute la science, malgré son goût pour la simplicité, n'a pas encore réussi à unifier physiquement tout le divers des phénomènes ; pas plus que la morale n'a réussi à réunir les phénomènes de la nature et les phénomènes de la culture dans la même destination finale. Traiter une partie comme le tout, c'est accorder à celle-ci un privilège qui ne s'explique que par la comparaison instituée.

Puisque l'expérience n'embrasse jamais que des faits relatifs aux parties, le passage de la partie au tout ne peut se faire que par une variation intensive : le tout est comme la partie, mais en beaucoup plus grand. C'est d'ailleurs un problème de savoir comment l'on peut passer du très grand (dont la signification reste intra-mondaine) à la totalité. À moins qu'on observe que l'immense n'est pas une quantité, pas plus que la toute-puissance n'est une qualité, et que c'est un terme intensif. Quant à l'éventuelle signification architectonique de la notion, elle ne serait acquise que par analogie avec le principe d'ordre local qui est retenu. Et il en va du monde comme pour la Divinité : la différence intensive, qui entre dans la notion que nous nous en faisons, non seulement rend arbitraire le choix de telle analogie plutôt que telle autre, mais elle indétermine le contenu notionnel qu'on peut tirer de l'analogie. Qu'est-ce qu'une œuvre d'art en beaucoup plus grand ? À la vérité, et en suivant l'ordre de l'argument « expérimental » qui va de l'effet à la cause, il faudrait observer que l'indétermination intensive qu'on trouve dans la cause (le dessein) est le corrélat obligé de l'indétermination intensive de l'effet, et que la question de l'origine du monde est indissolublement liée à celle de la formation de la notion même de monde.

3. Mais revenons à notre point central, que les degrés de qualité ne peuvent être dits par le langage. Ce principe, pris en rigueur, porte très loin. On voit aisément comment il peut s'appliquer en théologie. La détermination idéative des notions corrélatives de monde et de Dieu étant analogique et l'analogie supposant ici le travail de la différence intensive, le « sens » des deux notions non seulement comporte de l'inassignable, mais a pour ressort de sens cet inassignable. En effet, c'est déjà une difficulté qu'on ne puisse préciser par le langage le degré de ressemblance du dessein divin avec le dessein humain : y a-t-il plus de ressemblance ? Le théiste l'affirme. Y a-t-il moins de ressemblance ? Le mystique le soutient. Mais il faut voir en outre que la différence, n'étant point constatable empiriquement, est elle-même inférée, pour marquer le caractère de transcendance de la Divinité. Le paradoxe de la notion de la Divinité est que je ne puis tenter de la déterminer par analogie qu'en en appréciant la différence. Peut-être objectera-t-on que la similitude donne déjà à elle seule l'extériorité de l'agent relativement à l'œuvre qu'il produit. Mais de nouveau, pour passer de l'extériorité à la transcendance, il faut faire jouer la différence intensive. En bref, et pour le dire d'une autre façon, il y a deux problèmes, le problème du comparatif ou du superlatif relatif (plus grand que, le plus grand de tous) et le problème du superlatif absolu (très grand), sans compter celui de l'infinité (l'infiniment grand). On voit que pour régler la difficulté qu'a langage à fixer le degré de similitude, il ne sert à rien de s'appuyer sur un principe de maximisation. En un sens, le mystique est lucide sur l'impuissance du langage, quoiqu'il commette la faute majeure de transformer la différence comme telle en une qualité.

4. Mais ignorons ce point du superlatif absolu et admettons qu'il n'innerve pas en secret la question du superlatif relatif. Admettons que le spectacle du monde s'offre à la vue de la même manière que le spectacle de l'industrie humaine, et arrivons à la conclusion qu'il y a, à l'origine de l'ordre du monde, quelque principe ayant une certaine analogie avec l'intelligence humaine, mais en plus grand. Fort de cela, le théiste affirme

l'existence d'une intelligence divine et l'athée la rationalité du monde. Or, le degré d'analogie ne pouvant être fixé, le théiste et l'athée, précise la critique, disputent d'une question insoluble qui est entièrement causée par l'impuissance du langage humain.

Précisons cette impuissance. Hume, on le sait, reprend la critique nominaliste que Berkeley adresse aux idées abstraites. On sait également que cette critique repose sur le principe, *que toute idée est déterminée dans ses degrés de quantité et de qualité*[1] et que, si l'on ôte ces degrés, on obtient une idée abstraite, c'est-à-dire quelque chose qui est dépourvu de signification déterminée[2]. Le degré fait la particularité de l'idée; mais sans le degré l'idée perd toute détermination. Ceci vaut même pour les noms de substances ou d'espèces: je suis homme dans tel degré. Insistons: il n'y a pas d'une part la qualité (dont on pourrait donner une définition qui ne varie pas) et d'autre part l'échelle intensive; il n'y a pas d'une part le prédicat dans sa compréhension invariable et d'autre part les sujets particuliers auxquels appliquer avec plus ou moins de justesse le prédicat (le plus ou moins étant d'ailleurs alors ordinairement négligé). Il n'y a que des idées particulières. Et l'on se souvient de la façon dont Berkeley rend compte de l'emploi des termes généraux par le langage: sous l'identité du mot, telle idée particulière est le signe d'autres idées particulières, sans que cela prête à la formation d'une idée générale. Le paradoxe est que ce facteur essentiel de la détermination n'est pas lui-même dicible à titre de partie de la détermination. D'où la faiblesse originelle du langage: les mots – et qui peut nier que la plupart des mots soient généraux? – ne peuvent que renvoyer d'une idée particulière à une autre idée particulière. Ainsi, affirmer que le langage ne peut dire les degrés d'une qualité comme il peut dire les degrés d'une quantité (la quantité est un rapport et elle est aisément traitable par le langage) n'est rien chez Hume qu'une conséquence de la critique de l'abstraction et de l'illusion attachée au langage.

Assurément, on peut refuser le nominalisme de Berkeley et sa doctrine de la représentation représentative (pour reprendre le mot de Husserl); on peut s'afficher réaliste ou du moins conceptualiste, et déclarer: nous sommes capables de penser le rouge, la grandeur, ce que c'est qu'un dessein, ce qu'est l'essence de la sagesse, etc. Mais touchant le problème qui nous occupe, la difficulté demeure: l'identité du concept ou de l'essence est trop forte. Je puis penser le rouge en tant qu'essence, dit-on.

1. *Traité de la nature humaine*, I, 1, 7.

2. Thomas Reid, (*Essays on the intellectual Powers of Man*, essay 5, chap. 6) pour répondre à Hume, distingue entre les prédicats inhérents à l'objet (cette blancheur-ci) et les prédicats qui signifient l'attribut en général (la blancheur). Il anticipe ainsi sur la célèbre doctrine millienne de la dénotation et de la connotation.

Ce vêtement est rouge et le ciel est rouge. Pas du même rouge cependant. La différence entre ce rouge-ci et ce rouge-là est inassignable à partir de la pensée du rouge. Le langage ne peut pas dire la différence, sauf à la traiter comme différence spécifique, c'est-à-dire en restant dans le domaine de la généralité. L'individu ne peut être dit, disait Aristote. On n'échappe pas à cet interdit, même en substituant à la vieille logique du prédicat et de la substance, la doctrine des descriptions définies. Or, ce qui m'importe ici, et cette demande est tout à fait commune, c'est de savoir si Hannibal était un très grand général, si Cléopâtre était vraiment belle et ce que j'entends quand j'attribue à Dieu un dessein supérieur.

En un mot, que la généralité soit dans le mot ou qu'elle soit dans l'essence ou le concept, la différence entre les individus qui entrent dans la classe ne peut être dite eu égard à cette classe.

5. Les exemples donnés par Hume (Hannibal, Cléopâtre) suppose une appréciation. On pourrait être tenté de limiter le principe général en disant qu'il ne concerne que les prédicats de valeur relevant d'une appréciation esthétique ou morale, prédicats où manifestement le degré fait partie de la détermination. Pour le reste des prédicats, cette question est de peu d'importance; et je puis dire : le ciel est rouge, en étant sûr d'être compris par autrui de manière satisfaisante. Assurément. Mais, sans disputer ici de la nature des prédicats de valeur, rappelons que nous n'avons d'expérience ni du monde ni du principe qui est à son origine et qu'ils ne sont pensables comme totalité et comme dessein qu'à la condition que la différence intensive soit le moteur de leur détermination. On ne dit pas : Einstein est un être intelligent, et : Dieu est un être intelligent, comme on dit : ce vêtement est rouge, et le ciel est rouge. Ajoutons que s'il y a une différence entre les prédicats de valeur et les prédicats théologiques, c'est dans la mesure où les premiers prennent appui sur une expérience esthétique ou morale, de sorte que, à défaut de nous accorder entre nous sur les mots, nous pouvons communier dans la même expérience.

6. On pourrait affirmer qu'à défaut de pouvoir dire exactement le degré de la qualité, en peut le déterminer relativement par comparaison. Cléopâtre est très belle veut dire : Cléopâtre est plus belle que Messaline. Miroir, miroir, dis-moi … ! Encore faut-il que le miroir apprécie les degrés respectifs de beauté de Cléopâtre et de Messaline. On n'a fait que déplacer la difficulté, même si le langage dispose ici d'un procède qui l'atténue, en rendant possible la constitution d'une échelle ordinale.

7. Récapitulons. La faiblesse du langage fait que, même pour les prédicats empiriques, les degrés de qualité ne sont pas dicibles, que l'on soit nominaliste, réaliste ou conceptualiste. Empiriquement, *by acquaintance*, il n'y a pas de problème : toute qualité empirique est donnée dans sa

particularité. Et la nature humaine étant constante, les hommes peuvent s'entendre dans l'expérience. Ils s'entendent moins lorsqu'ils parlent : Alors que l'expérience est par elle-même commune, elle devient privée du fait du langage, lorsque, sous l'identité du mot ou de la notion, chacun est capable de placer un degré différent l'inscrutabilité est seulement due au langage. Le lièvre chassé et tué était fort bon, il avait une saveur incontestable de lièvre (qui n'est pas celle du lapin) : l'ethnologue et l'indigène en conviennent sans problème, même s'ils ne peuvent se dire qu'ils ont chassé un lièvre ou un animal qui était plus ou moins lièvre. Or, touchant le principe de l'ordre des choses, il n'y a pas d'appréhension empirique possible. Il y a bien d'autres choses dont je n'ai pas l'expérience, mais je puis en poser l'existence et en déterminer analogiquement la nature, dès lors qu'elles font partie du champ de l'expérience possible (intramondaine). Dans ce cas, la différence analogique est une invitation à introduire plus de détermination dans la connaissance de la similitude, par une complication des notions, tout comme chez Aristote on peut préciser l'attribution d'un genre en introduisant la différence spécifique. Et la différence est le ressort d'une détermination plus précise de la similitude. Mais il en va tout autrement quand on prend pour elle-même la variation intensive, *a fortiori* quand on l'introduit comme différence intensive dans la notion elle-même, à titre de condition de sa détermination. Ce qui est le cas de la notion de monde et de la notion de Dieu; comme si, pour déterminer la beauté de Cléopâtre je disais qu'elle est sensationnelle. Pour se porter de l'œuvre d'art à la totalité du monde, de l'esprit fini des hommes à l'esprit infiniment parfait de Dieu, de ce dont j'ai une expérience à ce dont je ne puis avoir d'expérience, faute d'analogie intramondaine, il n'y a d'autre vecteur possible que la différence intensive. La théologie se confie au langage et lui demande ce qu'il ne peut pas faire.

Il y a une certaine analogie, plus ou moins étendue, entre l'ordre humain et l'ordre des choses, et il semble qu'on puisse reconnaître dans le second la même rationalité à l'œuvre que dans le premier. Le philosophe est ici à la croisée. Ou bien, insistant sur la similitude et changeant la différence relative en différence intensive, il érige cette rationalité en principe supérieur et lui attribue transcendance et toute puissance – il est vrai au prix de la détermination initiale de la notion. Ou bien, se refusant à la différence intensive, pour ne traiter que la différence relative, qu'on peut réduire par une détermination plus précise de la similitude, il élargit le domaine d'application de ce principe à l'intérieur du monde et satisfait ainsi l'exigence rationaliste qui accompagne toute entreprise de connaissance. Serait-ce le combat entre la science et la religion ? Mais le théiste ne cesse de tirer parti des succès rationnels de la science, pour rendre évidentes la sagesse et la puissance du dessein divin. Et le rationaliste, qui dénonce l'abus qu'il y a à chercher un principe de détermination supérieur dans un Être qu'on ne peut pas autrement déterminer (ce qui fait de lui un athée méthodique), fait de sont côté croître la science de manière telle que l'analogie s'en trouve renforcée. « Allez-vous vous quereller, Messieurs, sur les degrés et entrer dans une controverse qui ne souffre aucun sens précis, et partant aucune décision ? » (p. 148).

Il y a pourtant une différence entre le théiste et l'athée, c'est que le théiste, en accentuant la différence, est pieux, alors que l'athée suit seulement sa pente rationaliste en renforçant la similitude. La différence n'est pas philosophique, elle est religieuse. Être religieux, c'est rendre un culte ; et le langage est une pratique religieuse parmi d'autres. Cessons donc d'user de l'analyse dans le domaine de la théologie : dans l'impossibilité de conclure, il n'y a là qu'un jeu philosophique. Soyons sérieux : appliquons-la à la religion. Mais Hume nous prévient : de la théologie à la religion, l'analyse change de nature ; elle était jusque là spéculative, elle devient maintenant positive, puisqu'elle n'a plus affaire à des mots, mais à des faits.

Michel MALHERBE

DIEU, JOHN N. FINDLAY ET LES RAISONS NÉCESSAIRES

Dans toute la littérature consacrée à infirmer l'existence de Dieu, que dis-je, à prouver son inexistence, l'argument proposé par J. N. Findlay dans son article désormais classique de *Mind* brille à la fois par la concision et l'ambition : son propos en effet est de disqualifier toute preuve de l'existence de Dieu d'une manière paradoxale, en se contentant d'invalider une preuve – la preuve d'Anselme – dont les théologiens et les philosophes n'ont jamais été très nombreux à affirmer la validité[1].

De manière banale – et d'ailleurs discutable[2] – l'invalidité de l'argument est déclarée d'entrée : « il est universellement admis que les preuves qui reposent sur les nécessités de la pensée sont fallacieuses, car nous pensons qu'il est impossible de construire des ponts entre de simples abstractions et l'existence concrète » (p. 176). Cette déclaration banale ouvre toutefois sur une argumentation qui ne l'est pas, et que l'on peut résumer simplement : elle consiste à dire que la preuve d'Anselme exprime conceptuellement une requête inscrite au cœur de l'expérience religieuse, et que l'invalidité de *cette* preuve prouve paradoxalement la non existence de Dieu. Détaillons un peu.

On parvient au paradoxe de Findlay à partir d'une thèse liminaire : « si l'on veut concevoir l'existence divine d'une manière religieusement satisfaisante, il faut la concevoir comme quelque chose d'*inévitable* et de *nécessaire* » (*ibid.*, je souligne). Plutôt que le Dieu des philosophes, c'est donc le Dieu des religions, défini comme « l'objet adéquat des attitudes religieuses » (p. 177), qui fournit les critères d'une réflexion. À quelles

1. « Can God's Existence be Disproved? », *Mind*, 57 (1948), p. 176-183; repris dans A. Flew, A. McIntyre (éd.), *New Essays in Philosophical Theology*, Londres, 1955, p. 47-56.

2. Voir A. Plantinga, *God and Other Minds*, Ithaca, Cornell University Press, 1990, p. 26-94, pour un examen logique prudent de l'argument.

« sortes de choses ou de situations » donc, les conduites cultuelles ou liturgiques – *worship* en anglais, *latreia* en grec – répondent-elles de manière « normale ou appropriée » (p. 178) ? Réponse : si l'on nomme religieuse une attitude « dans laquelle nous nous sentons disposés à plier le genou devant un objet, à nous y soumettre entièrement, etc., nous trouvons naturel de dire qu'une telle attitude ne convient que si l'objet vénéré nous excède *(exceeds)* considérablement, que ce soit en puissance, en sagesse ou en toute autre qualité appréciée » (p. 179) ; et si l'on tente alors de penser cet excès, la logique du religieux force à donner à l'objet vénéré le caractère de l'*insurpassable (ibid.).* Devant l'insurpassable, d'autre part, l'adorateur confesse qu'il ne vénère pas une réalité contingente (« a matter of fact », ce dont rien de plus grand n'existe concrètement) mais une existence nécessaire : « nous ne pouvons nous empêcher de ressentir qu'un objet digne d'être adoré par nous ne peut être quelque chose dont il se *trouve* simplement qu'il existe [...]. Non seulement l'existence des *autres* choses doit être impensable sans lui, mais encore sa propre non-existence doit être totalement impensable en toute circonstance » (p. 180). Le culte au sens strict – *latreia,* donc, que le lexique théologique spécialisé distingue de la *douleia,* « dulie », dont des créatures peuvent être l'objet – n'est dû qu'à un tel Dieu, à un « être en qui l'essence et l'existence cessent d'être séparées » *(ibid.)* – et c'est là l'occasion de déclarer la faillite de l'argument ontologique : car l'idée d'une existence logiquement inévitable bute sur la conception « moderne » selon laquelle une telle inévitabilité ne se rencontre que là « où la vérité ne fait que refléter des conventions arbitraires » (p. 182). Le verdict tombe donc : « si Dieu doit satisfaire nos requêtes et besoins religieux, il doit être totalement inévitable, nous devons être incapable de ne pas penser qu'il existe et possède certaines perfections. Mais si l'on jette un regard contemporain sur la question, on doit considérer comme une évidente absurdité [...] le fait de parler d'un tel être et de lui attribuer l'existence. Ce fut vraiment un jour funeste, pour Anselme, que celui où il eut l'idée de sa célèbre preuve. Car ce jour-là, il ne se contenta pas de découvrir un trait essentiel à tout objet religieux adéquat : il découvrit aussi quelque chose qui implique la non-existence nécessaire d'un tel objet » *(ibid.).* Ce qu'il fallait démontrer.

Je me trouve plusieurs raisons de ne pas donner mon accord à cette démonstration, mais aussi une raison de lui attribuer une grande pertinence. Disons d'abord celle-ci.

S'il est au moins une chose trivialement incontestable chez Anselme lui-même, c'est que le Dieu du *Proslogion* n'est pas une *matter of fact.* Que le recours à des *raisons nécessaires,* ou le souci d'en trouver, ne procède pas lui-même d'une intention apologétique qui mette protocolairement toute foi entre parenthèses, cela aussi, depuis les travaux de Barth, apparaît comme trivialement incontestable. Mais quoi qu'il en soit des débats exégétiques (et ils font incontestablement rage !), un fait n'est pas douteux : de l'Abbé du Bec jusqu'à Hegel et au-delà, jusqu'à Hartshorne et d'autres, l'idée d'une rationalité contrainte comme telle à affirmer l'existence de Dieu, l'idée d'un *logos* dont les lois intrinsèques mènent à Dieu de manière cogente, a hanté la pensée sans que la critique d'Anselme par l'Aquinate ait pu l'exorciser de manière efficace. Chez Anselme, les argumentations du *Proslogion* et celles du *Cur Deus homo* doivent être mises en parallèle : de même que l'on peut conclure *remoto Christo*, par une étude de la logique d'un salut possible, à la nécessité de ce qui, *de fait,* a été accompli par le Christ, de même est-il possible de se fier à la seule logique de notre idée de Dieu pour affirmer l'existence de celui qui, *de fait,* a créé, fait alliance et sauvé. Et pour peu qu'on adopte la perspective de l'historien des doctrines, ce n'est pas merveille : Anselme s'inscrit après tout dans une lignée où platonisme dyonisien et augustinisme se combinent pour supposer l'existence d'un cosmos diaphane dont tout secteur révèle l'artisan divin – la nouveauté, chez Anselme, est simplement d'avoir identifié plus précisément qu'Augustin un secteur de ce cosmos, ou d'avoir fait de la logique des concepts un secteur de la logique théologique globale qui gouverne le cosmos platonico-augustinien. Il y a donc bien un sens dans lequel la théologie a voulu que Dieu soit inévitable – inévitable à condition de raisonner rigoureusement.

Cela étant concédé et bien concédé, il me reste à dire que la proposition de Findlay boite bas.

On ne lui reprochera certes pas de relier l'ordre des raisons théologiques à celui des présuppositions tacites de l'expérience religieuse. Mais si, de notre côté de la Manche, nous sommes spontanément portés à applaudir quiconque nous dit que le Dieu des philosophes et des savants, s'il veut vivre, doit être aussi celui d'Abraham, d'Isaac et de Jacob, un certain malaise survient (toujours de notre côté de la Manche) lorsque le rôle du Dieu d'Abraham, d'Isaac et de Jacob est rempli par un « objet adéquat des attitudes religieuses ». Que des attitudes « religieuses » puissent avoir Dieu pour objet (ou en tout cas pour objet présumé, comme objet meinongien à qui nous ne pouvons tout de même pas refuser la pseudoexistence), nul n'en doute. Mais en ont-elles intrinsèquement besoin ? Je n'en suis vraiment pas certain, sans avoir par ailleurs la moindre thèse originale sur le sujet, et me contenterai de rappeler mes sources. Je n'en suis pas certain, *d'abord,* parce les « attitudes religieuses », les « religions », et le reste, ont toujours rencontré, dans le courant principal de la tradition théologique, plus de réserves que d'approbation. L'attitude religieuse, à en croire ce courant principal – qui va de la Bible et des Pères de l'Église à Barth et au delà –, se contente en fait d'assez peu. Au lieu de donner un assentiment implicite à une logique qui conduit à Dieu, l'intellect de l'homme « religieux » passera plutôt pour une « fabrique d'idoles » (Calvin). L'idole, précisément, est peut-être bien l'objet adéquat de l'attitude religieuse comme telle. Et la théologie nous dit au fond qu'il faut se méfier des idoles parce qu'elles sont *inévitablement présentes* dans l'univers des religions ...

Je viens bien de sûr de faire un (partiellement) mauvais procès, parce que Findlay suppose en fait ce que R. Swinburne dit en toutes lettres au début de *La cohérence du théisme*: les « attitudes religieuses » sont toujours liées à des discours religieux, à des affirmations religieuses, et ce sont ces discours qui nous disent quel est l'objet « propre » (Swinburne), ou « adéquat » (Findlay) de ces attitudes. Et cela veut dire qu'il ne faut probablement pas accuser Findlay de lier trop vite les requêtes implicites d'un adorateur de pieu sacré et l'argumentation du théologien. Une question mérite toutefois d'être posée, et c'est ma *seconde* raison. Le sacré, le numineux, l'idole, bref tout ce qui peuple ou constitue le « monde de l'expérience religieuse », est-il inévitable de la même inévitabilité que la preuve d'Anselme veut attribuer à Dieu? Une réponse négative – mais minimale – permet de lier le sort du sacré et celui de Dieu : s'il y a du sacré, ou s'il y a un appel à Dieu, le croyant n'y verra jamais l'œuvre du hasard. Il n'y a pas du sacré ou du divin comme il y a des mouettes sur la côte ou des colimaçons dans la salade: Findlay a raison sur ce point. Mais si l'on accepte de raisonner un peu en termes (phénoménologiques) de *monde,* alors un écart paraît, qu'on peut énoncer simplement avant de le commenter. Je l'énonce donc : s'il faut dire que Dieu (ou l'idole) sont inévitables, il faut entendre qu'ils sont à chaque fois *inévitables dans un monde.*

Le travail spécifique de l'expérience cultuelle n'est vraiment pas de penser, mais pour chaque univers ou sub-univers religieux, défini comme tel par la possession et l'adoration de quelque chose comme un Plus Haut Objet possible, il est certainement possible de fournir aussi quelque pensée de cet objet, et on incline intuitivement à penser que l'inévitabilité est un trait essentiel du Plus Haut Objet. On dira donc que l'idole est affectée de cette inévitabilité dans le monde païen : si dans ce monde tout est « rempli de dieux », comment les contourner ! On dira d'autre part, de manière plus différenciée, que le Dieu du monothéisme classique – le Dieu du monothéisme judéo-chrétien et le Dieu de la métaphysique, qu'on peut associer de manière locale le temps d'un court raisonnement – est parfois, mais parfois seulement, un Dieu inévitable. La tradition catholique le dit rationnellement inévitable: connaissable à l'aide des seules lumières de la « raison naturelle », connaissable même par voie de preuves. Mais il y a d'autres traditions, et les protestantismes s'entendront généralement pour dire – et c'est ce point qui importe ici – que le problème de la connaissance de Dieu est « existentiel » (*i. e.* moral-spirituel avant d'être théorique) plus que rationnel, de telle manière que la raison se signale d'abord par son aptitude à esquiver ou éviter Dieu, le cas échéant en fabriquant des idoles, et n'est honorée théologiquement que comme raison à l'œuvre en celui qui croit. Une fois ouvert – ouvert par *conversion*, ouvert par *grâce*, etc – le domaine de la vie croyante, une fois l'homme habitant du monde de la foi, alors l'appel à des raisons nécessaires devient légitime : ainsi la provocation de Barth, disculpant Anselme des toutes les accusations de rationalisme intempérant qui avaient été portées contre lui. Dans l'*a posteriori* de la foi, tout conspire à rendre Dieu aprioriquement inévitable.

On ne peut, du coup, esquiver deux problèmes liés, dont le traitement sonne le glas de la preuve de Findlay.

Le *premier* est celui des mondes ainsi constitués que Dieu y est non seulement évitable, mais purement et simplement exclu de par la constitution même de ces mondes. Il est par exemple un monde que je me contente de nommer, celui de la bonne vieille dichotomie du fait et de la valeur : et dans ce monde, il n'est vraiment pas nécessaire de demander si toute affirmation cultuelle de l'existence de Dieu possède pour logique implicite la logique de la preuve d'Anselme, pour la bonne raison que la ritualité religieuse ne « veut » rien dire et ne prouve que sa propre existence. Il est un autre monde, que je connais mieux – si j'ose dire ! –, le monde décrit et thématisé par Heidegger dans *Sein und Zeit*. Ce monde est philosophiquement intéressant pour plus d'une raison, dont la première, à mon sens, est qu'il existe bel et bien, ou en tout cas qu'il s'agit là d'un possible très, très proche du réel. Et dans ce monde, on concédera sans problème, non seulement que Dieu n'intervient jamais, mais surtout que le rôle de la nécessité, du Plus Haut Objet et du Plus Haut Pensable est joué en fait par une instance qui n'est pas divine, la mort. Ce monde est donc athée, et pour peu qu'on accorde que le projet de *Sein und Zeit* n'est pas de traiter une problématique régionale (on voit mal une « ontologie fondamentale » ressortir à une stratégie régionale !) et de décrire un canton de l'existence, les protestations d'athéisme seulement « méthodologique » que Heidegger fournira après coup ne devront pas être prises au plus grand sérieux. Si ce qu'il appelle la « philosophie » est athée, en fait, c'est que le fait des faits, la facticité, l'être-dans-le-monde, etc., c'est que tout cela est ou se passe sans Dieu, et d'ailleurs sans religion, sans idole, bref sans « attitudes religieuses », quelles qu'elles soient. Dans le *monde* ainsi constitué, « Dieu » est en fait le nom de ce(lui) à qu(o)i l'homme – Heidegger dit le *Dasein* –

s'est toujours déjà dérobé par avance, de ce(lui) qu'il a nativement les moyens d'éviter jusqu'à la mort : le nom de l'*esquivé* par excellence.

C'est donc pour dire que Dieu peut aussi nous apparaître sous les traits de l'inesquivable, mais que ce sera le cas dans un autre monde, celui de la foi et des attitudes ou jeux de langage que je n'aime pas dire « religieux », mais plutôt « liturgiques » [1]. Le sol natal de la preuve d'Anselme est là et nul part ailleurs. Pour le dire autrement, tout en ne faisant rien d'autre que gloser Barth, ou presque, la manière anselmienne de penser Dieu (complément d'objet direct) est celle d'un homme qui commence par penser *à* Dieu, et qui pense à lui, ou « joue » liturgiquement devant lui, à l'intérieur d'un monde où il serait *inconcevable* que Dieu n'existât pas. Nous pourrions nous demander, au reste, si la propriété d'exister nécessairement au sein d'un monde – j'entends, la propriété de suggérer quelque chose comme un argument anselmien implicite – est réservée à Dieu. Peut-être pas. Serait-il vraiment saugrenu d'avancer que dans le monde de l'amant l'aimée existe « nécessairement », qu'elle est à la fois omniprésente en ce monde et requise en tout point par la logique de ce monde ? Je me contente de suggérer. L'amant, certes, ne dira pas que l'existence de l'aimée est requise par son statut ontologique (ou ontique, peu importe), dans son monde, de *summa amabilis*. Mais le croyant n'a pas non plus besoin de prendre le recul logique (ou ontologique, peu importe) pris par Anselme – le recul qui permet de parler de Dieu en prononçant ses premiers mots *remoto Deo*. Peut-être fait-on tort à cet argument, au fond, en le disant « ontologique », et peut-être est-il d'abord candidat à l'inclusion dans la classe de ces formulations paradoxales que la mystique chérit tout particulièrement. Dire de Dieu que son existence est impliquée par son essence, n'est-ce pas s'exprimer d'une manière voisine de Catherine de Sienne lorsqu'elle nous dit que Dieu seul *est* et qu'elle même n'est pas, ou d'une manière voisine de Hadewijch ou Suso affirmant que Dieu est néant ?

Je passe au *second* problème annoncé : c'est celui du caractère volontaire de la foi. Je dis bien de la *foi*, et non pas de la croyance. De même que Plantinga (et d'autres !) croient volontiers avoir mangé des céréales au petit déjeuner, je crois volontiers mille choses que je ne décide jamais de croire ou de ne pas croire. Mais lorsque je m'avise que je crois aussi à l'existence de Dieu, un écart est alors pris par rapport à la plupart des autres croyances (mais pas par rapport à toutes les autres, bien sûr !), et cet écart est l'œuvre d'un consentement, ou d'un assentiment. Sur les conditions natives de l'expérience, sur les conditions épistémiques que nous donne le simple fait d'être né dans ce monde au milieu des hommes, le débat est aussi

1. Voir J.-Y. Lacoste, *Expérience et Absolu*, Paris, P.U.F., 1994.

ouvert qu'on peut l'être, et il n'est pas nécessaire de le trancher d'un coup de concept ou d'un coup d'hypothèse. Une affirmation minimale peut suffire, celle du caractère non-immémorial de toute affirmation de Dieu. Il fut un temps où Dieu n'existait pas (pour moi). Et de quelque manière que j'ai été conduit à croire et dire qu'il existe, les habilitations transcendantales dont les uns ou les autres se réclament (l'expérience transcendantale des thomistes maréchaliens, ce *sensus divinitatis* calvinien dont Plantinga promet sous peu une défense et illustration, le classique *desiderium naturale* thomasien et lubacien, etc.) n'ont pas pesé sur moi comme une contrainte, mais comme l'ouverture d'un champ de possibilité. Nous naissons citoyens possibles de plusieurs mondes possibles : le monde séculier dans lequel l'homme peut vivre *etsi Deus non daretur,* le monde religieux/païen que les hommes habitent en compagnie des elfes et des fées (ce dans le meilleur des cas !), ou (dans le pire des cas) en compagnie d'antipathiques entités ou pseudo-entités numineuses, le monde enfin de la foi. Ce monde est accessible, et il n'a jamais manqué de philosophes ou de théologiens pour dire que son accès ne demande nul *sacrificium intellectus.* Mais une chose est bien certaine : quel que soit le nombre des formules logiques valides que nous pouvons maîtriser, la vérité dont il s'agit est une vérité destinée ensemble à la raison et à la volonté, une vérité dont nulle construction conceptuelle ne suffit à donner la fruition.

Sur le thème de l'inévitabilité divine, une remarque bien française peut servir de conclusion à mon propos. Findlay parle d'un Dieu requis par les attitudes religieuses, veut prouver que le Dieu d'Anselme est bien ce Dieu requis, et il en conclut que ce Dieu est mort. Mais d'une certaine manière, cette mort a quelque chose de réjouissant, pour une bonne raison : je subodore en fait que ce Dieu est plutôt le Dieu de Sartre que celui d'Anselme. Nous nous souvenons vaguement que l'homme de lettres parisien reprochait à Dieu, et avec véhémence, un certain nombre de traits de caractère ou de traits essentiels. Et parce que Dieu lui semblait doté d'une omniprésence encombrante et indiscrète, l'affirmation de la liberté impliquait qu'on prît congé d'un Dieu dont le voyeurisme et le dirigisme moral paraissaient interdire toute autonomie de l'existence (il appartint ultérieurement à Philip Quinn[1] de formuler précisément cet argument). Mais si l'on admet, avec le courant principal de la tradition théologique, que l'affirmation de Dieu exige la coopération de la volonté – ce qui dit donc qu'un être humain réduit à sa seule rationalité n'est pas vraiment capable de cette affirmation –, alors on devra admettre que le travail de la preuve va peut-être aussi loin (mais pas plus loin) que le travail de la rationalité peut aller (et je dis « peut-

1. Ph. L. Quinn, « Religious Obedience and Moral Autonomy », *Religions Studies*, 11 (1975), p. 265-281.

être » parce que je ne le dis que toutes réserves …), et alors on devra aussi supposer, si vous m'autorisez à parler par métaphores, que Dieu se retire au fur et à mesure que nos preuves rationnelles progressent, et qu'il prend ce retrait pour sauvegarder la qualité proprement humaine de l'assentiment que nous lui offrons.

Jean-Yves LACOSTE

DU CARACTÈRE DE DIEU
LES PROPOSITIONS THÉOLOGIQUES
CHEZ JOHN STUART MILL

On a coutume de s'étonner de l'existence de textes théologiques de John Stuart Mill, traditionnellement considéré comme un penseur athée, peu préoccupé de religion. Les trois essais de Mill sur la religion sont perçus, lorsqu'ils sont lus, comme une concession faite à l'âge, ou pire, à son épouse, Harriet Taylor. « Cherchez la femme ! », écrit un libre penseur de l'époque, en français dans le texte [1]. À la parution de ces textes, les radicaux parlent de trahison, tandis que certains religieux y voient un appui inespéré.

Pourtant, ces essais nous rappellent qu'utilitarisme et théologie ne sont rien moins qu'étrangers. Deux ecclésiastiques ont donné à l'utilitarisme sa forme presque achevée, Priestley et Paley [2] : pour eux, le principe de l'utilité doit être appliqué aux problèmes de morale et de théologie, notamment parce que Dieu est rémunérateur et vengeur. C'est là ce que certains stigmatiseront sous le nom de religion des pertes et profits. En outre, la religion a une utilité. Mill se réfère volontiers sur ce sujet au texte de George Grote et Jeremy Bentham, paru sous le pseudonyme de

1. George Foote, *What was Christ ? A Reply to John Stuart Mill*, Londres, 1887. Helen Taylor a publié les *Three Essays on Religion* avec une note introductive, après la mort de Mill (Londres, Longmans, Green, Reader and Dyer, 1874). Nous citons la traduction de Cazelles, parue à la Librairie Germer Baillière en 1875. Pour chaque renvoi aux textes de Mill, nous indiquons la référence à la traduction française du texte lorsqu'elle existe, et la référence aux *Collected Works of John Stuart Mill* (*CW*), publiés sous la dir. de John Robson, Londres, Routledge, 1965-1991. Pour les réactions suscitées par les textes théologiques de Mill en Angleterre, voir Robert Carr, « The Religious Thought of John Stuart Mill : A Study in Reluctant Scepticism », dans *Journal for the History of Ideas*, n°21, 1962, p. 475-495 ; Richard Taylor (sous la dir.), *John Stuart Mill. Theism*, Indianapolis, Bobbs-Merrill, 1957.

2. Élie Halévy, *La formation du radicalisme philosophique*, t. I, « La jeunesse de Bentham 1776-1789 », Paris, P.U.F., 1995, p. 32.

Philip Beauchamp en 1822 : *Analysis of the Influence of Natural Religion in the Temporal Hapiness of Mankind*[1]. Cette réflexion sur l'utilité de la religion contribue chez Mill à justifier le projet d'une religion de l'humanité, fruit de l'histoire, de la science, mais également nécessité collective.

Les *Essais sur la religion* de Mill, « Nature », « Utilité de la religion » et « Théisme », peuvent être considérés comme des exercices d'application du *Système de logique* aux propositions théologiques. Pour ce qui concerne l'essai consacré au « Théisme », qui retiendra particulièrement notre attention, il s'agit d'une application de la logique : premièrement aux propositions portant sur l'existence de Dieu ; deuxièmement, aux propositions portant sur les attributs de Dieu. Les croyances énoncées par ces propositions prétendent être fondées sur des preuves : la logique étant la science de la preuve, « l'office propre de la logique est de fournir une pierre de touche pour vérifier la solidité de ces fondements »[2]. Les preuves traditionnelles de l'existence de Dieu (argument de la cause première, argument du consentement général de l'humanité, et argument de la conscience) sont ainsi récusées par Mill, au profit d'un raisonnement inductif, que nous détaillerons. Ce raisonnement nous permet de concevoir la probabilité de la personne divine, mais également de connaître certains de ses attributs.

Il s'agit donc pour Mill de montrer à quelle condition une croyance est probable, au-delà des associations fortes dues à l'habitude ou au consentement général de l'humanité. La question qu'il aborde est non pas celle de l'utilité d'une croyance religieuse, mais de sa vérité, en terme de compossibilité et de cohérence. Plus précisément, Mill vise ici ceux qui pensent que Dieu ne peut être appréhendé par la logique humaine.

La connaissance du caractère de Dieu

L'un des enjeux de cette application de la logique peut être énoncé comme suit. On a coutume de penser que la théologie ne constitue pas un domaine d'application de la logique comme les autres. On ne parle pas de l'existence d'un fait comme de l'existence de Dieu ; on n'attribue pas à Dieu des noms comme on les attribue aux choses ou aux hommes. Le terme

1. George Grote, *La religion naturelle. Son influence sur le bonheur du genre humain d'après les papiers de Jérémie Bentham*, trad. M. E. Cazelles, Paris, Germer Baillière, 1875. Mill caractérise ainsi ce texte : « Il s'agissait là d'un examen non de la vérité, mais de l'utilité de la croyance religieuse, au sens le plus général, indépendamment de toute révélation particulière ». *Autobiographie*, trad. G. Villeneuve, Paris, Aubier, 1993, p. 164 ; *CW*, I, 73.

2. *Système de logique* (*SDL*), trad. L. Peisse, édition de 1896, Paris, p. 9 ; *CW*, VII, 9. La logique n'a pas pour fonction de *trouver* les preuves, en ce sens ce n'est pas une logique de la découverte scientifique ; elle décide cependant si ces preuves ont été trouvées.

même de « théologie » semble supposer acquise la légitimité de l'union des deux termes, Dieu et la logique. Pourtant, cette union ne va pas de soi : Dieu peut s'affranchir des catégories logiques ? Cette première question porte sur Dieu envisagé dans son essence. Elle en implique une seconde portant sur notre accès épistémique à l'objet « Dieu », à savoir : devons-nous nous-mêmes nous affranchir des catégories logiques pour appréhender cet objet, en « nous moquant de la philosophie », pour reprendre les termes de Pascal ? On peut penser que ce qui nous paraît logiquement possible n'épuiserait pas la puissance divine ; Dieu pourrait accomplir des actions qui nous semblent impossibles logiquement, comme faire que le passé ne se soit pas passé. Ou bien il nous faut envisager que Dieu est lui-même déterminé par la logique, et notamment, quand on étudie ses attributs, par la loi de non-contradiction.

Si pour Mill une science de Dieu est possible, c'est que Dieu comme objet de connaissance est lui-même soumis aux lois de la logique : « nous ne prétendons pas connaître Dieu autrement que l'homme et la matière »[1]. On peut alors en dire quelque chose, au-delà d'une théologie négative : nous pouvons avoir une connaissance positive de Dieu. Sans quoi Dieu est soit *flatus vocis*, soit une chimère. C'est là l'objet de la critique de Mill à l'encontre de Henry Mansel, théologien anglican disciple de William Hamilton, notamment dans le troisième de ses *Essais sur la religion*, *Theism*. L'attaque contre Mansel est tout autant une attaque contre le maître de Mansel : outre une application du *Système de logique* à la théologie, les textes théologiques de Mill reprennent donc également les principales critiques de l'ouvrage *La philosophie de William Hamilton*[2], qui provoqua un tollé chez les théologiens préoccupés de logique[3] en ce que Mill y dénonce un *modus vivendi* commode entre raison et croyance, élaboré par Hamilton.

Dieu est-il un objet logique, à ce titre soumis à l'uniformité de l'objet logique ? On pourrait résumer ainsi l'objet de la controverse entre Mansel et Mill, si ce n'était que ce qu'ils nomment « logique » ne recouvre pas la même définition.

1. John Stuart Mill, *An Examination of Sir William Hamilton's Philosophy*, troisième édition, 1865, paru en français sous le titre *La philosophie de William Hamilton* (*PWH*), trad. M. E. Cazelles, Paris, Germer Baillière, 1869, p. 115 ; *CW*, IX, 100.

2. Notamment l'essentiel du chapitre VII. H. L. Mansel répondra à ces critiques dans *The Philosophy of the Conditioned*, 1866, réimprimé chez Thoemmes Press, Bristol, 1991. Cf. p. 140 *sq*.

3. Les modifications de la troisième édition de *An Examination of Sir William Hamilton's Philosophy* ont pour fonction, le plus souvent, de répondre à ces théologiens, et plus particulièrement à Mansel. Sur les réactions provoquées par la publication de la première édition de ce texte, on se reportera à la préface de la troisième édition.

Mill affirme que toute preuve de l'existence de Dieu doit recourir à un raisonnement à la fois inductif et analogique, que nous détaillerons. Une fois prouvée cette existence, il énumère les attributs de Dieu qui lui paraissent compatibles avec sa théologie naturelle : ce qu'il nomme le caractère de Dieu [1]. Par caractère, on entend les régularités ou uniformités de la volonté d'un individu, une volonté « constante et invariable », écrit Mill et, dans le cas de Dieu, une volonté qui s'accorde avec le fait que les lois de la nature sont elles-mêmes invariables. Le problème du théisme est la cohérence interne et externe de ce caractère de Dieu. Les attributs doivent non seulement être consistants entre eux, mais la religion doit également s'accorder avec la science – ce qui n'est possible qu'à la condition que Dieu gouverne le monde suivant des lois invariables. L'enjeu proprement théologique de ce caractère de Dieu est une théodicée : confrontant la bonté parfaite de Dieu et le mal qui règne partout dans le monde, Mill refuse de conférer à Dieu l'attribut d'omnipotence, qui impliquerait selon lui une contradiction dans le sujet divin (Dieu ne peut être parfaitement bon et omnipotent s'il ne fait pas disparaître le mal) [2], sans quoi nous aurions un Dieu fort peu parfait, voire franchement cruel, dont Mill écrit : « Si ce Dieu me condamne à l'enfer, je m'y rendrai volontiers » [3].

Henry Mansel : critique de la raison et abandon à la foi

Mansel est l'un des théologiens anglicans les plus importants du XIXe siècle [4]. Disciple de Hamilton, il reprend les prémisses de son maître : notre connaissance est relative, on ne connaît pas les choses en elles-mêmes. On peut résumer ainsi son propos : la connaissance de Dieu en soi nous est impossible, en ce qu'il est infini et absolu ; pourtant nous sommes tenus de croire à l'existence d'un être absolu et infini.

Plutôt que d'étudier d'emblée la possibilité de l'existence de Dieu et la liste de ses attributs, Mansel examine l'extension et la validité de notre pouvoir de connaître. L'objet de son criticisme n'est pas la religion elle-

1. *PWH*, p. 115 ; *CW*, IX, 99.

2. « Je ne suis ennemi d'aucune religion, sauf de celles qui m'apparaissent offenser les pouvoirs du raisonnement ou les sentiments moraux. Au nombre de celles-ci, je suis obligé de compter toutes celles qui, tandis qu'elles soutiennent que le monde a été fait par un Être parfaitement bon, proclament que cet Être est omnipotent ; en effet, ces personnes sont obligées de soutenir que le mal est bon ». Lettre à Arthur W. Greene, 16 décembre 1861, *CW*, XV, 754, lettre 520.

3. *PWH*, p. 120 ; *CW*, IX, 103.

4. Sur l'influence de ses *Bampton Lectures* à l'Université d'Oxford, voir Maurice Nédoncelle, *La philosophie religieuse en Grande-Bretagne de 1850 à nos jours*, Paris, Bloud et Gay, 1934.

même, mais l'esprit humain lorsqu'il prend Dieu pour objet. Ainsi, nous ne pouvons pas plus connaître Dieu que nous ne pouvons connaître une chose en soi. Mansel n'élabore pas ici une théologie négative : il ne s'agit pas pour lui de concevoir Dieu en disant ce qu'il n'est pas, en niant tout prédicat qui pourrait lui être attribué. Des prédicats peuvent en effet lui être attribués. À savoir : Dieu est cause première, il est absolu (Dieu existe en et par lui-même, en n'ayant de relation nécessaire avec aucun autre être), et enfin Dieu est infini : il est l'inconditionné[1]. Pourtant, Mansel affirme, en s'inspirant ici de la « philosophie du conditionné »[2] de Hamilton, que ces attributs sont incompatibles entre eux : une cause ne peut comme telle être absolue; l'absolu ne peut comme tel être une cause, la cause existant seulement en relation avec son effet : la conception de l'absolu implique une existence exempte de toute relation. Si on tente d'introduire le temps dans cette contradiction pour la résoudre, en disant que l'absolu existe d'abord en et par lui-même, puis devient cause de quelque chose, cette nouvelle conception devient contradictoire avec l'attribut d'infinité : comment l'infini peut-il devenir ce qu'il n'était pas dès le début? Si la causalité est un mode possible d'existence, ce qui existe sans causer n'est pas infini ; or ce qui devient une cause dépasse ses limites antérieures. Une cause temporelle est donc incompatible avec l'infini ; l'absolu ne peut être conçu comme une cause nécessaire, ni même volontaire – ce qui supposerait un sujet et un objet. Voilà ce que le théologien anglican nomme un tissu de contradictions. Dieu ne peut être un objet logique comme les autres, du fait de sa nature ontologique apparemment contradictoire. C'est bien que le domaine de notre connaissance n'est pas coextensif à celui de notre foi.

La contradiction comme invitation à la croyance

L'apophase[3] de Mansel est une théologie qui, ayant affirmé de Dieu certaines qualités essentielles, souligne aussitôt que ces qualités ne lui appartiennent pas de la façon dont nous les comprenons habituellement. Dieu est absolu mais non comme on conçoit l'absolu, sans quoi il ne

1. *The Limits of Religious Thought examined in Eight Lectures*, Oxford, 1858, p. 45. Cf. également *The Philosophy of the Conditionned*, p. 14-18.

2. « Le conditionné est un milieu entre deux extrêmes, deux inconditionnés qui s'excluent l'un l'autre, dont aucun ne peut être conçu comme possible, mais dont l'un doit être reconnu nécessaire en vertu des principes de contradiction et de l'alternative ». William Hamilton, *Discussions*, p. 15, phrase citée dans *The Philosophy of the Conditionned* de H. Mansel, p. 36-37, et analysée par Mill dans *PWH*, p. 90 et suivantes ; *CW*, IX, 79 *sq*.

3. Le terme ne se trouve pas chez Mansel.

pourrait être cause du monde[1]. Ce qui est en jeu ici c'est une conception de la contradiction : 1) la contradiction n'est pas une qualité des choses en elles-mêmes, mais un mode particulier suivant lequel l'esprit les perçoit ; 2) le principe de non-contradiction ne peut s'appliquer à Dieu, qui n'est pas un sujet comme les autres, étant infini et absolu, et dont les attributs ne peuvent en conséquence obéir aux lois de la logique humaine. Du tissu de contradictions on ne peut cependant inférer que la raison humaine est incompatible avec toute forme de croyance religieuse. Car ces contradictions parlent avec autant de force contre toute croyance, religieuse ou anti-religieuse, et appelle dès lors la conclusion que « la croyance ne peut être déterminée seulement par la raison ». Aucun scepticisme donc : d'abord parce que le scepticisme radical se détruit lui-même ; ensuite, parce que les contradictions constatées ne sont pas celles de la raison en général, mais seulement de la raison lorsqu'on l'applique à un objet particulier de pensée, Dieu. La contradiction peut nous enseigner que c'est notre devoir, parfois, de croire ce que nous ne pouvons concevoir, en une manière d'humiliation de la raison : la contradiction n'exige pas que nous nous abstenions de croire en ce que nous ne pouvons concevoir[2].

En effet, si notre conception de Dieu est contradictoire, et si pourtant nous croyons, c'est qu'il ne faut pas confondre le domaine de la foi et celui de la raison, écrit Mansel[3] en fondant ici la foi sur une révélation. Nous ne devons pas chercher à réconcilier rationnellement la croyance avec telle ou telle conception de l'infini, « car nous ne savons même pas comment l'infini et le fini peuvent coexister »[4]. Il nous faudrait une autre logique pour concevoir les attributs de Dieu, pour tout dire une logique divine, dont nous ne sommes pas capables. Quels sont alors les termes de cette révélation ? D'une part, le sentiment religieux, qui pousse les hommes à croire en un être suprême, est une preuve de son existence, même s'il n'est pas une présentation de sa nature ; d'autre part, nos croyances religieuses sont régulatrices, non spéculatives : la pensée ne peut connaître l'infini tel qu'il est ; l'usage régulateur des croyances guide nos pratiques, même s'il ne satisfait pas notre esprit.

Mill réfute qu'il y ait là la moindre contradiction. Pour qu'il y ait contradiction, au moins faut-il que les termes « infini », « absolu » et « cause première » tels que Mansel les utilise signifient quelque chose. Or, les mots

1. À ce titre, l'apophatisme est plus radical que la théologie négative : la proposition négative portant sur Dieu contient encore un savoir positif. Voir A. Manaranche, *Des noms pour Dieu*, Paris, Fayard, 1988.

2. *The Limits of Religious Thought*, p. 59. Voir également *The Philosophy of the Conditioned*, p. 18.

3. *The Limits of Religious Thought*, p. 122.

4. *Ibid.*, p. 128.

absolu et infini « n'ont pas de sens réel », affirme Mill, « à moins que nous ne comprenions par ces mots, ce qui est absolu ou infini dans certains attributs donnés ; ainsi, on appelle l'espace infini, parce qu'il a une étendue infinie ; et on dit que Dieu est infini en ce sens qu'il possède un pouvoir infini, et absolu en ce sens qu'il a une bonté ou une connaissance absolue »[1].

ANALOGIE ET INDUCTION DANS L'ÉTUDE DU CARACTÈRE DE DIEU

Contre l'apophase de Mansel, Mill va tenter une théologie rationnelle minimale. Il s'accorde avec le théologien pour affirmer que c'est comme relatif à nous, et non pas du point de vue de Lui-même que nous pouvons connaître quelque chose de Dieu. Mais le raisonnement inductif, selon Mill, va permettre de faire entrer l'argumentation théologique dans un cadre « strictement scientifique ».

Mill examine brièvement les preuves traditionnelles de l'existence de Dieu. La preuve cartésienne par l'infini est rapidement réfutée, peut-être de manière quelque peu désinvolte : l'argument consistant à dire que seul Dieu peut causer en nous l'idée d'infini, puisque nous sommes nous-mêmes finis, refuse aux hommes la capacité d'idéaliser, écrit Mill, « ou de construire à l'aide des matériaux de l'expérience une conception plus parfaite que l'expérience même ne pourrait la donner »[2]. Pour Mill l'infini est ici une grandeur extensive.

L'argument du plan entre analogie et induction

Au sujet de l'argument du plan, Mill écrit dans son essai sur le théisme : « Comme analogie pure, il a sa valeur, mais il vaut mieux qu'une analogie. Il s'élève au-dessus de l'analogie autant qu'il reste au-dessous d'une induction. C'est un raisonnement inductif ». Quelle est cette zone intermédiaire entre l'analogie et l'induction ?

L'argument du plan est le seul argument ontologique réellement scientifique, affirme Mill. « La preuve d'un plan dans la création ne saurait jamais s'élever à la hauteur d'une induction directe ; elle atteint seulement ce degré inférieur de preuve inductive qu'on appelle analogie ». L'induction infère une proposition de propositions *moins générales*. Celle qui conclut à l'existence probable de Dieu ne conduit pas en elle-même à une proposition générale, mais plutôt à un fait particulier : il y a cependant

1. *PWH*, p. 108-109 ; *CW*, IX, 94-95. Voir également sur ce sujet le chapitre IV.
2. *Essais sur la religion*, p. 150 ; *CW*, X, 447.

identité des procédés logiques par lesquels on prouve des faits particuliers et par lesquels s'établissent les vérités générales par induction. Dans le cas de l'existence de Dieu, comme lorsqu'en astronomie on cherche quelle est la distance entre deux planètes que nous ne voyons pas, le fait particulier de l'existence de Dieu ou de la distance n'est pas observable directement ; il est prouvé indirectement à l'aide d'inductions fondées sur d'autres faits qu'on peut atteindre plus aisément. Il y a proposition générale, nous le verrons, en ce que nous généralisons l'expérience ou les observations que nous avons faites[1].

L'analogie, pour laquelle Mansel semble concevoir un certain mépris en matière théologique[2], est une ressemblance de relations : la mère patrie entretient avec ses colonies une relation analogue à celle de la mère et de ses enfants[3]. Deux choses se ressemblent sous un ou plusieurs points de vue ; une proposition donnée est vraie pour l'une, donc elle est vraie de l'autre, suivant le raisonnement analogique. Mill affirme que dans le cas de l'argument du plan, l'analogie peut être considérée comme une preuve inductive, fut-elle très inférieure à une induction directe. « Il est plus vraisemblable qu'un fait m reconnu vrai de A soit vrai aussi de B, si B ressemble à A dans quelques-unes de ses propriétés (lors même qu'il n'y aurait aucune liaison connue entre m et ces propriétés), que si aucune ressemblance ne pouvait être assignée entre B et un objet quelconque possédant l'attribut m »[4]. L'analogie comme l'induction soutient qu'une chose que l'on sait ressembler à une autre dans certaines circonstances A et B lui ressemblera encore dans une circonstance C. Il est probable, mais ce n'est qu'une très faible probabilité tant que l'on a pas recouru à la méthode de concordance, c'est-à-dire tant qu'on n'a pas comparé les différents cas dans lesquels un phénomène se présente, que cette analogie puisse avoir une valeur inductive : si B ressemblait à A dans toutes ses propriétés essentielles, il serait certain, et pas seulement probable, qu'il possède l'attribut m de A, et chaque ressemblance que nous pouvons prouver entre eux nous rapproche d'autant de cette certitude[5]. Ainsi, de ce qu'il y a des habitants sur la terre, je pourrais conclure qu'il y a probablement des habitants sur la lune, et établir une analogie. On ne prend pas ici la propriété de posséder des habitants comme primitive, mais comme dérivant d'autres propriétés et dépendant, dans le cas particulier de la terre, de quelqu'une de

1. *SDL*, III, I ; *CW*, VII, 283.

2. *The Limits of Religious Thought*, p. 17. Dieu ne peut faire l'objet de ce que les théologiens nomment l'analogie de propriété. Voir sur ce point le *Dictionnaire de théologie catholique*, A. Vacant, E. Mangenot, É. Amann, Paris, Letouzey et Ané, 1935, col. 1142.

3. *SDL*, III, XX ; *CW*, VII, 554.

4. *SDL*, p. 86-87 ; *CW*, VII, 557.

5. *Essais sur la religion*, p. 155-156 ; *CW*, X, 447.

ses propriétés. Or, la lune ressemble à la terre pour certaines de ses qualités secondaires, mais elle en diffère par plusieurs autres, plus déterminantes (elle est plus petite, sa surface est plus inégale et paraît entièrement volcanique …). Dès lors le raisonnement analogique ne peut se prévaloir d'une induction ; il demeure une extension arbitraire de validité.

Quelle est alors la preuve analogique développée par l'argument du plan ? On sait qu'elle est fondée sur la ressemblance entre l'adaptation à une fin, commune aux procédés techniques et à la nature. Mill considère que cette analogie relève du raisonnement inductif, et recourt notamment pour le démontrer à l'adaptation de l'œil à la vision, qui semble indiquer l'œuvre d'une intelligence [1]. Toutes les parties de l'œil s'accordent pour permettre la vision : en l'absence de l'une d'entre elles, l'œil verrait mal ou ne verrait pas. La vue ne précédant pas la réunion des parties, on peut traiter cette réunion comme l'effet d'une idée antécédente, ou cause finale : « l'argument [du plan] tire une grande force de considérations proprement inductives qui établissent qu'il existe quelque connexion de causation entre l'origine des arrangements de la nature et les fins auxquelles ils servent » [2]. L'analogie peut être considérée comme un raisonnement inductif incomplet. Si la valeur d'un argument d'analogie par lequel de certaines ressemblances on en conclut une autre (sans preuve préalable d'une liaison quelconque entre elles) dépend de l'étendue des ressemblances reconnues, comparées d'abord à celles des différences et ensuite à celle du domaine inexploré des propriétés inconnues, il s'ensuit que toutes les fois que la ressemblance est très grande, la différence très petite, et notre connaissance de la matière assez avancée, la force de l'argument d'analogie peut approcher beaucoup de celle d'une induction légitime. « Si, après une longue observation de B, nous trouvons qu'il ressemble à A dans neuf sur dix de ses propriétés connues, nous pouvons conclure avec une probabilité de neuf contre un qu'il possédera l'une quelconque des propriétés dérivées de A ». Les circonstances dont on dit qu'elles se ressemblent dans l'analogie de l'argument du plan ne sont pas choisies au hasard, mais doivent indiquer l'existence d'une intelligence. Ce choix dépasse le cadre strict de l'analogie pour rapprocher le raisonnement de l'induction.

Dans le cas de l'induction, on sait par une comparaison d'un grand nombre d'occurrences antérieures, que A et B sont les circonstances mêmes dont C dépend. « Lorsque cette relation n'a pas été constatée, l'argument se réduit à ceci : puisqu'on ne sait pas avec laquelle des

1. Il est vrai que Mill évoque également l'explication évolutionniste de Darwin, mais « dans l'état actuel des connaissances », écrit Mill, l'hypothèse théologique est la plus probable.

2. *Essais sur la religion*, p. 161 ; *CW*, X, 450.

circonstances existantes, dans le cas en question, C se trouve en rapport, ces circonstances peuvent être A et B aussi bien que d'autres; et par conséquent il est plus probable que l'on trouvera C dans le cas où l'on sait que A et B existent, que dans ceux dont nous ne savons rien »[1]. Puisque nous avons déjà constaté l'occurrence de C en présence de A et B, sans même que nous puissions établir de lien causal entre A, B et C. La croyance établie sur une analogie n'a pas le même degré de probabilité que celle qui est établie sur l'induction directe; elle n'apporte, nous dit Mill, qu'« une certaine présomption ». Ce raisonnement inductif est probable mais d'une faible probabilité.

CE QUE L'ON PEUT DIRE DU CARACTÈRE DE DIEU

Mansel abordait la question de la personnalité de Dieu en énonçant ce qu'il présente une fois de plus comme une apparente contradiction : Dieu est une personne, et Dieu est infini. De plus, si cette personne a un pouvoir infini, comment concevoir le fait qu'elle ne soit capable ni de commettre le mal elle-même, ni d'éradiquer le mal existant ? La contradiction est dans notre esprit, répond Mansel : il ne s'ensuit pas qu'elle existe ailleurs que dans notre esprit[2].

Pour Mill, les contradictions énoncées par Mansel sont de fausses contradictions et révèlent plutôt la confusion de leur auteur[3] : ainsi, une cause a bien une existence possible en dehors de ses effets, de même que le soleil existerait s'il n'y avait ni terre ni planètes pour recevoir ses rayons. Les termes mêmes de la contradiction, absolu, infini, n'ont pas de sens en tant que tels. Ils n'ont de sens que lorsqu'ils sont attribués à quelque chose : on appelle l'espace infini, parce qu'il a une étendue infinie; et on dit que Dieu est infini en ce qu'il possède un pouvoir infini, et absolu en ce sens qu'il a une bonté ou une connaissance absolue. Hamilton et Mansel prouvent seulement que nous ne pouvons avoir de connaissance d'une abstraction appelée « l'absolu » ou « l'infini », qui ne dénotent rien en elles-mêmes. « Absolu » et « infini » n'ont de sens que lorsque nous comprenons par ces mots ce qui est « absolu » ou « infini », dans certains attributs donnés, ce que l'on pourrait nommer une théorie adverbiale de l'absolu et l'infini : ces attributs graduent des attributs, mais ne dénotent jamais un individu. Contrairement à ce qu'ils pensent, Hamilton et Mansel ne prouvent donc pas que nous ne puissions connaître un objet infini ou absolu

1. *Ibid.*, p. 156; *CW*, X, 447.
2. *The Limits of Religious Thought*, p. 89.
3. Voir notamment *PWH*, chap. VII.

dans quelque attribut spécifique, mais seulement que nous ne pouvons connaître une abstraction appelée « l'absolu » ou « l'infini », douée par supposition de tous les attributs à la fois. « L'absolu et l'infini qui est croyable, c'est celui qui possède absolument et infiniment des attributs donnés dont nous connaissons les degrés finis, et que par suite nous pouvons concevoir; celui-ci n'implique pas de contradiction, à moins que nous ne lui donnions des attributs qui en contredisent d'autres, en ce cas, sans doute, il est inconcevable, mais il est aussi incroyable » [1], écrit Mill dans *La philosophie de William Hamilton.*

Les attributs de Dieu

Les attributs de Dieu peuvent être déduits du raisonnement inductif prouvant l'existence probable de Dieu [2]. Dieu n'est pas omnipotent, et c'est proprement dans la détermination des attributs de Dieu que Mill fait œuvre de théodicée. Il reprend les termes de l'argument leibnizien, reprochant cependant à Leibniz d'avoir nommé une puissance limitée par des obstacles du nom d'omnipotence [3] : la justice de la création ne peut être défendue qu'au détriment de la puissance divine.

Écartons tout de suite l'omniscience de Dieu : nous ne pouvons l'exclure aussi radicalement que l'omnipotence, mais rien ne nous prouve qu'elle existe. À la limite, on peut imaginer que Dieu aurait pu mieux faire étant donné les matériaux dont il disposait; son adresse suffisait simplement à produire ce que nous voyons.

La démonstration de l'existence d'une limite de la puissance de Dieu est donc la grande affaire de Mill : elle justifie le recours à l'histoire et à la religion de l'humanité, au progrès, qui sont les signes même de l'imperfection de Dieu : l'histoire est le moyen de la réalisation d'une fin, dans laquelle l'homme est auxiliaire de Dieu.

1. *Ibid.*, p. 114, note; *CW*, IX, 99.

2. « Si au lieu de m'annoncer « la bonne nouvelle » qu'il existe un Être possédant à un degré incontestable toutes les perfections que l'esprit humain le plus élevé peut concevoir, on m'apprend que le monde est gouverné par un être dont les attributs sont infinis, mais que nous ne pouvons rien apprendre de ces attributs, ni des principes de son gouvernement, si ce n'est que « la plus haute moralité humaine que nous pouvons nous figurer, ne leur sert pas de sanction »; et si l'on parvient à me le persuader, je supporterai mon sort comme je pourrai. Mais quand on me dit que je dois croire en lui, et en même temps lui donner les noms qui expriment et affirment la plus haute moralité humaine, je m'y refuse nettement. Quel que soit le pouvoir de cet être sur moi, il y a une chose qu'il ne peut pas faire, il ne peut me forcer à l'adorer ». *PWH*, p. 119-120; *CW*, IX, 102. Sur la question de l'omnipotence, on se reportera à l'article de Antony Flew, « Divine Omnipotence and Human Freedom », dans *New Essays in Philosophical Theology*, Londres, SCM Press, 1955, p. 144-169.

3. *Théodicée*, § 8. *PWH*, ; *CW*, IX, 419.

Premier argument de Mill : toute indication de plan dans l'univers indique aussi la nécessité de recourir à des moyens pour accomplir ses fins. Dieu n'est par conséquent pas omnipotent, un être omnipotent pouvant se passer de moyens pour réaliser ses fins. « Donc les preuves de la théologie naturelle impliquent nettement que l'auteur du cosmos, quand il a fait son œuvre, subissait une limitation, qu'il était obligé de se plier à des conditions indépendantes de sa volonté, et d'arriver à ses fins par des arrangements que ces conditions comportaient »[1]. Sans nul doute Dieu dispose d'une puissance très grande, supérieure à celle des hommes, mais de là à l'omnipotence « il y a loin ». La conséquence de ce refus de l'omnipotence est que nous n'avons plus à concilier la bonté du créateur et le mal qui règne dans la création, dans la nature que certains nous invitent à suivre, naturam sequi, injonction totalement immorale[2] : aussi immorale que ceux qui, pour toute théodicée, ne font qu'affirmer que les voies de Dieu ne sont pas nos voies.

Autre attribut : Dieu est bon, tout au moins il a voulu le plaisir de ses créatures. « Ce qui suggère cette idée, c'est d'abord, que presque toutes les choses donnent du plaisir d'une espèce ou d'une autre; le simple jeu des facultés physiques et mentales est une source de plaisir », tandis que la peine naît de l'intervention de quelque objet extérieur dans le jeu du mécanisme, et paraît être dans chaque cas particulier, l'effet d'un accident[3]. La marque de la puissance limitée est dans la limitation du plaisir, c'est-à-dire la douleur, qui résulterait d'une maladresse de Dieu dans les arrangements employés, ou bien d'une limitation intrinsèque aux matériaux même utilisés lors de la création. On ne peut cependant conclure du fait de la bonté entravée du créateur au fait que cette bonté soit le motif unique voire principal de la création.

Si nous avons des traits de son caractère, nous ne pouvons pourtant élaborer une psychologie de Dieu, c'est-à-dire découvrir quelles sont les lois générales de l'esprit de Dieu, ni être éthologues de Dieu, l'éthologie étant la science ultérieure qui détermine le genre de caractère produit conformément à ces lois générales par un ensemble de circonstances, physiques ou morales.

1. *Essais sur la religion*, p. 164; *CW*, X, 451.

2. Sur l'injonction stoïcienne « naturam sequi », voir le premier des trois essais sur la religion, « Nature ».

3. *Essais sur la religion*, p. 177-178; *CW*, X, 458.

Dieu au panthéon moral

La religion a pour fonction de donner des modèles à l'homme. Ce rôle de modèle, Mansel le refusait catégoriquement à Dieu[1], en ce que l'on ne peut pas dire de Dieu qu'il est bon comme on dit d'un homme qu'il est bon. Plus généralement, Hamilton le refusait à l'inconditionné, reprochant à Kant d'avoir affirmé que la raison pouvait accéder à des principes régulateurs par une connaissance indirecte mais positive (« la pâle région de l'idéal »). Il y a différence de nature et non de degré, affirme Mansel, entre la bonté humaine et la bonté divine. Nous appliquons le même nom à des choses différentes, à des bontés différentes. Mais, rétorque Mill, dire que la bonté de Dieu peut être d'une espèce différente de la bonté de l'homme, n'est-ce pas dire, à peu près, que Dieu n'est peut-être pas bon ?

De plus, cette polysémie opportune, qui demeure mystérieuse pour l'un au moins des sens du mot, est peu pertinente : elle n'est revendiquée que pour les attributs moraux de Dieu, jamais pour sa puissance. « On ne nous a jamais dit que l'omnipotence de Dieu ne devait pas être considérée comme un degré infini de la puissance que nous connaissons dans l'homme et dans la nature, on interprète toujours la puissance divine dans un sens complètement humain ; mais à la bonté et la justice divine il ne faut donner qu'un sens inintelligible »[2]. On voit mal pourquoi Dieu serait inconcevable dans tous ses attributs sauf celui de sa puissance : cette exception nous fait suspecter un usage politique du jugement attribuant à Dieu l'omnipotence, les hommes qui parlent « au nom de Dieu » ayant besoin d'une représentation humaine de la puissance de Dieu pour imposer le respect et l'obéissance de ceux qu'ils veulent soumettre. Pour le reste, ces hommes revendiqueront volontiers le caractère inconnaissable de Dieu, afin de voiler leur ignorance et les contradictions réelles de leurs conceptions théologiques.

Suivant Mill, Dieu peut être considéré comme un modèle d'excellence morale, comme une personne idéalisée sous certains attributs ; c'est là la seule conception, extensive, que l'on peut avoir de l'infini : le caractère probable de Dieu, tout au moins le peu que nous pouvons en connaître, est constitué de qualités humaines portées à un très haut degré. Dieu comme

1. *The Limits of Religious Thought*, p. 26 : « En nous représentant Dieu d'après le modèle de la plus haute moralité humaine que nous pouvons concevoir, nous ne pouvons pas expliquer tous les phénomènes que nous présente le cours de sa Providence naturelle. Les souffrances physiques infligées, le mal moral permis, l'adversité des bons, la prospérité des méchants, les crimes des coupables entraînant la ruine des innocent, la manifestation lente et la distribution partielle de la connaissance morale et religieuse dans le monde, – voilà des faits qui, sans doute, peuvent se concilier, nous ne savons pas comment maintenant, avec la Bonté infinie de Dieu mais que certainement on n'explique pas en supposant que son type unique et suffisant est la bonté bornée de l'homme ».

2. *PWH*, p. 121 ; *CW*, IX, 103.

modèle n'occupe pas de fonction différente de celle du Christ, de Périclès, dont la vie est considérée comme une idée régulatrice de notre propre vie. À ce titre, on peut même dire que le caractère de Périclès ou celui du Christ sont plus utiles à la moralité, en ce que leurs déterminations nous sont mieux connues. Le caractère de Dieu tel que nous le connaissons est plus proche de celui de John Knox, et pour cause (il y a en effet peu à dire du caractère du puritain John Knox, sinon qu'il est honnête et borné), que de celui de Périclès [1]. Cet argument rejoint celui de l'utilité de la religion : Dieu est utile comme idéal moral, mais c'est un Dieu auquel il nous faut sans aucun doute adjoindre quelques saints.

Conclusion

Ce que Mansel semble imputer à la nature même de Dieu – « ma face, on ne peut la voir », dit Yahvé dans l'Exode [2] –, ce qu'il habille de kénotisme, Mill l'attribue ainsi à la débilité de sa logique.

Les axes de la réflexion théologique de Mill peuvent être résumés comme suit. Il s'agit pour lui de montrer à quelles conditions, à partir d'une logique inductive, on peut parvenir à un ensemble consistant de propositions qui affirment quelque chose de Dieu, concernant son existence et ses attributs.

1) Le statut de la logique vis-à-vis de la croyance

Mill refuse la logique formelle de Hamilton et Mansel, en ce qu'elle ne se préoccupe que de la cohérence interne d'un discours, mais jamais de sa vérité. On voit que selon Mill, la logique a pour objet non seulement la consistance mais également la vérité de la croyance. En théologie naturelle, on peut tenir un discours cohérent sur Dieu, et ce discours peut être validé par la logique de la vérité, c'est-à-dire, dans le cas précis de l'existence de Dieu et de ses attributs, par un raisonnement inductif. Définir la logique la science des lois formelles de la pensée permet à Mansel d'exclure, comme étranger à la logique, tout ce qui concerne la croyance et la non-croyance, et réduit la logique « à cette portion très restreinte de son domaine qui concerne les conditions, non pas de la vérité, mais de la consistance » [3].

2) Il y a chez Mansel un mésusage de l'attribution : Mansel considère que l'attribut dénote quelque chose en lui-même (« l'absolu »), et conclut par conséquent à l'impossibilité de nous représenter le sujet dénoté.

1. Voir sur ce point le chapitre III de *Sur la liberté*, « De l'individualité comme l'un des éléments du bien-être ».

2. *Exode*, 33, 23.

3. *SDL*, II, III, 9 ; *CW*, VII, 206.

La théologie de Mansel aboutit à ne nous proposer, pour toute connaissance de Dieu, que des attributs sans dénotation, ce qui n'a pas de sens (l'absolu, mais dans un autre sens que celui que nous comprenons habituellement, un sens qui demeure mystérieux pour nous). Corrélativement, on ne peut pas croire, sinon sous l'influence d'associations fortes, à ce que l'on ne peut pas se représenter : il n'est plus alors évidemment question de théologie rationnelle, mais de révélation ou d'habitude.

3) La théologie rationnelle ne peut conclure qu'à l'existence probable d'un Dieu fort peu puissant. Et c'est là l'aspect le plus étonnant de ces essais de Mill, qui énoncent plusieurs hypothèses à partir de la puissance limitée de Dieu : Dieu est un principe du bien opposé à un principe du mal ; ou alors il a été limité par la quantité de force présente dans l'univers ou par la résistance de la matière à partir de laquelle il a créé le monde. « Il n'y a qu'une forme de croyance surnaturelle, une seule idée sur l'origine du gouvernement de l'Univers, qui soit parfaitement purgée de contradiction, et qu'on ne puisse accuser d'immoralité. C'est celle dans laquelle, abandonnant irrévocablement l'idée d'un Créateur omnipotent, on considère la nature et la vie non plus comme l'expression dans toutes leurs parties du caractère moral et des plans d'un Dieu, mais comme le produit d'une lutte entre un Être bon et habile à la fois et une matière intraitable, comme le croyait Platon, ou un Principe du Mal, comme le professaient les Manichéens »[1]. Mansel et Mill s'accordent verbalement sur la définition du mot « omnipotence ». Par ce « pouvoir de tout faire », ils entendent le pouvoir de faire même ce qui est logiquement impossible, ce qui nous semble logiquement impossible, c'est-à-dire d'abolir, dans une sémantique qui n'est pas la nôtre, la contradiction : que le mal ne soit pas le mal ; que l'on n'ait pas besoin de moyens pour réaliser des fins. Le refus de Mill d'accorder cette autre logique à Mansel quant à Dieu lui permet de conclure à la puissance limitée de Dieu, qui, comme il est soumis aux lois de la matière, obéit aussi à celles de la compossibilité.

4) Si l'ignorance de Mill en matière de théologie négative est patente et parfois revendiquée, on s'étonne tout de même du recours de Mill à l'argument du dessein, malgré Hume et à l'époque de Darwin pourrait-on dire, même si ce n'est pour conférer à cet argument qu'un faible degré de probabilité. Mill suit dans son essai l'argument téléologique traditionnel, tel qu'il avait pu être énoncé à peu de chose près par Paley[2], et lui confère ce qu'il considère comme une dignité scientifique, en ce qu'il l'assujettit aux critères de la preuve. Étonnant donc, que ce dialogue entre Mill et Mansel, n'évoque à aucun moment la critique humienne du finalisme.

1. *Essais sur la religion*, p. 109 ; *CW*, X, 425.
2. *Natural Theology*, Londres, 1802.

À quoi imputer cet apparent anachronisme? Le théisme de Mill n'affirme pas que l'ordre des phénomènes suppose l'ordre de la raison, mais mesure la probabilité de cette supposition. C'est bien qu'il fait preuve d'anthropomorphisme, mais un anthropomorphisme conséquent, à l'opposé de celui de Mansel qui nous dit de Dieu qu'il n'est pensable que comme sujet, sans que nous puissions concevoir aucun de ses attributs [1].

Mikaël GARANDEAU

1. Je remercie Sacha Bourgeois-Gironde, Jean-Yves Lacoste et Patrick Thierry pour leurs précieuses suggestions.

AVERROÈS ET LES THÉOLOGIENS DIALECTICIENS

Averroès[1] (1126-1198) fut en rupture avec le style inauguré par Al-Ghazâlî[2], style qui consiste à mêler les considérations philosophiques et les considérations théologiques. Il retient d'Aristote la volonté de distinguer les domaines d'étude et d'évaluer les méthodes propres à chacun d'entre eux. En ce sens, son attitude critique à l'égard de la théologie n'a rien à avoir avec une attitude critique à l'égard de la religion. Averroès utilise les versets coraniques contre les lectures théologiques et réserve l'interprétation de tels versets à un public informé des démonstrations aristotélicennes.

Sa critique, parfois violente dirigée contre la théologie lui vient d'une double pratique : une pratique juridique et une pratique philosophique. C'est en juriste musulman, c'est-à-dire en homme de loi appliquant les normes qu'Averroès attaque la spéculation des théologiens fondée sur une méthode exclusive ; c'est en philosophe qu'il remet en cause leur méthode, la jugeant homonyme, au sens aristotélicien du terme, c'est-à-dire propre à produire des raisonnements sophistiques et éristiques. Dans son ouvrage, *Le discours décisif*[3], on le voit associer deux méthodes, la méthode du juriste et celle du philosophe par un même outil qu'elles ont en commun : le syllogisme, et opposer cette méthode à celle des théologiens dialecticiens ; le mot dialectique ici, *jadal*, signifiant « dispute » et étant pris en un sens péjoratif.

Si Platon avait ses sophistes et ses mauvais poètes, Averroès a eu ses théologiens, au point qu'il n'hésite pas en commantant *La République* de Platon de prendre comme exemple de personnes pernicieuses à la cité, en

1. De son nom arabe Abû al-walîd Mohammed Ibn Ahmed ibn Rushd.

2. Philosophe-théologien du XIe siècle.

3. Nous faisons référence à la traduction française parue en 1996 aux éditions Flammarion.

lieu et place des poètes qui nous font croire que les divinités sont cause du bien et du mal, (Livre II, 379b) les théologiens dialecticiens qui défendent le sophisme selon lequel toutes les actions en relation avec Dieu sont bonnes, autrement dit qu'il n'y a pas d'action bonne en soi mais seulement en relation avec Dieu. La conséquence de ce sophisme consiste dans le fait que l'action mauvaise accomplie par l'homme est nécessairement bonne car toute action est causée par Dieu et que Dieu est bon. Platon avait manifesté sa réprobation des poètes qui rapportent aux Dieux le bien et le mal, oubliant ainsi que « Zeus n'est pas un ordonnateur des biens et des maux » :

> ni de la part d'Homère ni de la part d'un autre poète, il ne faut accepter cette erreur en ce qui concerne les Dieux, l'erreur insensée qu'il a commise en disant que « deux … tonneaux sont placés là à la porte de Zeus, et remplis de sorts, qui sont heureux dans l'un et funestes dans l'autre », et que l'homme à qui Zeus aura donné un mélange qu'il aura fait des deux, « celui-là parfois rencontre le malheur, et parfois le bonheur » [1].

Averroès commente ce passage ainsi :

> on retrouve de tels propos chez les théologiens dialecticiens de notre temps qui assertent que Dieu est l'agent du bien et du mal [2]

Le sophisme théologique est de conclure *in fine* que le mal est un bien car si Dieu fait le mal et que par ailleurs tout ce qu'il fait est bien, le mal est un bien.

Qui sont donc ces théologiens, à la fois proches des philosophes et portant préjudice à la philosophie ? À partir du IXe siècle, le *kalam*, littéralement parole, finit par devenir un genre de commentaire de théologie scolastique sur des questions comme celle portant sur la création ou non de la parole divine, de l'inhérence ou résidence des attributs en Dieu. Des écoles dont deux principales se sont formées : les *mu'tazila* « les séparés » plutôt aristotéliciens et rationalistes, et les *asch'arites*, orthodoxes, plutôt atomistes et fidéistes. La différence essentielle étant que ces derniers refusent que Dieu puisse être contraint par la raison. Par ailleurs, leur atomisme sert à justifier la thèse créationniste. Ce sont eux les interlocuteurs privilégiés d'Averroès car il s'agit de l'école qui a fixé l'orthodoxie en Islam au Xe siècle.

1. Platon, *République*, Livre II, 379 d, trad. fr., Pléiade, p. 929-930.

2. Averroès, *Commentary on Plato's Republic*, édité et traduit en anglais par E. I. J. Rosenthal, University of Cambridge Oriental publications, Cambridge University Press, 1969, p. 126 ; texte arabe adapté de l'hébreu – la langue où le texte est disponible – par H. M. Al-abîdî et F. Al-dahbî, *Talkhiss al-siyâssa li aflâtoûn*, Beyrouth, 1998, p. 85.

CONCEVOIR LE MONDE AUTREMENT QU'IL N'EST

Les asch'arites (Baqillani, Juwaini) sont connus pour avoir défendu une forme d'atomisme; Averroès nous explique la portée théologique de l'atomisme : les asch'arites défendent la thèse selon laquelle le monde est créé, l'argument est que les corps sont composés de parties indivisibles et que la partie indivisible est créée [1]. Leur argumentation est dialectique au sens où elle ne donne pas les raisons dernières, les raisons démonstratives, en particulier elle reste prise dans les paradoxes de la volonté divine changeante (pourquoi Dieu a-t-il choisi à un moment de créer le monde? Comment concilier ce changement de volonté avec son immutabilité?), et ne rend pas bien compte de l'hétérogénéité entre un acte créateur éternel et un acte crée qui ne l'est pas. De plus leur réflexion est inaccessible à la masse des croyants. Le danger est alors de rendre problématique à ce public-là l'existence de Dieu alors qu'en vérité entre gens du savoir il ne s'agit que des modalités de la création et non de l'existence de Dieu.

Selon les asch'arites, il n'y a pas d'ordre nécessaire des choses; il y a une habitude de suivre un certain ordre pour Dieu, mais cette habitude ne le contraint pas; atomes, accidents et corps n'existent qu'à chaque instant, créés par Dieu; il y a là un occasionalisme qui leur permet de sauver la toute puissance divine. Pas de principe de causalité donc, car il peut y avoir une rupture à chaque moment : c'est l'habitude qui nous fait dire que B suit A, il n'y a aucune connexion nécessaire entre les éléments. Averroès attribue à l'asch'arite Abu al-Ma'âlî al-Juwaynî une thèse qu'il soumet à une forte objection. Cette thèse dit qu'il est tout à fait concevable que le monde ait pu être tout autrement qu'il n'est; « les pierres pourraient se mouvoir vers le haut et le feu vers le bas » [2]. Elle est d'abord réfutée sur la base de sa qualification épistémique : cette thèse est caractérisée comme ayant une valeur purement rhétorique, donnant lieu à une adhésion immédiate et irréfléchie. Quant à son contenu, la réfutation apparaîtra aujourd'hui sous un angle familier à tout lecteur de Descartes. En effet Averroès transpose au niveau de la technique la thèse d'Al-Juwayni pour lui donner une meilleure visibilité et mieux faire apparaître son absurdité :

1. Ibn Rochd, *Kitab kachf al manahij el adilla fi aqa'id al milla, livre du dévoilement des méthodes de preuves touchant les dogmes de la religion*, daté de 1179, éd. de Al Jabri, Beyrouth, 1998, p. 43. Les manahij sont une réponse au maître de Al Ghazali : *Abu al ma'ali al juwayni* (ash'arite) qui avait écrit *al irchad ilâ qawâti' al adilla fi usûl al i'tiqâd (indications des preuves décisives dans les fondements du dogme)*. La question est la même : la question des preuves sur lesquelles reposent les dogmes de l'islam.

2. Averroès, *Le livre du dévoilement ..., op. cit.*, p. 112.

> De prime abord, ce qui arrive à l'homme quand il examine ces choses est semblable à ce qui arrive à celui qui examine les parties des choses fabriquées sans être du métier. Il en vient ainsi à penser que tout ce qui est dans ces choses ou tout ce qui en est apparent pourrait être autrement qu'il n'est. [...] Mais l'artisan et celui qui partage avec lui quelque chose de son savoir voient les choses d'une façon contraire, considérant qu'il n'y a dans la chose fabriquée que du nécessaire absolument, car s'il n'y a pas du nécessaire en elle, cette chose n'est pas achevée, accomplie; c'est là le sens de l'art. Il apparaît bien que les choses créées ressemblent en cela aux choses fabriquées [1].

Si la thèse, ici réfutée, contente le grand nombre, il n'en reste pas moins que, considérée du point de vue de la vérité, elle ne peut leur être utile car elle est fausse; elle « anéantit la sagesse de l'artisan » car elle détruit les causes qui président à la confection des choses.

LA PAROLE DE DIEU

La question de la réceptivité du texte religieux a été au centre de la discussion théologique entre les deux écoles dominantes. L'une prétend que le Coran est incréé car c'est la parole de Dieu (ach'arites), l'autre qu'il est crée car l'unicité absolue de Dieu est incompatible avec une coéternité de Dieu et de sa parole (mu'tazilites). Sans compter que si le Coran avait été éternel, cela voudrait dire que tout ce qui y est raconté (l'histoire des prophètes juifs, la vie de Mohammed et de la jeune communauté musulmane) a été décidé par Dieu de toute éternité, ce qui rend impossible la croyance en la contingence. De plus, si la parole communique quelque chose, Dieu ne peut parler que dans une langue humaine comprise par ceux qui l'écoutent, car pour qu'une parole puisse communiquer quelque chose, il faut qu'il existe une convention antérieure concernant la signification des combinaisons des lettres qui constituent la parole : il faut une langue. Ainsi la nature communicative de la parole implique aussi que la parole de Dieu ne puisse être éternelle, car si Dieu parle avant la création du monde, quand il n'y a pas encore d'homme qui l'entende, sa parole est vaine, mais Dieu, être parfait n'accomplit pas des choses imparfaites et vaines.

Alors même que Averroès est proche de cette position des mu'tazilites, c'est-à-dire des théologiens qui cherchent à sauver la délibération et la responsabilité humaine et qui, à l'égard de la langue, ont une conception conventionnaliste, il ne mentionne nulle part cette communauté de vue. À cela il y a diverses raisons : 1) la première est que les textes des mu'tazilites

1. *Idem.*

ne sont pas parvenus en Andalousie, sinon comme paroles rapportées par leurs adversaires; 2) C'est la démarche globale du théologien qui pose problème, dans la mesure où ses arguments restent dialectiques et ne s'élèvent pas au niveau démonstratif. Ainsi par exemple, pour ce qui est des futurs contingents, la discussion du problème aristotélicien requiert l'analyse du principe du tiers exclu (les contradictoires se divisent toujours le vrai et le faux dans toutes les matières), l'adéquation de l'être et de la vérité[1], et le couple puissance/acte qui permet de comprendre la nature du possible en tant qu'il est rapporté à ce qui est apparié à la rationalité, à savoir la volonté.

Averroès ne posera donc pas la question théologique de la création ou non de la parole divine, mais, selon une méthode aristotélicienne qui interdit de tout soumettre à la question[2], se contentera de dire que du point de vue de l'ouïe, de ce qui est entendu, il n'y a aucun miracle de la parole divine : on peut l'entendre, la comprendre, l'interpréter, on ne s'occupera donc pas du reste, c'est-à-dire de cette parole comme possible ni de la genèse de celle-ci.

Conformément à ce principe, Averroès va construire une théorie de la réceptivité du texte coranique où on voit voir se concilier et les distinctions aristotéliciennes et les distinctions coraniques. Dans sa lecture d'Aristote, Averroès retient trois formes d'assentiment (rhétorique, dialectique, démonstratif) :

1. Averroès montre dans son *Commentaire moyen sur le De Interpretatione* que la vérité ne se prophétise pas : les choses ne sont pas ce que je dis qu'elles sont. Il s'agit du passage d'Aristote en 18b10-17 : « Et, il faut en outre que si une chose devient blanche en un temps quelconque, l'énoncé qui dit d'elle, avant qu'elle ne devienne blanche, qu'elle deviendra blanche, soit un énoncé vrai et nécessaire. Et, de la même façon, l'énoncé qui dit de toute chose qui est, avant qu'elle ne passe à l'être, qu'elle sera, est un énoncé vrai, de même qu'il l'est à son propos au moment de son passage à l'être » tr. fr., Paris, Vrin, 2000, p. 104-105. Voir également d'Aristote, le passage suivant : « Ce n'est pas parce que nous pensons d'une manière vraie que tu est blanc que tu es blanc, mais c'est parce que tu es blanc, qu'en disant que tu l'es nous disons la vérité » *Métaphysique*, Q 10 1051 b 3-8.

2. Ce pour quoi il n'y a aucune difficulté et dont la démonstration est aisée (la neige est blanche), cela ne relève pas de la dialectique. Mais de ce dont la démonstration est très lointaine non plus n'est pas dialectisable, c'est-à-dire n'est pas susceptible de donner lieu à la présentation argumentée de deux thèses contradictoires; il faut donc s'assurer que le problème discuté est discutable; les prémisses dialectiques sont prises sous forme de questions et il est nécessaire au dialecticien non pas tant de résoudre des problèmes que de ne rien négliger de ce qui peut les résoudre, *i. e* : ne rien négliger de ce que nécessite son art; or il y a des questions qui ne peuvent être abordées comme des problèmes dialectiques. Rompre cette règle, selon laquelle tout n'est pas dialectisable, c'est d'emblée ouvrir la voie moins à des dissenssions qu'à des sophismes. Parmi ces problèmes non dialectisables, Averroès place les miracles et exprime le regret de voir des philosophes comme Avicenne rompre la règle aristotélicienne qui consiste à ne pas tout dialectiser.

> En effet il existe une hiérarchie des natures humaines pour ce qui est de l'assentiment : certains hommes assentent par l'effet de la démonstration; d'autres par l'effet des arguments dialectiques, d'un assentiment analogue à celui de l'homme de démonstration, car leurs natures ne les disposent pas à davantage; d'autres enfin assentent par l'effet des arguments rhétoriques, d'un assentiment analogue à celui que donne l'homme de démonstration aux arguments démonstratifs[1].

Ces trois formes sont présentées comme des méthodes induites par le texte sacré lui-même[2]. Averroès cite le verset où se trouvent selon lui ces trois formes : « appelle les hommes dans le chemin de ton seigneur, par la sagesse et par la belle exhortation; et dispute avec eux de la meilleure façon »[3]. La sagesse est assimilée à la philosophie, la belle exhortation à la rhétorique et la dispute à la dialectique. « La meilleure façon » suppose qu'il y a une façon moins bonne. Averroès va s'attacher à montrer qu'il y a en effet deux façons de pratiquer la dialectique : une qui est préparation à la science, et une qui est de plain-pied avec la sophistique. La pratique des théologiens sera assimilée à une pratique sophistique et la dialectique dont parle Aristote dans les *Topiques* sera considérée comme une préparation à la science de la démonstration. Avant de revenir sur cette double orientation de la dialectique, voyons d'un peu plus près l'enjeu de la distinction entre les trois méthodes d'assentiment.

Cette diversité des méthodes est une stratégie pour combattre les théologiens pour qui il n'y a qu'une méthode, la méthode dialectique, qui mène au texte :

> ils ignoraient ce qu'étaient les diverses méthodes qui concernent la totalité des hommes dont la révélation invite chaque homme à franchir les portes, [...] ils croyaient qu'il s'agissait d'une voie unique. Ils se sont ainsi trompés quant au dessein du législateur, se sont égarés et ont égaré les autres[4].

Il y a en réalité trois voies que le texte sacré présente lui-même : la sagesse, la belle exhortation, la dispute. La révélation s'adressant au plus grand nombre, ce sont les méthodes d'assentiment propres au plus grand nombre qui sont les siennes : à savoir la méthode rhétorique et la méthode

1. Averroès, *Discours décisif*, tr, fr., Paris, GF-Flammarion, p. 117.
2. Averroès, *Discours décisif*, tr, fr., Paris, GF-Flammarion, p. 119.
3. *Idem*, sourate XVI 125.
4. *Discours décisif*, p. 167. Les ash'arites et les mu'tazilites sont cités comme s'occupant de l'interprétation dialectique du texte. Le danger d'exposer une interprétation n'a pas été couru par les premiers musulmans (168) : Abû bakr (successeur du prophète) qui fut questionné sur une sourate dit « quel ciel me couvrira et quel terre me portera si j'explique la parole de Dieu ? L'apparition des sectes religieuses tardives et préjudiciables.

dialectique[1], la première étant plus générale que la seconde, c'est donc elle qui convient le mieux. En effet, il faut user avec circonspection de la dialectique car cette méthode suppose une capacité égale de la part du questionneur et de la part et du répondant or le répondant ici, le public, n'a pas les moyens d'invalider la conclusion à laquelle le questionneur veut aboutir, aussi la dialectique est une méthode dont la dérive vers la sophistique est facile. Par ailleurs, il faut éviter de présenter au grand nombre des questions qui demandent un traitement démonstratif (par exemple sur la modalité de la vie future)[2]. Or, les théologiens présentent spéculativement de telles questions. Ce qui est selon Averroès cause d'égarement car peu de gens sont capables de démontrer et surtout peu de gens sont capables de recevoir la démonstration. Les théologiens ne peuvent sans porter préjudice aux gens de la démonstration s'assimiler à eux. Ils ne peuvent non plus sans préjudice pour le grand nombre donner à leurs arguments une tournure apparemment démonstrative. Il faut au contraire toujours partir du public auquel le discours est adressé pour voir s'il est en adéquation avec lui. Ainsi, loin de croire qu'il faille justifier la méthode interprétative pour des raisons propres à l'obscurité du texte, il faut toujours partir du public pour la recherche d'une telle justification.

Ainsi les diverses manières d'assentir servent à justifier l'existence du manifeste/caché dans le texte. Il n'y a donc pas du manifeste et du caché de façon intrinsèque mais uniquement compte tenu de la réceptivité du texte :

> c'est pour cette raison que le sens du texte révélé se dédouble en sens obvie et en sens caché : l'obvie ce sont ces symboles employés pour de telles notions, et le caché ce sont ces notions qui ne se découvrent qu'aux gens de démonstration[3].

Aussi aborder démonstrativement une question auprès de quelqu'un qui ne peut la comprendre c'est produire de l'infidélité. L'infidélité est le résultat d'une inadéquation entre la méthode exposée et le public concerné : aussi les dialecticiens qui présentent une interprétation auprès de ceux qui ne sont pas à même de la comprendre produisent de l'infidélité, car cette interprétation suspend le sens obvie mais reste par elle-même incompréhensible. Les portes de l'interprétation doivent ainsi être fermées sur des

1. Averroès, *Discours décisif*, *op. cit.*, p. 153.

2. Il faut éviter de présenter de façon dialectique (ou poétique ou rhétorique) les questions spéculatives comme celles qui concernent les modalités et les caractéristiques de la vie future, mais réserver cela aux formes démonstratives car sinon on porte préjudice et à la foi et à la sagesse. La critique vise ici all-Ghazâli qui donne accès à ces questions à des gens qui en viendront à confondre modalité et existence de la vie future, or celle-ci (l'existence) n'est pas mise en jeu.

3. Averroès, *Discours décisif*, *op. cit*, p. 141.

questions du type « qu'est ce que l'esprit ? », ce sont là des énoncés équivoques, non dialectisables : « Ils t'interrogent au sujet de l'esprit. Dis : « l'esprit est du fait de mon seigneur » et il ne vous a été donné que peu de science »[1].

Il ne convient pas de fixer les bonnes interprétations dans les livres adressés à la masse. Or c'est ce qu'ont fait les théologiens asch'arites et c'est ce qui produit les sectes en Islam ; le résultat est qu'« ils ont précipité les gens dan la haine et l'exécration mutuelle »[2]. En raison de leur double inadéquation, avec le public qui donne un assentiment rhétorique et avec le texte qui requiert une démonstration, les interprétations théologiques n'ont qu'une valeur sophistique :

> beaucoup des principes sur lesquels les asch'arites ont fondé leurs connaissances sont même sophistiques, car ils nient plus d'une vérité nécessaire, comme la permanence des accidents, l'action des choses les unes sur les autres, l'existence des causes nécessaires aux effets[3].

Dans le meilleur des cas la dialectique que pratique les théologiens ne donne lieu qu'à une opinion proche de la certitude mais non à la certitude. Le discours dialectique est composé de prémisses largement connues, et de telles prémisses donnent lieu à un assentiment fondé sur le témoignage de tous ou du plus grand nombre mais il n'est pas fondé sur la nature de la chose en elle-même ; contrairement à ce qui se passe dans la démonstration. L'assentiment dialectique ne repose donc que sur le fait que d'autres partagent la même opinion, mais non sur le fait que l'opinion est une connaissance. Il s'ensuit que les prémisses dialectiques peuvent être fausses. Il s'ensuit aussi qu'elles n'ont pas de sujet spécifique, mais qu'à la manière de la rhétorique, elles composent un prédicat et un sujet non pas en se calquant sur leur composition en dehors de l'âme – c'est-à-dire non pas selon ce que les choses sont en elles-mêmes – mais seulement sur ce qui est communément admis de ces choses.

LES DEUX DIALECTIQUES

Averroès mène une critique serrée de l'induction pour contrer l'argumentation des théologiens ; il s'agit de montrer qu'avec l'induction nous n'avons pas de certitude aussi grande qu'avec le syllogisme. Soit l'exemple suivant : tous les corps sont crées car la plupart de ceux qui sont connus de

1. Coran, sourate XVII, 85, cité par Averroès, *Discours décisif*, *op. cit.*, p. 159.
2. Averroès, *Discours décisif*, *op. cit.*, p. 165.
3. *Ibidem*.

nous le sont. Cela donne lieu à la conclusion selon laquelle le monde est crée parce que c'est un corps. Dans l'induction on va du particulier à l'universel, dans le syllogisme, l'une des prémisses est nécessairement universelle. Or dans l'induction on a un raisonnement dont la puissance est celle d'un syllogisme de la première figure mais sans prémisses universelle : « l'air, le feu, la terre et l'eau sont des corps ; ces corps sont crées ; donc tous les corps sont crées »[1]. De plus, à supposer que l'induction soit complète, elle ne nous dit pas si le prédicat appartient au sujet de façon nécessaire ; il se peut que l'appartenance soit accidentelle : que dans notre exemple, la création soit une caractéristique accidentelle des corps. C'est pourquoi l'induction ne peut prétendre qu'à l'assentiment du communément partagé. L'induction en usage dans la démonstration, ne peut donc servir qu'à nous orienter vers la certitude sans la produire. Il y a ainsi une différence notoire entre ce qui est utilisé pour nous guider dans la démonstration et ce qui est utilisé pour servir de lui-même. Deux cas et deux cas seulement font pour Averroès de l'induction un réquisit de la démonstration : quand le sujet des prémisses est un sujet d'expérience, en général d'expérience médicale, et quand un grand nombre de personnes ne reconnaît pas l'universalité d'une prémisse mais reconnaît une de ses instanciations, par exemple : quelqu'un peut admettre que la maladie et la santé relèvent d'une même science sans admettre que la science des contraires est une, tant que cela ne lui a pas été montré inductivement. Une fois cela fait, il aura acquis la certitude quant à la prémisse universelle.

Il reste cependant que les raisonnements dialectiques n'ont pas le même degré de certitude que les raisonnements démonstratifs. Les discussions théologiques supposent une enquête métaphysique et un moyen démonstratif que la dialectique ne peut satisfaire. Dans le *Commentaire moyen sur le De Interpretatione*, la distinction entre la voie dialectique et la voie scientifique est clairement faite, la première permet l'homonymie dans les questions, la seconde non :

> Quant aux propositions dont le sujet ou le prédicat est un nom homonyme, attendu que c'est une pluralité de propositions, il ne faut pas que la question dialectique qui porte sur elles soit une question unique, ni la réponse dialectique une réponse unique[2].

1. L'exemple est pris pour contrer le créationnisme des asch'arites, dans *Averroës » three short commentaries on Aristotle's « Topics », « Rhetoric », and « Poetics »*, éditié et traduit par Charles E. Butterworth, Albany State University of New york Press, 1977, p. 154 pour le texte arabe et 49 pour la traduction anglaise.

2. Averroès, *Commentaire moyen sur le De Interpretatione*, § 58, tr. fr., Paris, Vrin, 2000, p. 125.

Le dialecticien ne pose pas la question *qu'est ce*, il ne cherche pas l'essence, il n'a donc pas à écarter l'homonymie, ce qu'il vise c'est seulement à obtenir de la part de son interlocuteur avec qui il partage le même savoir, l'une des deux propositions contradictoires afin de l'acculer à la contradiction : Tout plaisir est un bien ou non? Nous avons là deux membres d'une contradiction : le plaisir est un bien, le plaisir n'est pas un bien, il suffit que le répondant accorde l'une des deux propositions pour que le questionneur le pousse à la contradiction, tout le jeu consistant pour l'un de faire admettre une des deux prémisses, et pour l'autre de ne pas l'accorder. La question ne porte donc pas sur la nature du plaisir; le but recherché est la réfutation, bien que celui qui est acculé à la contradiction pourra toujours dire qu'il n'a pas entendu le plaisir en tel sens et refusera d'être acculé à l'absurdité que lui destine le questionneur. D'où une charge polémique propre à la dialectique. Elle peut soit donner lieu à une homonymie renforcée du sens, soit à une recherche commune de l'univocité du sens, donc à une réduction de l'homonymie. La dialectique peut donc dans le meilleur des cas être une préparation à la science, au sens où elle permet de faire d'un lieu, d'un topos une prémisse susceptible de figurer dans un syllogisme, mais la plupart du temps elle sombre dans la dispute et ne donne lieu qu'à des préférences et non à des connaissances.

À l'égard des interprétations théologiques, Averroès aurait volontiers adopté l'indication donné par Berkeley dans *Alciphron*, VI, 7 : à vouloir chercher un sens profond, on occulte le sens ordinaire et on crée des difficultés au lieu de les écarter. La dialectique dont font usage les théologiens est plus proche de la sophistique que de l'examen raisonné.

Ces interprétations demandent soit un effort inaccessible à de nombreuses personnes – ainsi en va-t-il de l'ascèse demandée par les mystiques (soufis) – soit imposent une lecture des textes à l'exclusion de toute autre, ce qui risque de donner lieu à une religion *bis*; soit plus grave encore interdisent toute science interprétative en prônant l'écoute répétée du texte sacré pris dans sa littéralité : ce sont les *hachwiyya* dont la devise est : « la voie de la connaissance de Dieu est ce qui est communément accepté non l'intellect ». Là nous sommes dans une gravité maximale car l'interdiction en somme de la connaissance contredit l'injonction répétée du texte sacré qui est de se mettre à l'étude de l'univers. Le Coran est programmatique. Mais le programme d'études n'est pas à réaliser par tous : seuls ceux qui sont capables de prouver, « les gens de démonstration », sont à même de le réaliser. Les autres vivent la religion socialement.

Il s'agit pour Averroès de distinguer la pratique de la dialectique au service de la science de la pratique de la dialectique (*Al Jadal*) mise en œuvre par les théologiens; celle-ci est une pratique de thèses opposées sur des sujets qu'il n'est pas toujours digne de soumettre à la question. De plus les prémisses de la dialectique sont très générales et la généralité est proche de l'homonymie, tandis que les prémisses démonstratives se rapportent aux choses mêmes[1]. La méthode est 1) de prendre une à une les questions, 2) d'éviter de prendre les notions multiples (comme le possible) comme si c'était une question une, d'éviter ainsi la sophistique, 3) de voir ce que les anciens ont pu dire à ce sujet.

> Quand les mutakallimun[2] tiennent ce qui est accidentel pour essentiel, alors ils le considèrent comme existant et la solution à leur question devient difficile. Cela est clair chez les philosophes car leur chef premier, qui est Aristote, a déclaré que si [au principe] du mouvement il y avait un mouvement, il n'y aurait pas eu de mouvement, et si au principe de l'élément il y avait un élément il n'y aurait pas eu d'élément[3].

« La vérité s'accorde avec elle-même et elle est son propre témoin »[4], « La vérité ne peut contredire la vérité mais s'accorde avec elle et témoigne pour elle »[5]. De telles expressions indiquent par elles-mêmes que la thèse de la double vérité (foi, raison) est un contresens de lecture, en réalité, il s'agit d'une même vérité donnée sous deux formes différentes : la forme religieuse et la forme philosophique. L'accord entre les deux suppose une méthode interprétative fondée sur l'usage des tropes afin de supprimer les divergences apparentes entre la tradition coranique et la compréhension intellectuelle héritée d'Aristote.

Ali BENMAKHLOUF

1. Voir début de *Tahâfut at Tahâfut*, *L'incohérence de l'incohérence*, Dar el Machraq, Beyrouth, 2e éd., 1987, p. 5.
2. Les théologiens.
3. *Tahâfut at Tahâfut*, *op. cit.*, p. 22.
4. Averroès, *Grand commentaire sur le De anima*, tr. fr., Paris, GF-Flammarion, p. 69.
5. Averroès, *Discours décisif*, *op. cit*, p. 119.

LOGIQUE, THÉOLOGIE ET CABALE AU XVIIIe SIÈCLE

Pour indiquer la manière dont le thème de ce travail s'insère dans le cadre d'une réflexion sur l'analyse et la théologie, il est utile d'évoquer les deux idées qui sont à l'origine du présent colloque : il existe une « continuité » entre l'analyse et la théologie, entre la « réflexion analytique » et « l'argumentation théologique » ; « la théologie prétend à la rationalité ou peut être l'objet d'une analyse rationnelle ». L'étude du lien entre la logique, la théologie et la cabale procède également de cette double conviction. Elle cherche, effectivement, à combiner l'examen des aspects formels du discours cabalistique avec celui qui porte sur ses contenus ; elle vise également à montrer que les doctrines et les œuvres que les cabalistes ont consacrées au thème du divin sont l'expression d'un système de pensée cohérent et structuré. Cependant, la confrontation de la cabale avec les notions d'analyse et de théologie pose problème : l'existence d'un lien entre l'analyse ou la logique et la cabale ne va, effectivement, pas de soi. On peut également se demander si la cabale est une théologie.

Concernant le lien entre la logique et la cabale, on se heurte, tout d'abord, à un préjugé tenace : pour beaucoup, la cabale reste un discours irrationnel, sans rigueur ni cohérence, résolument réfractaire aux règles de la logique. On a donc plutôt tendance à prendre les deux domaines séparément ou même à les opposer l'un à l'autre. Par ailleurs, la littérature de la cabale comprend relativement peu de textes consacrés à la logique. Généralement, les cabalistes n'ont pas mené une réflexion systématique concernant les formes de leur propre discours. Ceux qui se soucient de logique adoptent à son égard une attitude ambivalente : d'une part, ils reconnaissent l'utilité de cet art qui enseigne à distinguer le vrai du faux ; d'autre part, ils confinent la logique dans les limites propres à toute connaissance acquise par l'« investigation » naturelle – par la *haqira*.

À cet égard, on peut évoquer la figure d'Abraham Aboulafia, cabaliste majeur du XIIIe siècle, auteur d'une œuvre dont le rayonnement s'est exercé sur les humanistes et les cabalistes chrétiens de la Renaissance et, notamment, sur Pic de la Mirandole[1]. Avant de devenir cabaliste, Aboulafia a étudié la philosophie et la logique. Son initiation à la cabale ne l'entraîne pas à renier sa formation philosophique. Bien au contraire, il rédige un commentaire détaillé du Guide des égarés de Maïmonide auquel il emprunte de nombreux concepts. Surtout, il n'hésite pas à citer l'*Organon* avec une précision qui dénote sa familiarité avec cette œuvre.

Mais, tout en appréciant la logique, Aboulafia adopte à son égard une attitude critique. Plus exactement: il conserve le mot « logique » – en hébreu, *higgayon* – tout en l'investissant d'un sens nouveau. Pour lui, ce terme ne renvoie pas seulement à l'art de raisonner qui sert, traditionnellement, de propédeutique à la philosophie. Il désigne également la science combinatoire (*hokhmat ha-tserouf*) des lettres hébraïques que pratiquent les cabalistes. Aux yeux d'Aboulafia, cette science combinatoire suppose une démarche intellectuelle tout aussi rigoureuse que celle de la logique. Comme il le dit lui-même: la « logique interne » (*higgayon penimi*) de la cabale est supérieure à la « logique externe » (*higgayon hitsoni*) de la philosophie[2].

Le second problème a trait au rapport entre la cabale et la théologie. La cabale se définit comme la science du divin. Peut-on l'assimiler, pour autant, à une théologie? Dès que l'on parle de théologie, on est confronté aux multiples acceptions que recouvre ce terme. Je m'en tiens, ici, à son sens originaire et, plus particulièrement, au problème que soulève Aristote dans la *Métaphysique*: « Existe-t-il ou non, à part des essences sensibles, une essence immobile et séparée ? Et si cette essence existe, qu'est-elle ? »[3]. La formulation aristotélicienne du problème théologique a l'avantage de regrouper les questions auxquelles tout discours sur le divin est confronté : le divin est-il une essence ? Si oui, est-il possible non seulement d'affirmer son existence, mais également de savoir ce qu'il est? En soumettant la cabale à ces questions, on peut se demander si elle consiste, comme la « philosophie première » ou théologie, dans la recherche et la connaissance d'une essence divine.

Cette interrogation reste pertinente même si l'on tient compte des développements ultérieurs de la théologie. Bien qu'elles imposent des

1. Voir Moshé Idel, *L'Expérience mystique d'Abraham Aboulafia*, Paris, Cerf, 1989.

2. La conception d'Aboulafia est exposée dans son *Épître des sept voies*, traduite de l'hébreu par J. C. Attias, Paris, Éditions de l'Éclat, 1985, p. 71-75.

3. *Métaphysique* A, 1076a10 *sq.* Cf. aussi B, 1, 995b14; 2, 997a34 *sq.* À ce sujet, cf. Pierre Aubenque, *Le Problème de l'être chez Aristote*, Paris, P.U.F., 1962, p. 31.

restrictions concernant la connaissance de l'essence divine, les théologies issues des diverses traditions monothéistes restent un discours sur Dieu – sur son existence, sa toute-puissance ou sa bonté. Pour leur part, les cabalistes sont souvent proches des théologiens auxquels ils empruntent des catégories telles que l'existence nécessaire, l'immutabilité ou l'incorporalité. Néanmoins, leur but n'est pas de parler de Dieu lui-même mais du « divin » (*Elohut*) à savoir : de la relation divine avec le monde. Sur ce point, les propos de Gershom Scholem ne laissent subsister aucune ambiguïté. Pour lui, tous les systèmes cabalistiques ont leur origine dans une distinction fondamentale touchant au problème de la divinité. En théorie, il est possible de penser à Dieu, soit en tant que Dieu Lui-même en se référant à Sa seule nature propre, soit en tant que Dieu dans Sa relation avec sa création. Cependant, tous les kabbalistes s'accordent sur le fait qu'aucune connaissance de Dieu, si élevée soit-elle, ne peut être atteinte si ce n'est par la contemplation de la relation de Dieu à Sa création. Dieu en Lui-même, l'Essence absolue, se tient est au-delà de toute compréhension intellectuelle ou même extatique[1].

L'objet de mon exposé est donc d'apporter une solution aux problèmes que pose le rapport de la cabale avec la logique, d'une part, et avec la théologie, d'autre part. Étant donné l'ampleur du corpus cabalistique, il était nécessaire de faire un choix. Je m'appuie ici principalement sur l'œuvre de Moïse Hayyim Luzzatto qui a vécu en Italie dans la première moitié du XVIIIe siècle. Luzzatto est, effectivement, l'un des rares – peut être même le seul – penseur juif qui ait été à la fois logicien et cabaliste. Son œuvre associe donc ces deux domaines que l'on a souvent tendance, comme on l'a vu, à séparer. Reste à savoir quel sens prêter à leur rencontre : la logique et la cabale de Luzzatto entretiennent-elles des rapports de pur voisinage ? Sont-elles, au contraire, véritablement unies l'une à l'autre ?

Après avoir décrit succinctement la genèse et la structure de la logique de Luzzatto, j'aborde ces problèmes en tenant compte des éléments suivants : les notions de distinction et de gradation sont à la fois des règles de la logique de Luzzatto et des principes de sa cabale ; la logique est, à ses yeux, une propédeutique à la « science du divin » ou cabale[2].

1. G. Scholem, *La Kabbale*. Une introduction, origine, thèmes et biographies, Paris, Cerf, 1998, p. 164.

2. Cet exposé fait suite aux travaux que j'ai consacrés à l'étude de la relation entre la cabale, d'une part, et la philosophie, la logique et la rhétorique, d'autre part : « Logique et herméneutique dans l'œuvre de Moïse Hayyim Luzzatto », *Revue des Sciences Religieuses*, printemps 1996 ; « La "racine" et les "branches" : la logique et la cabale dans l'œuvre de Luzzatto », à paraître dans la *Revue de l'histoire des religions*. Voir également notre ouvrage, *Cabale et philosophie dans l'œuvre de M. H. Luzzatto*, à paraître aux éditions du Cerf, collection « Patrimoines. Judaïsme ».

Pour retracer la genèse de la logique de Luzzatto, il faut remonter jusqu'à ses années de jeunesse et à *Leshon Limmoudim*, traité de rhétorique qu'il rédige à l'âge de dix-sept ans[1]. Dans cet ouvrage, il définit la rhétorique comme « la science du discours ordonné et agréable ». En vertu de cette définition, il élabore une esthétique du langage en recensant les genres du discours et en formulant les règles de versification propres à la langue hébraïque. Il met ainsi en place la théorie littéraire qu'il pratique dans sa vaste production théâtrale et poétique[2].

C'est dans ce contexte que les dix catégories aristotéliciennes font leur première apparition. Luzzatto les attribue « au philosophe », expression par laquelle il désigne clairement Aristote. La liste qu'il fournit est exactement conforme à celle que l'on trouve dans les *Catégories*. Elle comprend l'essence, la quantité, la qualité, la relation, l'action, la passion, la position, le temps, le lieu, la possession[3]. La présence des catégories dans un ouvrage de rhétorique peut surprendre. Elle s'explique par le lien étroit que Luzzatto établit entre logique et rhétorique. Pour lui, ces deux arts forment, avec la poésie, une triade qui doit figurer dans tout programme d'études[4].

Comme l'indiquent ses propos, Luzzatto est tout à fait instruit du sens philosophique des catégories. Chacune d'entre elles correspond à l'une des dix questions que l'on peut poser sur un sujet quelconque. Par exemple, l'essence correspond à la question « qu'est-il ? »[5], la qualité, à « comment ? », la quantité, à « combien ? » etc... Il maintient également le contraste classique entre la catégorie de l'essence et celle de la relation d'après laquelle la chose n'est pas envisagée par elle-même, mais relativement aux autres choses[6]. Néanmoins, les catégories ne sont pas encore investies

1. *Leshon Limmoudim (La Langue des disciples)*, Mantoue, 1727. Une version complète de cet ouvrage a paru aux éditions du Mossad ha-Rav Kook en 1951.

2. Par exemple : *Ma'assé Shimshon*, la première pièce de théâtre de Luzzatto, figure en appendice de la première édition de *Leshon Limmoudim*.

3. Cette liste est conforme à celle qui a été dressée par Aristote dans le livre IV des *Catégories*.

4. Cf. *Derekh Hokhma* (Le Chemin de la science) dans *Sefer ha-Derakhim*, Levin-Epstein, 1963, in fine.

5. En d'autres termes, l'essence est la réponse que l'on donne à la question qui porte sur la quiddité de la chose. Voici la définition qu'en donne Luzzatto : « C'est l'essence de la chose. De ce point de vue, tous les êtres sont appréhendés du point de vue de leur essence véritable et de leur matière. Si l'on se demande, au sujet de la chose, « ce qu'elle est ? », on répondra donc : c'est une pierre, un arbre etc., selon son essence ».

6. Ainsi, la relation est l'« accident qui survient à la chose d'après sa relation avec les autres choses comme le « père », le « fils », le « proche », le « lointain », le « voisin ». Il en est de même pour les causes des choses : la matière, la forme etc., et, généralement, pour tout ce qui ne peut subsister par soi-même sans s'unir à d'autres choses ». (*Leshon Limmoudim*, première partie, 4e étude). La catégorie de la relation englobe ainsi les rapports de coexistence, de causalité, de succession, de correspondance, de filiation, etc.

d'une signification logique[1]. À ce stade initial de son œuvre, Luzzatto s'intéresse davantage aux procédés qui rendent un discours agréable et persuasif qu'aux règles qui assurent sa cohérence et sa vérité. Tel est bien d'ailleurs le sens du mot hébreu *melis'a* (« rhétorique ») qui exprime, comme on l'a vu, la douceur et l'agrément.

Pour Luzzatto, ces qualités caractérisaient la prophétie biblique et « les vrais prophètes, dans leur volonté d'attirer l'attention des Israélites, suivaient cette voie [qui consiste] à ordonner leurs paroles de la manière la plus convenable et la plus agréable ». Ce talent oratoire s'est illustré, notamment, dans la personne d'Isaïe qui a su attirer les hommes las du Service divin « par la douceur de ses lèvres et l'agrément de ses dires »[2]. De manière générale, le discours de l'orateur doit plaire à ceux auxquels il s'adresse afin de « rester gravé sur les tables de leur cœur de manière indélébile » et « de les pousser à l'admettre »[3]. Les catégories jouent un rôle appréciable dans l'élaboration d'un tel discours. Elles interviennent en particulier, dans l'opération de « transposition de sens » (*he'eteq lashon*) par laquelle le rhétoricien pallie les insuffisances du langage ordinaire à l'aide des procédés métaphoriques[4]. En recourant aux catégories, Luzzatto estime que l'on pourra élaborer « facilement et correctement » de belles métaphores[5].

Certains éléments de logique apparaissent donc dans les écrits de jeunesse de Luzzatto. Néanmoins, c'est seulement dans ses dernières années qu'il lui consacre deux traités : le *Sefer ha-Higgayon* (Livre de logique) qui s'apparente, par sa forme et son contenu, aux manuels rédigés

1. Il en est de même pour le mot hébreu *higgayon* (logique) qui a, dans *Leshon Limmoudim*, un sens purement rhétorique. Voir première partie, 2e étude, où Luzzatto s'en sert pour dénommer le genre de la prosopopée qu'il définit de la manière suivante : « C'est un discours imaginaire que l'on prête à des morts ou à des gens éloignés de nous ».

2. Le traité de rhétorique de Luzzatto tire d'ailleurs son titre de l'expression biblique *leshon limmoudim* (« langue de disciples ») qui désigne le langage par lequel le prophète Isaïe a « soutenu celui qui était épuisé » et dont l'âme était « lasse » d'accomplir le Service divin. Cf. Isaïe 50 : 4.

3. Cf. Introduction 2e partie.

4. Cette opération de transposition que Luzzatto appelle aussi traslato, consiste à « changer le sens initial d'un énoncé en lui en substituant un autre ». Les procédés métaphoriques constituent avec l'« ordre des matières » (*seder ha-'inyanim*) et l'« ordre des mots » (*seder ha-milot*) l'une des trois divisions principales de cette partie de la rhétorique qui est consacrée à l'« élaboration du discours » (*binyan ha-dibur*). Cf. à ce propos, *Leshon Limmoudim*, 1re partie, 2e étude.

5. *Ibid.*, 4e étude : « Sache que toutes les métaphores sont produites à partir de ces dix catégories que nous avons mentionnées ».

par les logiciens juifs, à partir du XIIIe siècle[1]; *Derekh Tevounot* (La voie de l'intelligence) où il expose, plus particulièrement, les règles du débat et du raisonnement talmudiques[2].

La logique de Luzzatto est conforme, sur bien des points, au modèle aristotélicien. Ainsi, il la conçoit comme un art qui sert à distinguer le vrai du faux. Il voit aussi en elle une propédeutique sans laquelle « il est impossible de pénétrer dans les chambres des sciences afin de jouir de leurs délices ». En outre, la structure des ouvrages de Luzzatto épouse celle de l'*Organon*. À ce propos, on peut établir une correspondance entre chacune des trois parties de la logique analysées dans le *Sefer ha-Higgayon* – les termes logiques et les catégories, les propositions et les syllogismes – et les traités aristotéliciens – les *Catégories*, *De l'Interprétation* et les *Analytiques*. Enfin, la liste des catégories qui est dressée par Luzzatto dans le troisième chapitre du *Sefer ha-Higgayon* correspond exactement à celle d'Aristote. Elle comprend la « substance » (*etsem*) et ses neuf « accidents » (*miqrim*) : la quantité, la qualité, l'action, la passion, la relation, le temps, la position, la possession et le lieu. On observe donc un changement notable dans la conception des catégories. À la différence de *Leshon Limmoudim*, le *Sefer ha-Higgayon* ne les présente plus comme des figures du discours – comme les éléments matriciels à partir desquels on construit les métaphores. Luzzatto leur restitue leur signification logique traditionnelle en les définissant comme les « genres généraux de l'être sous lesquels sont compris tous les éléments du réel suivant leur degré ».

Néanmoins, on discerne aussi dans la logique de Luzzatto des éléments non aristotéliciens. Tel est le cas de notions auxquelles il confère un rôle de premier plan : la distinction (*havhana*), l'ordre qu'il appelle aussi « gradation » (*hadragga*).

Pour Luzzatto, la « distinction » est la finalité de la logique. « Distinguer » signifie d'abord séparer les uns des autres les différents aspects du réel pour les saisir dans leur singularité. Néanmoins, on ne peut en rester là. Autrement, on aboutirait, comme le dit Luzzatto, à une « connaissance sans distinction » puisque l'on ne connaîtrait « ni la relation, ni le degré de chaque chose dans l'édifice du tout ». Tout en saisissant chaque chose « en elle-même », il faut également discerner la relation qu'elle entretient avec les autres choses. Pour atteindre ce but, Luzzatto conseille d'user des trois « moyens » dont traite chacune des parties de la

1. Sur la logique hébraïque, voir Shalom Rosenberg, « Logique et Ontologie dans la philosophie juive du XIVe siècle » (en hébreu), doctorat de philosophie, Université Hébraïque de Jérusalem, 1973.

2. Ces deux traités ont paru vers 1740. Notons qu'à la même époque, Luzzatto rédige également un Livre de grammaire (*Sefer ha-Diqdouq*) ainsi qu'un résumé de Leshon Limmoudim intitulé *Sefer ha-Melitsa* (Livre de rhétorique).

logique : les noms ou termes logiques, les propositions et les syllogismes. En passant d'un « moyen » à l'autre, on avance dans la saisie de la réalité suivant une progression qui va du simple au complexe. Alors que le « nom » correspond au stade initial où l'on saisit les choses isolément, la proposition et le syllogisme expriment, par leur constitution même, les relations qui les lient les unes aux autres.

À ces trois moyens, Luzzatto ajoute l'ordre. Bien qu'il ne le compte pas parmi les parties de la logique et qu'il n'en traite qu'à la fin de ses traités, il lui confère une valeur considérable. L'ordre remplit une fonction méthodologique. Il est « le droit chemin par lequel on parviendra au but correctement, sans s'en écarter ». Il est l'auxiliaire de la raison dont il « épierre le chemin, de sorte qu'elle pourra suivre les voies de la pensée, sans rencontrer d'obstacle. « En l'associant à la notion de « gradation » (*hadragga*), Luzzatto présente l'ordre comme une hiérarchie où le général vient avant le particulier, les principes avant les détails, et les « racines » avant les « branches ». Pour justifier la primauté des principes, il remarque qu'ils sont « plus simples et mieux connus que les détails ».

On a vu que Luzzatto assimile la logique à une propédeutique. Tout en reprenant cette idée classique, il lui donne une forme originale en se plaçant dans le contexte de la tradition juive. À ses yeux, la logique sert de préparation à l'étude des deux grands corps de littérature dont se nourrit cette tradition : le *Talmud*, d'une part, la cabale, d'autre part.

La formation logique est un préalable nécessaire aux études talmudiques. Nul ne saurait, effectivement, affronter sans préparation la « mer vaste et immense » du *Talmud*, « les puissants ressacs de ses discussions (*pilpulim*) » et « les vagues de ses lois qui s'élèvent jusqu'au ciel et qui plongent dans les abîmes (...) ». C'est pourquoi Luzzatto se propose, dans *Derekh Tevunot*, de « faire des anses » au *Talmud* en exposant les « fondements des argumentations (*pilpulim*) et les principes de la discussion talmudique »[1]. À cet effet, il élabore une série de « principes (*klalim*) courts et peu nombreux, ordonnés correctement »[2] en espérant que son

1. Luzzatto prend explicitement pour exemple le roi Salomon qui a « fait des anses à la Torah » en élaborant ses « paraboles » (*meshalim*). Cf. *Talmud de Babylone*, traités *Erubin* 21a-b et *Yebamot* 21 a ; *Cantiques des Cantiques* Rabba 1 : 8.

2. Luzzatto présente ses principes comme « des choses très faciles et très évidentes », qui « se trouvent naturellement dans l'esprit » et auxquelles il dit « n'avoir ajouté que l'ordre ». Il suffit donc seulement de prendre conscience de ces idées innées et de les ranger convenablement. Alors, « ils [les principes] seront des anses pour le lourd panier des notions intelligibles [muskalot] que l'on portera avec aisance [...] ». Notons que Luzzatto a donné la forme de *Klalim* ou de recueils de « principes » à nombre de ses ouvrages de cabale, ceci afin de clarifier et de diffuser la cabale lourianique, tout en exposant sa propre doctrine.

« petit ouvrage » sera utile aussi bien pour l'apprentissage du *Talmud* que pour son enseignement[1].

Dans *Derekh Tevounot*, Luzzatto procède donc à l'étude des règles du débat et du raisonnement talmudiques. En un sens, son traité est un prolongement du *Sefer ha-Higgayon*. Il se présente, par sa structure et par son contenu, comme un manuel de logique. Ainsi, on y retrouve les noms, les propositions, les syllogismes et l'ordre. Parmi les procédés en vigueur dans le *Talmud*, Luzzatto intègre certaines espèces du syllogisme – notamment, le syllogisme – qu'il a étudiées dans le *Sefer ha-Higgayon*. À la différence d'Aboulafia, la logique talmudique n'est donc pas dissociée de la logique philosophique et, encore moins, opposée à elle. En même temps, Luzzatto cherche à faire ressortir la spécificité du raisonnement talmudique. À cette fin, il analyse les « treize règles d'explicitation de la Torah », ces procédés inductifs et analogiques auxquels recourent les talmudistes pour éclairer le sens d'une loi en la rattachant au texte de la Torah[2].

La logique sert également de propédeutique à la cabale. Dans *Derekh Hokhma*, dialogue entre un maître et son élève, Luzzatto établit une hiérarchie des sciences et des arts qu'il répartit en quatre genres différents. Le premier et le plus éminent de ces quatre genres comprend deux types de science : la science principale ou science du divin ; la science préparatoire qui lui sert, comme son nom l'indique, de propédeutique et qui comprend deux parties : l'étude des textes juifs traditionnels, d'une part ; la formation logique de l'esprit, d'autre part. D'emblée, Luzzatto assigne une tâche importante à la logique : en la pratiquant, on apprend à « distinguer » ce que l'on peut connaître au sujet du divin.

La distinction ou la finalité de la logique prend donc un sens nouveau. « Distinguer » revient à tracer l'étendue et les limites de la science du divin. Plus précisément : distinguer consiste à discerner, parmi les multiples aspects de la réalité divine, celui qui peut faire l'objet d'une connaissance humaine. Une fois que l'on a accompli cette tâche, on peut s'engager dans l'étude de la science du divin. Bien qu'elle ait également la logique pour propédeutique, cette science du divin ne ressemble guère à la métaphysique. De même, elle diffère sensiblement de la théologie élaborée, notamment, par les philosophes juifs médiévaux. En examinant son

1. Luzzatto destine son ouvrage à deux sortes de lecteurs : tout d'abord, à « celui qui n'est pas encore parvenu à l'étude du *Talmud* et qui désire y pénétrer correctement et aisément ». Ensuite, à « celui qui a déjà l'habitude du *Talmud* ». Concernant ce dernier, il exprime le vœu que « cet ouvrage le préserve parfois de l'erreur ». Cf. *Derekh Tevounot*, Introduction.

2. Les talmudistes ont élaboré les « 13 règles d'explicitation de la Torah » (13 *midot she ha-Torah nidreshet ba*) en deux temps. Hillel en formula d'abord 7 (*Tossefta Sanhedrin*, chap. VII ; *Avot* de Rabbi Nathan et introduction Sifra). Plus tard, Rabbi Ismaël les amena à 13 (voir introduction Sifra).

contenu, on réalise qu'il s'agit de la cabale. Luzzatto assigne, effectivement, à la science du divin, les thèmes qui sont au fondement de sa doctrine cabalistique : les « secrets de Son unité, béni soit-Il », la « direction qu'il exerce sur le monde », « les secrets concernant Ses créatures et leur agencement », « le Service divin », l'« épanchement de Sa gloire et de Sa présence, de Sa prophétie et de Son esprit saint ».

La logique et la cabale sont donc loin d'être aussi opposées que l'on se plaît à le penser. Dans l'optique de Luzzatto, la logique philosophique mène, au contraire, à la cabale, science du divin d'inspiration prophétique. Pour confirmer l'existence du lien étroit qui relie les deux domaines, il faut prendre en considération un second élément : les notions de distinction et de gradation sont non seulement des règles logiques, mais également des principes cabalistiques auxquels Luzzatto confère un rôle central dans l'élaboration et l'expression de sa doctrine du divin.

La distinction a pris, comme on l'a vu, un sens nouveau : elle sert à délimiter ce que l'on peut connaître du divin. Luzzatto la met en œuvre dans *Le Philosophe et le cabaliste*[1]. Pour répondre au philosophe qui lui demande quel est l'objet de la cabale, le cabaliste pratique une première distinction au sein de l'« Émanateur » ou de la source divine dont procèdent les *sefirot*. Il discerne ainsi deux aspects différents : Son essence, d'une part, Sa volonté, d'autre part. Très vite, le cabaliste déclare à son protagoniste qu'« il nous est interdit de parler de l'essence divine, et il ne nous est même pas nécessaire d'aborder cette question car il nous suffit de connaître Son existence ». En d'autres termes : il est interdit de parler du « sujet de la volonté » (*baal ha-ratson*) ; par contre, on peut parler de la « volonté » (*ratson*). En distinguant l'essence et la volonté, le cabaliste exclut toute conception substantialiste du divin. Néanmoins, il est confronté à l'objection du philosophe : « Il est bon de parler de Sa volonté. Mais que pourras-tu en dire ? En effet, Sa volonté est infinie, Sa pensée est infinie et comment pourrais-tu faire de ce qui n'a ni limite, ni fin un objet de réflexion ? ».

Le philosophe place le cabaliste devant une alternative : soit on admet l'impossibilité d'un discours humain sur le divin et, pour reprendre les paroles d'Aristote, « il se pourrait que Dieu soit le seul théologien »[2] ; soit on tente de réduire la disproportion entre la volonté divine infinie et l'esprit humain fini. Dans ce cas, une connaissance du divin est possible.

Le cabaliste choisit, bien sûr, la seconde éventualité : il est possible de connaître le divin. Pour définir en quoi consiste une telle connaissance, il faut en saisir précisément l'objet. À cette fin, le cabaliste opère une seconde

1. Traduit, annoté et présenté par nos soins, Lagrasse, Verdier, 1991.
2. Cf. *Métaphysique*, livre 1, 982b30.

distinction qui passe à l'intérieur même de la volonté divine. Il y discerne ainsi deux aspects : « ce qu'Il a pu vouloir » et qui est sans mesure, ni fin, ou les possibilités infinies qui s'offrent à la volonté toute-puissante ; « ce qu'Il a voulu » avec mesure et limite, à savoir, la création du monde et sa direction[1]. Afin de mieux reconnaître chacun de ces deux aspects, il leur donne des noms. La volonté dans sa toute-puissance est appelée « *En Sof* » et la volonté dans sa finitude, « *sefirot* ». La « science du divin » est donc la science des *sefirot* ou des modalités de la volonté relative au monde.

Finalement, Luzzatto se sert de la distinction pour définir ce qu'est le « divin » (*Elohut*) c'est-à-dire l'objet de la cabale. Dans *Le Philosophe et le cabaliste*, ce dernier continue sur sa lancée en différenciant à nouveau deux termes : le Créateur, d'une part, les créatures, d'autre part. Le cabaliste ne s'intéresse pas à leur essence, celle du Créateur étant, de toutes manières, inaccessible. Par delà ces deux éléments, il vise en fait un troisième terme, à savoir la relation entre le Créateur et Ses créatures.

À la lumière de cette nouvelle distinction, on comprend que la cabale saisit le divin non comme un être ou une substance, mais comme une relation. Elle fait donc la différence entre « Dieu » et le « divin », ou encore : entre la substance divine et sa relation avec ce qui se trouve hors d'elle, avec le monde et avec les créatures. Pour la lignée des cabalistes italiens à laquelle Luzzatto appartient, cela équivaut à la distinction entre *Eloha* ou le « Dirigeant suprême » (*ha-Manhigge ha-Elyon*) et *Elohut* ou la « direction divine du monde » (*hanhagga*). En clarifiant le sens que la distinction prend dans la cabale, on résout l'un des deux problèmes énoncés dans l'introduction : la cabale ne se confond pas avec la théologie prise, dans son acception originaire, comme la recherche et la connaissance d'une essence divine transcendante et séparée du monde. Elle se définit, au contraire, comme la science de la relation ou du réseau de relations qui lient le divin au monde.

La règle logique de la gradation apparaît également dans les écrits cabalistiques de Luzzatto. Après avoir pratiqué la seconde distinction, le cabaliste utilise la catégorie de la « gradation » pour penser la volonté sous son aspect relationnel. Par contraste avec la « voie de la toute-puissance », la « voie de la gradation » désigne une action divine graduelle et mesurée. Elle constitue également un ordre hiérarchique où les principes viennent avant les détails. De même, les dix *sefirot* sont les « principes » ou les

1. Cette conception rappelle celle de Salomon ibn Gabirol pour qui la volonté divine est à la fois infinie – par son essence – et finie – par son action et ses effets. Voir ibn Gabirol, *La Source de vie*, trad. Jacques Schlanger, Paris, Aubier-Montaigne, 1970, IV, 19, p. 252, 18 *sq.* En dépit de la distance temporelle qui les sépare, on peut voir dans cette convergence entre les deux penseurs l'une des « traces de l'enseignement d'ibn Gabirol » et du néoplatonisme juif médiéval que Scholem a décelées dans la cabale.

« racines » de la réalité. Luzzatto en parle dans des termes semblables à ceux qu'il a utilisés dans sa logique au sujet des dix catégories. Ainsi, les catégories sont les « genres généraux de l'être sous lesquels sont compris tous les éléments du réel ». De même, les *sefirot* sont les « dix genres » qui comprennent tous les « détails » de la création. En plus de sa signification ontologique, la gradation a une portée gnoséologique : elle rend possible la connaissance de la volonté divine et de son action. Si Dieu avait créé le monde et s'il le dirigeait par la voie de la toute-puissance, il aurait été impossible de rien y comprendre. Aux dires de Luzzatto, « nous n'aurions pas pu démêler dans ses actions l'antécédent du conséquent, la cause de l'effet ». En d'autres termes : nous n'aurions pas pu appliquer à l'action divine les distinctions logiques sans lesquelles il n'y a pas de connaissance.

Grâce aux analyses auxquelles on a procédé, on obtient les résultats suivants : il existe bien un lien étroit entre la logique et la cabale. En outre, la science cabalistique du divin ne se confond pas avec la théologie. Néanmoins, une question reste ouverte : Luzzatto a-t-il simplement emprunté à la logique les notions de distinction et de gradation en se contentant de les transférer dans le champ de la cabale ? N'a-t-il pas, au contraire, présenté dans ses traités de logique une méthode qu'il a aussi élaborée dans son œuvre cabalistique ? Dans le premier cas, la cabale qui prétend, pourtant, au titre de science resterait tributaire de la logique quant à sa cohérence et à son intelligibilité. Dans le second cas, on peut supposer l'existence d'une logique interne à la cabale. Afin de trancher cette alternative, il faut se demander si les ouvrages des logiciens sont l'unique source de la méthode mise en œuvre par Luzzatto dans ses écrits cabalistiques. N'est-elle pas également le fruit de la synthèse qu'il a opérée en rassemblant des éléments épars dans les textes lourianiques et en leur donnant une forme systématique ?

Pour résoudre ce problème, il faut se tourner vers les ouvrages où Luzzatto interprète la doctrine d'Isaac Louria, cabaliste majeur qui a ouvert, au XVIe siècle, de nouveaux horizons à la cabale. On y décèle un trait qui caractérise son herméneutique : en la pratiquant, il cherche à mettre au jour les catégories logiques implicites, et souvent explicites, dans les textes lourianiques. C'est ce qu'illustrent deux injonctions qui sont au centre de sa méthode cabalistique : « savoir de quoi l'on parle » ; « remonter à la racine ». En les formulant, Luzzatto assigne à la démarche cabalistique la double exigence qui s'exprime, dans le cadre de sa logique, à travers les règles de la distinction et de la gradation : saisir chaque chose à la fois dans sa singularité et dans sa relation avec les autres aspects du réel ; ordonner ces divers aspects ou « distinctions » (*beh'inot*) suivant une hiérarchie où les principes généraux ont la priorité.

La formule « savoir de quoi l'on parle » apparaît en toutes lettres dans le *Ets-Hayyim*, ouvrage où Hayyim Vital, disciple de Louria, a consigné par écrit les enseignements de son maître. Évoquant les contradictions que l'on trouve, apparemment, dans le *Zohar*, Vital les attribue au fait que l'on ne sait pas pratiquer la distinction. Pour dissiper tout embarras, il convient de « savoir de quoi l'on parle » : il faut distinguer l'aspect particulier auquel renvoie chacun des termes de l'apparente contradiction dans l'ordre des réalités émanées du *En Sof* – l'Infini divin.

Vital ne se contente pas de donner des directives. Au contraire, il décrit avec minutie la manière dont on les réalise en opérant un mouvement qui consiste à partir du général pour descendre, par paliers successifs, jusqu'au plus infime détail. Pour reprendre les termes de Vital : on s'engage, d'abord, dans la « voie de la généralité » (*derekh klalut*) ; puis on emprunte la « voie de la particularité » (*derekh peratout*) pour descendre, de proche en proche, jusqu'aux « détails des détails » (*peratey peratim*). En procédant de la sorte, on réussit, finalement, à « distinguer les modes d'êtres des *sefirot*, leur état et leur situation [...] ». À ce propos, on mesure de nouveau la distance entre la cabale et la théologie. Bien qu'elle ait trait à des réalités divines – les *sefirot* –, cette formule n'a pas un sens théologique. Pour Vital, les changements qui surviennent dans la situation des *sefirot* n'affectent pas le divin lui-même. Ils concernent le cours de l'histoire du monde dont elles assurent la direction. Aussi, il faut saisir si le texte du *Zohar* où il est question de leurs divers états fait référence au temps de « la création d'Adam ou de sa faute [...], à la génération du désert, au temps du premier Temple ou de sa destruction, ou encore, au temps du second Temple ou de sa destruction ».

Le second précepte que Luzzatto discerne dans les écrits lourianiques prescrit de « remonter au principe ». En étudiant sa logique, on a remarqué sa prédilection pour les principes. Ces derniers constituent également une pièce centrale de l'herméneutique qu'il élabore dans ses ouvrages cabalistiques. Dans *Le Philosophe et le cabaliste*, le cabaliste expose la méthode qu'il a suivie dans l'exégèse des textes lourianiques. En réponse au philosophe qui lui demande s'« il a inclus dans ces chapitres tout ce qui est écrit dans les paroles des cabalistes ou seulement une partie », il fournit l'explication suivante :

> Si j'avais voulu retenir tout ce qu'a dit le saint maître, Isaac Louria, de mémoire bénie, je me serais beaucoup étendu et je ne t'aurais pas donné une connaissance claire. En effet, le fardeau aurait lourdement pesé sur toi et tu n'aurais pas vu la fin de ce propos. Mais il va de soi que toute science a une racine et des branches. Pour ma part, j'ai pris la racine et j'ai laissé les branches. Une fois que tu connaîtras les racines, tu comprendras

> toutes les branches qui en dépendent quand tu les trouveras dans les paroles des cabalistes. Mais, si j'avais négligé une de ces racines, et si tu avais trouvé par la suite un thème établi sur son fondement, tu ne l'aurais absolument pas compris[1].

La réplique du cabaliste est intéressante à plus d'un titre. En décrivant la structure de la cabale, il entend faire ressortir sa qualité de science. Le critère qu'il retient à cet égard est la gradation, à savoir : l'organisation suivant un ordre hiérarchique dans lequel les « racines » ou principes généraux viennent avant les « branches » ou les détails particuliers. Il élabore également une méthode de lecture du texte lourianique destinée à pallier les inconvénients propres aux autres types d'exégèse dont ce dernier a fait l'objet. Conscient de l'embarras qu'ils suscitent, il conseille de ne pas s'embarrasser des multiples détails que comportent les descriptions lourianiques du divin. Ainsi, il recommande de « prendre la racine et de laisser les branches ». À cet égard, il se conforme à une règle de méthode qu'il formule dans les termes suivants :

> Tous les détails sont subordonnés à des principes. Alors que les détails fatiguent l'esprit de celui qui veut les rassembler, il lui est aisé d'accéder aux principes. C'est pourquoi il faut rechercher les principes, et non les détails.

Cette préférence pour les principes ne signifie pas que l'on néglige les détails. Au contraire, tout principe comprend, par nature, beaucoup de détails. En les saisissant, on appréhende du même coup les principes.

Bien qu'il ait la priorité, le discernement des principes ne constitue donc pas une fin en soi. le but ultime est de descendre, comme on l'a vu, jusqu'« aux détails des détails ». Apparemment, la démarche que Luzzatto adopte pour interpréter la cabale lourianique est inspirée par la logique. On retrouve ici la règle qui prescrit de commencer par les principes qui sont ce qu'il y a de plus clair et de mieux connu. Ainsi, il faut s'élever au-dessus des multiples détails qui constituent la réalité créée, en bas, pour atteindre le petit nombre de racines ou de principes divins qui assurent leur direction, en haut. Néanmoins, la logique n'est pas l'unique source de la méthode de Luzzatto. De même que le précepte suivant lequel on doit « savoir de quoi l'on parle », l'idée d'une « remontée aux principes » a son origine dans les textes lourianiques

Dans l'introduction du *Philosophe et le cabaliste*, Luzzatto met en garde son lecteur contre l'approche superficielle qui consiste à « savoir qu'il y a tant de *sefirot*, de « visages » et de « mondes » qui s'habillent les uns dans les autres, tant de montées et de descentes, tout en ignorant leur

1. *Le Philosophe et le cabaliste*, p. 126.

sens et leur objet ». Adoptant un ton ironique, il déclare qu'en s'en tenant là, on n'a qu'« un index » ou une liste des matières dont traite la cabale. Bien qu'on puisse au moins apprendre cette liste par cœur, le « souvenir d'un enseignement que l'on ne comprend pas » n'est pas une véritable connaissance.

Un problème analogue se pose dans la première partie du dialogue, lorsque le cabaliste défie son protagoniste en lui demandant de lui prouver qu'il a bien compris les enseignements cabalistiques dont il a ouï-dire. Avouant son désarroi, le philosophe lui répond qu'il ne parvient pas à maîtriser les divers aspects du processus de l'émanation. En l'absence d'un « fondement » unique, les détails de la doctrine cabalistique ne sont pas « intelligibles ». On retrouve ces mêmes problèmes dans une lettre où Luzzatto fait part à son maître Bassan d'un des obstacles majeurs que l'on rencontre dans la lecture des textes lourianiques :

> On trouve de nombreux thèmes de la science qui tournent autour de différents pôles et qui révèlent de grands secrets. Néanmoins, ils ne semblent pas reliés les uns aux autres. Au contraire, chacun d'eux explique l'un des sujets dont traite la Science [1], et cette dernière n'a pas de fin. Il en est de même pour celui qui prélève des gouttes d'eau de mer, une par ci, une par là, et ce n'est pas là une connaissance parfaite. Celui qui a en main de nombreuses branches sans posséder la racine n'en tire aucune connaissance mais seulement de la confusion.

Une fois de plus, le cœur du problème tient à la multiplicité et à la disparité de détails, ainsi qu'à l'absence d'une « racine » ou d'un principe qui assure leur unité. Citant Vital, Luzzatto note que ce dernier a reconnu lui-même que « l'esprit humain ne peut maîtriser autant de détails ». Mais tout en déplorant cet état de fait, Luzzatto considère que l'hétérogénéité des détails n'est qu'une apparence. Pour un observateur superficiel, les thèmes cabalistiques ne paraissent pas liés les uns aux autres. Cependant, un regard plus pénétrant saisit qu'ils dépendent tous d'une racine dont la connaissance est l'« essentiel ». C'est pourquoi il est nécessaire de « connaître le pôle autour duquel tournent tous les détails ».

À première vue, Luzzatto suit de nouveau les règles de la logique en accordant la priorité aux principes sur les détails et à la « racine » sur les branches. Néanmoins, le texte sur lequel il s'appuie pour légitimer sa démarche n'est pas le *Sefer ha-Higayon*. Il se réfère, au contraire, à une source purement cabalistique, à savoir les écrits lourianiques où il est question du thème de l'« Homme primordial » (*Adam Qadmon*). Suivant l'un de ces textes,

1. Ou encore : un aspect particulier de la divinité.

> il y a dans l'Émanation des mondes innombrables [...] Mais nous commencerons par expliquer un détail qui comprend en lui tout ce qui existe dans cet espace vide et à partir duquel se déploient tous les mondes [...] Il s'agit de l'Homme primordial de tous les primordiaux [1].

En prenant pour repère le thème de l'Homme primordial, Luzzatto élabore un modèle destiné à dissiper la confusion qu'il a décrite. En commentant le passage cité ci-dessus, Luzzatto remarque que l'« Homme primordial » n'est pas un « détail » comme les autres. Effectivement, il contient en lui l'ensemble de la réalité. En ce sens, il le définit comme la « totalité de tout ce qui est ». Ainsi, l'ensemble des êtres créés et des *sefirot* peut être représenté à travers la « figure de l'homme (*demut adam*) avec ses membres ». Cette figure corporelle comprend également « tous les actes qui ont été ou qui seront accomplis, jusqu'à la fin du monde ». À travers le thème de l'Homme primordial, Luzzatto conçoit donc le monde, avec son histoire passée et future, comme une totalité unique dont « tous les mondes, inférieurs ou supérieurs, ne sont que les parties ou les branches de la racine ». Il affirme même avec audace que

> le Créateur n'a produit qu'une seule réalité, et non plusieurs, car la Science a pour principe d'éviter la multiplicité là où elle n'est pas nécessaire [2].

L'« Homme primordial » n'est pas le terme ultime du processus de remontée vers une racine ou un « pôle » uniques. S'il inclut en lui toute la direction divine du monde, il reste encore à relier cette dernière au Dirigeant (*manhige*) qui l'exerce. En ce sens, Luzzatto remarque que

> lorsque l'on s'élève davantage vers la racine des choses, on saisit que tout se rapporte à l'unité du *En Sof* [*yih'ud En Sof*], béni soit-Il.

L'« unité du *En Sof* » est la clef de voûte du système de Luzzatto. Ce concept lui sert pour désigner la volonté divine unique qui oriente tout ce qui existe vers une seule finalité : le « retour du mal vers le bien » ou le « bien parfait ». Comme l'indiquent ces expressions, l'unification de tous les détails du réel sous une seule racine ne répond pas, pour Luzzatto, à une exigence purement méthodologique. Elle procède, au contraire, de l'impératif éthique qui domine sa doctrine du divin.

1. *Ets-Hayyim*, Jérusalem, 1960, *Hekhal Adam Qadmon, derouch igulim ve yosher*, Porte 1, branche 2 ; cf. aussi branche 4.

2. Ce principe rappelle un passage de la *Métaphysique* (L, 10, 1076a4) où Aristote critique Speusippe pour avoir multiplié les principes autant de fois qu'il y a de genres d'êtres à expliquer. À ce sujet, il se réfère à l'*Iliade* (II, 204) : « Il n'est pas bon que plusieurs commandent ; qu'un seul soit le chef ».

CONCLUSION

Le lien solide que Luzzatto instaure entre la logique et la cabale montre qu'il existe bien une continuité entre l'analyse des formes du discours sur le divin et celle qui porte sur ses contenus. Cependant, tout discours sur le divin ne prend pas forcément la forme d'une théologie ou d'une méditation sur Dieu lui-même[1]. Tel est le cas de la cabale qui a pour objet la relation divine avec le monde. En mettant en œuvre les concepts de distinction et de gradation, Luzzatto décrit cette relation avec la clarté et la cohérence qui caractérisent, généralement, son système. D'autres cabalistes ont repris ce projet en donnant un sens encore plus radical à la différence entre la cabale et la théologie. En affirmant l'impossibilité d'accéder à l'essence divine de l'« Émanateur », Luzzatto admet que son existence est nécessaire. Tout en lui attribuant un rôle mineur, il intègre donc à son discours une catégorie théologique classique. Un siècle plus tard, Élie de Vilna, talmudiste et chef de file des cabalistes de Lituanie, ira plus loin que Luzzatto. Pour lui, même l'attribut d'existence nécessaire ne saurait être attribué au *En Sof* dont « on ne peut rien penser ».

Contrairement à d'autres auteurs et, notamment, à Aboulafia, Luzzatto n'oppose pas la logique de la cabale à celle de la philosophie. Les règles de la logique sont, à ses yeux, les lois de la pensée humaine. Mais, tout en reconnaissant la valeur de la logique philosophique, Luzzatto fait ressortir la spécificité des raisonnements qui sont à l'œuvre dans le *Talmud* et, surtout, dans la cabale. De cette manière, il s'efforce de mettre en lumière la logique propre aux systèmes de pensée issus du judaïsme. À notre époque, on retrouve une orientation semblable dans l'œuvre de David Ha-Cohen qui se situe explicitement dans la lignée de Luzzatto. Pour cet auteur qui a étudié la philosophie avant de devenir cabaliste, il existe une logique « hébraïque ». Dans ses écrits, cette expression ne désigne pas l'ensemble des traités de logique qui ont été rédigés en hébreu à partir du XIIIe siècle. Elle s'applique aux modes de raisonnement inductifs et analogiques qui sont à l'œuvre dans le *Talmud* et la cabale.

Joëlle HANSEL

1. Voir à ce sujet les remarques de Jean-Yves Lacoste dans son avant-propos au *Dictionnaire critique de théologie* publié sous sa direction aux P.U.F. D'après lui, « ni le corps de doctrines juives, ni la Kalam islamique ne peuvent être appelés « théologie ». On doit donc réserver ce terme au « massif de discours et de doctrines que le christianisme a organisé sur Dieu et sur son expérience de Dieu » qui provient « d'une certaine alliance entre le logos grec et la restructuration chrétienne de l'expérience juive ». En ce sens, le terme « théologie » ne conviendrait ni à la cabale, ni à la philosophie juive.

INDEX

TABLE DES MATIÈRES

LES AUTEURS

Sacha BOURGEOIS-GIRONDE, Maître de Conférences en philosophie à l'École Normale Supérieure des lettres et des sciences humaines (Lyon).

Pascal ENGEL, Professeur de philosophie à l'université de Paris IV-Sorbonne et membre de l'Institut Universitaire de France.

Mikaël GARANDEAU, Ex-allocataire Moniteur Normalien à l'Université de Besançon.

Richard GLAUSER, Professeur à l'université de Neuchâtel.

Bruno GNASSOUNOU, Maître de Conférences à l'université de Nantes.

Joëlle HANSEL, Professeur à l'Université hébraïque de Jérusalem.

Paul HELM, Professeur d'Histoire et de Philosophie de la religion au King's College de l'université de Londres.

Jean-Yves LACOSTE, Clare Hall, Cambridge.

Michel MALHERBE, Professeur de philosophie à l'université de Nantes.

Cyrille MICHON, Maître de Conférences à l'université de Paris IV-Sorbonne et membre de l'Institut Universitaire de France.

Frédéric NEF, Professeur de philosophie à l'université de Rennes I et Institut Jean-Nicod, Paris.

Roger POUIVET, Professeur de philosophie à l'université de Nancy 2 et membre des Archives Poincaré (UMR 7117 CNRS).

Richard SWINBURNE, Professeur de philosophie de la religion chrétienne à l'université d'Oxford (Oriel College) et Fellow de l'Académie britannique.

ACHEVÉ D'IMPRIMER
EN JUIN 2002
PAR L'IMPRIMERIE
DE LA MANUTENTION
A MAYENNE
N° 173-02

Dépot légal : 2e trimestre 2002